DIE FARBIGE ENZYKLOPÄDIE DER PFERDE

DIE FARBIGE ENZYKLOPÄDIE DER PFERDE

SUSAN McBANE

BELLAVISTA

A QUANTUM BOOK

© für diese Lizenzausgabe: Bellavista,
ein Imprint der Verlag Karl Müller GmbH,
2. Auflage, Köln 2004
www.karl-mueller-verlag.de

© der Originalausgabe: Quarto Publishing plc,
MCMXCVII

Alle Rechte vorbehalten.
Kein Teil dieses Werkes darf ohne schriftliche Einwilligung des Verlages
in irgendeiner Form (Fotokopie, Mikrofilm oder ein
anderes Verfahren) reproduziert oder unter Verwendung elektronischer
Systeme verarbeitet, vervielfältigt oder verbreitet werden.

ISBN 3-89893-288-5

Dieses Buch wurde produziert von
Quantum Publishing Ltd
6 Blundell Street
London N7 9BH

Titel der englischen Originalausgabe:
The Illustrated Encyclopedia of Horse Breeds

Übersetzung aus dem Englischen: Beate Felten (S. 26-81)
C. S. Keutmann-Wohlthat (S. 174-227)
Birgit Lamerz-Beckschäfer (S. 6-25, 82-153, Glossar)
Simone Wiemken (S. 154-173, 228-256)

Printed in Singapore by
Star Standard Industries (Pte) Ltd

Hinweis:
Das vorliegende Buch ist sorgfältig erarbeitet worden. Dennoch
erfolgen alle Angaben ohne Gewähr. Autoren und Verlag bzw. dessen
Beauftragte können für eventuelle Personen-, Sach- oder Vermögens-
schäden keine Haftung übernehmen.

INHALT

6–25
Einleitung

26–81
Großbritannien und Irland

82–153
Europäisches Festland

154–173
Rußland, Baltikum und
Skandinavien

251
Glossar

253–255
Register

256
Danksagung

174–213
Amerika

214–227
Australien, Asien und Afrika

228–250
Weniger bekannte
Rassen

EINLEITUNG

EVOLUTIONSGESCHICHTE DES PFERDES

Alle heutigen Pferde- und Ponyrassen und -typen stammen von Wildpferden ab, die sich wie alle anderen Tierarten durch natürliche Selektion weiterentwickelten. Merkmale wie Temperament, Farben und Größe sind genetisch festgelegt. Manche Gene sind dominant, andere rezessiv, wobei die dominanten jeweils die rezessiven überlagern.

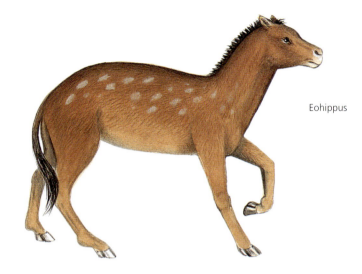

Eohippus

Gene unterliegen spontanen, zufälligen Veränderungen, die man als Mutationen bezeichnet. Ohne sie würden die Arten genetisch immerfort gleich bleiben. Mutationen ermöglichen es ihnen dagegen, sich an veränderte Umweltbedingungen anzupassen. Tiere, die durch Genmutation günstige Eigenschaften entwickeln, zum Beispiel Schnelligkeit, überleben eher als andere.

Der früheste Vorfahr

Der Urahn der Pferde vor rund 50 Millionen Jahren war der nur fuchsgroße Eohippus, das erste Wesen, das eindeutig einem Pferd ähnelte und heute als sein frühester direkter Vorfahre gilt. Fossile Eohippusfunde, die ältesten aus dem Eozän, finden sich sowohl in Nordamerika als auch in Europa.

Das kleine Säugetier hatte Pfoten ähnlich wie ein Hund, die für den weichen, feuchten Boden der sumpfigen Waldgebiete, in denen es lebte, gut geeignet waren. Die Vorderfüße wiesen vier, die Hinterfüße drei Zehen auf, die jeweils in einem kleinen gerundeten Nagel oder Huf endeten, etwa wie beim heutigen Tapir. Die Zähne des Eohippus waren kleiner und schärfer als die moderner Pferde und besser geeignet zum Zerkleinern der weichen Blätter, von denen er sich ernährte. Vor Raubtieren versteckte sich der Eohippus im dschungelartigen Dickicht, anstatt dem Feind davonzulaufen wie die heutigen Pferde. Sein Fell dürfte deshalb ähnlich wie bei den heutigen Waldtieren beige oder braun mit Tarnflecken und -streifen gewesen sein. Viele waldbewohnende Tiere können gut springen, und vielleicht verdanken manche modernen Pferde diesem Umstand ihre natürliche Springanlage.

Aufgrund der klimatischen Veränderungen auf der Erde entwickelten sich neue Tier- und Pflanzenarten. Im Miozän (vor 26 bis 7 Millionen Jahren) entstand der amerikanische und europäische Grasgürtel. Der Eohippus wurde vom Parahippus abgelöst, einem größeren Grasfresser mit längerem Hals und Kopf. Der Parahippus hatte größere, stärkere, prismenförmige Zähne, die beim Abweiden der neuartigen, harten Gräser abnutzten, aber ständig nachwuchsen. Er hatte zudem längere Beine und weniger Zehen, so daß er Freßfeinden auf den grasbedeckten Ebenen leichter davonlaufen konnte.

Im Pliozän (vor 7 bis 3 Millionen Jahren) erschien der erste einzehige Vorfahre, der Pliohippus. Die knöcherne Struktur von Füßen und Beinen hatte sich verändert, so

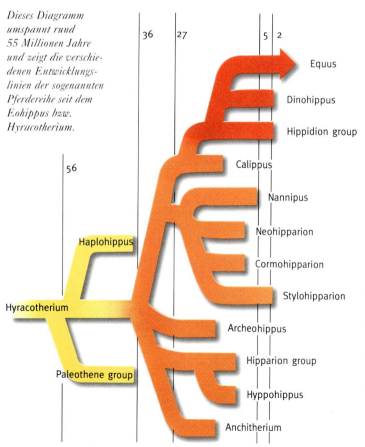

Dieses Diagramm umspannt rund 55 Millionen Jahre und zeigt die verschiedenen Entwicklungslinien der sogenannten Pferdereihe seit dem Eohippus bzw. Hyracotherium.

EINLEITUNG

Der somalische Wildesel gehört zu den seltensten Equidae *und gilt als bedrohte Art. Die Firma Land Rover stellte bei inoffiziellen Geschwindigkeitsmessungen fest, daß diese Esel mit 40 km/h galoppieren können. Auffallend sind der helle Bauch und die »Zebrastreifen« an den Beinen – Merkmale primitiver Rassen.*

LANDKARTEN

In diesem Buch wird das jeweilige Herkunftsland der Pferderassen stets auf der kleinen Weltkarte zu Beginn jedes Abschnitts gezeigt.

daß das Tier nun auf dem Knochen lief, der dem Endglied unseres Mittelfingers entspricht. Das Bein wurde durch elastische Sehnen und Bänder gestützt. Der Pliohippus war der unmittelbare Ahnherr des modernen Pferdes, wie wir es kennen, des *Equus*.

Die Bezeichnung *Equus* umfaßt auch Esel und Zebras. Die Art entstand vor rund 1 Million Jahre. Auf schnelles Laufen spezialisierte sich die Art erst rund 500 000 Jahre vor der Entstehung des Menschen.

Links: Da die Landmasse der Erde ursprünglich weitgehend zusammenhängend war, konnten sich Tiere über weite Gebiete verbreiten.

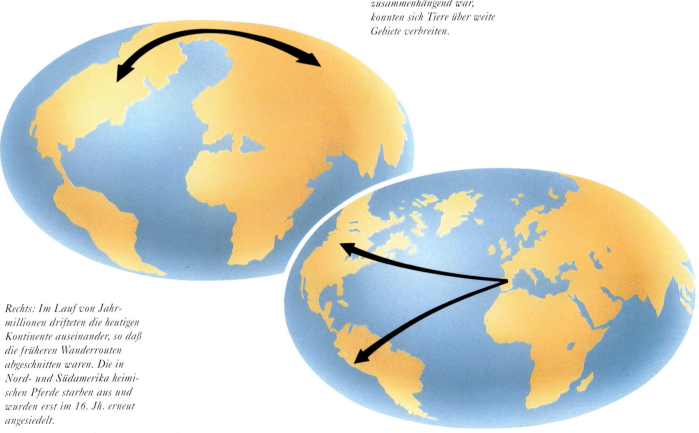

Rechts: Im Lauf von Jahrmillionen drifteten die heutigen Kontinente auseinander, so daß die früheren Wanderrouten abgeschnitten waren. Die in Nord- und Südamerika heimischen Pferde starben aus und wurden erst im 16. Jh. erneut angesiedelt.

EINLEITUNG

Primitive Pferdetypen

Über die neuere Entwicklung des Pferdes gehen die Meinungen stark auseinander. Die gängigste Auffassung ist, daß es in Eurasien gegen Ende der letzten Eiszeit, also vor rund 10000 Jahren, drei Grundtypen von urtümlichen Pferden und Ponys gab, die unter dem wissenschaftlichen Begriff *Equus caballus* zusammengefaßt werden und sich zum modernen Pferd weiterentwickelten.

Das **Waldpferd** *(Equus caballus sylvaticus)*, das auch als eiszeitliches Pferd bezeichnet wird, dürfte der Vorfahre aller modernen Kaltblüter gewesen sein. Es bewegte sich langsam und war von schwerem Körperbau mit großen Hufen, die an das europäische Marschland gut angepaßt waren. Deck- und Langhaar waren dick und grob. Das Waldpferd hatte vermutlich schon das gleiche phlegmatische Temperament, das die modernen Kaltblüter auszeichnet, und war unempfindlich gegen Nässe und Kälte.

Das **Asiatische Wildpferd** *(Equus caballus przewalskii przewalskii* Poliakow*)* sieht man noch heute in Zoos und Safariparks sowie in wenigen sorgfältig ausgewählten Naturreservaten im ostasiatischen Raum. Der Typ entspricht dem 1879 vom russischen Naturforscher Nikolai Przewalski entdeckten mongolischen Wildpferd. Das Przewalski-Pferd gilt zwar weithin als Ahne vieler moderner Rassen, besitzt jedoch 33 Chromosomenpaare anstatt 32 wie das heutige Pferd. Das asiatische Wildpferd ist unempfindlich gegen kaltes, rauhes Wetter. Es ist rund 130 cm groß, überwiegend handelt es sich um helle Falben mit schwarzem Langhaar.

Der dritte Typus war der **Tarpan** *(Equus caballus gmelini* Antonius*)*. Seine Heimat waren Osteuropa und die südrussischen Steppengebiete. Es war leicht gebaut und schnell, so daß es auf den weiten, offenen Ebenen gut zurechtkam. Man geht davon aus, daß viele unserer Ponyrassen und auch leichten Pferderassen vom Tarpan abstammen. Es war ein sehr genügsames, äußerst kräftiges und aggressives Tier.

Die vier Grundtypen

Als die ersten Pferde vor 5000 bis 6000 Jahren domestiziert wurden, gab es die drei Urtypen bereits in vier Varianten, nämlich zwei nordische Ponytypen und zwei südliche Pferdetypen, die in Eurasien weit verbreitet waren. Man bezeichnet sie meist als Ponytyp 1 und 2 sowie Pferdetyp 3 und 4.

Ponytyp 1 war vorwiegend im Nordwesten Europas heimisch. Die kleinen (ca. 120 cm), stämmigen Pferde waren zäh, genügsam und unempfindlich gegen Kälte, Nässe und Wind. Dieses archetypische nordische Pony wird auch als keltisches Pony bezeichnet. Es soll schwarzes Langhaar und schwarze Beine gehabt haben. Das Deckhaar war braun bis mausgrau mit sogenanntem Eselsmaul und hellerem Fell rings um die Augen, am Bauch und an der Innenseite der Schenkel. Von den heutigen Pferderassen stammen das Exmoorpony und das Islandpony sowie ähnliche Typen von diesem Typ 1 ab.

TIBETISCHES PFERD

Obwohl die Erde scheinbar vollständig kartographiert und erforscht ist, sind auch heute noch Entdeckungen möglich. Erst 1995 fand der französische Forscher Michel Peissel in Tibet zwei Gruppen von Pferden. Derzeit laufen genetische Untersuchungen, mit deren Hilfe die Vorfahren dieser Tiere festgestellt werden sollen. Man nennt sie Riwoche (weiter hinten unter den seltenen Rassen aufgeführt) und Nang-Chen. Nach Peissels Meinung könnte es in den entlegensten Ecken der Erde weitere neue Pferdegruppen oder andere bisher unentdeckte Arten geben.

Das Islandpony steht für den Ponytyp 1.

Das norwegische Fjordpony wird als Beispiel für Ponytyp 2 angeführt.

EINLEITUNG

VOLLBLUT, WARMBLUT, KALTBLUT

KALTBLUT
Ob eine Pferderasse zu den Voll-, Warm- oder Kaltblütern gezählt wird, richtet sich nach ihrem Temperament und Körperbau. An kühlere Klimata gewöhnte Pferde und Ponys sind so gebaut, daß sie Körperwärme speichern können. Meist sind sie rundlicher und haben ein üppigeres Deck- und Langhaar.

WARMBLUT
Im Prinzip sind warmblütige Pferde wie der Hannoveraner oder der Selle Français Kreuzungen zwischen Vollblütern und Kaltblutrassen.

VOLLBLUT
Pferde und Ponys in heißen Klimata weisen eher ovale Körper mit feinerem Deck- und Langhaar auf, sie haben kleinere Köpfe mit großen Augen und weit offenen, ausgestellten Nüstern. Die Beine sind länger, der Schweif wird oft hoch und weit vom Körper abgespreizt getragen, damit möglichst viel Körperwärme abgegeben werden kann.

Ponytyp 2 war rund 140 cm groß und als Bewohner Nordeuropas und -asiens an Frost, Nahrungsknappheit, schneidenden Wind, Schnee und Eis gewöhnt. In Körperbau, Temperament und Farbe dürfte es dem Przewalskipferd geähnelt haben, das ihm genetisch nahesteht. Die nächsten Verwandten unter den modernen Rassen sind die schwerkalibrigen Ponyrassen wie das Fjordpferd und die kompakten Highlandpony-Typen.

Pferdetyp 3, das Wüsten- oder Steppenpferd, war ausgesprochen hager und »trocken«, um mit der Wärme zurechtzukommen, und konnte Dürre und Hitze gut vertragen. Der Körper war eher oval als rund, der Hals lang und schlank, der Kopf langgestreckt. Das Deckhaar war fein, die Haut dünn, es hatte lange Beine und war rund 143 cm groß. Pferdetyp 3 bewohnte Zentralasien sowie Mittel- und Westeuropa. In seinen Adern floß vermutlich eine Menge Tarpanblut, und wegen des asiatischen Verbreitungsgebietes besaß es wohl auch einige Gene des Przewalskipferdes. Es muß der nächste Vorfahre des alten Turkmenenpferdes und damit auch des modernen Achal-Tekkiners gewesen sein. Berber und Iberer müssen ebenfalls viel von seinen Erbanlagen abbekommen haben, ebenso die Traberrassen und sogar der aktivere Typus des schweren Zugpferdes.

Der auch als Protoaraber bekannte Pferdetyp 4 war ebenfalls ein Wüstenpferd, allerdings nur rund 120 cm groß. Manche meinen, das moderne kaspische Pferd sei ein direkter Nachfahre des Pferdetyps 4. Der Typus muß

Der moderne Achal-Tekkiner stammt vom Pferdetyp 3 ab.

Der Managhi-Araber entspricht von seinem Erscheinungsbild dem Pferdetyp 4.

stark vom Tarpan geprägt gewesen sein und paßte sich an die Wüstengebiete im westlichen Asien gut an. Das Pferd besaß eine dünne Haut, feines Deck- und Langhaar sowie lange, harte, trockene Beine. Der kleine Kopf wies ein gerades oder leicht konkaves Profil mit gewölbter Stirn auf. Der Körper war kurz und kompakt. Der hoch angesetzte Schweif wurde zudem erhoben getragen.

EINLEITUNG

DIE DOMESTIKATION DES PFERDES

Man ist sich allgemein einig, daß das Pferd als letztes unserer Haustiere erfolgreich und in großem Umfang domestiziert wurde, vermutlich, weil es in Freiheit äußerst reizbar, nervös und aggressiv ist. Niemand kann exakt sagen, wann und wo das erste Pferd gezähmt wurde, man geht jedoch davon aus, daß dies im Fernen oder Nahen Osten geschah.

Wenn auch die Domestikation des Pferdes in größerem Maßstab wohl erst vor rund 5000 bis 6000 Jahren stattfand, so zeigen noch ältere Höhlenmalereien und Ritzzeichnungen in Eurasien schon weit früher Pferde mit einfacher Zäumung.

Bevor der Mensch Pferde als Lasttiere zu nutzen lernte, waren sie für ihn Jagdbeute. Man verarbeitete Häute, Milch, Blut, Haar und Knochen. Die Frühmenschen folgten den Pferden und begannen, sie mit anderen Weidetieren in Herden zu halten, bis das Pferd schließlich mit zunehmender Seßhaftigkeit und der Entwicklung der Ackerwirtschaft halb domestiziert wurde. Wohl zur gleichen Zeit erkannten die Menschen, daß sie sich die Schnelligkeit und Stärke des Pferdes zunutze machen konnten. Sie wurden zunächst ähnlich wie Ochsen und Rentiere zum Tragen von Lasten eingesetzt und vor Schlitten oder Karren gespannt. Die ersten Reiter waren vermutlich Kranke, Verletzte und alte Leute, die man einfach auf die Lasttiere setzte.

Zebras sind nicht domestiziert.

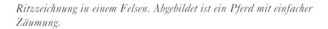

Ritzzeichnung in einem Felsen. Abgebildet ist ein Pferd mit einfacher Zäumung.

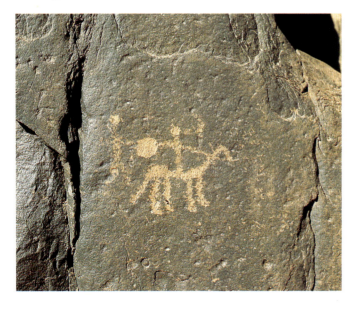

Streitrösser

Die ersten Pferde waren meist viel kleiner als die heutigen. Erst seit wenigen Jahrhunderten sind Reitpferde von über 150 cm Stockmaß verbreitet. Die kleineren Pferde eigneten sich besser zum Ziehen von Karren als zum Reiten. Soldaten machten sich Schnelligkeit und Stärke der Pferde für den Transport von Lasten zunutze, und nur dank ihrer Hilfe konnten Weltreiche und Völker zusammengehalten werden. Die Bedeutung des Pferdes als »Kriegswerkzeug« ist unter den Haustieren einmalig.

Störrische Vettern

In der kurzen Zeit, seit er die Erde beherrscht, hat der Mensch stets versucht, Tierarten zu domestizieren, die ihm nützlich erschienen, doch nicht alle erwiesen sich als so leicht zu zähmen wie erhofft. Unter anderem versuchten schon die Sumerer, Ägypter und Römer, den Halbesel *(Equus hemionus onager)* zu domestizieren, wenn auch nur mit mäßigem Erfolg. Dieses Tier ist störrisch, beißt und keilt aus, im Gegensatz zum afrikanischen Esel *(Equus asinus)*, der praktisch in der ganzen Welt zahm vorkommt. Auch Zebras versuchte man zu zähmen, jedoch erfolglos.

EINLEITUNG

Im antiken Griechenland spielten Pferde bei den Olympiaden eine wichtige Rolle.

Als Transportmittel in der Schlacht war das Pferd jahrtausendelang unübertroffen.

Wirtschaftspferde auf Feldern und Straßen

Für schwere Arbeiten bei der Bestellung der Felder verwendete man zunächst die weniger wertvollen und zahlreicher vorhandenen Ochsen und Esel. Erst im 19. Jahrhundert, als beweglichere, effizientere Pflüge aufkamen, setzte man zunehmend schwere Pferde ein, weil sie stärker als Esel und schneller als Ochsen sind. Mit der Verbreitung besserer Straßenbeläge kamen nun auch von Pferden gezogene flinkere Transportmittel in Gebrauch.

Die Reisekutsche war vor allem im 18. und 19. Jahrhundert das wichtigste Transportmittel.

11

EINLEITUNG

DAS MODERNE PFERD

Ursprünglich war die Pferdezucht nur darauf ausgerichtet, möglichst viele Tiere zu erzeugen. Mit zunehmender Vertrautheit mit Pferden erkannten die Menschen allerdings, daß sich manche Tiere für bestimmte Aufgaben besser eigneten als andere. Schließlich stellten sie fest, daß bei der Paarung bestimmter Hengste mit speziellen Stuten Fohlen entstanden, die das gleiche Aussehen oder Verhalten wie ihre Eltern aufwiesen, so daß man die Merkmale des Nachwuchses vorhersagen konnte. Man begann deshalb, erwünschte Eigenschaften, zum Beispiel Kraft, durch selektive Zucht zu fördern. Die Fähigkeit, solche Merkmale zuverlässig weiterzugeben, wird von Züchtern als starke Vererbungskraft bezeichnet.

Gezielte Pferdezucht

Eine Rasse entsteht durch die künstliche Auswahl und Paarung von Tieren mit erwünschten Eigenschaften. Bei dieser Art von selektiver Zucht weisen die Individuen der Population in der Regel etwa ab der fünften Generation identische, wiedererkennbare Merkmale auf. Sobald die vererbten Eigenschaften sich bei einer relativ großen Gruppe von Individuen einigermaßen zuverlässig vorhersagen lassen, spricht man von einer reinrassigen Zucht. Bis eine Population reinrassig vererbt, kann man sie eigentlich nicht als echte Rasse bezeichnen. Viele der neuen Pferdetypen, etwa Palominos, werden zwar dennoch als Rassen geführt, sind aber eigentlich keine reinrassigen Vererber.

Eine moderne Rasse ist eine vom Menschen ausgewählte, künstliche Zuchtpopulation, die üblicherweise von einem gemeinsamen Ahnen abstammt. Die Mitglieder der Population sind sich genetisch und vom Erscheinungsbild her so ähnlich, daß sie sich von allen übrigen Artgenossen unterscheiden und bei Inzucht wiederum Nachkommen produzieren, die ihnen ähneln.

Das General Stud Book (Allgemeine Stutbuch) ist das Register für Englische Vollblüter.

TRABER

Norfolk Roadster und Hackneys mit gutem Trabvermögen

»Eingebürgerte« nordamerikanische Typen mit guter Trabaktion

Vom Vollblut stammen Größe, Qualität, Mut und Schnelligkeit.

Das Morgan Horse lieferte ein gutes Trabvermögen und Kraft.

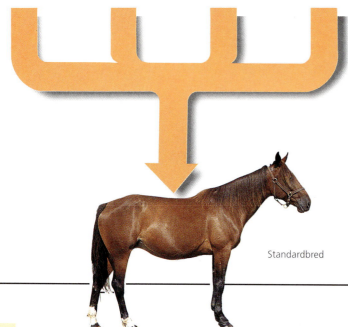

Standardbred

GEZIELTE ZUCHT EINER BESTIMMTEN RASSE

Wenn jemand eine Pferderasse für einen bestimmten Zweck schaffen will, so daß eine Tätigkeit oder ein Erscheinungsbild im Vordergrund stehen, so wird er in erster Linie Stuten und Hengste paaren, die zumindest teilweise die gewünschten Merkmale aufweisen.

Manchmal ist ein Tier in der Zucht stark dominant, d. h., es vererbt den größten Teil seiner eigenen – guten und schlechten – Merkmale an seinen Nachwuchs. Solche Tiere sind für die Zucht geeignet, weil sie »typgetreue« Nachkommen produzieren, die ihnen selbst ähnlich. Bei solchen »guten Vererbern« kann es sich sowohl um Hengste als auch um Stuten handeln, wobei dominante Hengste einen größeren Einfluß auf die Rasse insgesamt ausüben.

Um fähige Traber wie z. B. das American Standardbred zu erzielen, kreuzt der Züchter Tiere mit gutem Trabvermögen miteinander. Will er dagegen schwere Zugpferde erhalten, wird er starke, sehr kräftige Kaltblüter kreuzen.

Bei der Züchtung des modernen Warmblut-Turnierpferds wurde in verschiedenen europäischen Ländern ursprünglich vor allem Wert auf elastische, präzise Gänge und zugleich ein hervorragendes Springvermögen gelegt mit dem Ziel, erstklassige Dressur- und Springpferde zu erzeugen.

EINLEITUNG

GRÖSSENMESSUNG

Mit dem Stockmaß mißt man die Höhe des Pferdes senkrecht vom höchsten Punkt des Widerrists bis zum Boden. Das Pferd muß dabei völlig eben stehen und die Vorderbeine nebeneinander stellen. Der Stock wird direkt neben das Pferd gehalten und der Querstab auf den Widerrist aufgesetzt. In angelsächsischen Ländern mißt man in *hands* (»Händen«, Abk. hh) und *inches* (Zoll, Abk. in), wobei eine Angabe von 15.2 hh also 15 hands und 2 inches bedeutet. Eine hand enspricht rund 10 cm. Auf dem Kontinent ist die Angabe in Zentimetern üblich.

Die Größe eines Pferdes wird am höchsten Punkt des Widerrists gemessen.

GRÖSSENANGABEN

In diesem Buch zeigen die Diagramme mit den Maßangaben die ungefähre Größe der jeweiligen Rasse in *hands*, *inches* und Zentimetern an.

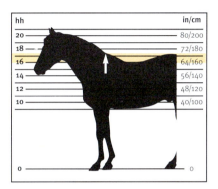

Die heutigen Rassen werden meist von einem Zuchtverband überwacht und in einem Stutbuch geführt. Dabei handelt es sich um ein Register der Tiere dieser Rasse und ihrer Abstammung (ihres »Pedigree«). Der Zuchtverband entscheidet, welche Tiere eingetragen werden, und legt die Normen für die Aufnahme fest, beispielsweise Größe, Farbe, Abzeichen, Gesundheitszustand, Gebäude und Leistung. Tiere, die den Anforderungen nicht genügen, werden nicht eingetragen, selbst wenn beide Elternteile im Stutbuch stehen. Manche Zuchtverbände bestehen auf blutgruppenserologischen Untersuchungen der Pferde als Abstammungsnachweis und zu Identifikationszwecken.

Ein Pferde- oder Ponytyp ist keine Rasse, sondern eine Gruppe ähnlicher Tiere. Sie brauchen genetisch nicht verwandt zu sein und müssen nicht zu einer bestimmten Rasse gehören. Meist definiert sich ein Typ durch einen bestimmten Zweck oder eine Farbe, so etwa beim Hackney, Hunter, Freizeitpferd oder Polopony.

KÖRPERTEILE DES PFERDES

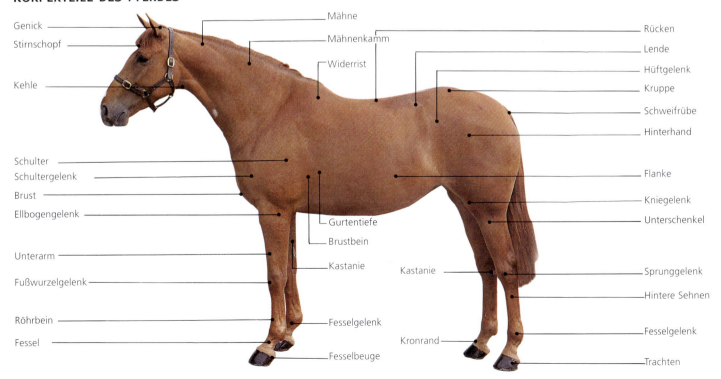

EINLEITUNG

GUTE PROPORTIONEN

Rechts: Eine grundlegende Methode zur Beurteilung des Exterieurs ist die vergleichende Körpermessung. Die Linien 1, 2, 4 und 5 sollten etwa gleich lang sein, die Strecke 3 etwa halb so lang. Der Abstand vom Schulter- bis zum Fußwurzelgelenk soll größer sein als von diesem zum Boden. Die Spitzen der Sprunggelenke sollten nicht höher stehen als die vorderen Kastanien.

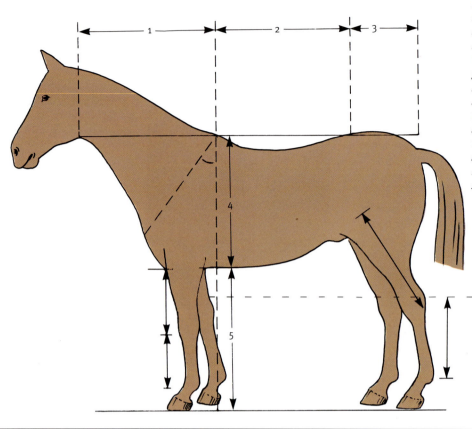

Bei Reitpferden soll die Schulter im Winkel von ca. 45° zur Vertikalen abfallen, und auch die Vorderhufe sollten im gleichen Winkel stehen. An den Hinterhufen darf der Winkel zwischen Trachten und Fesselbeuge etwas spitzer sein. Bei Trabern und Wagenpferden können Schultern und Fesselbeugen etwas steiler verlaufen.

DIE GANGARTEN DES PFERDES

Schritt Die langsamste Gangart. Den ersten Schritt in jeder Gangart führen Pferde mit einem Hinterfuß aus. Die Schrittfolge im Schritt sieht beispielsweise so aus: linker Hinterfuß, linker Vorderfuß, rechter Hinterfuß, rechter Vorderfuß, das Ganze in einem regelmäßigen Viertakt. Manche Pferde verharren ganz kurz in der Mitte der Sequenz. Im Schritt gibt es keine Schwebephase.

Trab Eine aktive Zweitaktbewegung, bei der die Beine in diagonalen Paaren bewegt werden. Das Pferd hüpft quasi von einem Beinpaar auf das andere, dazwischen liegt eine Schwebephase, während der alle vier Hufe in der Luft sind.

Kanter (Arbeitsgalopp) Dabei handelt es sich um eine Dreitaktbewegung mit einer Schwebephase am Ende jeder Schrittfolge. Das Pferd scheint mit einem der beiden Vorderbeine zu »führen«. Die Sequenz für Linksgalopp ist linker Hinterfuß, rechter Hinterfuß und linker Vorderfuß zusammen, rechter Vorderfuß, Schwebephase.

Renngalopp Eine schnelle Viertaktbewegung und natürliche Weiterentwicklung des Arbeitsgalopps. Die Schrittfolge beim Rechtsgalopp ist rechter Hinterfuß, linker Hinterfuß und rechter Vorderfuß zusammen, linker Vorderfuß und Schwebephase.

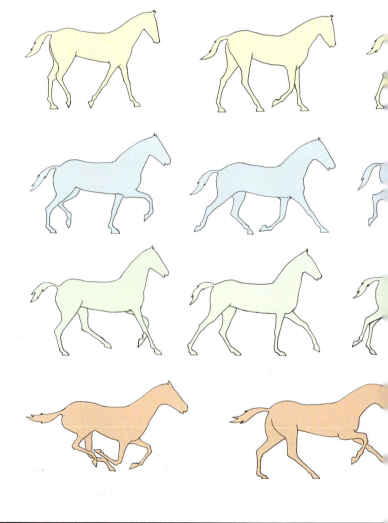

EINLEITUNG

Exterieur

Das Exterieur ist das Erscheinungsbild und »Gebäude« des Pferdes, das auf seinem Knochengerüst beruht. Pferde sind insgesamt sehr unterschiedlich gebaut, innerhalb einer Rasse oder eines Typs ist das Erscheinungsbild jedoch mehr oder weniger einheitlich.

Das Wichtigste ist Ausgewogenheit. Die Körperlinien sollen fließend und symmetrisch sein. Alle Teile des Pferdekörpers sollen gut zueinander passen.

Gut gebaute Pferde können selbst bei gleicher Größe ganz unterschiedliche Proportionen aufweisen. Das eine Ende der Skala bilden Vollblüter mit leichtem, elegantem Rahmen, im Verhältnis zum Rumpf langen Beinen, einer langen, schrägen Schulter, die für Schnelligkeit und bequemen Sitz sorgt, und einem langen Hals. Ein schweres Zugpferd am anderen Ende der Skala hat einen viel tieferen Rumpf und im Verhältnis zur Größe kürzere Beine. Die steilere Schulter bedingt, daß das Pferd die Vorderfußwurzelgelenke höher anheben und sich zum Ziehen ins Geschirr legen kann. Es weist zudem einen kürzeren, dickeren Hals und einen größeren Kopf auf. Die Gliedmaßen sind insgesamt kräftiger ausgebildet als beim Vollblut, und die Hinterhand fällt zum Schweifansatz hin in einer weichen Linie ab. Zwischen diesen beiden Typen

Ganz gleich, welcher Rasse ein Pferd angehört, Erscheinungsbild und Proportionen sollten stets ausgewogen sein. Dieser Cleveland Bay-Hengst zeigt, daß er, obwohl einer relativ schweren Rasse zugehörig, gut und frei galoppieren kann, weil er ein ausgewogenes Gebäude besitzt.

gibt es zahlreiche Zwischenstufen. Warmblutpferde beispielsweise basieren auf Kaltblütern, besitzen aber einen Vollblutanteil.

Aktion

Unter Aktion versteht man die Bewegungsabläufe des Pferdes. Ganz gleich, mit welchem Pferdetyp man es zu tun hat, sollten die Bewegungen geradlinig und korrekt sein. Die Hinterhufe werden exakt in derselben Spur aufgesetzt wie die Vorderhufe. Läuft ein Pferd mit guter Aktion direkt auf den Betrachter zu, sollen die Hinterbeine praktisch unsichtbar sein. Ausnahmen bilden bestimmte Rassen wie die der Andalusier oder Paso Fino, bei denen das »Bügeln« erwünscht ist: Die Hufe werden im Bogen nach außen geworfen.

Ein Pferd mit guter Aktion bewegt sich aus der Schulter heraus, nicht aus dem Ellbogen, und setzt die Vorderhufe weit vorn unter dem Kopf auf. Bei Reitpferderassen sollte die Hinterhand »untertreten«, das heißt, die Hufe werden im Schritt mindestens 15 cm vor den Abdrücken der Vorderhufe aufgesetzt. Im Trab landen sie direkt in den Abdrücken. Schweren Rassen gelingt das aufgrund ihres Körperbaus nicht immer.

Bei Stellungsfehlern der Beine und falscher Aktion besteht für das Pferd die Gefahr einer selbst verursachten Verletzung (vor allem Zerrungen, Prellungen und Verstauchungen) und des Stolperns. Bei schlechter Aktion kann das Pferd zudem seine Energie nicht sinnvoll nutzen.

EINLEITUNG

DIE RICHTIGE HALTUNG VON PFERDEN

Das moderne Pferd ist ein hochspezialisiertes Weide- und Lauftier, wie geschaffen für das Leben auf grasbewachsenen Ebenen. In der frühesten Entwicklungsgeschichte lebten die Vorfahren des Pferdes in sumpfigen Wäldern und rupften Blätter von den Bäumen. Noch heute mögen Pferde Laub, die meisten bevorzugen jedoch frisches Gras.

Ein Magen wie ein Pferd

Das Schönste im Leben ist für ein Pferd das Fressen. Als großes Tier benötigt ein Pferd viel Futter, Gras jedoch ist in der Regel nicht sehr nahrhaft. Es besteht aus Ballaststoffen, Wasser und Nährstoffen in unterschiedlichen Anteilen je nach Jahreszeit. Ein Pferd muß reichliche Mengen Gras zu sich nehmen, um ausreichend Nahrung zu erhalten, damit es gesund bleibt, und ist deshalb fast ständig mit Fressen beschäftigt. Wildpferde grasen rund 15 bis 18 Stunden pro Tag, je nach Weide, die sich ihnen bietet.

Diese Karabaierpferde genießen in ihrer Heimat Freiheit, Weite und Gesellschaft. Trotz des mageren Nahrungsangebotes der Region gedeihen sie gut.

Ein zahmes Pferd, das überwiegend im Stall gehalten wird, sollte stets mit ausreichend Futter versorgt sein, in der Regel Heu oder anderes Rauhfutter. Dadurch verhütet man, daß das Pferd hungrig oder unzufrieden ist oder sich langweilt. Ein Pferd, das unregelmäßig oder nicht oft genug Futter bekommt, steht unter Stress und kann eine Kolik entwickeln, eine möglicherweise lebensbedrohliche Verdauungsstörung. Am besten versorgt man das Pferd regelmäßig mit kleineren Futtermengen.

Da Pferde im Dienste des Menschen oft härter arbeiten müssen, als sie es von Natur aus tun würden, müssen wir ihnen energiereicheres Futter als Heu oder Gras anbieten. Häufig füttert man Hafer, Mais, Gerste und gute konzentrierte Fertigmischungen zu. Da diese aber normalerweise nicht auf dem Speisezettel des Pferdes stehen, werden sie in großen Mengen meist nicht gut vertragen.

Immer in Bewegung bleiben

Bewegung ist für das Wohlbefinden von Pferden äußerst wichtig, denn sie sind für ständige Wanderschaft gemacht. Die natürliche Lebensweise eines Pferdes sieht fast unablässiges Umherziehen und Fressen vor, und deshalb sollte man auch zahmen Pferden soweit es geht die Möglichkeit dazu geben, auch wenn sie im Stall stehen. Zwei Stunden Arbeit am Tag, überwiegend im Schritt mit etwas Trab und gelegentlichem Kanter, ist das mindeste, was ein Stallpferd benötigt, um gesund und zufrieden zu bleiben.

EINLEITUNG

Bewegung ist äußerst wichtig, damit Pferde gesund, zufrieden und ausgeglichen sind. Die meisten lassen sich gern bewegen.

Stark wie ein Pferd

Pferde sind starke, athletische Tiere, können viel härter arbeiten und lassen sich besser trainieren als die meisten übrigen Tierarten einschließlich des *Homo sapiens*. Ein Gebrauchspferd muß unbedingt fit sein, um Verletzungen zu verhüten. Fitneß kann man durch die allmähliche Steigerung von Grad und Dauer der Übungen trainieren, man spricht beim Pferd von Gymnastizierung. Durch die zunehmende Belastung wird der Körper gekräftigt, um beim nächsten Mal der gleichen Anstrengung gewachsen zu sein.

Ist ein Pferd völlig konditionslos, muß es zunächst sechs Wochen lang im Schritt arbeiten, später im Trab und gelegentlichem Galopp, bis es fit genug für Übungs- und Schulstunden, halbtägige Jagden oder Ausritte ist. Weitere sechs Wochen dauert es, bis das Pferd weiteren Aufgaben gewachsen ist. Vor schweren Turnieren wird es im Rahmen eines 16wöchigen gezielten Programms mit Spezialtraining in der Wettkampfdisziplin fit gemacht für die Große Vielseitigkeitsprüfung, Distanzritte oder Pferderennen.

Fitneß-Ernährung

Neben der schrittweise zunehmenden Gymnastizierung dient auch die richtige Fütterung dazu, ein Pferd fit zu machen. Früher reduzierte man dazu den Rauhfutteranteil, zum Beispiel Heu, und gab dafür mehr energiereiches Kraftfutter (Getreide), um die Pferde in Form zu bringen. Heute weiß man, daß das der falsche Weg war, weil Pferde Ballaststoffe dringend brauchen. Fachleute empfehlen, daß auch bei größter Arbeitsbelastung mindestens die Hälfte der Tagesration des Pferdes aus Heu bestehen soll.

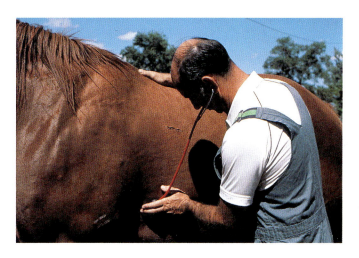

Mit der Hilfe des Tierarztes kann der Pferdebesitzer vorbeugende Maßnahmen treffen, um sein Pferd fit und gesund zu erhalten.

Weitere Hilfsmittel

Man kann sich vom Tierarzt ein Gesundheitsvorsorgeprogramm ausarbeiten lassen. Es soll grundsätzliche Dinge wie Wurmkuren, Impfungen, Zahnbehandlung, Blutuntersuchungen zur Feststellung von Gesundheit und Fitneß sowie eine jährliche Generaluntersuchung durch den Tierarzt umfassen, vor allem vor einem Konditionstraining. Auch reine Freizeitpferde benötigen aufmerksame Pflege.

Von Natur aus kräftige, gut geformte Hufe sind ein wichtiger Aspekt bei allen Rassen. Gebrauchspferde benötigen allerdings zudem den Schutz eines gut angepaßten Hufeisens.

Hufbeschlag

Die meisten Gebrauchspferde benötigen Hufeisen, um einer übermäßigen Abnutzung des Hufhorns vorzubeugen, die ein Lahmen zur Folge hätte. Moderne Hufeisen bestehen meist nicht mehr aus Eisen, sondern aus weichem, unlegiertem Stahl oder sogar aus Aluminium, welches wegen seiner Leichtigkeit vor allem bei Rennpferden verwendet wird. Kunststoffbeschläge werden zwar angeboten, aber nur selten eingesetzt.

Der Hufbeschlag ist eine schwere, schmutzige und gefährliche Arbeit. Der Hufschmied entfernt die alten Eisen, schneidet das überschüssige Horn aus, das seit dem letzten Beschlagen nachgewachsen ist, und formt dabei die Hufe, so daß sie korrekt und ausgewogen aufsetzen. Dann erst paßt er neue Eisen an und schlägt sie mit Nägeln in den harten Teil des Hufhorns.

Die Hufeisen können heiß angepaßt werden (dabei wird das Metall durch Erhitzen geschmeidig gemacht, damit man es besser formen kann) oder kalt, was allerdings schwieriger ist.

17

FELLTYPEN, FARBEN UND ABZEICHEN

Das Deckhaar schützt den Körper des Pferdes vor extremen Temperaturen ebenso wie vor Sonne, Wind, Regen und Schnee. Es ist wasserabweisend und je nach den genetischen Anlagen und dem Lebensraum unterschiedlich in der Struktur. So haben beispielsweise Rassen, deren Ahnen aus kalten Gebieten stammten, oft ein praktisch wasserdichtes Fell mit weicher, gut isolierender Unterwolle.

Im Vergleich zu seinen Vorfahren weist das domestizierte Pferd eine extrem große Bandbreite von Farben und Abzeichen auf. Diese Variationen entstanden durch die Kreuzung verschiedener primitiver Pferdetypen. Die frühesten Vorfahren der Pferde waren durchweg Falben in Nuancen von Gelb bis einheitlich Grau sowie Mittel- bis Dunkelbraun. Am Bauch und an der Innenseite der Schenkel sowie am Maul und rund um die Augen war das Deckhaar meist heller, und über den Rücken zog sich ein dunkler Aalstrich. Die Beine wiesen häufig sogenannte Zebrastreifen auf.

Dieses Sumba-Pony weist einen dunklen Aalstrich auf, der vom Genick (über die dunkle Mähne) bis zum Schweif verläuft.

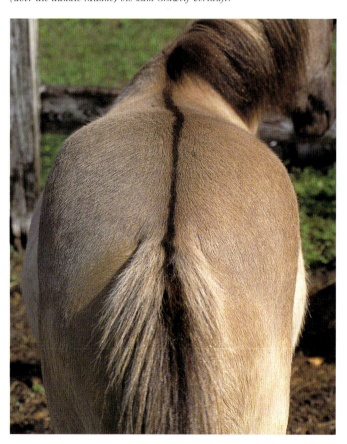

FARBEN
Innerhalb der Farbkategorien gibt es verschiedene Schattierungen und Varianten. Die Abbildungen zeigen einige der häufigsten Farbschläge. Im Zweifelsfall bestimmt man die Farbe eines Pferdes nach seinem Maul, den Ohrenspitzen, dem Langhaar und dem unteren Teil der Beine.

Rappe

Dunkelfuchs

Schweißfuchs

Brauner

Fuchs

Falbe

Rotschimmel

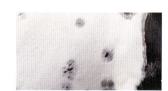
Rappschecke

Aus prähistorischen Höhlenmalereien und Ritzzeichnungen wissen wir, daß schon unsere Urahnen gesprenkelte, gefleckte und sogar gestreifte Pferde kannten und verehrten. Gefleckte und gesprenkelte Pferde waren bis vor wenigen Jahrhunderten im europäischen Raum sogar höchst begehrt und überquerten zusammen mit den spanischen Eroberern den Atlantik. Pferde mit einer solchen Zeichnung weisen in der Regel vertikal gestreifte Hufe auf.

Die Farbe wird in der Haut durch das Pigment Melanin bewirkt. Sie hängt davon ab, wieviel und welche Art von Melanin vorhanden ist. Die Zucht bestimmter Farbschläge ist nicht immer einfach, denn obwohl die Farbe genetisch festgelegt ist, treten häufig Generationensprünge und Abweichungen auf.

Oft wird behauptet, Farbe und Abzeichen eines Pferdes seien auch für sein Temperament bestimmend, Füchse etwa seien nervös oder falsch. Solche Ammenmärchen entbehren jedoch jeglicher objektiver Grundlage.

EINLEITUNG

Fuchsschecke

Appaloosa (getigert)

Falbe, gefleckt

Dunkelbrauner, gefleckt

Brauner, gefleckt

Isabelle

Palomino

Apfelschimmel

Fliegenschimmel

Schimmel

ALBINOS

Weiße Abzeichen sind unpigmentierte Stellen. Ein solcher Teilalbinismus scheint bei den frühen Pferderassen nicht vorgekommen zu sein. »Echte« Albinos besitzen keinerlei Melanin und sind vollkommen weiß mit rosa Haut und roten Augen. Die Haut unter dem weißen Deckhaar ist krankheitsanfällig (schmutzbedingte Hautentzündungen, Ekzeme und Mauke), neigt zu oberflächlichen Verletzungen und reagiert empfindlich auf Regen und Sonne. Diesen Dingen kann man jedoch durch gute Haltung und Pflege vorbeugen. Weiße (cremefarbene) Hufe sind übrigens keineswegs weicher als dunkle.

ABZEICHEN AM KOPF
Solche Zeichnungen sind wichtig zur Identifizierung des Pferds. Die Fotos zeigen einige der häufigsten Abzeichen. Auf der Stirn unterscheidet man je nach Position, Form und Größe Stern, Flamme, Blume und Flocke. Eine Blesse kann schmal, breit oder unterbrochen sein.

Laterne

Schnippe

Blesse

Stern

Schmale Blesse

19

EINLEITUNG

PSYCHOLOGIE UND VERHALTEN

Pferde und Ponys sind nervöse Tiere mit raschen Reaktionen. Das ist entwicklungsgeschichtlich bedingt. Sie waren stets Beutetiere und mußten vor ihren Freßfeinden auf der Hut sein. Ihr natürlicher Lebensraum sind Steppen und weites, ebenes Grasland, wo sie wenig oder keinen Schutz fanden und deshalb instinktiv beim geringsten Anzeichen von Gefahr weglaufen mußten. Dieser Fluchttrieb hat sich in den 5000 Jahren, seit das Pferd vom Menschen domestiziert wurde, kaum verändert, und selbst ein unerschütterliches Kinderpony oder ein absolut gehorsames Polizeipferd beginnt instinktiv zu rennen, wenn es Angst hat. Deshalb muß jeder Reiter lernen, ruhig mit Pferden umzugehen und Lärm zu vermeiden.

Der Herdentrieb

Pferde leben in Herden, weil diese Schutz bieten. Ein einzelnes Tier ist eine viel leichtere Beute für einen Angreifer. Innerhalb der Herde besteht eine strikte, wenn auch flexible Hierarchie, doch einzelne Tiere schließen auch feste Freundschaften, was die Sache komplizert machen kann. Ein kleines, in der Hierarchie weit unten stehendes Pferd kann etwa eine enge Bindung zu einem dominanten Herdenmitglied aufbauen. Verschiedene Tiere können in verschiedenen Aspekten des Herdenlebens dominant sein, so kommt es beispielsweise vor, daß ein Tier im Hinblick auf das Weideverhalten bestimmend ist, ein anderes jedoch für die Suche nach Unterständen. In festen Herdenverbänden kommen Kämpfe nur selten vor. Nicht alle Pferde mögen engen Kontakt zu Artgenossen, die meisten gehen jedoch freundlich und tolerant miteinander und sogar mit Angehörigen anderer Arten um: Das ist einer der Gründe, warum sie so erfolgreich domestiziert werden konnten.

Lernverhalten

Vorausgesetzt, es versteht, was sein menschlicher Trainer erwartet, lernt ein Pferd sehr rasch, und deshalb ist es Sache des Menschen, sich klar auszudrücken. Pferde können auf Anhieb lernen und vergessen nur selten eine Erfahrung. Allerdings bedeutet das auch, daß sie sich schnell unerwünschte Dinge aneignen. Negative Erlebnisse wie z. B. einen Verkehrsunfall oder einen schweren Sturz kann ein Pferd zwar überwinden, viele erholen sich jedoch nie wieder restlos davon. Der Ausbilder muß sicherstellen, daß ein Pferd, das sich Mühe gibt, niemals verletzt oder er-

Bei Gefahr, meist durch einen Freßfeind, besteht die erste Reaktion eines Pferdes in der Flucht. Erschrecken sie, laufen sie, wie hier gezeigt, in ungeordnetem Pulk davon. Sie kämpfen normalerweise nur, wenn ihnen jeder Fluchtweg abgeschnitten ist oder sie keinen anderen Ausweg sehen, etwa wenn eine Stute ihr Fohlen oder ein Hengst seinen Harem verteidigt. Auf dem Weg von einem Weidegrund zum nächsten bewegen sie sich im Schritt oder Kanter, oft im Gänsemarsch. Trab ist bei Wildpferden eher selten zu beobachten.

EINLEITUNG

In den westlichen Ländern werden Pferde zu Beginn, wie hier gezeigt, an der Doppellonge, am langen Zügel oder an der einfachen Longe trainiert.

schreckt wird, denn dann würde das Tier sein Training stets mit negativen Gefühlen verbinden, und seine Lernfähigkeit wäre blockiert.

Ausbildung an der Longe

Die übliche Methode, ein junges Pferd »anzureiten«, erfolgt mit einer einfachen oder doppelten Longe. Der Ausbilder steht in der Mitte und läßt das Pferd an der Longe auf dem Zirkel um sich herum gehen. Zu Anfang gehen der Ausbilder und vielleicht ein Helfer direkt neben dem jungen Pferd her und machen es mit grundlegenden Kommandos wie Schritt, Trab, Galopp und Halt vertraut.

Nach und nach entfernt sich der Ausbilder weiter vom Pferd. Beim Longieren lernt das Pferd, der Stimme des Reiters oder Fahrers zu gehorchen. Man sollte es aber auch nicht übertreiben, denn die Arbeit auf dem Zirkel ist vor allem für Jungtiere sehr anstrengend.

KOMMUNIKATION UNTER PFERDEN

Pferde verständigen sich untereinander ebenso wie mit anderen Tierarten und dem Menschen überwiegend mit Hilfe von Körpersprache und Mimik, sie setzen jedoch gelegentlich auch ihre Stimme ein.

Wut, Abneigung oder Drohungen gegenüber einem einzelnen werden durch vorgestreckten Kopf, flach zurückgelegte Ohren, wütend blitzende Augen, zurückgezogene krause Nüstern und womöglich gebleckte Zähne angezeigt, wobei durchaus ein Biß folgen kann.

Interesse erkennt man beim Pferd an gespitzten Ohren, die auf das interessante Objekt gerichtet sind. Die Augen wirken wach, der Kopf wird bei entfernten Objekten hoch, bei nahen dagegen gebeugt getragen, die Nüstern sind geweitet und beben, wenn das Pferd nahe genug an dem Gegenstand oder bei dem Menschen ist, um dessen Geruch aufzunehmen.

Bei Angst zeigen die Ohren in die Richtung des furchteinflößenden Objekts. Die Augen sind weit aufgerissen und ängstlich, die Nüstern geweitet, die Haut am Kopf wirkt gespannt. Junge Pferde strecken als Demutsgeste den recht tief gebeugten Kopf nach vorn und klappern dabei ein paarmal sanft mit den Zähnen. Beim »Flehmen« untersucht das Pferd intensiv einen wahrgenommenen Geruch. Es saugt ihn auf, hebt dann den Kopf und klappt die Oberlippe nach hinten, damit der Geruch länger in den Atemwegen bleibt und vom eigens dafür vorgesehenen Jacobsonschen Organ analysiert werden kann.

Hengste treiben ihre Stuten und Fohlen mit typischen »schlängelnden« Bewegungen zusammen. Kopf und Hals sind dabei tief vorgestreckt und pendeln hin und her, während der Hengst sich, meist im Trab, seinem Harem nähert.

REAKTION AUF GEFAHR
1 Erschrecken
2 Aggressives Kopfschlagen
3 Angriff
4 Angedeutetes Auskeilen als Drohung
5 Kampf

EINLEITUNG

DER LEBENSZYKLUS DES PFERDES

Pferde gehören zu den Säugetieren, das heißt, sie gebären lebende Junge, die gesäugt werden. In den ersten Lebensmonaten sind Fohlen von ihrer Mutter abhängig, doch auch später noch verbindet sie oft eine starke Zuneigung. Bei vernünftiger Pflege und unter günstigen Bedingungen können Wildpferde ebenso wie domestizierte Pferde mindestens 20 Jahre alt werden.

Lebensspanne

Man rechnet in der Regel ein Menschenjahr gleich vier Pferdejahre. Die Jugendzeit des Pferdes ist nur kurz, ihr Erwachsenenleben dagegen lang und aktiv; im Alter geht der Abbau meist rapide von statten. Gut versorgte Hauspferde können recht alt werden, oft jedoch schläfert man sie ein, wenn sie nicht mehr arbeiten können oder krank werden, meist im Alter zwischen 20 und 25 Jahren.

In den ersten 24 Stunden sollte eine Mutterstute soviel wie möglich mit ihrem Fohlen allein gelassen werden.

UNTERSCHIEDE ZWISCHEN HENGSTEN UND STUTEN

Pferde haben zwar wie alle Säugetiere eigentlich nur zwei Geschlechter, doch gibt es aufgrund der menschlichen Gebräuche sozusagen als »drittes Geschlecht« den Wallach, den kastrierten oder »gelegten« Hengst.

Ein Hengst ist ein unkastriertes männliches Pferd, dessen Geschlechtsorgane in Form von Penis und Hoden vollständig vorhanden sind und das deck- und zeugungsfähig ist, soweit keine andersartige Störung dies verhindert. Ein Wallach hat zwar noch einen Penis, aber keine Hoden mehr, so daß er sich nicht fortpflanzen kann.

Eine Stute ist ein weibliches Pferd mit Gebärmutter und Eierstöcken und kann, soweit nicht durch eine anderweitige Störung daran gehindert, »aufnehmen« (befruchtet werden) und Fohlen gebären. Das Gesäuge einer Stute befindet sich weit hinten zwischen ihren Hinterläufen und ist mit zwei Zitzen ausgestattet.

Gelegentlich kommt es vor, daß bei einem eigentlich vollständigen Hengst nur ein Hoden äußerlich sichtbar ist, während der andere als »Bauchhoden« in der Bauchhöhle liegenbleibt. Bei der Kastration wird dann nur der äußere Hoden entfernt, so daß irrtümlich angenommen werden kann, das Pferd sei ein Wallach, während der Bauchhoden weiterhin männliche Hormone produziert und das Pferd deck- und zeugungsfähig bleibt und zudem »Hengstmanieren« an den Tag legt. Solche angeblichen Wallache können gefährlich sein.

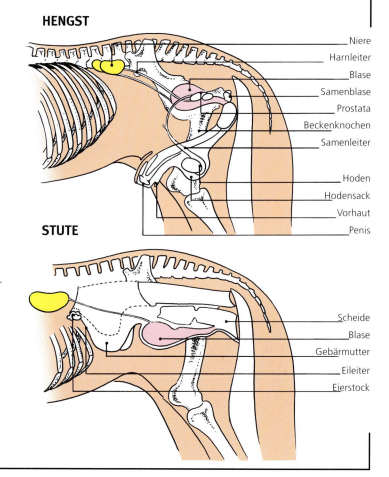

22

EINLEITUNG

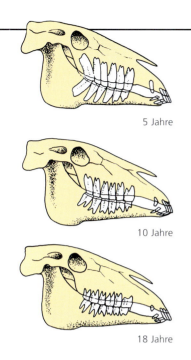

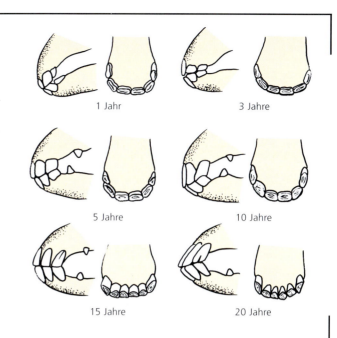

GEBISS

Am Gebiß eines Pferdes kann man etwa bis zum 7.–8. Lebensjahr ziemlich exakt sein Alter angeben, je nachdem, wie stark die Veränderungen ausgeprägt sind, die im Laufe der Zeit die Muster auf den Kauflächen der Schneidezähne prägen. Mit den Schneidezähnen beißt das Pferd Gras oder Blätter ab und zermalmt sie dann mit den Backenzähnen. Mit zunehmendem Alter werden die Zähne dreieckiger und biegen sich nach außen, es bildet sich das »Pinzettengebiß« im Gegensatz zum »Beißzangengebiß« jüngerer Pferde.

Trächtigkeit und Kindheit

Die Trächtigkeit dauert etwas über 11 Monate. Bei Wildpferden sorgt die Natur dafür, daß die Fohlen dann zur Welt kommen, wenn das erste nahrhafte Frühlingsgras erscheint. Bei den meisten Rassen wird als offizielles Geburtsdatum der Frühling des jeweiligen Jahres angegeben, bei manchen wie z. B. dem Englischen Vollblut dagegen ein Datum in der Wintermitte (auf der nördlichen Halbkugel der 1. Januar, auf der südlichen der 1. August). Beim Vollblüter wird die Trächtigkeit künstlich vorgezogen, damit die Fohlen nah an diesem Termin geboren werden.

Als potentielles Beutetier muß das neugeborene Fohlen innerhalb des ersten Tages in der Lage sein, mit der Herde Schritt zu halten. Die Geburt erfolgt deshalb meist nachts, damit das Fohlen bis zum Tagesanbruch Zeit hat, auf die Beine zu kommen, sein Gleichgewicht zu finden und laufen zu lernen.

Wildpferdfohlen werden etwa ein Jahr lang von ihrer Mutter gesäugt, beginnen aber praktisch schon ab dem ersten Tag, Gras zu knabbern. Im Lauf des ersten Lebensjahres ersetzt das Gras nach und nach die Stutenmilch als Hauptnahrungsmittel. Hauspferdfohlen werden meist mit sechs Monaten abgesetzt.

Jugend und aktive Zeit

Pferde werden je nach Rasse und Persönlichkeit im Alter zwischen fünf und sieben Jahren erwachsen. Ein Fohlen entwickelt sich sozusagen von unten nach oben: Die knöchernen Anteile der Hufe und Beine sind mit etwa 2–3 Jahren voll ausgebildet, die Wirbelsäule allerdings erst mit 5–7 Jahren.

Mit der Ausbildung beginnt man vernünftigerweise, wenn das Pferd etwa drei Jahre alt ist, zunächst mit ganz leichter Arbeit. Die Anforderungen werden allmählich in dem Maße gesteigert, wie das Pferd sich weiterentwickelt. Mit sechs Jahren ist ein Pferd dann voll belastbar. Als

Bei guter Pflege und artgerechter Haltung fühlen sich Pferde am wohlsten und können über 20 Jahre alt werden.

»bestes Pferdealter« gelten die Jahre zwischen acht und zwölf. Nach dem siebzehnten Lebensjahr nimmt die Belastbarkeit allmählich wieder ab.

Alter

Ebenso wie alte Menschen neigen auch alte Pferde zu typischen Erkrankungen wie Arthritis und Rheuma. Alte Tiere reagieren oft auch empfindlich auf Witterungseinflüsse und Parasiten, meist sinken sie in der Hierarchie der Herde ab. Ein totaler »Ruhestand« ist oft gar nicht die beste Lösung für alte Pferde, denn viele fühlen sich einsam und überflüssig, vor allem, wenn sie ihr Leben lang überwiegend im Stall gestanden haben. Bevor man ein Pferd in eine so erbärmliche »Rente« schickt, ist es oft humaner, es schmerzlos töten zu lassen.

DIE HEUTIGE BEDEUTUNG DES PFERDES

Wirtschaftspferde sind in der westlichen Welt heute weitgehend von Motoren verdrängt worden. Manche Brauereien setzen noch schwere Zugpferde für kurze Strecken und als Werbegag ein, und auch manche Bauern und Winzer verwenden noch »Ackergäule« auf schwer zugänglichen Parzellen. Auch bei der Polizei sind Pferde heute noch in vielen Ländern unverzichtbare Helfer.

In Osteuropa, Südamerika, Asien und Afrika sind Wirtschaftspferde (ebenso wie Esel und Maultiere) noch heute sehr weit verbreitete Transportmittel und Zugtiere in der Landwirtschaft.

Schon seit jeher spielen Pferde im Krieg eine große Rolle. Heute sind sie zwar fast ausschließlich bei Paraden zu sehen, können jedoch im Kriegsfall auch als Zug- und Packtiere eingesetzt werden.

In der westlichen Welt spielt das Pferd allerdings die wichtigste Rolle in Freizeit und Sport. Galopprennen mit Vollblütern sind vielerorts ein großes Geschäft, so etwa in den USA, Großbritannien, Irland, Frankreich und Ozeanien. Auch Steeplechase-Rennen und deren Amateurver-

Viele Polizeieinheiten machen sich die Vielseitigkeit des Pferdes zunutze.

Dieses Pferd übt einen uralten Beruf seiner Art aus: Rinderhüten.

EINLEITUNG

sion (Punkt-zu-Punkt-Rennen) sind sehr beliebt. In manchen Ländern werden neben den Vollblütern auch andere Rassen in Rennen eingesetzt, in den USA etwa das Quarter Horse, in Asien auch das arabische Vollblut. Trabrennen, vorwiegend mit American Standardbred, sind in den USA und Kanada noch populärer als Galopprennen.

Seit dem Zweiten Weltkrieg haben sich auch Springreiten, Vielseitigkeitsprüfungen (früher Military genannt), Dressurreiten und das Fahren im Gespann zu Rennpferden entwickelt. Für die jeweiligen Sportarten besonders gut geeignete Rassen werden vor allem in Europa, Skandinavien, Ozeanien sowie Nord- und Südamerika gezüchtet.

Oben: Das Fahren im Gespann mag für uns ein Sport sein, für die Pferde ist es jedoch harte Arbeit.

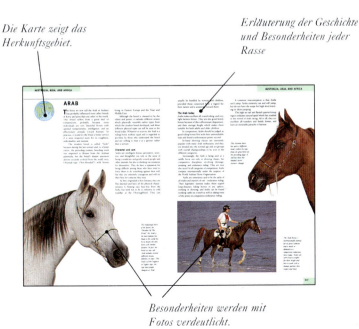

Links: Wirtschaftspferde auf Farmen erlebten im 18. und vor allem im 19. Jahrhundert ihre Glanzzeit.

ZUR BENUTZUNG DIESES BUCHES

Das Buch ist nach den Herkunftsländern der Pferde geordnet. Nach ihrer geographischen Zugehörigkeit sind über 100 einzelne Rassen und Typen erläutert und mit vielen Bildern illustriert.

Angegeben sind im Detail jeweils Herkunft, Abstammung sowie Züchtung, Geschichte und Merkmale der jeweiligen Rasse. Das unten gezeigte Beispiel verdeutlicht, wie das Buch aufgebaut ist.

Die Karte zeigt das Herkunftsgebiet.

Erläuterung der Geschichte und Besonderheiten jeder Rasse

Abstammung: Der Kasten zeigt die einflußreichsten bekannten Vorfahren.

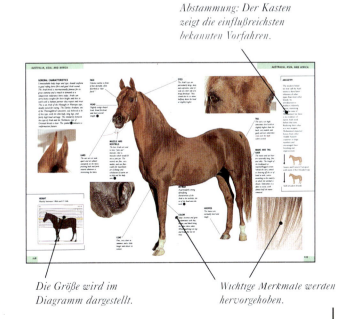

Besonderheiten werden mit Fotos verdeutlicht.

Die Größe wird im Diagramm dargestellt.

Wichtige Merkmale werden hervorgehoben.

25

28	Clydesdale	**68**	Irish Draught
32	Dalespony	**72**	Connemarapony
33	Dartmoorpony		
34	Shetlandpony	**Typen**	
38	Exmoorpony	**74**	Cob
39	Fellpony	**75**	Britisches Warmblut
40	Shire	**76**	Showpony
44	Hackney	**77**	Reitpferd
45	Highlandpony	**78**	British Sports Horse
46	Englisches Vollblut	**78**	Working Hunter
50	New Forest Pony	**79**	Hunter
51	Suffolk Punch	**80**	Working Hunter Pony
52	Walisische Rassen	**80**	Pony im Hunter-Typ
64	Anglo-Araber	**81**	Hack

GROSSBRITANNIEN UND IRLAND

GROSSBRITANNIEN UND IRLAND

CLYDESDALE

Der in Südschottland bodenständige Clydesdale gehört zwar zur Gruppe der schweren Zugpferde und eignet sich aufgrund seiner Größe und Stärke hervorragend für diese Arbeit, er wirkt jedoch durch seinen ausgewogenen Körperbau viel eleganter und weniger massig als alle anderen Kaltblüter. Während andere schwere Zugpferde klein und stämmig sind und vom Körperbau her eher an eine englische Bulldogge erinnern, ist der Clydesdale ein schönes, stolzes Tier, ohne dabei leicht- oder mittelgewichtig zu wirken.

Verglichen mit anderen Kaltblütern ist die Rasse relativ jung. Die Clydesdale Horse Society wurde 1877 in Schottland gegründet, und seit 1878 wird ein Stutbuch geführt. Das ursprüngliche Zuchtgebiet ist das schottische Clyde Valley, dort importierte man Ende des 17. und Anfang des 18. Jahrhunderts flämische Kaltbluthengste aus Flandern (Vorfahren des heutigen Brabanters oder Belgischen Kaltblutes), um sie mit heimischen Kaltblütern zu kreuzen. Die Importe wurden wahrscheinlich von einem Bauern aus Lanarkshire und später von den Dukes of Hamilton veranlaßt. Man holte noch mehr flämische Pferde nach Schottland, und ansässige Bauern taten sich zusammen und begannen mit der Zucht einer Rasse, die inzwischen zu den beliebtesten und gefragtesten Kaltblütern und schweren Reitpferden der Welt zählt.

Da die Kohle-Industrie in Schottland immer mehr expandierte, nahm auch der Bedarf an besseren und stärkeren Transportpferden stetig zu. Die äußerst schwere Kohle mußte aus den Bergwerken in Gebiete transportiert werden, in denen es keine Eisenbahnen gab. Um die heimischen und importierten Güter transportieren zu können, mußten die Straßen verbessert werden. Verbesserte Straßen wiederum bedeuteten, daß man nun für weite Strecken effizientere Pferdewagen anstelle von Packtieren einsetzen konnte und daher leistungsfähigere Pferde benötigte. Die einheimischen Bauern nahmen diese neue züchterische Herausforderung dann auch bereitwillig an.

Die langen Beine und die kraftvolle Erscheinung des Clydesdales sind hier gut sichtbar, ebenso die recht typische Weißfärbung an den Beinen und der meist helle Bauch – Merkmale, die für diese Rasse typisch sind. Clydesdales gehören zu den großen Kaltblütern.

GROSSBRITANNIEN UND IRLAND

Der erste Bauer, der flämische Hengste nach Schottland holte, traf eine kluge Wahl, denn die flämischen Pferde entstammten einer alten, erprobten Rasse. Der englische Shire, wie wir ihn heute kennen, hatte sich im 17. Jahrhundert noch nicht zu einer eigenständigen Rasse entwickelt, als Zuchtziel war damals lediglich ein einfaches Zugpferd vorgesehen, so daß eine Kreuzung mit diesen Tieren weit weniger zuverlässig gewesen wäre als die Einkreuzung der bewährten Brabanter.

Die ersten Clydesdales wurden unter diesem Namen 1826 bei einer Ausstellung in Glasgow vorgestellt. Außer zur schweren Landwirtschaftsarbeit setzte man die Tiere ein, um Kohle zu den Häfen zu transportieren; zudem wurden sie von der Eisenbahn zum Transport und Rangieren von rollenden Gütern herangezogen.

William Aiton, ein Verfasser landwirtschaftlicher Fachbücher, beschrieb den Clydesdale Ende des 18. Jahrhunderts als »die wertvollste Zugpferdrasse Großbritanniens, nicht nur für den Einsatz in der Landwirtschaft, sondern für alle Arten von Arbeit, die Kraft, Wendigkeit und ein gelassenes Temperament erfordern.« Andere Experten dieser Zeit beschrieben die Rasse als »geeignet für Pflug, Karren und Wagen«, »stark, robust, arbeitswillig und ausdauernd« und bescheinigten den Tieren »die schnellsten natürlichen Gänge aller britischen Kaltblutrassen.«

Seine hervorragenden Qualitäten machten den Clydesdale schnell weltweit beliebt, besonders in Ländern, die sich noch im Aufbau befanden, wie die Vereinigten Staaten, Kanada und Australien. In den Weiten der nordamerikanischen Prärien wurden damals zahlreiche Clydesdale-Gespanne eingesetzt, in Australien waren sie Ende des 18. und im 19. Jahrhundert sogar die einzige bedeutende Kaltblutrasse.

Charakter und Pflege

Clydesdales sind starke, robuste Pferde mit einem freundlichen, ausgeglichenen und guten Charakter. Sie sind fleißig, temperamentvoll und ausdauernd mit aktiven, energischen Gängen, sie bügeln allerdings leicht. Man hat der Rasse zwar gelegentlich eine Neigung zu schwachen Gelenken nachgesagt, doch da bei der Zucht stets besonderes Gewicht auf äußerst belastungsfähige Hufe und Gliedmaßen gelegt wurde, war die Kritik wahrscheinlich nicht gerechtfertigt.

Kaltblüter sind für gewöhnlich genügsam und anspruchslos. Sie reagieren weniger empfindlich auf nasses und kaltes Wetter als Warm- und Vollblutpferde, können sich aber aber auch in heißen Ländern gut anpassen, so daß diese Rasse heute überall auf der Welt geschätzt wird.

Clydesdales heute

Obwohl Kaltblüter im 20. Jahrhundert als Zug- und Landwirtschaftspferde kaum noch gefragt sind, genießt der Clydesdale inzwischen eine Art Comeback als wahrer Publikumsliebling. Traditionelle

Brauereien und Schnapsbrennereien setzen Kaltblutpferde auch heute noch gern als Zugtiere für ihre Wagen ein, und in diesem Bereich sind die Tiere daher immer noch äußerst beliebt. In Schottland werden sie außerdem in der Forstwirtschaft gebraucht und helfen in Städten bei der Instandhaltung von Parkanlagen.

Für Show-Veranstaltungen wird das Pferd im traditionellen Kaltblutstil gezüchtet und zur Vorführung aufwendig mit bunten Bändern, Troddeln und anderem Zierat geschmückt. Es wird an der Hand gezeigt und in Kategorien wie Zugwettbewerben eingesetzt, aber auch bei Wettkämpfen, in denen es um Leistungen beim Pflügen und Ziehen geht.

Clydesdales sind nicht nur wie viele andere Kaltblüter bei Brauereien beliebt, sondern tun auch gute Dienste in den Städten und Wäldern ihrer schottischen Heimat. Diese beiden Tiere warten geduldig und aufmerksam in einem Park, wo ihr Betreuer gerade seiner Arbeit nachgeht.

GROSSBRITANNIEN UND IRLAND

CLYDESDALE
Trotz seines kräftigen Exterieurs ist der Clydesdale einer der schnellsten und aktivsten Kaltblüter der Welt. Er gehört zu den beliebtesten Arbeitspferden und hat ein ruhiges, sanftes Temperament und aktive Gänge. Das Symbol **G** *kennzeichnet Gebäudemerkmale.*

RÜCKEN
Kurz, leicht abgesenkt, mit breiter, kurzer Lendenpartie.

SCHULTER
Gute, schräge, muskulöse Schulter. **G**

HINTERHAND
Gut bemuskelt, breit, lang und stark. **G**

FELL
Gewöhnlich sind Clydesdales Farbschimmel oder Braune (wie das abgebildete Tier), man findet aber auch Dunkelbraune, Rappen und Füchse.

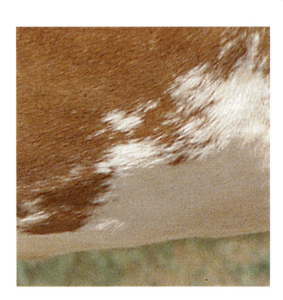

RUMPF
Tief und tonnig. **G**

GRÖSSE
Durchschnittlich 162 cm Stockmaß, Hengste oft 170 cm, manchmal noch größer.

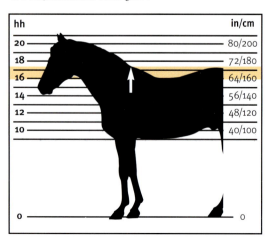

HINTERBEINE
Hinterbeine stehen eng zusammen, aber gerade, Sprunggelenke stehen meist leicht kuhhessig.

HUFE
Große, flache Hufe ohne Neigung zu Bärentatzigkeit. **G**

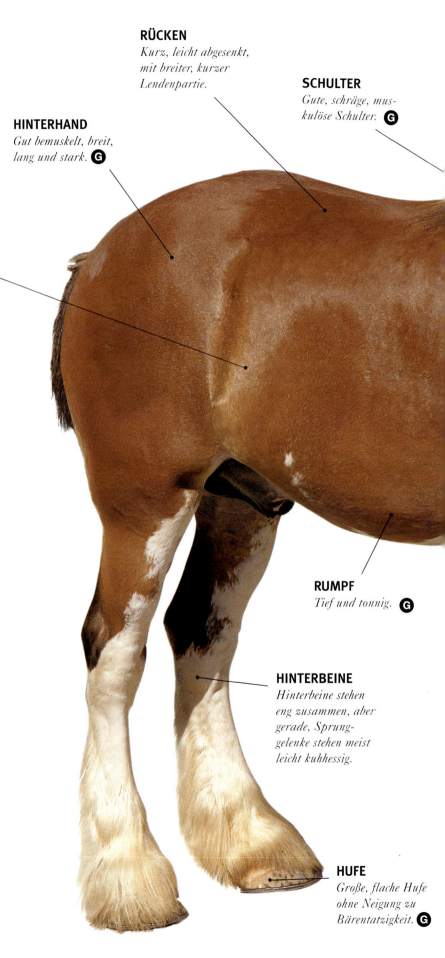

GROSSBRITANNIEN UND IRLAND

HALS
Relativ lang und gewölbt, mit gut ausgeprägtem Widerrist. G

BRUST
Mächtige, tiefe Brust. G

NÜSTERN
Nüstern sind größer und offener als bei den meisten anderen Kaltblütern. G

VORDERBEINE
Im Gegensatz zu anderen Zugpferden setzen die Vorderbeine nicht an den Seiten, sondern direkt unter den Schultern an, sie sind gerade und korrekt gestellt, ohne Neigung zu X-Beinen.

FESSEL UND FESSELKOPF
Lange, elastische Fesseln, starker Kötenbehang.

ABSTAMMUNG

Die Abstammung läßt sich nicht mehr genau zurückverfolgen, man geht aber mit ziemlicher Sicherheit davon aus, daß schottische Galloway-Stuten mit flämischen Hengsten gekreuzt wurden, doch es fanden sicher auch Kreuzungen mit Friesen, Shires und Cleveland Bays statt.

↓ Schottischer Grundstock
↓ Belgisches Kaltblut
↓ Englisches Shire Horse
↓ Friese
↓ Cleveland Bay
↓ Clydesdale

GROSSBRITANNIEN UND IRLAND

DALESPONY

Das Dalespony ist die einzige einheimische britische Rasse, die niemals richtig wild war. Es stammt ursprünglich vom keltischen Primitivpony ab, doch es wurden später auch noch andere Rassen eingekreuzt.

Das Dalespony stammt aus den Hügeln und Tälern Yorkshires auf der östlichen Seite der Pennines-Hügelkette im Norden Englands.

Früher gab es kaum Unterschiede zwischen dem Fellpony (aus dem westlichen Teil der Pennines) und dem Dalespony (aus dem östlichen Teil), so daß beide Arten unter dem Namen »Pennine Ponys« bekannt waren. Doch die unterschiedlichen Bedürfnisse der jeweiligen Bevölkerung führten schließlich zur Entwicklung unterschiedlicher Ponytypen.

Früher schätzte man Dalesponys als hervorragende Traber. Die Ponys waren außerdem dafür bekannt, daß sie unglaubliche Lasten tragen und ziehen konnten. Sie wurden vom Militär zum Transport von Munition eingesetzt, sie dienten Bauern als Allround-Reitponys und arbeiteten in Kohle- und Bleiminen.

Die Ponys waren in der Lage, eine Strecke von 1,6 km in nur drei Minuten zurückzulegen, und konnten in Lastkörben an jeder Seite des Körpers Gewichte von bis zu 220 Pfund tragen. Als Lasttiere liefen sie frei umher und wurden von einem einzelnen Reiter, dem sogenannten Jagger, beaufsichtigt.

Charakter und Pflege
Dalesponys sind zäh und ausdauernd, haben sehr harte Hufe und Beine und können im Freien selbst extreme Temperaturen aushalten. Sie sind intelligent und haben eine ausgeprägte Persönlichkeit.

Dalesponys heute
Dalesponys gewinnen als Trekkingpony und als Fahrpony bei Turnieren zunehmend an Bedeutung.

ALLGEMEINE MERKMALE

GEBÄUDE Das Pony ist stämmig gebaut. Die Beine sind stämmig, mit großen, kräftigen Gelenken und leichtem seidigem Behang. Die Hufe sind hart und bläulich. Mähne und Schweif sind dicht und wellig.

KOPF Typischer Kopf eines Arbeitsponys, er verrät Charakter und Aufmerksamkeit. Das Pony hat kurze Ohren, glänzende, lebhafte Augen und bewegliche Nüstern.

FARBE Meist Rappen, doch auch Dunkelbraune, Braune und Schimmel. Kaum Weiß an Kopf und Gesicht.

GRÖSSE Bis etwa 142 cm Stockmaß.

ABSTAMMUNG

Das bodenständige keltische Pony wurde mit Friesen und wahrscheinlich mit französischen Ariègeoisstämmigen Pferden gekreuzt, die von den Römern nach England gebracht wurden. Anfang des 19. Jahrhunderts wurden Welsh Cobs eingekreuzt, später auch Clydesdales, um der Rasse mehr Größe zu geben. Obwohl das Dalespony immer noch recht groß ist, sind die Kaltblutmerkmale der Clydesdales inzwischen verschwunden.

Keltisches Pony
Galloway ▼
Friese/Ariègeois ▼
Welsh Cob ▼
Clydesdale ▼
Dalespony

Die kräftigen, aber keineswegs grob wirkenden Dalesponys spielten früher als Wirtschaftsfaktor in England eine wichtige Rolle, da sie aufgrund ihrer guten Tabereigenschaften als Packponys äußerst beliebt waren und schwere Lasten über unwegsames Gelände tragen konnten. Heute macht sie ihre Ausdauer und ihr sanftes Temperament zu idealen Trekking- und Fahrponys.

GROSSBRITANNIEN UND IRLAND

DARTMOORPONY

Das Dartmoorpony ist ein gutes Beispiel für eine bodenständige Rasse, die sich trotz zahlreicher Einkreuzungen viele ihrer ursprünglichen Merkmale bewahrt hat. Dartmoorponys gehen gut im Geschirr und sind ausgezeichnete Reitponys für Kinder.

ABSTAMMUNG

Für ein einheimisches Pony ist die Ahnentafel des Dartmoorponys ziemlich gemischt, im Laufe der Jahrhunderte wurden Roadster, Welsh Cob, Araber und zuletzt auch noch Vollblüter eingekreuzt.

Keltisches Pony
Einheimische britische Tiere ▼
Roadster/Traber ▼
Welsh Pony und Welsh Cob ▼
Araber ▼
Englisches Vollblut ▼
Dartmoorpony

Das Dartmoorpony ist zwar sehr eng mit dem ebenfalls aus Südwestengland stammenden Exmoorpony verwandt, doch inzwischen gibt es eindeutige Unterschiede im Erscheinungsbild beider Rassen, da Eingriffe durch den Menschen zur Entwicklung von zwei deutlich unterschiedlichen Ponytypen geführt haben.

Wenn man den südwestlichen Teil Englands als Fuß betrachtet, bildet das Exmoor das Fußgewölbe und das Dartmoor die Ferse. Beide Gebiete sind karg und unwirtlich, allerdings gibt es im Dartmoor höhere Felsen und Hügel. Da das Dartmoor leichter zugänglich ist als das Exmoor, waren die Dartmoorponys im Lauf der Jahrhunderte so vielen »Verbesserungen« durch den Menschen ausgesetzt, daß man sie aufgrund der zahlreichen Einkreuzungen eigentlich kaum noch als natürliche oder bodenständige Rasse bezeichnen kann. Dartmoors sind hervorragende Reitponys und eignen sich besonders als Erstpony für Kinder.

Der natürliche Lebensraum der Dartmoorponys ist rauh und wild, da der magere, saure Boden auf den großen Granitfelsen nur spärliche Vegetation erlaubt. Das Dartmoorpony ist zäh und ausdauernd, es benötigt allerdings eine Zufütterung mit Heu, wenn es als wildlebendes Pony den Winter im Freien unbeschadet überstehen soll. Während des Zweiten Weltkriegs war das Dartmoor für die Öffentlichkeit tabu und nur den britischen Truppen zugänglich. Die Ponyherden wurden während dieser Zeit durch die harten Winter so stark dezimiert, daß bei Kriegsende, als man den Bestand überprüfte und die Tiere registrierte, insgesamt nur zwei Hengste und zwölf Stuten überlebt hatten. Seitdem hat man durch selektive Zucht und sorgfältige Pflege das Dartmoorpony vor dem Aussterben bewahrt und seine Zukunft gesichert.

Obwohl in den Mooren rein gezogene Herden leben, läßt man die Stuten meist auf den Bauernhöfen oder in den Privatgestüten von reinrassigen Hengsten decken.

Charakter und Pflege
Das Dartmoorpony ist zäh, ausdauernd und stark, dabei ruhig, zuverlässig und freundlich.

Dartmoorponys heute
Dartmoorponys gelten als ideale Reitpferde für Kinder und werden außerdem bei Fahrturnieren eingesetzt.

ALLGEMEINE MERKMALE

GEBÄUDE Dartmoors besitzen viel Ponycharakter und sind kräftig gebaut, mit schlanken, starken Beinen und harten, gut geformten Hufen.

KOPF Klein, mit winzigen, aufmerksamen Ohren, großen, sanften Augen und einem neugierigen Gesichtsausdruck.

FARBE Meist Dunkelbraune und Braune. Übermäßige weiße Abzeichen an Beinen und Kopf sind unerwünscht.

GRÖSSE 120–127 cm.

ANDERE MERKMALE Das Dartmoorpony ist berühmt für seine schönen Gänge, die an einen Vollblüter erinnern. Es zeigt flache, lange, freie Bewegungen mit wenig »Knieaktion«.

GROSSBRITANNIEN UND IRLAND

SHETLANDPONY

Shetlandponys stammen von den gleichnamigen Inseln im äußersten Norden Schottlands und sind ein hervorragendes Beispiel für die Entstehung einer kleinen, zähen Rasse, die es gelernt hat, dem kalten Klima und den schlechten Lebensbedingungen zu trotzen. Die Ponys haben im Lauf der Zeit alle Merkmale der Kaltblüter entwickelt, um den Verlust ihrer Körperwärme möglichst gering zu halten. Shetlandponys (ursprünglich hießen sie »Zetlands«) werden in alle Welt exportiert, sie scheinen jedoch sehr schnell an Typ zu verlieren, wenn sie nicht in ihrem Ursprungsgebiet gezüchtet werden, selbst wenn sie in ihrer neuen Heimat unter ähnlichen Lebensbedingungen leben. Besonders auffällig zeigt sich dies beim amerikanischen Shetlandpony, das sich inzwischen so sehr verändert hat, daß es mittlerweile seinen schottischen Vorfahren kaum noch ähnelt.

Die Shetlandinseln sind trist – baumlose Inseln mit kargem, sauren Boden, auf dem nur wenig Gras und Heidekraut wächst. Shetlandponys haben gelernt, sich auf dieses bescheidene Nahrungsangebot einzustellen. In einem Pferdebuch aus dem 18. Jahrhundert werden die kleinen Ponys folgendermaßen beschrieben: »Sommers wie winters laufen sie in den Bergen umher, manchmal in Herden, und wenn im Winter das Futter knapp wird, verlassen sie die Hügel, begeben sich bei Ebbe an den Strand und fressen Seetang. Winterstürme und Futtermangel machen ihnen so sehr zu schaffen, daß sie erst Mitte Juni wieder richtig zu Kräften kommen und ihre Höchstform erreichen.« Trotz dieser schlechten Bedingungen haben Shetlandponys eine hohe Lebenserwartung und können oft noch mit 24 Jahren als Reittiere genutzt werden.

Die Kraft der winzigen Pferde im Verhältnis zu ihrer geringen Körpergröße (oft nur 90–106 cm Stockmaß) ist wirklich einzigartig. Angeblich kann ein Pony, das von einem Mann mit Leichtigkeit hochgehoben werden kann, denselben Mann 32 km weit tragen. Ein Pony, das nur 91 cm groß war, soll einmal einen Mann mit einem Gewicht von 76 kg an einem Tag 64 km weit getragen haben.

Die Ursprünge der Rasse sind ungeklärt und führen immer wieder zu neuen Spekulationen. Manche Experten glauben, daß die ersten Ponys von Skandinavien herüberkamen, bevor die Eismassen sich zurückbildeten, andere sind der Meinung, daß sie über eine Landbrücke den heutigen Kanal überquerten, bevor die Britischen Inseln vom übrigen Europa abgeschnitten wurden. Sicher ist nur, daß sie schon seit vielen Tausend Jahren auf ihren Heimatinseln vorkommen. Archäologische Funde lassen darauf schließen, daß die Tiere bereits 500 v. Chr. dort lebten.

Früher wurden die kleinen Pferde meist als Reitponys, Pack- und Zugtiere genutzt, doch die Bauern setzten sie auch in der Landwirtschaft ein, vor allem zum Transport von Seetang, der in riesigen Lastkörben vom Strand geholt wurde, um als

Shetlands sind zähe, kleine Ponys, die sich ihrer kalten, unwirtlichen Heimat perfekt angepaßt haben, indem sie Merkmale entwickelt haben, die jeden unnötigen Wärmeverlust verhindern. Sie haben einen tonnigen Rumpf, dichtes Mähnen- und Schweifhaar und dicke Stirnschöpfe, einen breiten Hals und einen relativ großen Kopf. Ihr Winterfell ist äußerst dicht und wasserabstoßend.

GROSSBRITANNIEN UND IRLAND

Shetlands sind beliebte Kinderreitponys und erbringen sowohl unter dem Sattel als auch im Geschirr gute Leistungen. Es gibt sogar ein eigenes »Grand National« für die kleinen Ponys, wie das im englischen Windsor aufgenommene Foto zeigt.

Dünger das karge und unfruchtbare Land zu verbessern. Außerdem transportierten die Ponys das wichtige Brennmaterial Torf, sie dienten den Menschen auf den Inseln als Reittiere und wurden als Zugtiere vor Karren und andere Fahrzeuge gespannt. Als die ansässige Kohle-Industrie im 19. Jahrhundert aufblühte, verbreitete sich der gute Ruf der ungemein starken, winzigen Ponys, und man wählte viele der besten Tiere aus und ließ sie als Grubenponys in den Minen arbeiten, aus denen viele nie wieder ans Tageslicht zurückkehrten.

Charakter und Pflege

Nicht alle Shetlandponys haben einen vertrauenswürdigen Charakter. Sie können dominierend, eigenwillig und sogar ausgesprochen störrisch sein. Manchmal sind sie recht schwierig und zeigen mitunter sogar eine Tendenz zu beißen, so daß sie für Kinder nicht immer empfehlenswert sind. Wenn sie aber ein liebenswertes Wesen besitzen (und viele der Ponys sind sanftmütig) eignen sie sich hervorragend als Kinderreitponys und Haustiere.

Shetlandponys sind ungeheuer zäh und daher recht anspruchslos und ausgesprochen leichtfuttrig, man sollte sie allerdings regelmäßig zu einem guten Schmied bringen. Wenn die Ponys ihre Heimat verlassen und in ein Gebiet mit besseren Lebensbedingungen verpflanzt werden, in dem sie eine andere Ernährung erhalten, setzten sie schnell Fett an, und es ist oft schwierig, ihr Gewicht auf ein gesundes Maß herunterzuschrauben. Gras und Futter, das für ihre Konstitution zu reichhaltig ist, kann verbunden mit zuwenig Bewegung die schmerzhafte, entzündliche Hufrehe verursachen, die manchmal sogar zum Tod führt. Erst in den letzten Jahren gibt es Fertigfutter, das eiweiß- und proteinarm genug ist, um eine gute Alternative für die Tiere darzustellen, so daß sie weder zu hungern brauchen noch übermäßig dick werden.

Shetlandponys heute

Obwohl man sie auf ihren Heimatinseln auch heute noch für diverse Aufgaben einsetzt, werden Shetlandponys inzwischen wegen ihrer geringen Größe vor allem als Reitponys für Kinder gezüchtet, auch wenn einige Experten der Meinung sind, daß der kräftige Körperbau sie für kleine Kinder ungeeignet macht, weil sie wegen ihres tonnigen Rumpfes unbequem zu reiten sind.

Shetlands gehen auch gut im Geschirr und sind beliebt bei Fahrturnieren und bei Wettrennen über kurze Distanzen. Manchmal werden sie nur als Haustier gehalten, doch sie sind auch als Zirkusattraktion und Stallgenossen für einsame Großpferde sehr beliebt. Einige Rennställe halten eigens ein Shetland, damit es den Rennpferden Gesellschaft leistet, und die meisten Ponys sind dank ihres ausgeprägten Charakters in der Lage, sogar große, durchtrainierte Vollblüter in Schach zu halten, ohne auf körperliche Gewalt zurückgreifen zu müssen. Auf nervöse Pferde üben sie oft einen ausgesprochen beruhigenden Einfluß aus.

GROSSBRITANNIEN UND IRLAND

SHETLANDPONY
Im Verhältnis zu ihrer Größe sind Shetlandponys stämmig und schwer. Sie sind ausgesprochen unabhängig und ertragen selbst harte klimatische Bedingungen. Sie können sogar mit einem Minimum an Futter und Gras überleben. Das Symbol **G** *kennzeichnet Gebäudemerkmale.*

KOPF
Der Kopf sollte nicht zu groß sein, das Gesicht ist konkav oder gerade. **G**

OHREN
Die Ohren sind klein, so wird Wärmeverlust vermieden. **G**

HALS
Der Hals ist kurz, tief und kräftig. **G**

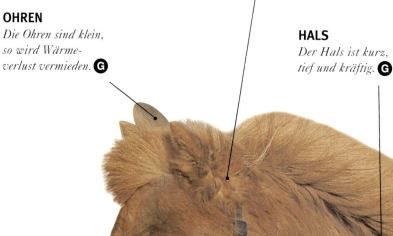

FARBE
Füchse, Braune, Rappen, Braunschecken und Rappschecken/Schecken sind besonders häufig.

GRÖSSE
Die Durchschnittsgröße beträgt 101 cm, maximal 107 cm Stockmaß, doch häufig sind die Tiere auch beträchtlich kleiner.

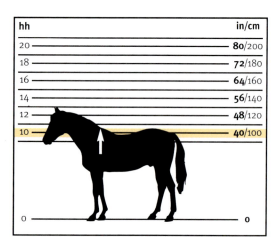

hh	in/cm
20	80/200
18	72/180
16	64/160
14	56/140
12	48/120
10	40/100
0	0

FESSELGELENKE
Schwacher Behang an den Fesselgelenken. **G**

GROSSBRITANNIEN UND IRLAND

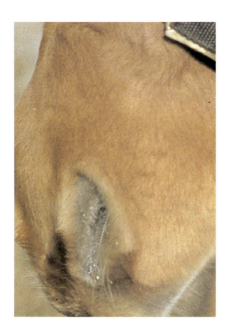

NÜSTERN
Die Nüstern sind normalerweise sehr klein, um Wärmeverlust durch ausgeatmete Atemluft zu vermeiden.

FELL
Das Fell ist im Sommer ziemlich weich und kräftig, im Winter extrem lang, dick und dicht, mit einer feinen, wärmenden Unterwolle.

KÖRPER UND RÜCKEN
Ein tonniger Rumpf mit kurzem, oft leicht abgesenktem Rücken. **G**

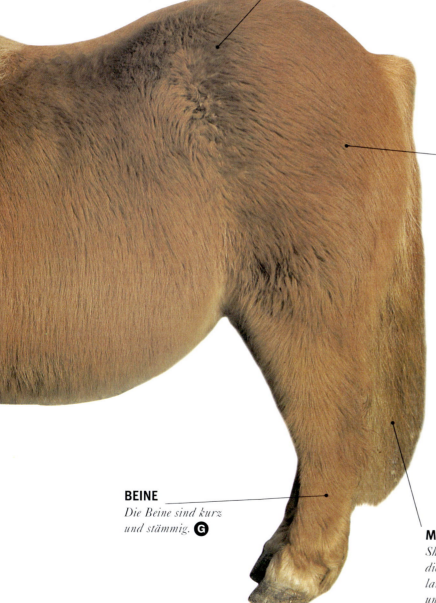

HINTERHAND UND HÜFTE
Starke, breite Lendenpartie, kräftige Hinterhand und gut bemuskelte Hüfte. **G**

BEINE
Die Beine sind kurz und stämmig. **G**

MÄHNE UND SCHWEIF
Shetlandponys haben dicke Stirnschöpfe und langes, dichtes Mähnen- und Schweifhaar.

ABSTAMMUNG

Im allgemeinen wird angenommen, daß Shetlandponys zu den reinsten Nachkommen des keltischen Primitivponys gehören, auf die auch die Exmoorponys zurückgehen.

Keltisches Pony

Shetland

GROSSBRITANNIEN UND IRLAND

EXMOORPONY

Das Exmoorpony gehört zu den ältesten rein gezüchteten Ponyrassen der Welt und weist große Ähnlichkeit mit seinen prähistorischen Ahnen auf. Die Ponys laufen immer noch frei im Exmoor umher und haben sich ihren wilden Charakter bewahrt, sie werden aber zu hervorragenden Familienponys, wenn sie jung genug eingefangen werden.

ABSTAMMUNG

Alte Primitivrasse mit wenig Fremdblut.

Alter keltischer Pony-Typ ▼
Exmoorpony

Das Exmoorpony gehört zu den eigenständigsten, ältesten und reinsten Ponyrassen. Seine Ursprünge lassen sich bis zu einem prähistorischen, voreiszeitlichen Ponytyp zurückverfolgen, dessen Knochen und Fossilien in Alaska gefunden wurden. Das extreme Klima und die Gefährdung durch verschiedene Raubtiere führten zur Entwicklung eines zähen Wildponys. Gegen Ende der Eiszeit wanderten diese Ponys über die Beringstraße nach Sibirien und weiter über den Ural nach Westeuropa. Die Ponys überquerten dort, wo heute der Kanal liegt, die damals noch bestehende Landbrücke und gelangten so nach Südengland.

Das Exmoor liegt in der Nähe vom Dartmoor in Südwestengland und ist ebenso rauh. Seit dem 11. Jahrhundert gehört es der Krone und wurde von der königlichen Familie und der Aristokratie zur Jagd genutzt. Eine Zeitlang waren alle Ponys Eigentum der Krone, doch jetzt gehören sie den Wildhütern, ansässigen Bauern und anderen.

Exmoors sind nur selten mit anderen Rassen vermischt worden. Einkreuzungen mit walisischem Blut führten bei einigen Beständen zu Verschlechterungen, doch die Einflüsse waren nicht von Dauer.

Im Zweiten Weltkrieg nahm die Zahl der Exmoorponys drastisch ab, da viele geschlachtet wurden, um den im Moor stationierten Soldaten als Nahrung zu dienen. Nach dem Krieg erholte sich die Rasse, und die Bestände nahmen wieder zu. Im Exmoor gibt es immer noch einige wildlebende Herden, doch die meisten Ponys werden heute auf Bauernhöfen und in Privatgestüten gezüchtet.

Charakter und Pflege
Exmoors sind zäh und ausdauernd, dabei willig und fleißig – vorausgesetzt sie werden jung genug eingefangen und zugeritten.

Exmoorponys heute
Exmoors sind vor allem als Reitponys für Kinder und als Trekkingponys beliebt. Aufgund ihrer großen Ausdauer eignen sie sich gut für Distanzritte und werden auch bei Fahrturnieren eingesetzt.

ALLGEMEINE MERKMALE

GEBÄUDE Exmoors sind kräftige, stämmige Ponys mit dichter, rauher Mähne und üppigem Schweif. Sie haben schlanke, aber starke Beine mit gut geformten Gelenken und kleinen, sehr harten, runden Hufen.

KOPF Manchmal ziemlich groß. Dicke, kurze Ohren, breite Stirn. Sie haben »Krötenaugen« mit schweren Lidern, die die Augen vor Regen schützen.

FARBE Braune, Dunkelbraune oder Falben mit mehlfarbenen Schattierungen um Augen und Nüstern (Mehlmaul), an der Innenseite der Flanken und auch am Bauch. Keinerlei Weißfärbung. Mähne, Stirnschopf und Schweif sind schwarz.

GRÖSSE Zwischen 122 cm und 123 cm Stockmaß, Hengste meist größer als Stuten.

GROSSBRITANNIEN UND IRLAND

FELLPONY

ABSTAMMUNG

Das Fellpony stammt vom keltischen Ponytyp ab und verrät außerdem Einflüsse von Kreuzungen mit Friesen und Galloways.

Keltisches Pony
Friese ▼
Galloway ▼
Fellpony

Das Fellpony ist eng mit den Dalespony verwandt, jedoch kleiner und reinblütiger. Es stammt von der Westseite der Pennines-Hügelkette im Norden Englands. Das Fellpony ist ein echtes Berg- und Moorlandpony, das immer noch frei auf den Hügeln umherläuft, inzwischen wird es allerdings auch auf Bauernhöfen und Privatgestüten gezüchtet. Es stammt höchstwahrscheinlich vom keltischen Pony ab, führt aber auch das Blut von niederländischen Friesen, Kaltblutpferden, die einst von den Römern ins Land gebracht wurden. Ebenfalls von Bedeutung für die Entwicklung des Fellponys waren die schottischen Galloways, eine zähe, inzwischen ausgestorbene Rasse, deren Qualitäten das Fellpony sich bis heute bewahrt hat.

Fellponys wurden oft als Traberponys genutzt, aber auch zum Schafehüten und an den Bleiminen als Packtiere eingesetzt. Sie transportierten das schwere Blei in Tragkörben, die je bis zu 50 kg wogen. Die Ponys gingen in einer Reihe hintereinander, wurden von einem einzelnen Reiter beaufsichtigt und konnten pro Tag bis zu 48 km zurücklegen.

Charakter und Pflege

Fellponys haben eine eiserne Konstitution, echten Ponycharakter und das Erscheinungsbild eines Wildponys. Sie sind von Natur aus freundlich und eifrig, können aber auch sehr eigenwillig sein.

Fellponys heute

Im englischen Lake District werden sie heute häufig als Trekkingponys für Touristen eingesetzt. Sie eignen sich hervorragend als Kinderreitponys und gehen auch gut im Geschirr. Manche Bauern nutzen sie bis heute beim Schafehüten.

ALLGEMEINE MERKMALE

GEBÄUDE Das Fellpony wirkt elegant, aber nicht zierlich, von stolzem Äußeren und sehr typvoll. Schöne, ausbalancierte, raumgreifende Gänge.

KOPF Gut geformt, Ohren sehr weit auseinandergesetzt, breite Stirn und hervortretende, sanfte, intelligente Augen. Der Kopf verjüngt sich leicht zum Maul hin, das Profil ist gerade bis leicht konvex.

FARBE Besonders verbreitet und beliebt sind Rappen, daneben findet man Braune, Dunkelbraune und Schimmel. Weiße Abzeichen sind unerwünscht, doch ein kleiner Stern auf der Stirn und ein wenig Weiß an den Hufen sind zulässig.

GRÖSSE Nicht über 140 cm Stockmaß.

Das Fellpony ähnelt dem niederländischen Friesen, der es auch beträchtlich beeinflußt hat. Ihm verdankt es seine gutmütige Natur, es hat sich jedoch die Zähigkeit und Intelligenz des keltischen Ponys bewahrt. Früher wurde es als Allround-Farmpony geschätzt, heute ist es ein exzellentes Wagen- und Kinderreitpony.

GROSSBRITANNIEN UND IRLAND

SHIRE

Wenn von Shire Horses die Rede ist, denken die meisten Engländer unweigerlich an große, hart arbeitende, kluge Kaltblüter, die einen Pflug über den Acker ziehen, oder an riesige Streitrosse, die geduldig vor einer mittelalterlichen Burg stehen und auf ihrem Rücken einen Ritter in glänzender Rüstung tragen. Diese Assoziationen mögen zwar weit verbreitet sein, haben jedoch mit der Wirklichkeit wenig zu tun.

Das Shire Horse ist eine noch junge Rasse, die sich erst im 19. Jahrhundert in England entwickelte. In früheren Jahrhunderten hatte man zum Pflügen und zum Transport der meisten Güter in der Hauptsache Ochsen benutzt.

Der Name Shire ist erst seit 1884, dem Gründungsjahr der Shire Horse Society, in Gebrauch. Die Rasse geht auf den inzwischen ausgestorbenen »Alten Englischen Rappen« (das »Old English Black Carthorse«) zurück, das im 18. Jahrhundert überall anzutreffen war. Damals waren die Pferde dieser Rasse angeblich alle grob, häßlich, schwerfällig und launisch. Eine Zeitlang galt es sogar als Pluspunkt, wenn man von einem Zug- oder Geschirrpferd sagen konnte, daß es kein »schwarzes Blut« besaß.

In den Grafschaften der englischen Midlands – Lincolnshire, Leicestershire, Northamptonshire, Staffordshire und Derbyshire – konzentrierte man sich darauf, ausgesprochen große, schwere Kaltblüter als Landwirtschaftspferde und Zugtiere zu züchten, und nach ihnen wurde die neue Rasse im 19. Jahrhundert schließlich benannt. Da der schwere Sumpf- und Lehmboden der Midlands für Arbeitspferde äußerst ermüdend war, beschloß man, eine große, starke Rasse zu züchten, die mit den ungünstigen Bedingungen fertig wurde.

Die Züchter übertrafen sich selbst und schufen die größte und stärkste Pferderasse der Welt. Ein Shire war im Schnitt über 180 cm Stockmaß groß und wog knapp über 1 Tonne. Die Tiere wurden von Brauereien eingesetzt, um Fässer zu den Schenken und Herbergen zu transportieren. Die Pferde arbeiteten allein oder zu zweit im Gespann, und viele Brauereien greifen auch heute noch gern auf Shires zurück. Kurze Transporte (bis zu 8 km) sind mit Pferdetransporten viel billiger, selbst wenn man alle Kosten für Unterbringung, Futter, Geschirr, Personal, Instandhaltung der Ställe und Tierarztkosten mitrechnet. Zudem sehen sie natürlich auf der Straße sehr viel schöner aus als ein gewöhnlicher Lastwagen.

Shires sind die größten Pferde der Welt. Die »sanften Riesen« wurden im 19. Jahrhundert in England gezüchtet, um den steigenden Bedarf an größeren, stärkeren Tieren zum Ziehen der schweren Landwirtschaftsmaschinen und Wagen zu decken.

GROSSBRITANNIEN UND IRLAND

Charakter und Pflege

Shires haben meist ein zahmes, geduldiges Wesen und sind sanft und gutmütig. Als Kaltblüter sind sie robust und widerstandsfähig gegen Kälte und Nässe, doch wie bei allen Pferden und Ponys tut man gut daran, sie vor extremen Temperaturen zu schützen. Wie die meisten Kaltblüter, die in der Landwirtschaft eingesetzt werden, benötigen sie anderes Futter als leichtere Rassen und fressen riesige Mengen Stroh, Kraftfutter, Heu und Wurzelgemüse verschiedener Art. Brauereipferde fressen oft auch Hopfenreste und Hefe und trinken manchmal sogar gern einen Eimer Bier am Tag, wobei jedes Tier dabei seine eigenen Vorlieben entwickelt!

Shires heute

Obwohl ihre Zahl stark zurückgegangen ist, hat man nicht ganz damit aufgehört, die Tiere für verschiedene Landwirtschaftsarbeiten einzusetzen, und in diversen Ländern werden Shires durchaus noch als reine Arbeitspferde gehalten. Angeblich können sie tiefer pflügen als jeder Traktor, und zudem verbessern sie mit ihrem Mist die Bodenqualität.

Heute begegnet man dem Shire hauptsächlich als Zugpferd, entweder als echtem Arbeitspferd oder als Publikumsattraktion. Manche Shires werden auch bei Wettkämpfen eingesetzt, wobei Wettpflügen besonders beliebt ist. Aufgrund ihrer Größe und Stärke sind die Pferde natürlich für das Ziehen von Lasten geradezu ideal geeignet. Nachdem die Bestände während der 50er Jahre drastisch abgenommen hatten, haben sich die stolzen Shires mittlerweile wieder erholt und erfreuen sich zudem großer Beliebtheit.

Heute sind Shires attraktive Repräsentationspferde und beliebte Werbeträger für Brauereien. Sie arbeiten allein, zu zweit oder in Teams und werden als Publikumsattraktion oder für Transporte auf kurzen Strecken eingesetzt.

Ausgesprochene Freundlichkeit und Geduld, Qualitäten, die man normalerweise mit Shires verbindet, kann man am sanften Gesicht dieses Pferdes deutlich erkennen.

GROSSBRITANNIEN UND IRLAND

KOPF
Leicht geramstes (konvexes) Profil, kluger, stolzer Gesichtsausdruck. Lange Ohren, tiefe, freundliche Augen. Breite Stirn, ausgeprägter Kiefer.

FARBE
Braune (oft mit deutlichen Flecken), Dunkelbraune, Schimmel oder Rappen, meist mit großem Weißanteil im Gesicht und an den Unterbeinen, aber kein Weiß am Körper.

SHIRE
Das Äußerste an massiver Muskulatur, Kraft, Größe und Gewicht. Shires verbinden Größe und Stärke, ohne dabei grob zu wirken. Die heutigen Shires haben längere Beine als ihre Vorfahren, weil sie auf mehr Größe gezüchtet wurden. Freundlichkeit und Geduld, Qualitäten, die man normalerweise mit der Rasse verbindet, sind am Gesicht dieses schönen Pferdes gut zu erkennen. Das Symbol **G** *kennzeichnet Gebäudemerkmale.*

NÜSTERN UND LIPPEN
Die Nüstern sind weit und häufig groß, die Lippen dünn, manchmal mit ausgeprägten Tasthaaren.

GRÖSSE
Obwohl die durchschnittliche Größe oft mit 170 cm Stockmaß angegeben wird, erreichen Shires oft 180 cm oder mehr. Sie sind die größten Pferde der Welt.

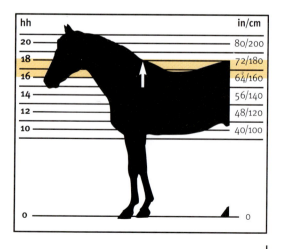

RUMPF
Der Rumpf ist tief und tonnig. **G**

GROSSBRITANNIEN UND IRLAND

HALS UND SCHULTERN
Der Hals ist lang und gewölbt, stark und gut aufgesetzt, die Schulter lang, schräg und muskulös. **G**

BRUST UND RÜCKEN
Breite, tiefe Brust und kurzer Rücken. **G**

LENDENPARTIE UND HINTERHAND
Lendenpartie und Hinterhand sind lang, gut gerundet und muskulös, mit schräger Kruppe. **G**

ABSTAMMUNG

Die Rasse ist weit jünger, als angenommen wird. Shire Horses wurden gezielt als Gebrauchspferde gezüchtet.

Old English Black Carthorse

Flämische Pferde

Friesen

Einheimische Kaltblüter

Shire

FESSELGELENKE UND HUFE
Langer, seidiger, gerader Behang. Die großen Hufe sind rund, offen und stark. **G**

BEINE
Die heutigen Shires haben längere Beine als ihre Vorfahren, da sie auf zusätzliche Größe gezüchtet wurden. **G**

RÖHRBEINE UND FESSELN
Kräftige Beine mit breiten Gelenken, recht langen Röhrbeinen und relativ kurzen Fesseln. **G**

43

GROSSBRITANNIEN UND IRLAND

ABSTAMMUNG

Der Hackney enthält in der Hauptsache Traberblut aus verschiedenen Linien, zusätzlich wurden orientalische Pferde und Vollblüter eingekreuzt, um Qualität und Temperament der Rasse zu verbessern.

Frühe englische Traberlinien
Dänische Pferde ▼
Friesen ▼
Araber ▼
Yorkshire und Norfolk Trotter ▼
Englisches Vollblut ▼
Hackney

Englische Traberlinien
Fellpony ▼
Welsh Mountain Pony ▼
Hackneypony

HACKNEY

Pferde und Ponys im Hackney-Typ wurden in Britannien bereits im Mittelalter benutzt, als sie genauso häufig unter dem Sattel wie im Geschirr anzutreffen waren. Der Name geht wahrscheinlich auf das französische Wort *haquenée* zurück, das wiederum von dem Wort *haque* abstammt (und »Reitpferd«, für gewöhnlich »Wallach« bedeutete), woraus später das englische Wort »hack« entstand, das »Reitpferd« bedeutet. Hackneys waren vor allem für ihren hervorragenden Trab bekannt, eine Gangart, die sowohl schnell für den Reiter als energiesparend für das Tier ist.

Der moderne Hackney geht auf Traberzuchten aus Yorkshire und Norfolk aus dem 18. Jahrhundert zurück. Der Norfolk Trotter (oder Roadster) stammte möglicherweise von den dänischen Pferden ab, die König Knut im 11. Jahrhundert nach England brachte. Das verwandte Hackneypony geht ebenfalls auf Traber sowie auf Fellponys und Welsh Mountain Ponys zurück. Die Hackney Horse Society, die auch Hackneyponys registriert, führt das britische Zuchtbuch seit 1883.

Charakter und Pflege

Hackney und Hackneypony sind lebhafte, leistungsfähige Tiere, die sich für Neulinge nicht gut eignen. Sie zeigen beim schnellen Trab große Ausdauer und erfordern sachkundige Behandlung.

Hackneys heute

Inzwischen sind Hackneys fast ausschließlich bei Show-Vorstellungen zu finden, wo ihre Schnelligkeit und Ausdauer leider nur selten zur Geltung kommen. Gelegentlich werden Hackneys auch bei Fahr- oder Springturnieren eingesetzt.

ALLGEMEINE MERKMALE

GEBÄUDE Hackneys haben viel Feuer und Schnelligkeit. Aufgrund ihrer äußeren Erscheinung eignen sie sich hervorragend als elegante Wagenpferde.

KOPF Klein und hoch getragen, der Gesichtsausdruck verrät große Wachsamkeit. Das Profil ist leicht konvex, die Ohren sind spitz und lebhaft, die Augen feurig und aufgeweckt.

FARBE Meist Braune, Dunkelbraune und Rappen, gelegentlich Füchse, selten Farbschimmel. Oft weiße Abzeichen an Kopf und Beinen.

GRÖSSE Hackneys und Hackneyponys reichen von 120 cm bis 152 cm Stockmaß, Ponys sind nicht größer als 140 cm.

ANDERE MERKMALE

Hackneys sind berühmt für ihre brillante, extravagante Trabaktion mit raumgreifenden Schritten. Hohe, tänzelnde Aktion, frei aus der Schulter heraus und kniebetont. Hufe werden hoch gehoben, weit nach vorne gestreckt, halten kurz inne und scheinen dann sekundenlang in der Luft zu schweben.

Hackney und Hackneypony sind ausgesprochene Showpferde. Sie sind eine sehr spezialisierte Rasse und gehören unbedingt in die Hände eines erfahrenen Pferdekenners, der in der Lage ist, ihre extravaganten Trabereigenschaften und ihr lebhaftes Temperament zu zügeln.

GROSSBRITANNIEN UND IRLAND

HIGHLANDPONY

Von allen einheimischen britischen Berg- und Moorlandponys besitzt das schottische Highlandpony das liebenswürdigste Naturell, vielleicht weil es – anders als die meisten anderen britischen Rassen – schon seit Jahrhunderten in engem Kontakt zum Menschen lebt. Außer in den Highlands selbst gibt es auch auf Skye, Jura, Uist, Barra, Harris, Tiree, Lewis, Arran, Rhum, Islay und Mull unterschiedliche Vertreter dieser Rasse – wobei der Ponytyp überall ein wenig anders ausfällt, da die Ponys so gezüchtet wurden, daß sie den Wünschen und Bedürfnissen der einheimischen Bevölkerung entsprachen.

Es gibt zwei Grundtypen von Highlandponys, den kleinen Inseltyp und den größeren, schwereren Festlandtyp, der unter dem Namen »Garron« bekannt ist. Heute erkennt die Highland Pony Society allerdings nur ein Pony an, und Kreuzungen haben dazu geführt, daß die beiden Grundtypen mehr oder weniger ineinander aufgegangen sind, obwohl es immer noch große und kleine Highlands gibt. Highlandponys werden seit langem als Arbeits- und Freizeitponys gehalten, früher wurden sie zudem oft in der Schottischen Armee eingesetzt.

Charakter und Pflege

Highlandponys sind bekannt für ihr sehr freundliches und kooperatives Wesen, sie haben aber dennoch Temperament und viel Persönlichkeit. Sie sind ausgesprochen zäh und entwickeln sich am besten in Robusthaltung.

Highlandponys heute

Highlandponys werden immer noch auf Landgütern gehalten, aber auch bei der Forstarbeit eingesetzt, ziehen als Jagdponys geschossenes Wild ins Tal und gehen auch gut im Geschirr.

ALLGEMEINE MERKMALE

GEBÄUDE Stämmig, harmonisch und leichttrittig. Beine stark bemuskelt, mit gut geformten Hufen.

KOPF Kurz, aber breit. Kurze Ohren und glänzende, freundliche Augen. Gerades Profil und weite, bewegliche Nüstern in einem hübschen Maul.

FARBE Große Farbenvielfalt, meist Falben in unterschiedlichen Schattierungen, wie Creme-, Fuchs-, Maus-, Gold-, Gelb- und Graufalben. Auch Schimmel, Rappen, Dunkelbraune, Braune und Füchse.

GRÖSSE Minimum fast so klein wie ein Shetlandpony (heute selten), Maximum 142 cm Stockmaß.

ANDERE MERKMALE Außer dem äußerst liebenswerten Wesen und ihrer großen Stärke sind Highlands für ihre primitiven Abzeichen bekannt, viele von ihnen weisen einen ausgeprägten Aalstrich über der Wirbelsäule und Zebrastreifen an den Innenseiten der Beine auf.

ABSTAMMUNG

Highlands sind ursprünglich aus dem keltischen Primitivpony hervorgegangen, später erfolgten zahlreiche Einkreuzungen mit anderen Rassen. Die hervorragenden, aber inzwischen leider ausgestorbenen Galloways wurden mit vielen Highlands gekreuzt, außerdem Percheron, Clydesdales, spanische Pferde und Berber. Im 19. Jahrhundert kam auch Araberblut hinzu. Trotz allem konnte das Highlandpony seine guten Eigenschaften bewahren und gilt heute als eigenständiger Typ.

Keltisches Pony
Galloway ▼
Diverse europäische Rassen ▼
Clydesdale ▼
Berber ▼
Araber ▼
Highlandpony

Das stämmige Highlandpony gehört zu den bodenständigen großen Ponyrassen Großbritanniens. Es hat einen sanftmütigen Charakter und ist dem Menschen sehr zugetan, da es schon seit Jahrhunderten eng mit ihm zusammenlebt. Es wird immer noch als Allround-Pony eingesetzt, von leichter Landwirtschaftsarbeit bis zum Trekking.

GROSSBRITANNIEN UND IRLAND

ENGLISCHES VOLLBLUT

Das Englische Vollblut wurde ursprünglich gezielt als Rennpferd gezüchtet, das dem Vergnügen der britischen Krone, der Aristokratie und der Oberschicht dienen sollte. Doch der Sport breitete sich immer weiter aus und ist heute in aller Welt beliebt.

Das Englische Vollblut (Thoroughbred) kann mit Fug und Recht als die wichtigste moderne Pferderasse überhaupt bezeichnet werden. Die Entwicklung der Rasse während der letzten 250 Jahre war geradezu phänomenal. Das Englische Vollblut wurde ursprünglich nur als Rennpferd zur Unterhaltung der königlichen Familie, der Aristokratie und der Oberschicht gezüchtet, doch die wachsende Beliebtheit der Sportart bei der breiten Bevölkerung und die große Wettleidenschaft führten dazu, daß sich Vollblutrennen und die Zucht dieser Rasse über die ganze Welt ausgebreitet haben.

Die rasante Entwicklung der Rasse zu ihrer heutigen Leistungsfähigkeit und Charakteristik erfolgte vor allem während des 19. und Anfang des 20. Jahrhunderts. Vor kurzem entstand auch ein eigenständiger amerikanischer Vollblütertyp mit hoher Kruppe (die Hinterhand ist höher als der Widerrist) und längeren Hinterbeinen, die beim Laufen oft ein wenig nach außen schwingen, so daß die Tiere weiter ausschreiten.

Die Ursprünge der Rasse liegen im Nahen Osten, doch man geht allgemein davon aus, daß das Englische Vollblut von drei Araberhengsten abstammt, die nach England importiert wurden – Darley Arabian, Godolphin Arab (oder Barb) und Byerley Turk. Von diesen drei Stammvätern war vermutlich nur Darley Arabian ein echter Araber. Godolphin war mit ziemlicher Sicherheit ein Berberhengst und Byerley Turk höchstwahrscheinlich ein Turkmene.

Weitere Importe orientalischer Pferde, in der Hauptsache Araber, führten der Rasse noch mehr östliches Blut zu, als sie mit einheimischen britischen Stuten und Ponys verschiedenen Typs gekreuzt wurden, und ergaben ein ausgesprochen großes, leistungsfähiges, intelligentes und schnelles Pferd.

Charakter und Pflege

Vom Temperament her ist das Vollblut schwieriger und lebhafter als seine arabischen Vorfahren, und es erfordert die sachkundige Behandlung eines erfahrenen Pferdekenners. Auch vom Typ her ist es nicht einheitlich, manche Pferde zeigen Kaltblutmerkmale, etwa ziemlich große, wenig edle Köpfe und ein rauhes Fell, während andere hingegen eindeutig die Merkmale der arabischen oder türkischen Pferde aufweisen.

Viele erfahrene Reiter ziehen das Vollblut allen anderen Rassen vor. Es ist berühmt für seinen Mut, seine Sensibilität und seine »Beherztheit«, aller-

GROSSBRITANNIEN UND IRLAND

dings auch für sein schwieriges Temperament. Doch wenn es seinem Reiter vertraut und richtig behandelt wird, gibt es sein Bestes.

Das Englische Vollblut ist heute überall auf der Welt zu finden und in der Lage, sich den meisten klimatischen Verhältnissen anzupassen, es benötigt allerdings Schutz vor Kälte und Nässe und im Sommer vor Hitze und Fliegen. Es braucht oft ziemlich viel Futter, um in guter Kondition zu bleiben, und es benötigt auf jeden Fall einen erfahrenen Reiter, der ihm viel Zeit widmet.

Vollblüter heute

Wie ihre Vorfahren, die Araber, wurden Vollblüter zur Veredelung vieler Rassen eingesetzt, nicht nur für die Zucht von Reitpferden, sondern auch von qualitätsvollen Kutschpferden.

Heute dienen Vollblüter als Vielzweckpferde und werden längst nicht mehr nur für Rennen eingesetzt, auch wenn sie immer noch hauptsächlich als Rennpferd gezüchtet werden. Sie laufen Flachrennen, Hürdenrennen und Steeplechases, sie dienen aber ebenso als Springpferde, Vielseitigkeits-, Dressur- und Jagdpferde. Viele Poloponys sind Vollblüter, und die kleineren Vertreter der Rasse werden wie ihre arabischen Verwandten zur Zucht von Showponys für Kinder eingesetzt.

Das Vollblut wurde, anders als die meisten Rassen, nie auf Gebäudemerkmale gezüchtet, sondern allein auf Leistung, man wollte ein schnelles Rennpferd entwickeln, und dieses Zuchtziel hat sein Exterieur geprägt. In Rennkreisen schaut man sich normalerweise zuerst die Stammbäume der zum Kauf angebotenen Tiere (meist Fohlen oder Jährlinge) im Angebotskatalog an und trifft dann unter den Tieren der favorisierten Blutlinien anhand von Exterieur und Gangarten seine Wahl.

Obwohl der Verschleiß der Vollblüter im Renngeschäft enorm hoch ist, überleben einige Tiere und können, wenn sie älter sind, in anderen Bereichen eingesetzt werden.

Der Kopf des Vollbluts verrät Qualität, Eleganz und »Rasse«, mit sehr feiner Haut, fein modellierten Zügen und einer gewissen Arroganz. Vollblüter haben ein recht schwieriges Temperament, da man bei der Selektion der Zuchttiere auf dieses Merkmal wenig achtet.

GROSSBRITANNIEN UND IRLAND

AUGEN
Die Augen sind groß und ausdrucksvoll.

FELL
Da die Stammväter des Vollbluts aus heißen Regionen stammten, ist sein Fell fein und seidig, wie man am Sommerfell dieses Pferdes gut erkennen kann. Das Winterfell ist ein wenig dicker und länger.

KOPF
Der Kopf ist gerade, schmal und elegant.

ENGLISCHES VOLLBLUT
*Die eleganten, edlen Vollblüter werden bei anderen Rassen oft als Maßstab für Rittigkeit und Gebäudemerkmale angesehen. Vollblüter haben eine »langgestreckte, flache« Gestalt. Diese Stromlinienform mit den langen, schlanken, aber starken Beinen erlauben dem Pferd, Kopf und Hals bei einer hohen Geschwindigkeit wirkungsvoll zur Balance einzusetzen. Symbol **G** kennzeichnet Gebäudemerkmale.*

WIDERRIST UND SCHULTER
Der Widerrist ist hoch, die Schulter kräftig und muskulös. **G**

NÜSTERN
Die Nüstern sind äußerst dehnbar, um einen großen Luftstrom aufnehmen zu können. Dies ist für ein Pferd, das vor allem auf körperliche Höchstleistung und Schnelligkeit gezüchtet wird, sehr wichtig.

GRÖSSE
Meist zwischen 152 und 160 cm Stockmaß.

hh	in/cm
20	80/200
18	72/180
16	64/160
14	56/140
12	48/120
10	40/100
0	0

HUFE
Die Hufe sollten gut geformt und stark sein, doch viele Tiere haben schlechtes Hufhorn und flache Sohlen oder neigen zu Bärentatzigkeit. **G**

48

GROSSBRITANNIEN UND IRLAND

OHREN
Die Ohren sind mittellang bis lang, fein geschnitten, lebhaft und zeugen von großer Aufmerksamkeit. Beim Rennen werden sie oft flach nach hinten gepreßt.

HINTERHAND
Die Hinterhand ist kräftig und gut bemuskelt, von der Hüfte und zum Sprunggelenk von guter Länge und sorgt beim Galopp für hohe Schubkraft. G

BRUST
Der Brustkorb sollte tief und gut gewölbt sein. G

FARBE
Alle Grundfarben: Dunkelbraune, Braune, Füchse, Schimmel und gelegentlich Rappen. Weiße Abzeichen sind nur an Beinen und Kopf zulässig.

BEINE
Die Beine sind elegant und hart. G

ABSTAMMUNG

Als offizielle Rasse ist das Englische Vollblut relativ neu, das Stutbuch (General Stud Book oder GSB), in dem alle britischen Vollblüter registriert und lückenlos eingetragen sind, wird seit 1791 geführt. Die Rasse geht auf importierte orientalische Hengste zurück, die mit einheimischen britischen Stuten gekreuzt wurden. Man geht davon aus, daß »Rennpferde« aus einheimischen, bodenständigen britischen Rassen und Typen und Einkreuzungen mit importierten Rassen gezüchtet wurden.

Turkmenenpferd

Araber

Berber

Einheimische britische und importierte Tiere

Englisches Vollblut

49

GROSSBRITANNIEN UND IRLAND

NEW FOREST

Das New Forest Pony gehört zu den größeren einheimischen britischen Ponys und gilt als ideales Reitpferd für Teenager und kleinere Erwachsene. Es geht hervorragend unter dem Sattel und im Geschirr. Es gibt immer noch wildlebende Ponys, die im New-Forest-Gebiet frei umherlaufen.

ABSTAMMUNG

Keltischer Pony-Typ mit gemischter Abstammung. Seit dem 18. Jahrhundert, besonders aber im 19. Jahrhundert, Einkreuzungen von orientalischen und einheimischen britischen Pferden.

Keltisches Pony
Einheimische britische Rassen ▼
Araber ▼
Berber ▼
Englisches Vollblut ▼
New Forest Pony

Das New Forest Pony gehört zu den größten einheimischen britischen Ponys, ist jedoch nicht so robust wie die anderen Ponyrassen. Sein Heimatgebiet ist weniger wild und rauh als die Lebensräume der übrigen wildlebenden Berg- und Moorlandponys in Großbritannien. Der New Forest in Hampshire in Südengland besteht in der Hauptsache aus Heidegebieten, sehr schlechtem Weideland und Mooren, die mit Sümpfen durchsetzt sind. Die Ponys, die dort vorkommen, stammen wahrscheinlich von denselben Keltischen Ponys ab wie die anderen bodenständigen britischen Ponys.

Die erste Erwähnung von Ponys im New Forest-Gebiet stammt aus dem 11. Jahrhundert, aus der Regierungszeit König Knuts. Die Gegend war 1072 von Wilhelm dem Eroberer zum königlichen Jagd- und Waldgebiet erklärt worden, nur Einheimische erhielten gewisse Weiderechte für ihre Ponys und andere Tiere. Die Ponys wurden damals noch für verschiedene Landwirtschafts- und Transportarbeiten eingesetzt. Anfang des 18. Jahrhunderts begann der Bestand der New Forest Ponys abzunehmen. Mitte des 18. Jahrhunderts ließ man den orientalischen Hengst »Marske« eine Zeitlang für eine Deckgebühr von einer halben Guinee Stuten im Forest decken, im 19. Jahrhundert lieh man zur Veredelung des Bestandes Araber- und Berberhengste von Königin Victoria aus. Außerdem wurden Dartmoor-, Exmoor-, Welsh-, Fell-, Dales- und Highlandponys eingekreuzt. Die Kreuzung von New-Forest-Ponys mit Vollblütern und Arabern ergibt ausgezeichnete Turnierpferde.

Charakter und Pflege

Das New Forest Pony ist ein eigenständiger, unverwechselbarer Ponytyp, die gezähmten Ponys sind von freundlichem, ruhigem Temperament. Die Rasse ist bekannt für Stärke, Trittsicherheit, Schnelligkeit und Intelligenz.

New Forest Ponys heute

New-Forest-Ponys werden vor allem als Reitponys eingesetzt, gehen aber auch gut im Geschirr. Sie werden für Trekking- und Waldritte benutzt und sind gute Allround- und Familienponys, aber auch ausgezeichnete Jagd-, Gelände- und Turnierponys.

ALLGEMEINE MERKMALE

GEBÄUDE Lange, flache, geschmeidige Aktion. Üppiges Mähnen- und Schweifhaar, dichter Stirnschopf. Beine stämmig, gerade, gut bemuskelt und ziemlich schlank, mit gut geformten, harten Hufen.

KOPF Edler Ponykopf, häufig mit Arabermerkmalen. Ohren mittellang, Stirn ziemlich breit, Augen freundlich, relativ weite Nüstern.

FARBE Alle Farben, außer gefleckten und gescheckten Tieren. Weißisabellen sind unzulässig. Weiß an Kopf und Beinen ist zulässig.

GRÖSSE Maximal 142 cm Stockmaß.

50

GROSSBRITANNIEN UND IRLAND

SUFFOLK PUNCH

Für ein schweres Kaltblut ist der Suffolk Punch erstaunlich klein, denn er hat nur eine Durchschnittsgröße von 160 cm Stockmaß. Er ist sehr muskulös und kompakt und hat für seinen Körpertyp relativ kurze Beine. Seinen Namen verdankt er der Grafschaft Suffolk in East Anglia im Osten Englands, und dem alten Wort »Punch«, das »kurz und dick« (in diesem Fall »muskulös«!) bedeutet.

Die ersten Hinweise auf diese Rasse stammen anscheinend aus dem Jahre 1506, wahrscheinlich entstand sie jedoch schon im 13. Jahrhundert durch die Kreuzung von schweren Kaltblutstuten aus dem Osten Englands mit importierten französischen Normannenpferden. Norfolk Roadster/Trotter (im Cob-Typ) und importierte flandrische Pferde wurden wahrscheinlich ebenfalls eingekreuzt. Im 18. und 19. Jahrhundert kamen Vollblüter hinzu.

Der Bedarf an kleineren, wendigen Kaltblütern mit trockenen Beinen zur Arbeit auf schweren Lehmböden und als Zugpferd in Städten führte zur Entwicklung des Suffolk Punch. Pferde dieser Rasse sind dafür bekannt, daß sie stundenlang arbeiten können, ohne zu fressen oder sich auszuruhen.

Alle heutigen Suffolks gehen auf einen namenlosen Hengst zurück, der wahrscheinlich ein Trotter/Traber war, 1768 geboren wurde und einem gewissen Thomas Crisp aus Ufford (Orford) in der Nähe von Woodbridge in Suffolk gehörte. Einige Fachleute halten einen Hengst namens »Blake's Farmer«, der 1760 geboren wurde, für den Stammvater der heutigen Suffolks. Beide Pferde waren Füchse und scheinen der gesamten Rasse diese Farbe vererbt zu haben.

ABSTAMMUNG

Mit großer Wahrscheinlichkeit geht der Suffolk Punch auf schwere Kaltblüter im Cob-Typ zurück, die im 10. und 11. Jahrhundert in Suffolk vorkamen, es gab aber wohl Einkreuzungen mit Traberblut und höchstwahrscheinlich auch mit importierten flandrischen Kaltblütern. Später kreuzte man zur Veredelung der Rasse zusätzlich Vollblüter ein.

Einheimische Kaltblüter und Cobs aus Suffolk
Flandrische Pferde ▼
Norfolk Roadster ▼
Englisches Vollblut ▼
Suffolk Punch

Charakter und Pflege

Suffolk Punches sind zähe, kompakte und extrem starke kleine Kaltblüter. Sie können sich auch bei kargen Futterrationen gut entwickeln, beginnen mit zwei Jahren zu arbeiten und bleiben auch noch aktiv, wenn sie älter als 20 Jahre sind. Meist besitzen sie ein freundliches Wesen und sind willige Arbeitspferde.

ALLGEMEINE MERKMALE

GEBÄUDE Sehr gut bemuskelte Pferde mit kurzen Beinen. Der Hals ist breit, gewölbt und tief, der ganze Körper von der Schulter bis zur Hinterhand sehr breit, dabei kurz und kompakt, wobei das Gewicht das hervorstechende Merkmal ist. Die Beine sind gerade und stark mit wenig Kötenbehang. Die Hufe sind sehr hart, rund und mittelgroß.

KOPF Mittelgroß bis groß, hübsch, mit geradem oder leicht konvexem Profil, weit auseinander gesetzten Ohren, breiter Stirn und großen, ausdrucksvollen Augen.

FARBE Ausschließlich Füchse in vielen Schattierungen, meist in Hufrichtung etwas aufhellend, keine weißen Abzeichen.

GRÖSSE Durchschnittlich 153 cm bis 161 cm Stockmaß, einige Tiere werden allerdings größer.

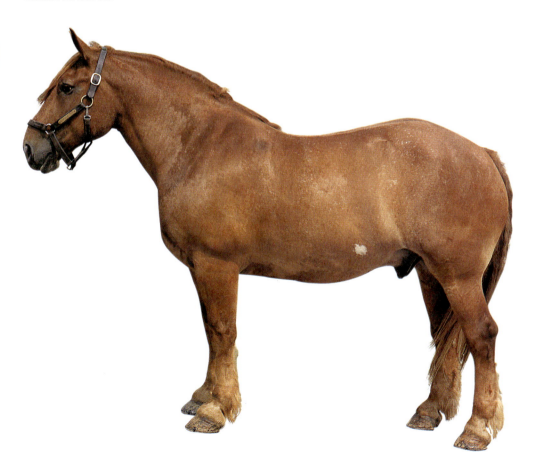

Der stämmige Suffolk Punch besitzt trockene Beine, gehört zu den ausgeprägtesten Kaltblutrassen und ist ausgeglichen, zuverlässig und ausgesprochen liebenswert. Er ist für ein Kaltblut zwar ziemlich klein, dafür aber äußerst stark und arbeitsam; er benötigt weniger Futter als andere Kaltblüter.

GROSSBRITANNIEN UND IRLAND

WALISISCHE RASSEN (WELSH)

Wales gehört wohl zu den ältesten Pferdezuchtländern der westlichen Welt, und in diesem kleinen Land enstanden vier der besten und beliebtesten Rassen, die Welsh Ponys und Cobs.

Das Stutbuch der Welsh Pony and Cob Society, das seit 1902 geführt wird, ist in die vier Sektionen A, B, C und D unterteilt. Das ursprünglich wildlebende Welsh Pony, das heute »Welsh Mountain Pony« heißt, ist in Sektion A registriert, das Welsh Pony in Sektion B, das Welsh Pony im Cob-Typ in Sektion C, der Welsh Cob in Sektion D. Alle vier Züchtungen gehen auf das Welsh Mountain Pony zurück.

Wahrscheinlich lebten alle einheimischen britischen Ponys und Cobs schon in Großbritannien, als vor 10 000 Jahren der Ärmelkanal entstand, als Landverschiebungen und der Anstieg des Meeresspiegels, der durch das Schmelzen riesiger Eismassen am Ende der letzten Eiszeit verursacht wurde, Großbritannien und Irland vom übrigen Europa trennten.

Die walisischen Rassen gehen sehr wahrscheinlich zurück auf das Keltische Primitivpony, das im nordwestlichen Teil Europas vorkam. Aus ihm entwickelten sich dann die heutigen regionalen Typen oder Rassen.

Der älteste Hinweis auf die Existenz und Zucht einheimischer walisischer Pferde stammt aus der Zeit um 50 v. Chr., als Julius Cäsar angeblich eine Zucht am Lake Bala in Merionetshire begründete und begann, die einheimischen walisischen und anderen britischen Bestände mit orientalischen Pferden und anderen Rassen, die seine Truppen ins Land gebracht hatten, zu kreuzen, um größere Packtiere und Transportpferde zu gewinnen. Gleichzeitig wurden viele der einheimischen britischen Pferde und Ponys von den Römern in die unterschiedlichsten Teile ihres Imperiums exportiert.

Im 10. Jahrhundert erkannte der walisische König Hywed Dda die wichtige Rolle, die Pferde im Leben und in der Wirtschaft der Waliser spielten, und führte umfassende, strenge Gesetze ein, was Wert, Gebrauch, Zucht und Verkauf der Tiere sowie Gewährsmängel hinsichtlich ihres Exterieurs und Interieurs betraf.

Die wildlebenden Welsh Ponys boten einen willkommenen züchterischen Grundstock, auf den man immer wieder zurückgreifen konnte, um zahme Nutz- oder Haustiere zu erhalten, gleichzeitig wurden die Tiere aber auch von walisischen Bauern und anderen Personen gejagt.

Obwohl sie für diverse Zwecke gezüchtet wurden, verschlechterte sich die Qualität der einheimischen Welsh Mountain Ponys und anderer »Waliser«, die man inzwischen entwickelt hatte, in der zweiten Hälfte des 19. Jahrhunderts so dramatisch, daß ein Zuchtverband ins Leben gerufen wurde, der die Bestände kontrollieren und vor dem Aussterben bewahren sollte. Das Hauptziel der 1901 gegründeten Welsh Pony and Cob Society besteht in der »Förderung und Verbesserung der Welsh Mountain Ponys, Welsh Ponys und Cobs.«

WELSH MOUNTAIN PONY

Das Welsh Mountain Pony ist der züchterische Grundstock, aus dem die anderen drei walisischen Rassen hervorgegangen sind. Das Welsh Mountain ist das bodenständige Pony von Wales und konnte sich trotz der schwierigsten klimatischen Bedingungen und menschlichen Eingriffe seine hervorragenden Qualitäten bewahren: Ausdauer, Robustheit, Klugheit und Wendigkeit. Die Winter in den walisischen Bergen können sehr hart sein und das Futter äußerst karg, so daß nur die Ponys überleben, die stark genug sind, selbst das wenige, das ihnen zur Verfügung steht, in nützliche Energie umzuwandeln, und diejenigen, die gelernt haben, die harten Lebensbedingungen gut zu nutzen.

Obwohl die einstigen Weidegründe der Ponys im Vergleich zu früheren Jahrhunderten drastisch geschrumpft sind, werden Welsh Mountain Ponys immer noch in den Bergen von Wales rein gezüchtet, man findet sie inzwischen allerdings auch zunehmend auf Privatgestüten.

Ursprünglich nutzten die Bauern die Ponys als Reittiere, denn sie waren in der Lage, einen Mann

Das Welsh Mountain Pony ist in vielen Ländern der Welt als Reitpony für Kinder beliebt. Es wurde erfolgreich mit Arabern und Vollblütern gekreuzt, um größere Showponys zu gewinnen. Wie alle »Waliser« ist es ein ausgezeichneter Traber, wie auf der Abbildung gut zu sehen ist.

52

GROSSBRITANNIEN UND IRLAND

mühelos den ganzen Tag durch die Berge zu tragen, oder kreuzten sie planlos mit anderen Rassen, um größere Tiere zu erhalten, die sie selbst nutzen oder verkaufen konnten. Ungeeignete Hengste oder Fohlen wurden einfach freigelassen und trugen dazu bei, daß die wildlebenden Bestände immer mehr »verweichlichten« und degenerierten.

Auch kleine Araber- und Vollbluthengste wurden in den Bergen freigelassen, und obwohl dies zu einer allgemeinen Verbesserung der Bestände führte, litt die ursprüngliche Robustheit der Ponys sehr darunter.

Zwei Vorläufer der Welsh Pony and Cob Society, die Gower Union Pony Association und die Church Stretton Hill Pony Improvement Society, begannen mit einem gezielten »Verbesserungsprogramm«, indem sie alle Hengste und Fohlen, die bei Kontrollen für mangelhaft befunden wurden, von den Herden trennten und nur die besten heimischen Hengste zur Weiterzucht auswählten. Die Polo and Riding Pony Society (die spätere National Pony Society) begann gegen Ende des 19. Jahrhunderts, alle einheimischen britischen Rassen zu registrieren, und regionale Verbände wurden gebeten, genaue Beschreibungen der gewünschten oder tatsächlich existierenden Pferdetypen zusammenzustellen, die später als Standard für die Beurteilung der Ponys benutzt werden sollten. Die Welsh Pony and Cob Society führte außerdem ein Prämierungssystem für die besten Tiere ein. Diese Maßnahmen retteten das Welsh Mountain Pony zweifellos vor dem endgültigen Niedergang. Es sagt viel aus über die Dominanz von Pony-Genen, daß sich die typischen Merkmale der Rasse trotz der planlosen und gezielten Einkreuzungen fremder Blutlinien bis heute durchgesetzt haben.

Welsh Mountain Ponys wurden von den Bergbauern zur Landarbeit genutzt, als Grubenponys in den Minen eingesetzt und als Reit- oder Wagenponys in alle Welt exportiert.

Charakter und Pflege

Welsh Mountain Ponys sind intelligent, trittsicher, wendig, arbeitswillig und freundlich und besitzen viel Ponycharakter. Ihre Bewegungen sind spektakulär, frei und fließend mit langem Schritt.

Welsh Mountain Ponys heute

Welsh Mountain Ponys sind in Großbritannien die wohl beliebtesten Kinderponys. Sie sind hervorragende Familienponys und Haustiere und gehen ausgezeichnet im Geschirr.

WELSH PONY

Das Welsh Pony wurde in den letzten Generationen fast ausschließlich als hochwertiges Kinderreitpony gezüchtet und wird im Stutbuch als »qualitätsvolles Reitpony mit gutem Knochenbau, Substanz, Robustheit, guter Konstitution und typischem Ponycharakter« beschrieben. Es spricht sehr für das Pony, daß sich seine typischen Ponyqualitäten fast immer durchsetzen, obwohl es wie ein Miniatur-Vollblut aussieht.

Die Rasse entstand, indem man Welsh Mountain Ponys mit Pferden im Cob-Typ kreuzte und zur Veredelung das Blut von Vollblütern und Arabern hinzufügte. Wie bei den Welsh Mountain Ponys läßt man auch bei den Welsh Ponys immer noch kleine Herden frei in den walisischen Bergen umherlaufen, doch die meisten werden inzwischen auf Gestüten gezüchtet und als Reitponys in alle Welt exportiert.

Man hat sie bei der Züchtung der Poloponys, Hunter und Hacks sowie zur Zucht ihrer großen Verwandten, der Welsh Cobs, eingesetzt. Da Welsh Ponys zu groß waren, um als Grubenponys zu arbeiten, setzte man sie im Kohlebergbau übertage zum Ziehen leichterer Lasten ein, außerdem transportierten sie walisischen Schiefer für die Bauindustrie aus den Steinbrüchen.

Ein Schriftsteller beschrieb das Welsh Pony um die Jahrhundertwende als eine Art kleinen, mittelgewichtigen Hunter, dem aber die Qualität fehle, die das kleinere Welsh Mountain Pony durch Veredelungen mit Araber- und Vollblutlinien erhalten habe. Wie das Mountain Pony ist das Welsh Pony außerordentlich robust und dafür bekannt, daß es sehr selten lahmt.

Das Welsh Pony ist ein hervorragendes, aktives, robustes und geduldiges Kinderreitpony. Es ist aus Welsh Mountain Ponys hervorgegangen, die mit Arabern und Vollblütern veredelt wurden, später kam noch Cob-Blut hinzu, da man ein größeres Arbeitspony und Reitpony für ältere Kinder züchten wollte.

GROSSBRITANNIEN UND IRLAND

Charakter und Pflege

Das Welsh Pony ist freundlich, aufgeweckt und klug, mit dem typischen spritzigen »Waliser-Charakter«; es eignet sich hervorragend als Kinder- und Familienpony. Es geht genauso gut und willig unter dem Sattel wie im Geschirr und ist für seinen Leistungswillen und seine Umgänglichkeit bekannt.

Welsh Ponys heute

Welsh Ponys dienen heute vor allem als Kinderreitponys und Showponys, sie werden aber gelegentlich auch gern im Geschirr eingesetzt. Die Ponys sind gute und willige Springer, sie lassen sich hervorragend reiten, haben ausgezeichnete Gänge und erinnern äußerlich an kleine, kompakte Vollblüter. Sie besitzen große Ausdauer und können den ganzen Tag an Distanzritten in der ihnen entsprechenden Klasse teilnehmen.

Wie bei den kleineren Welsh Mountain Ponys ergibt eine Kreuzung mit Vollblütern oder Arabern auch bei ihnen gute Showponys, wobei die Kreuzung mit Arabern sehr bekannt und beliebt ist.

WELSH PONY IM COB-TYP

Welsh Ponys im Cob-Typ bilden die kleinste Untergruppe der walisischen Rassen. Sie sehen aus wie kleine Cobs mit Ponycharakter, sind genauso groß wie die Welsh Ponys, allerdings stämmiger und stärker, und wurden hauptsächlich als Zugponys und weniger als Reittiere gezüchtet, obwohl sie auch hervorragend unter dem Sattel gehen.

Sie sind aus der Vermischung aller walisischen Typen hervorgegangen. Das Welsh Pony im Cob-Typ ist im Grunde ein kleiner Cob, es kann bis zu 132 cm Stockmaß groß sein und unterscheidet sich vom Welsh Cob nur durch seine Größe. Nach dem Zweiten Weltkrieg war der Gesamtbestand dramatisch zurückgegangen, nur zwei Hengste und fünf Stuten hatten überlebt, doch inzwischen hat sich die Rasse längst wieder erholt.

Nach dem Zweiten Weltkrieg wurde Reiten als Freizeitsport zusehends beliebter, und der Bedarf an Ponys im Cob-Typ nahm immer mehr zu. Diese Tatsache rettete das Welsh Pony im Cob-Typ vor dem Aussterben. Das Pony entstand durch die Kreuzung von Welsh Mountain Ponys mit Welsh Cobs, die wiederum beide vom selben Urahnen abstammen, kann jedoch heute rein gezüchtet werden, da die Bestände groß genug sind.

Ursprünglich wurde das Welsh Pony im Cob-Typ vor allem für leichte Landarbeiten eingesetzt, da es für seine Größe sehr stark ist, aber man benutzte es auch als Zugpony für Schiefertransporte aus den Steinbrüchen und Minen. Außerdem wurde es gern vor kleine Wagen gespannt, in denen man sich zum Markt oder sonntags zur Kirche fahren ließ. Aufgrund seiner Stärke und Kompaktheit eignete es sich ideal zum Ziehen kleiner Fahrzeuge über die unebenen, ungepflasterten Straßen seiner walisischen Heimat. Zudem konnte es von kleineren Familienmitgliedern als Jagdpony genutzt werden und nahm auch an informellen lokalen Trabrennen teil.

Seine lebhaften, energiegeladenen Gänge verdankt es wohl seinem Hackneyblut. Die hervorragenden Gangbewegungen in Verbindung mit Stärke und Wendigkeit machen es zum idealen Reitpony für schwerere Reiter in rauhem, bergigem und allgemein schwierigem Gelände.

Charakter und Pflege

Welsh Ponys im Cob-Typ besitzten viel Ponycharakter, sind lebhaft, willig, eifrig und liebenswert. Sie benötigen wenig Pflegeaufwand, sind sehr leichtfuttrig und gedeihen besonders gut auf kargem Weideland.

Welsh Ponys im Cob-Typ heute

Welsh Ponys im Cob-Typ sind ideale Familienponys und eignen sich ausgezeichnet als Reitpony für Jugendliche oder kleinere Erwachsene. Als Allround-Ponys sind sie unübertroffen, sie gehen genausogut unter dem Sattel wie im Geschirr. Heute sind sie besonders als Trekkingpony für Touristen und Fahrpony bei Turnieren beliebt. Man trifft sie bei Leistungsprüfungen, Zuchtausstellungen und als Showpony in den entsprechenden Klassen an.

Welsh Ponys im Cob-Typ sind ponygroße Tiere mit dem Gebäude, der Stärke und dem Charakter des größeren Welsh Cob. Sie bilden die kleinste Gruppe der Waliser-Züchtungen und wurden ursprünglich vor allem als starke, relativ kleine Geschirrponys entwickelt.

WELSH COB

Der Welsh Cob gehört sicher zu den spektakulärsten Pferderassen überhaupt, und obwohl viele Welsh Cobs in alle Länder der Welt exportiert wurden, erhält die Rasse leider immer noch nicht die Aufmerksamkeit, die sie verdient hätte. Die brillante Trabaktion der Welsh Cobs (vor allem der Hengste) bei den großen walisischen Pferdeschauen ist wirklich unvergleichlich. Wer einmal die kraftvollen Darbietungen der feurigen, stolzen Welsh-Cob-Hengste gesehen hat, die sich bei einer Show gegenseitig ausstechen, wird diese Erfahrung nie vergessen.

Der Welsh Cob, wie wir ihn heute kennen, entstand wahrscheinlich im 11. Jahrhundert. Er hieß damals noch »Powys Cob«, und als Falbe auch »Powys Rouncy«. Rouncys waren Kriegspferde, die vom Knappen eines Ritters geritten wurden. Zur Zeit der Normannen wurden in Norfolk hervorragende Rouncys gezüchtet, nur die Powys Rouncys wurden noch mehr geschätzt.

Ursprünglich hatte man Welsh Mountain Ponys mit Pferden gekreuzt, die von den Römern ins Land gebracht worden waren, um eine größere, stärkere Rasse zu erhalten, wobei die importierten Pferde aus allen Teilen des Römischen Reiches stammten. Vom 11. bis 13. Jahrhundert wurden allerdings vor allem spanische Pferde (Andalusier) und Berber importiert. Die Kreuzritter brachten zusätzlich Araber mit, die sie im Krieg erbeutet hatten und die ebenfalls mit einheimischen Pferden gekreuzt wurden. Angeblich ritten die walisischen Prinzen und Stammeshäuptlinge auf Ponys in die Schlacht gegen die Engländer, und ihre Reittiere wurden von zeitgenössischen Schriftstellern als schnelle Läufer, gute Schwimmer und kraftvolle Springer beschrieben, die in der Lage waren, ein beträchtliches Gewicht zu tragen. Im 15. Jahrhundert beschrieb der Dichter Guto'r Glyn Pferde, die den heutigen Welsh Cobs offenbar sehr ähnelten, in allen Einzelheiten.

Im 18. und 19. Jahrhundert wurden Welsh Cobs zusätzlich mit Hackneys, Norfolk Roadsters (damals eine berühmte Traberrasse) und Yorkshire Coach Horses (Kutschpferden) gekreuzt. Wie so oft, wenn Menschen versuchen, einheimische Rassen zu »veredeln«, war der übermäßige Einfluß der Fremdrassen so stark, daß der einzigartige Welsh-Cob-Typ unterzugehen drohte. Viele wertvolle alte Linien verschwanden fast ganz, und in den 30er Jahren entsprachen viele Tiere nicht mehr den Rassestandards. Der endgültige Niedergang wurde erst abgewendet, als die Züchter begannen, gezielt auf Tiere zurückzugreifen, die dem bewährten Cob-Typ entsprachen, so daß die rasseuntypischen Merkmale allmählich wieder verschwanden und die Rasse ihre alte Berühmtheit zurückgewinnen konnte. Als traditionelle Heimat des Welsh Cob hat sich während der letzten Jahrhunderte Cardiganshire, das heute zu Dyfed gehört, herauskristallisiert. Hier nennt man das Pferd »Cardi Cob« und seine Züchter »Cardi Men«.

Welsh Cobs wurden früher vor allem als leichte Allround-Landwirtschaftspferde gezüchtet, unter dem Sattel wurden sie beim Schafehüten eingesetzt, im Geschirr fuhren sie die Familie zur Kirche oder zogen landwirtschaftliche Produkte zum Markt; zudem erledigten sie leichte Zugarbeiten. Besonders beliebt waren sie bei Händlern, einheimischen Geschäftsleuten, Ärzten und allen, die ein attraktives, schnelles Pferd benötigten, das sie schnell und zuverlässig von einem Ort zum anderen brachte. Welsh Cobs dienten außerdem vielen Bergwerken als Zugtiere für Kohletransporte, und von der Armee wur-

den sie als Reittiere und Transportpferde für Waffen in rauhen, bergigen Gebieten sehr geschätzt.

Da Welsh Cobs für ihre große Ausdauer und ihre einzigartigen Traberqualitäten bekannt sind, überrascht es kaum, daß man im Stutbuch immer wieder auf vielsagende Namen wie Flyer, Comet, Meteor und Express stößt.

Charakter und Pflege
Stolz, Sanftheit, Feuer, Liebenswürdigkeit und Mut gehören zu den hervorstechenden Eigenschaften des Welsh Cob. Er ist äußerst vielseitig, ein ideales Allround-Familienpferd, athletisch und trittsicher. Da er robust und genügsam ist, stellt er wenig Ansprüche an seinen Halter.

Welsh Cobs heute
Heute findet man Welsh Cobs vor allem als Fahrpferde im Turniersport, doch sie sind auch hervorragende Springpferde und bewähren sich bei Jagdritten und kleineren Querfeldein-Rennen und Springturnieren.

Der Welsh Cob ist wohl der eindruckvollste Vertreter der vier »Waliser-Gruppen« und beeindruckt durch Qualität, Stärke und Intelligenz. Vor allem die Hengste sind ausgesprochen feurig und besitzen die für diese Rasse typische Persönlichkeit.

GROSSBRITANNIEN UND IRLAND

WELSH COB

Das Exterieur des Welsh Cob sollte kompakt, harmonisch und kräftig sein. Als echtes Reit- und Wagenpferd ist er auch stark genug für leichte Landarbeit, hat die Schnelligkeit und Ausdauer für Arbeiten im Geschirr und die Aktivität und Willigkeit eines guten Reitpferdes. Lange, federnde Bewegungen, frei aus der Schulter heraus, mit deutlicher, aber nicht zu hoher Aktion; beim Trab sorgen die kraftvollen Hinterbeine für guten Raumgriff und verleihen dem Pferd große Schubkraft. Das Symbol **G** kennzeichnet Gebäudemerkmale.

AUGEN
Die Augen sind groß und »tief«, mit interessiertem Ausdruck.

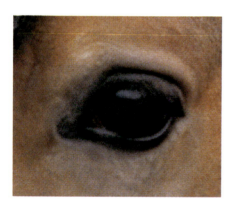

OHREN
Die Ohren sollten weit auseinander gesetzt, relativ kurz, spitz und wachsam sein.

KOPF
Qualitätsvoller Kopf, gerades Profil, mit sehr dehnbaren Nüstern und guter Ganaschenfreiheit. **G**

KÖRPER UND BRUST
Der Körper hat eine gute Gurtentiefe. Der Brustkorb ist breit. **G**

WIDERRIST
Der Widerrist ist ziemlich ausgeprägt. **G**

HUFE UND FESSELN
Ein leichter seidiger Behang an den Fesseln ist zulässig, die Hufe sind rund und hart. **G**

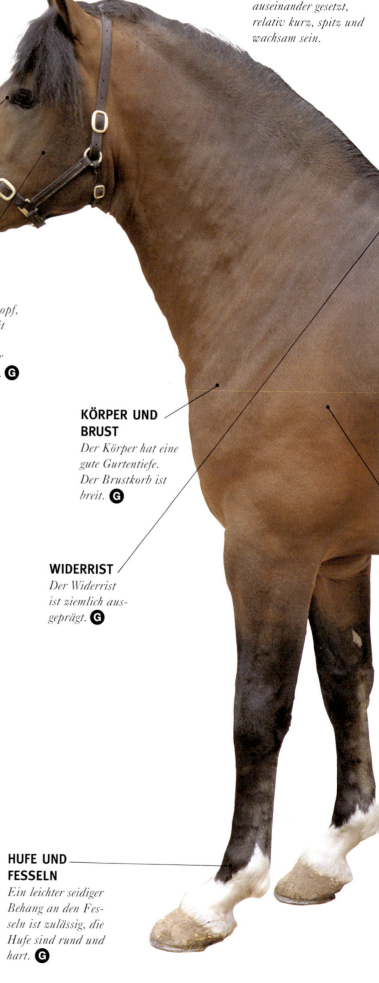

GRÖSSE
Es gibt keine Obergrenze, doch die besten Tiere haben meist eine Größe um 150 cm Stockmaß.

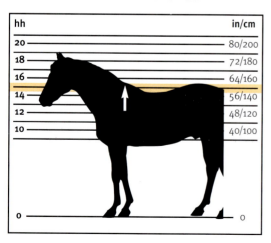

GROSSBRITANNIEN UND IRLAND

RÜCKEN UND LENDENPARTIE
Der Rücken ist kurz und stark, die Lendenpartie lang und muskulös. G

FARBE
Alle Farben außer Schecken. Geringe weiße Abzeichen am Kopf und am unteren Teil der Beine sind zulässig.

HALS UND SCHULTERN
Der lange Hals ist muskulös, aber nicht dick, stolz aufgewölbt und hoch aufgesetzt, die Schulter ist kräftig und schräg. G

HINTERHAND UND SCHWEIF
Die Hinterhand ist gut gerundet, lang und tief, der Schweif hoch angesetzt; er wird stolz getragen. G

BEINE
Die Beine sind stämmig und im oberen Teil gut bemuskelt. G

ABSTAMMUNG

Hervorgegangen aus dem Welsh Mountain Pony. Im Lauf der Jahrhunderte wurde anderes Blut eingekreuzt, doch der Welsh Cob hat sich den traditionellen Typ bewahrt, den schon die Römer und spätere Historiker beschrieben haben.

Keltisches Pony/Welsh Mountain

Spanische Pferde/Andalusier

Hackney

Norfolk Roadster

Yorkshire Coach Horse

Orientalische Rassen

Welsh Cob

GROSSBRITANNIEN UND IRLAND

WELSH PONY IM COB-TYP
Vom Körperbau und Typ her ist es ein kleiner Cob. Das Welsh Pony im Cob-Typ (Sektion C) ist wahrscheinlich züchterisch die größte Herausforderung unter den »Walisern«, da es sich nicht mit Sicherheit erreichen läßt. Das Pony ist sehr stark für seine Größe und wurde als kleines Geschirrpferd und leichtes Zugpony entwickelt, obwohl es auch ein gutes Reitpony für Jugendliche und kleine Erwachsene ist. Das Symbol **G** *kennzeichnet Gebäudemerkmale.*

MÄHNE UND SCHWEIF
Üppig, voll; dürfen leicht gewellt sein.

WIDERRIST
Gemäßigt hoch, sollte nicht zu dick sein. **G**

LENDENPARTIE
Die Lendenpartie darf leicht eingedrückt sein, bevor sie in die Kruppe übergeht. **G**

FARBE
Alle Farben erlaubt, außer Schecken. Bevorzugt wird ein möglichst geringer Weißanteil am Kopf und am unteren Teil der Beine.

KÖRPER UND HINTERHAND
Proportional gesehen besitzt das Pony gute Gurtentiefe und eine kraftvolle Hinterhand. **G**

BEINE UND HUFE
Die Beine sind sehr stämmig und stark, die Hufe mittelgroß, gut geformt und hart. **G**

GRÖSSE
Nicht über 132 cm Stockmaß.

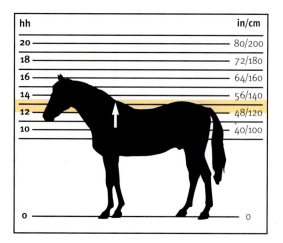

GROSSBRITANNIEN UND IRLAND

HALS UND SCHULTERN
Hals stark und muskulös, mit Mähnenkamm, hoch aufgesetzt; mündet in schräge Schulter. **G**

KOPF
Der Kopf ist ausgesprochen fein und sollte Qualität und Spritzigkeit zeigen: Profil gerade. **G**

OHREN UND AUGEN
Ohren kurz, gespitzt und weit auseinander gesetzt. Augen in gutem Abstand, ein wenig vorstehend.

ABSTAMMUNG

Als Vermischung aller walisischen Züchtungen besitzt das Welsh Pony im Cob-Typ das Blut des Keltischen Primitivponys, des Arabers und des Englischen Vollblutes, dazu einen Schuß Hackneyblut. Außerdem wurden noch importierte europäische und orientalische Pferde und andere einheimische Rassen eingekreuzt.

Keltisches Pony

↓

Welsh Mountain Pony

↓

Welsh Cob

↓

Spanische und Europäer

↓

Orientalische Pferde

↓

Einheimische Waliser

↓

Welsh Pony im Cob-Typ

GROSSBRITANNIEN UND IRLAND

WELSH PONY
Das Welsh Pony ist ein qualitätsvolles Reitpony mit entsprechendem Körperbau und besitzt eine natürliche Veranlagung zum Show- und Springpony. Trotz Einkreuzungen mit diversen anderen Blutlinien hat es sich seine »walisischen« Qualitäten und seinen echten Ponycharakter bewahrt. Das Symbol **G** kennzeichnet Gebäudemerkmale.

OHREN
Die Ohren des Welsh Mountain Ponys sind kurz und spitz.

KOPF
Gut geschnittener Kopf im Vollblut-Typ, oft leicht hechtköpfig.

NÜSTERN
Fein und weit geöffnet.

WIDERRIST UND BRUST
Der Widerrist ist moderat ausgeprägt und fein. Die Brust ist tief und nicht zu breit. **G**

VORDERBEINE
Ziemlich weit vorn unter der Schulter, gerade und stark mit langem Oberarm. **G**

RÖHRBEINE UND KNIE
Kurze Röhrbeine und breite, flache Knie. **G**

GRÖSSE
Maximal 132 cm Stockmaß.

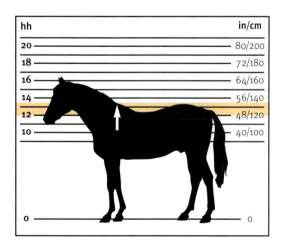

GROSSBRITANNIEN UND IRLAND

AUGEN
Die Augen sind groß und liegen in gutem Abstand, niedrig am Kopf.

HALS UND SCHULTERN
Hals ziemlich lang und schön getragen, relativ hoch aufgesetzt, mit schräger Schulter. **G**

FARBE
Vor allem Schimmel, Welsh Ponys kommen in allen Farben vor, außer als Schecken.

LENDENPARTIE UND HINTERHAND
Die Lendenpartie ist leicht gewölbt, muskulös und lang und geht in eine starke, nur wenig schräge Hinterhand über, Schweif hoch angesetzt. **G**

RUMPF
Gut gewölbt, aber nicht so rund, daß es für den Reiter unbequem ist. **G**

SPRUNGGELENKE UND RÖHRBEINE
Starke, lange, gerade Sprunggelenke. Kurze Röhrbeine. **G**

HINTERBEINE
Hinterbeine haben ziemlich lange und gut bemuskelte Hüften. **G**

HUFE
Hart und rund. **G**

ABSTAMMUNG

Ursprünglich stammt das Welsh Pony vom Welsh Mountain Pony ab, es führt jedoch auch das Blut von anderen walisischen Züchtungen sowie von Vollblut, Araber und Hackney. Trotz der Einkreuzungen nicht-walisischer Rassen hat es sich seinen einzigartigen walisischen Charakter bewahrt.

Welsh Mountain Pony

Nicht-walisischer Bestand

Hackney Pony

Araber

Vollblut

Welsh Pony

61

GROSSBRITANNIEN UND IRLAND

WELSH MOUNTAIN PONY
Das hübsche Welsh Mountain Pony eignet sich gut als Reitpony für Kinder und geht gut im Geschirr. Viele Tiere aus der Sektion A sehen aus wie kleine, stämmige Araber, was auf das Araberblut in ihrer Ahnentafel zurückzuführen ist, weisen aber dennoch die Merkmale des Keltischen Ponys auf. Das Symbol **G** kennzeichnet Gebäudemerkmale.

MAUL
Das Maul sollte klein, relativ spitz zulaufend und weich sein.

AUGEN
Ausdrucksvoll; zeugen von einer ausgeprägten Persönlichkeit. Weit auseinander gesetzt, liegen niedrig am Kopf.

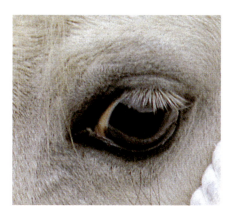

GRÖSSE
Maximal 120 cm Stockmaß.

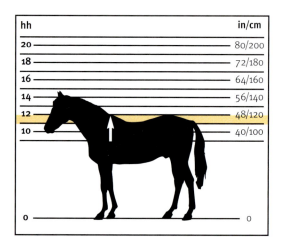

KOPF
Man sieht die Abstammung vom Araber. Gesicht oft hechtköpfig; Nüstern dehnbar.

OHREN
Sehr kurz, spitz und aufmerksam.

BEINE UND HUFE
Beine stämmig, Oberarm und Unterschenkel sind gerade und gut bemuskelt, mit breiten, starken Gelenken; kleine, runde, harte Hufe. **G**

62

GROSSBRITANNIEN UND IRLAND

HALS UND SCHULTERN
Der Hals ist mittellang, gut gewölbt und recht hoch aufgesetzt, mit schräger Schulter. **G**

WIDERRIST
Moderat ausgeprägt, jedoch normalerweise ausreichend für die Stabilisierung des Sattels. **G**

FARBE
Vor allem Schimmel, was auf den Einfluß eines der Stammväter, Dyoll Starlight, zurückzuführen ist, doch es werden alle Farben außer Schecken anerkannt.

SCHWEIF UND HINTERHAND
Schweif ziemlich hoch angesetzt, Hinterhand kräftig und leicht schräg. **G**

FELL
Das Winterfell ist besonders dick, und Mähne und Schweif sind fließend, üppig und leicht gewellt.

RUMPF
Sehr gut geformter Rumpf, mit guter Rippenwölbung, kurzem, starkem Rücken, großer Gurtentiefe und starker Lendenpartie. **G**

ABSTAMMUNG

Einkreuzungen mit Vollblütern und Arabern während der letzten Jahrhunderte haben dem Welsh Mountain Pony das Aussehen eines kräftigen kleinen Arabers verliehen. Die Züchtung basiert auf dem Keltischen Primitivpony, doch es wurden auch andere einheimische Ponyrassen eingekreuzt.

Keltisches Pony

Einheimisches Pony

Englisches Vollblut

Araber

Berber

Welsh Mountain Pony

GROSSBRITANNIEN UND IRLAND

ANGLO-ARABER

Der Anglo-Araber ist aus der Verschmelzung von zwei der edelsten Pferderassen der Welt hervorgegangen: dem Araber und dem Vollblut, das eigentlich eine englische Züchtung ist, daher der Name »Anglo-Araber«.

In Großbritannien darf ein Anglo-Araber ausschließlich Blut von Arabern und Vollblütern führen, doch in vielen anderen Ländern wurde zusätzlich einheimisches Blut eingekreuzt; besonders erwähnt werden muß an dieser Stelle der hervorragende französische Anglo-Araber. In der Regel gibt es genaue Bestimmungen über den Anteil von Araberblut in der Rasse, wobei normalerweise von mindestens 25% ausgegangen wird. Da der Anglo-Araber eine Verschmelzung von zwei eigenständigen, aber etablierten und wichtigen Rassen ist, wird er normalerweise nicht als eigene Rasse aufgefaßt, wobei der bereits erwähnte Französische Anglo-Araber eine Ausnahme bildet. Andere Varianten des Anglo-Arabers sind der Gidran (ein ungarischer Anglo-Araber), der ungarische Shagya-Araber, der russische Strelitz-Araber und der spanische Hispano-Araber (s. a. Französischer Anglo-Araber).

Aufgrund des phänomenalen Erfolges des Englischen Vollbluts, dessen Schnelligkeit, Qualität, raumgreifende Gangbewegungen und Größe unübertroffen sind, haben einige Länder zu viele Vollblüter eingekreuzt, was zweifellos die Zähigkeit und Ausdauer der entstandenen Pferde verringert hat, Qualitäten, die ursprünglich auf den Araber zurückzuführen waren.

Echte Anglo-Araber sind Pferde von außergewöhnlicher Qualität, die im Idealfall die günstigen Eigenschaften beider Ausgangs-

Der Anglo-Araber ist ein hochwertiges Reitpferd mit allen Eigenschaften eines Vollblüters. Als Verschmelzung von Araber und Vollblut kann er die Eigenschaften beider Elternrassen aufweisen. Dieses wunderschöne Pferd wirkt in seiner Erscheinung eher wie ein Vollblut.

GROSSBRITANNIEN UND IRLAND

rassen in sich vereinen. Für gewöhnlich gilt die Kreuzung eines Araberhengstes mit einer Vollblutstute oder umgekehrt mit den nachfolgenden Rückkreuzungen als Anglo-Araber.

Charakter und Pflege

Die besten Anglo-Araber sind spritzig, intelligent, mutig und anhänglich. Sie haben eine ausgeprägte Persönlichkeit, sind sehr sensibel und im Gegensatz zu einigen Vollblütern oft richtige »Denker«. Wie alle Vollblüter erfordern sie sachkundige Behandlung, Einfühlsamkeit sowie eine erfahrene Hand und benötigen viel Training.

Anglo-Araber heute

Die Anglo-Araber gehören zweifellos zu den Aristokraten unter den Pferden. Sie sind erstklassige Reitpferde und äußerst vielseitig einsetzbar, denn die besten Anglo-Araber verbinden die athletischen Fähigkeiten des Vollbluts mit der Sanftheit und Intelligenz des Arabers und besitzen den Mut beider Rassen.

Anglo-Araber haben sich in vielen Disziplinen hervorgetan. Sie sind ausgezeichnete Show Hacks und Reitpferde und können sogar hervorragende Hunter sein, obwohl sie dem strengen Hunter-Typ nicht entsprechen. Sie brillieren bei Vielseitigkeitsprüfungen, Springturnieren, Dressurwettbewerben, bei Ausdauerritten und bei Rennen. Der Anglo-Araber kann alles, was seine beiden Elternrassen können.

Während Araber normalerweise mit voller Mähne und wehendem Schweif vorgeführt werden, können Anglo-Araber wie Vollblüter und andere Showpferde mit geschorener oder eingeflochtener Mähne präsentiert werden.

Bei Schauen werden Anglo-Araber meist in Freizeit- und Reitpferd-Klassen vorgestellt und haben oft sogar eine eigene Klasse für die Vorführung an der Hand. Bei Wettbewerben, etwa Querfeldein-Ritten, Springreiten und Ausdauerritten, gehen Anglo-Araber oft als Sieger hervor, weil sie so schnell sind und unglaubliches Durchhaltevermögen besitzen.

Da sich nicht voraussagen läßt, nach welcher der beiden Elternrassen ein Tier schlagen wird, ist es besonders spannend und faszinierend, Anglo-Araber zu züchten oder zu besitzen. In dieser Rasse findet man viele ausgeprägte Persönlichkeiten, die alle mit Fug und Recht als aristokratische Pferde bezeichnet werden können.

Anglo-Araber übertreffen ihre Artgenossen in fast allen Wettbewerbsdisziplinen. Sie vereinen die raumgreifenden Gänge des Vollblüters mit der Spritzigkeit und Leichttrittigkeit des Arabers.

GROSSBRITANNIEN UND IRLAND

ANGLO-ARABER
Idealerweise sollte das Gebäude dem des Vollblutes entsprechen, doch Kopf- und Schweifhaltung der des Arabers ähneln. Dieses Pferd unterscheidet sich typmäßig etwas von dem, das auf der vorhergehenden Seite abgebildet ist. Es ist ein wenig leichter im Typ, und auch wenn es keine eindeutigen Arabermerkmale aufweist, wirken Augen und Gesicht eher »arabisch«. Symbol **G** *kennzeichnet Gebäudemerkmale.*

KOPF
Soll klare Arabermerkmale zeigen, aber oft weniger stark ausgeprägt als beim reinen Araber. **G**

OHREN
Die Ohren sind nicht allzu groß, fein und spitz.

PROFIL
Das Profil kann gerade oder konkav (hechtköpfig) sein wie beim Araber. **G**

AUGEN
Die Augen sind sanft und sehr ausdrucksvoll, verraten Stolz, Feuer und Feinfühligkeit.

GESICHT UND NÜSTERN
Der Anglo-Araber ist oft ausgeglichener als das etwas schwierige Vollblut, was sich, wie bei diesem Pferd, häufig in einem extrovertierten und doch sanften Gesichtsausdruck zeigt. Die Nüstern sind beweglich und sehr erweiterungsfähig.

GRÖSSE
Unterschiedlich, zwischen 142 cm und 161 cm Stockmaß, z. T. mit Abweichungen nach oben und unten.

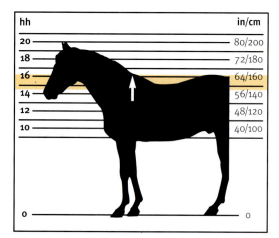

66

GROSSBRITANNIEN UND IRLAND

FELL
Wie bei allen Vollblütern ist das Fell im Sommer kurz und fein, im Winter ein wenig dichter und länger.

SCHWEIF
Anglo-Araber erben oft den hochgetragenen Schweif des Arabers oder die etwas gemäßigtere Haltung des Vollblutes, wie beispielsweise das abgebildete Pferd. Während Araber bei Pferdeschauen mit »Naturmähne« und wehendem Schweif erscheinen, dürfen Anglo-Araber auch geschoren werden. Mähne und Schweif sind fein und seidig.

FARBE
Alle Farben beider Elternrassen – Rappen (selten), Braune, Dunkelbraune Füchse oder Schimmel. Weiße Abzeichen an Beinen und Kopf, aber nicht am Körper.

ABSTAMMUNG

Der reine Anglo-Araber führt nur das Blut von Arabern und Englischen Vollblütern, doch in einigen Ländern werden auch andere Blutlinien eingekreuzt, meist einheimische Pferde- oder Ponyrassen. Bei diesen Züchtungen handelt es sich dann allerdings nicht mehr um reine Anglo-Araber.

Englisches Vollblut

Araber

Anglo-Araber

67

GROSSBRITANNIEN UND IRLAND

IRISH DRAUGHT

Der Irish Draught ist eigentlich ein schweres bis leichtes Gebrauchspferd und wurde früher von Bauern wegen seiner ausgesprochenen Vielseitigkeit als Arbeitspferd sehr geschätzt. Er wurde so gezüchtet, daß er für Landarbeiten und als Reitpferd eingesetzt werden konnte, gut im Geschirr ging und auch bei der Jagd genutzt wurde. Er konnte alle möglichen Arbeiten verrichten, zog Pflug und Lasten, diente als Transportmittel, zog den Karren zum Markt und fuhr die Familie am Sonntag im zweirädrigen Einspänner zur Kirche, er war sogar in der Lage, bei der Jagd in Irlands berüchtigten Mooren mühelos der Hundemeute nachzujagen und selbst die schwierigsten und gefährlichsten natürlichen Hürden wie Schwarzdornhecken und Bäche zu überspringen. Er ist das perfekte Ergebnis einer Kreuzung zwischen einem eleganten, schnellen Turnierpferd und einer Rasse mit viel Substanz und Zuverlässigkeit. Wenn man einen Irish Draught mit einem geeigneten Vollblut kreuzt, erhält man meist hervorragende Pferde, die jedes Gelände mühelos bewältigen, bei Wettbewerben und bei der Jagd selbst die gefährlichsten Hindernisse überspringen und bei Geländeritten sowie bei Hindernisritten brillieren. Viele erfolgreiche »Steeplechasers« führen etwas Irish-Draught-Blut.

Der heutige Irish Draught entstand erst im 18. Jahrhundert, doch die Kelten hatten schon lange zuvor bei der Besiedelung Irlands verschiedene Pferde und Ponys aus Europa mitgebracht. Im Lauf der Zeit vermischten sich diese Tiere mit den einheimischen irischen Keltischen Ponys. Im Mittelalter, als die Normannen aus England herüberkamen und in Irland einfielen, brachten sie schwere Nutzpferde europäischer Abstammung mit, deren Gene ebenfalls zur Entstehung der Rasse beitrugen.

Man nimmt an, daß die Kelten auch orientalisches und altes spanisches Blut nach Irland brachten, da sie auf dem europäischen Festland auch Zugang zu diesen Warmblutpferden hatten. Irland handelte mit Sicherheit mit dem europäischen Festland, vor allem mit Spanien und Frankreich, und erhielt auch auf diese Weise Pferde.

Im 18. Jahrhundert wurden weitere Vollblutlinien eingekreuzt (zu denen damals Araber, Berber und Turkmenen gehörten), und dieser Trend setzte

Der Irish Draught ist ein qualitätsvolles, mittelschweres Pferd, das in Irland zunächst als Allround-Arbeitspferd entwickelt wurde. Er ist ein hervorragendes Reit- und Zugpferd und wurde vom Militär in großem Maße als Packpferd eingesetzt.

GROSSBRITANNIEN UND IRLAND

Irish Draughts und ihre Kreuzungen – besonders mit Vollbütern – haben schon viele hervorragende Spring- und Military-Pferde hervorgebracht. Es gibt viele ausgezeichnete Geländepferde, die Irish-Draught-Blut führen.

sich bis ins 19. Jahrhundert fort. Als die Kartoffelfäule 1845–1846 in Irland eine katastrophale Hungersnot verursachte und die Wirtschaft des Landes schwächte, wirkte sich dies auch auf die Pferdezucht aus, so daß die Irish-Draught-Bestände drastisch abnahmen. Ende des 19. Jahrhunderts wurden Clydesdales und Shires eingekreuzt, was den Irish-Draught-Bestand vergröberte, doch Anfang des 20. Jahrhunderts leitete die irische Regierung eine Rückkehr zur Qualität ein, indem sie Kontrollen und strenge Bestimmungen einführte. Seit 1917 wird ein Irish-Draught-Stutbuch geführt, vor allem deshalb, weil die Rasse bei der britischen Armee sehr beliebt war.

Nach dem Krieg erlitt die Rasse einen weiteren schweren Rückschlag, als Pferde in der Landwirtschaft und in der Armee durch Maschinen ersetzt wurden, und die Bestände nahmen erneut ab. Heute spielt der Irish Draught in der Landwirtschaft und im Handel Irlands als Arbeitspferd kaum noch eine Rolle, er wird aber noch als Hunter und bei der Zucht des Irish Hunter eingesetzt, wo er mit Vollblütern gekreuzt wird. Ziel ist, »das beste Geländepferd« der Welt zu entwickeln. In den 70er Jahren gab es neuen Aufschwung mit einem neuen Verband, dem Irish Horse Board, der Zucht und Einsatz der Tiere für die Entwicklung von Turnierpferden unterstützte. Inzwischen sind Turnier- und Freizeitpferde sehr gefragt, und private Züchter in Irland und Großbritannien sorgen dafür, daß reingezogene Irish Draughts und ihre Kreuzungen weiter den großen Bedarf an guten Pferden mit viel Substanz decken.

Charakter und Pflege

Der Irish Draught ist für seinen Typ und sein Gewicht erstaunlich wendig und lebhaft, dabei ausgeglichen, aktiv und mutig. Er ist athletisch und hat ein natürliches Springtalent und große Ausdauer.

Irish Draughts heute

Heute werden Irish Draughts in der Hauptsache als mittelschwere bis schwere Reitpferde und Hunter eingesetzt, außerdem verwendet man sie bei der Zucht von Huntern und Turnierpferden.

GROSSBRITANNIEN UND IRLAND

IRISH DRAUGHT

Kräftiges Pferd vom gemäßigten Kaltblut-Typ und entsprechendem Gewicht, das aber sehr qualitätsvoll ist. Seine flotten Gangbewegungen strafen sein Gewicht Lügen. Er ist sehr wendig und verfügt über aktive, lange, kraftvolle, harmonische Gänge, die nicht sehr »kniebetont« sind, und über ein außergewöhnliches Springtalent. Um den großen Bedarf an Sport- und Freizeitpferden zu decken, wurden zahlreiche Vollblüter eingekreuzt. So ist ein etwas leichterer Typ entstanden, der sich aber seinen Charakter sowie seine Ausgeglichenheit und Robustheit bewahrt hat. Das Symbol **G** kennzeichnet Gebäudemerkmale.

LENDENPARTIE UND HINTERHAND
Muskulöse Lendenpartie und stark abfallende, aber starke, tiefe Hinterhand mit relativ tief angesetztem Schweif. **G**

RUMPF UND RÜCKEN
Der Rumpf ist tief und leicht oval mit einem mittellangen geraden Rücken. **G**

WIDERRIST UND SCHULTER
Der Widerrist ist gemäßigt ausgeprägt, die Schulter schräg, die Brust breit und tief. **G**

FARBE
Alle Grundfarben, aber selten Rappen. Keine Schecken und wenig Weiß auf Gesicht oder Beinen. Saubere Beine mit sehr leichtem, seidigem Behang. Das Fell ist erstaunlich fein für diesen Pferdetyp.

FESSELN
Obwohl das Pferd als gemäßigter Kaltblut-Typ und als Gebrauchspferd gezüchtet wurde, hat es meist trockene Beine und zeigt wenig Neigung zu Kötenbehang. **G**

BEINE UND HUFE
Die Beine sind stark und gut bemuskelt über dem Vorderfußwurzelgelenk und Sprunggelenk, mit großen, flachen Gelenken, relativ kurzen, leicht schrägen Fesseln und sehr großen runden Hufen. **G**

GRÖSSE
Normalerweise zwischen 150 und 170 cm Stockmaß.

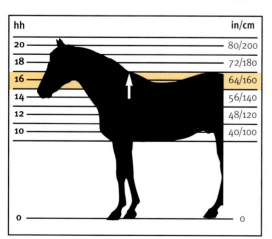

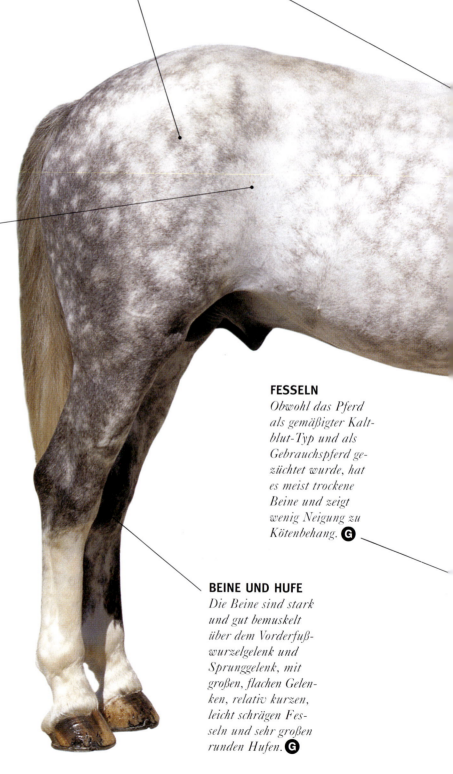

70

GROSSBRITANNIEN UND IRLAND

OHREN UND AUGEN
Ohren sind spitz und von mittlerer Länge, Augen klug und sanft. G

PROFIL
Gerade, mit breiter Stirn. G

HALS
Der Hals ist kurz bis mittellang und kann ziemlich dick ausfallen. G

KOPF
Das freundliche, umgängliche Temperament und das ausgeglichene Wesen des Irish Draught ist hier deutlich zu sehen. G

ABSTAMMUNG

Gemischte Ahnentafel aus Keltischem Primitivpony und verschiedenen europäischen Rassen sowie spanischen und orientalischen Blutlinien, darunter auch zahlreiche Vollblutlinien. Der Irish Draught ist eine Mischung all dieser Typen.

Keltisches Pony

Einheimische irische Pferde und Ponys

Europäische Kaltblüter

Spanische Pferde

Orientalische Pferde

Englisches Vollblut

Irish Draught

GROSSBRITANNIEN UND IRLAND

CONNEMARAPONY

Das Connemarapony, auf das man in Irland zu recht stolz ist, geht auf das Keltische Primitivpony zurück, das nach seiner Domestizierung mit zahlreichen anderen Rassen vermischt wurde. Es hat viel Ponycharakter, besitzt echt »irischen Charme« und stellt ein exzellentes größeres Reitpony dar.

Irland ist als Pferdezuchtland berühmt, und die Iren waren schon immer hervorragende Pferdekenner. Es überrascht daher um so mehr, daß auf der grünen Insel keine bodenständige Rasse in ihrer ursprünglichen Form überlebt hat, wie dies etwa beim englischen Exmoorpony und beim schottischen Shetlandpony der Fall ist.

Der Stammvater des Connemaraponys ist der irische Hobbye, der im Mittelalter eine berühmte Pferderasse war und von einem bodenständigen irischen Pferdetyp abstammte, der auf das Keltische Pony Nordeuropas zurückging, das sich mit anderen aus Europa eingeführten Rassen vermischt hatte. Der irische Hobbye war ein begehrtes Reitpferd von großer Schnelligkeit, Rittigkeit, Ausdauer, Wendigkeit und Verläßlichkeit – Eigenschaften, die man heute von jedem Reitpferd erwartet.

Der Name »Connemara« weist auf die Region hin, aus der das Pony stammt, und ist noch relativ jung, er wird erst seit einigen Jahrhunderten gebraucht, und bezeichnete ursprünglich die Region, zu der heute Connemara, Connaught und Galway gehören.

Connemaraponys sind von Natur aus ausgesprochen springfreudig – sie besitzen gute Schultern, harte Beine, eine gute Aktion und große Ausdauer. Dies ist teilweise auf die planlosen Kreuzungen mit anderen Rassen zurückzuführen, die im Lauf der Jahrhunderte stattfanden, vor allem mit Arabern, Berbern, Norfolk Roadsters, Hackneys, Welsh Cobs, Vollblütern, Irish Draughts und Clydesdales, die einem einheimischen Pony, das damals viele für degeneriert hielten, mehr Substanz und Größe verliehen. Die erfahrenen irischen Züch-

ABSTAMMUNG

Das Connemarapony stammt vom Keltischen Pony ab, das jedoch später mit verschiedenen anderen Blutlinien gekreuzt wurde. Dennoch hat es sich seinen typischen Charakter und seine Robustheit bewahrt.

Keltisches Pony
Irish Hobbye ▼
Iberische Pferde ▼
Orientalische Pferde ▼
Roadster/Hackney ▼
Welsh Cob ▼
Irish Draught ▼
Clydesdale ▼
Englisches Vollblut ▼
Connemarapony

GROSSBRITANNIEN UND IRLAND

Der Kopf des Ponys zeigt eindeutig orientalische Einflüsse. Qualität und natürliche Aktion des Connemaraponys führen bei Kreuzungen mit Vollblütern zu guten Turnierpferden, die sich besonders für Reit- und Springwettbewerbe eignen.

ter waren trotz der vielen unterschiedlichen Einflüsse in der Lage, das hervorragende Pony zu züchten, das wir heute kennen.

Charakter und Pflege

Connemaraponys sind zäh und robust und nicht sehr witterungsempfindlich. Sie sind trittsicher, arbeitswillig und vielseitig einsetzbar, dazu ideale Familienponys, da sie sanft, geduldig und leicht zu lenken sind und trotzdem über sehr viel »irischen Charme« verfügen.

Connemaraponys heute

Von ihrer traditionellen Rolle als Farmponys, die für leichte Feldarbeit genutzt wurden, werden sie heute vor allem als Reitponys, Hunter, Hacks und Trekkingponys eingesetzt. Wenn man ein Connemarapony mit einem Vollblut kreuzt, erhält man ein hervorragendes Turnierpferd.

ALLGEMEINE MERKMALE

GEBÄUDE Ein hervorragendes Reitpony. Die Beine sind relativ kurz und stark, aber elegant, die Hufe hart und gut geformt. Connemaraponys besitzen natürliche, harmonische Gänge.

KOPF Edler Ponykopf mit geradem Profil, kleinen, feinen Ohren, intelligenten Augen und beweglichen Nüstern.

FARBE Vor allem Schimmel, außerdem alle Grundfarben, inklusive Falben.

GRÖSSE Von 130 bis 142 cm Stockmaß

GROSSBRITANNIEN UND IRLAND

COB

Der Cob, oder Riding Cob, wie er früher genannt wurde, ist eine echt englische und irische Institution, keine Rasse, sondern ein bestimmter Pferdetyp, wobei genaue Vorstellungen über Aussehen, Eigenschaften und Beurteilung bestehen.

Ein Cob ist im Grunde ein nicht sehr großes, stämmiges Pferd mit kräftigem Rumpf, viel Gurtentiefe und kurzen, stämmigen, starken Beinen, doch vor allem besitzt es einen besonderen, unverwechselbaren Charakter, den man bei keinem anderen Pferd findet. Als Typ können Cobs nicht gezielt gezüchtet werden – sie scheinen einfach hin und wieder zufällig aufzutreten und werden daher um so mehr geschätzt. Sie gehen häufig aus reingezogenen Welsh Cobs oder Kreuzungen mit Irish Draughts hervor. Auch bei kleinen Kaltblütern sind schon Cobs als Nachkommen aufgetreten, doch selbst wenn man eine Stute, die eindeutig dem Cob-Typ zuzuordnen ist, mit einem Welsh Cob, einem Irish Draught oder einem mittelgewichtigen Vollblut kreuzt, kann man noch lange nicht sicher sein, daß der Nachkomme tatsächlich ein Cob wird.

Vielleicht unterscheidet sich der Cob vor allem durch seine besondere Intelligenz und seinen besonderen Charakter von anderen Pferden. Viele Cobs haben einen ausgesprochenen Sinn für Humor und sind Menschen gegenüber so einfühlsam, daß man ihnen bedenkenlos Neulinge oder ältere und behinderte Reiter anvertrauen kann. Sie sind in der Lage, sich um ihren Reiter zu »kümmern« und ihm ein großes Gefühl von Sicherheit zu vermitteln. Einem richtigen Cob kann man bedingungslos vertrauen, er ist sozusagen der »Gentleman« oder »Psychologe« unter den Pferden. Die obere Grenze für seine Größe liegt bei 151 cm Stockmaß, so daß er im Grunde groß genug für alle Reitertypen ist, dabei aber klein genug, um auch von älteren oder nicht sehr sportliche Personen ohne Probleme geritten zu werden. Cobs sind echte Familientiere.

Sein Kopf wirkt qualitätsvoll und sehr intelligent. Der Hals ist kurz, schön geformt und stark. Mähne und Stirnschopf werden bei Schauveranstaltungen immer geschoren oder gestutzt. Der Widerrist ist nicht allzu hoch, die Schulter ist lang, kräftig und schräg. Der Rücken ist kurz, die Lendenpartie kräftig und kompakt, Hinterhand und Hüfte sind stark, gut gerundet und bemuskelt. Die Beine sind stämmig, mit sehr kurzen Röhrbeinen, die Fesseln nicht sonderlich lang, passend zur Schulter kräftig und schräg.

Ein guter Cob vermittelt seinem Reiter das Gefühl absoluter Sicherheit. Cobs sind sehr kooperativ und äußerst leistungswillig, sie können als Allround-Reitpferd eingesetzt werden, im Geschirr gehen, geben aber auch hervorragende Hunter ab.

Cobs sind absolut zuverlässige, ausgeglichene Pferde. Im Idealfall haben sie einen kraftvollen, kompakten Körper, mit relativ kurzen, starken Beinen. Ihrem Reiter vermitteln sie Ruhe und ein Gefühl der Sicherheit, selbst ein ängstlicher Mensch kann ihnen »blind vertrauen«. Cobs sind von mittlerer Größe, eignen sich für fast jeden Reiter und gehen auch hervorragend im Geschirr.

GROSSBRITANNIEN UND IRLAND

BRITISCHES WARMBLUT

Das warmblütige Turnierpferd par excellence, auf das britische Teams bei Springturnieren und Military-Veranstaltungen seit Generationen zurückgreifen, ist eine Kreuzung aus Englischem Vollblut und Irish Draught. Seit der Pferdesport um die Mitte des 20. Jahrhunderts immer mehr an Bedeutung gewonnen hat, konnte dieser Pferdetyp bei zahllosen Olympiaden, Welt- und Europameisterschaften Goldmedaillen für Großbritannien erringen. Auch andere Vollblut-Kreuzungen, beispielsweise mit Welsh Cobs oder einheimischem Ponys und Cobs, haben in ihrer Heimat und im Ausland mit ihren Leistungen brilliert.

Das Britische Warmblut ist ein relativ junger Pferdetyp, der zur Zeit vor allem als Spring- und Dressurpferd sehr beliebt ist. Es wurde aus verschiedenen kontinentaleuropäischen Rassen entwickelt. Momentan gibt es noch keinen eindeutigen Typ, doch strenge Zuchtprogramme garantieren, daß nur hochqualifizierte Pferde zur Zucht verwendet werden.

Dressurreiten ist die einzige Disziplin, bei der sich britische Reiter traditionsgemäß schwer tun. Man beschloß, dies zu ändern, indem man vor etwa vor 30 Jahren damit begann, kontinentale Warmblüter auf die britischen Inseln zu holen. Die »Continentals« – deutsche, belgische, schwedische, niederländische, dänische und Schweizer Pferde – erfreuten sich lange Zeit wachsender Beliebtheit, als sie jedoch begannen, britische Pferde bei Springturnieren auszustechen, entschied man, etwas zu unternehmen: Man importierte noch mehr Warmblüter und gründete schließlich 1977 einen eigenen Verband – die British Warmblood Society.

»Warmblut« ist im Grunde ein Sammelbegriff für diverse europäische Rassen, die in unterschiedlichen Ländern als Turnierpferde gezüchtet wurden. Die einzelnen Zuchtverbände haben leicht unterschiedliche Kriterien, was die Anerkennung der einzelnen Pferde betrifft. Wenn ein Pferd vom Zuchtverband seines Heimatlandes anerkannt wird, wird es auch in Großbritannien als Warmblut anerkannt. Unter einem »Warmblut« versteht man natürlich immer noch ein Pferd kontinentaleuropäischen Ursprungs und nicht die oben beschriebenen britischen und irischen Kreuzungen, auch wenn diese natürlich ebenfalls Warmblutpferde sind.

Das britische Warmblut ist momentan als Dressur- und Springpferd äußerst beliebt. Da es von so vielen kontinentalen Rassen abstammt, kann ihm kein klarer Zuchtstandard zugeordnet werden. Es wird sicher noch einige Zeit dauern, bis sich ein eindeutiger Typ entwickelt hat, der als eigenständige Rasse anerkannt werden kann.

GROSSBRITANNIEN UND IRLAND

SHOWPONY/REITPONY

Die Entwicklung des Britischen Showponys (oder Reitponys) gehört wohl zu den bemerkenswertesten Zuchterfolgen aller Zeiten. Das Zuchtziel bestand darin, einen kleinen Show Hack für junge Reiter zu entwickeln, und es konnte geradezu perfekt erreicht werden, wobei es wie geplant gelang, den typischen Ponycharakter zu bewahren.

Das Pony wurde im 20. Jahrhundert entwickelt, wobei die Zucht des perfekten, edlen Reitponys während der zweiten Jahrhunderthälfte gelang. Als Grundstock dienten einheimische britische Ponys, in der Hauptsache walisische Ponys, die mit Arabern und Vollblütern gekreuzt wurden. Zunächst konnten viele der Ponys, die zu gut drei Viertel Vollblüter waren, nur von erfahrenen jungen Reitern geritten werden. Das Temperamentsproblem, das in den 60er und 70er Jahren auftrat, konnte jedoch erfolgreich gelöst werden, so daß die heutigen Ponys vom Wesen her für Jugendliche weit besser geeignet sind, auch wenn sie gelegentlich immer noch etwas zu Nervosität neigen, und etwas weniger zierlich aussehen als noch vor zehn oder zwanzig Jahren.

Die Ponys wurden in viele Länder exportiert, um dort als Grundstock für die Zucht von einheimischen Kinderreitponys zu dienen. Das Britische Showpony wird bei Turnieren in drei Größenkategorien eingeteilt – bis zu 122 cm, 122 bis 132 cm und 132 bis 142 cm Stockmaß. Es wird in allen Grundfarben anerkannt, auch als Falbe und Palomino, allerdings nicht als Schecke. Weiße Abzeichen an Beinen und Kopf sind sehr häufig.

Außer den oben erwähnten Größenkategorien gibt es auch Tiere, die bis zu 150 cm groß sind, allerdings von vielen trotz ihres Ponycharakters nicht mehr als Ponys angesehen werden. Sie eignen sich gut als »Übergangspferd« für junge Reiter, die den schwierigen Wechsel zum Turnierpferd anstreben.

Ein erstklassiges Reitpony/Showpony hat nahezu perfektes Reitformat, zeigt große Eleganz und Anmut. Es besitzt dabei aber trotzdem Ponycharakter und gibt jungen Reitern das Gefühl, einen kleinen Araber oder ein Vollblut zu reiten, hat aber immer noch die guten Manieren und die Intelligenz seiner einheimischen Ponyvorfahren.

Obwohl viele dieser Ponys ein »umsorgtes« Leben führen und so gut wie nie als Spring- und Jagdponys dienen, hat sich gezeigt, daß sie sehr leistungsfähig sein können und durchaus über Ausdauer und Robustheit verfügen.

Das Showpony muß eine Miniatur-Version des Reitpferdes für Erwachsene (Hack) sein, sollte dabei aber unbedingt als Pony zu erkennen sein und sich als Reitpony für Jugendliche eignen. Obwohl es viel Vollblüter- und Araberblut führt, sollte es eindeutig Ponycharakter haben.

GROSSBRITANNIEN UND IRLAND

REIT- ODER FREIZEITPFERD

Es sollte Freude machen, auf einem Reitpferd zu reiten. Oft sind Reitpferde keiner eindeutigen Rasse zuzuordnen, doch um bei Schauveranstaltungen bestehen zu können, sollten sie Qualität, Kooperation und eine gute Schulung oder Ausbildung aufweisen und von angenehmem Temperament sein. Je nach englischer oder amerikanischer Reitweise variieren die gewünschten Gangarten (inklusive Springen) von Land zu Land.

Schauveranstaltungen für Reit- oder Freizeitpferde sind eine sehr beliebte Möglichkeit, Pferde zu präsentieren, die sich eigentlich in keine Kategorie oder Rasse einordnen lassen, und bieten Reitern die Gelegenheit, gute Reitpferde vorzuführen, die keinem spezifischen Typ angehören.

Allerdings werden bei den offiziellen britischen Reitpferd-Schauen (die unter der Schirmherrschaft der British Show Hack, Cob and Riding Horse Association stehen) immer häufiger Pferde präsentiert, die irgendwo zwischen dem Show-Hack-Typ und dem Show-Hunter-Typ angesiedelt sind und somit doch einem bestimmten Typ zuzuordnen sind. Oft findet man Pferde, die zu groß sind, um als Large Hacks zu gelten, in der Reitpferd-Kategorie. Das Show-Reitpferd muß Schritt, Trab, Kanter und Galopp beherrschen, braucht allerdings außer in der Working-Riding-Horse-Klasse nicht zu springen.

Da die Klassen und Pferdetypen so zahlreich und unterschiedlich sind, ist es nicht möglich, eindeutige Regeln für die betreffenden Tiere festzulegen. Allerdings sollte natürlich jedes Reit- oder Freizeitpferd (bei offiziellen oder inoffiziellen Veranstaltungen) dem Typ eines guten Reitpferdes entsprechen, mit einer langen, schrägen Schulter und gemäßigtem bis ausgeprägtem Widerrist, so daß es leichttrittig ist und die Gangbewegungen beherrscht, die für den Reiter besonders angenehm sind.

Ein Freizeitpferd sollte hervorragend ausgebildet sein, sensibel, gehorsam, willig und leichttrittig, und je nach Anforderung über genügend Ausdauer verfügen.

GROSSBRITANNIEN UND IRLAND

BRITISH SPORTS HORSE

Das British Sports Horse Registry wird von der British Warmblood Society geführt und bietet Tieren, deren Stammbaum nicht lückenlos ist, die aber vom Exterieur oder ihren Leistungen her hervorragende Anlagen aufweisen, eine ideale Möglichkeit, sich zu beweisen. Die Pferde müssen sehr hohe Ansprüche erfüllen, was Exterieur, Gänge, Temperament und Charakter betrifft (genau wie das britische Warmblut) und auch ihre Leistungsfähigkeit unter Beweis stellen. Durch einen Eintrag ins Registry werden Tiere, die normalerweise aufgrund lückenhafter Stammbäume nirgends aufgenommen werden können, sozusagen offiziell anerkannt.

Das British Sports Horse Registry bietet guten Turnierpferden, die keinen lückenlosen Stammbaum besitzen, die Möglichkeit, ihre Fähigkeiten unter Beweis zu stellen. Viele erstklassige Turnierpferde sind British Sports Horses.

WORKING HUNTER

Die Working-Hunter-Klasse ist bei Schauveranstaltungen eine nützliche Klasse für Tiere, die nicht ganz den Anforderungen für die reine Show-Klasse entsprechen, dafür jedoch ein gutes Springvermögen aufweisen. In den Working-Hunter-Klassen in Großbritannien und Irland müssen die Pferde auf einem relativ kurzen Parcours mit natürlichen Hindernissen ihr Können unter Beweis stellen. Die Bewertung richtet sich nach Exterieur, Aktion und »Ausstrahlung«, bewertet werden aber auch Springtalent und Gänge, die frei sein müssen und nicht dem formaleren Springturnier-Stil, sondern dem Jagdstil entsprechen müssen.

Der Working-Hunter-Show-Typ muß ähnliche Qualitäten besitzen wie der reine Show Hunter. Das Pferd soll einen guten, flüssigen Sprungstil zeigen und natürliche Hindernisse mühelos bewältigen können.

GROSSBRITANNIEN UND IRLAND

HUNTER

Ein Hunter (Jagdpferd) muß in der Lage sein, einen Reiter bei der Jagd mit der Hundemeute sicher zu tragen. Der Reiter kann dabei genausogut ein Jugendlicher oder eine ältere Person sein, und die Variationsbreite der Tiere reicht vom kleinen Pony bis zum Shire oder Vollblut.

Hunter-Klassen in Wettkampfveranstaltungen findet man in den Ländern, in denen der Jagdsport besonders beliebt ist, vor allem in Irland, Großbritannien, den Vereinigten Staaten, Kanada, Australien, Tasmanien und Neuseeland.

Innerhalb der Hunter-Klassen gibt es wiederum unterschiedliche Klassen, wobei das Reitergewicht (Leichtgewichts- bzw. Mittelgewichtsträger), aber auch Größe, Leistungsvermögen und die Erfahrungen des Pferdes ausschlaggebend sind. Ladies' Hunters (Damen-Jagdpferde) bilden wiederum eine eigene Klasse, bei der im Damensattel geritten wird.

Show Hunter weisen normalerweise eine der Grundfarben auf, eventuell mit geringem Weißanteil an Kopf oder Beinen, doch da der Pferdetyp recht weit gefaßt ist, gibt es keine spezifischen Rassemerkmale, und es ist auch ziemlich unwahrscheinlich, daß es irgendwann eine »Hunter-Rasse« geben wird.

Der Show Hunter sollte selbst im Kaltblut-Typ einen nicht zu geringen Vollblutanteil aufweisen, dabei Substanz, Ausdauer und hervorragendes Reitformat besitzen und über freie, gerade, saubere Gänge und eine große Schubkraft der Hinterhand verfügen. Er muß ausgeglichen und angenehm zu reiten sein, dabei Mut, Gehorsam und Wendigkeit besitzen und darf nicht nervös werden. Außerdem soll er robust genug sein, um sechs Monate lang bis zu zwei Tage pro Woche an Jagdritten teilzunehmen.

Beim Turnier müssen Hunter ihre hervorragende Ausbildung unter Beweis stellen, wobei viel Gewicht auf raumgreifenden, kontrollierten Galopp gelegt wird. Die Leistungsanforderungen sind nicht überall gleich: In Großbritannien und Irland brauchen Hunter nicht zu springen und werden von den Richtern geritten, in den USA dagegen müssen sie springen und werden nie von den Richtern geritten.

Obwohl im Grunde genommen jedes Pferd als Jagdpferd eingesetzt werden kann, sollte ein echter Show Hunter einen nicht zu geringen Vollblutanteil aufweisen, selbst wenn er dem Kaltblut-Typ zuzuordnen ist. Er muß Qualität, Substanz und starke, gerade Gänge zeigen, dabei gehorsam und leichttrittig sein. Er darf sich vor allem nicht aus der Ruhe bringen lassen und muß selbst in kritischen Situationen schnell und umsichtig reagieren.

GROSSBRITANNIEN UND IRLAND

WORKING HUNTER PONY

Das ideale Working Hunter Pony ist ein Showpony im Hunter-Typ mit zusätzlichem Springvermögen. Leider kommt es oft vor, daß Pferdebesitzer feingliedrige Showponys mit groben oder wirklich unattraktiven Köpfen, die in ihren eigenen Klassen keine Chance hätten, in dieser Klasse präsentieren. Es ist wirklich nicht Sinn und Zweck dieser Klasse, Ponys, die es in anderen Klassen nicht geschafft haben, eine zweite Chance zu geben. Dafür sind allerdings zum Teil auch die Richter schuld, denn viele stufen ein häßliches Pony mit guten Leistungen besser ein als ein hübscheres, typgerechteres Pony, das weniger gute Leistungen erbringt. Das Working Hunter Pony sollte im Idealfall dem guten Show-Hunter-Pony-Typ entsprechen, einen kühnen, kontrollierbaren, guten Springstil besitzen und zwischen den Sprüngen gute Gänge aufweisen. Es muß dem Reiter ein ausgesprochenes Gefühl der Sicherheit vermitteln, Pferd und Reiter müssen gut harmonieren und in der Lage sein, querfeldein mühelos der Hundemeute zu folgen.

Diese Klasse ist sehr beliebt bei Jugendlichen, die nicht an Springturnieren teilnehmen, aber ihr Pony vorführen möchten. Die Klasse ist im allgemeinen immer sehr gefragt und zieht zahlreiche Besucher an.

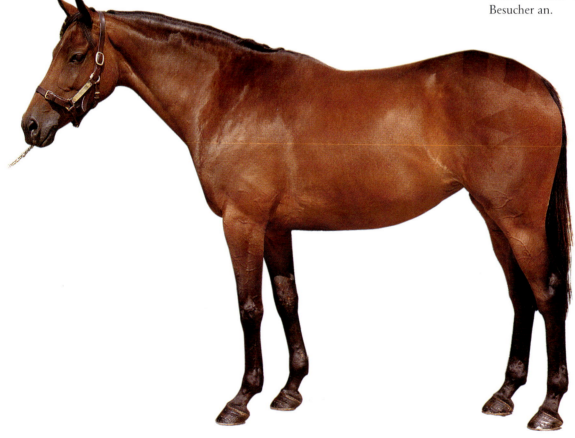

Working Hunter Ponys sind die Junioren-Variante des Erwachsenen-Working Hunters. Sie besitzen ein furchtloses, ruhiges Wesen, und ihre Willigkeit und Kooperation macht sie auch für junge Reiter kontrollierbar.

PONY IM HUNTER-TYP

Das Reit- oder Showpony, wie es meist genannt wird, wurde als Pony-Variante des Show Hack gezüchtet, doch es stellte sich schon bald heraus, daß man noch bessere, leistungsfähigere Ponys mit mehr Substanz im Hunter-Typ züchten und eine Ponyvariante des großen Show Hunters entwickeln konnte.

Ponys im Hunter-Typ sind Miniatur-Show-Hunter und weisen alle Qualitäten ihres großen Verwandten auf. Es hat zwar eine Zeitlang gedauert, doch inzwischen konnte ein Pony im korrekten Hunter-Typ entwickelt werden, das zwar nicht die Schönheit und Eleganz des Showponys besitzt, jedoch all denen zusagt, die an einem Pony mit mehr Substanz interessiert sind, das später vielleicht als Working Hunter Pony oder Military Pony eingesetzt werden kann. Die Tiere, die in dieser Kategorie miteinander konkurrieren, sind sehr qualitätsvoll und eignen sich vom Typ her hervorragend als Jagdpony für Kinder und Jugendliche.

Wie sein Großpferd-Pendant braucht auch das Pony im Hunter-Typ sein Springvermögen nicht unter Beweis zu stellen, doch viele Tiere nehmen an anderen Leistungswettbewerben teil.

GROSSBRITANNIEN UND IRLAND

HACK

Der Hack ist ein typisch britischer Pferde-Typ. Der Name stammt vom altfranzösischen Wort *haquenée*, das allgemein ein billiges, schlechtes Gebrauchspferd bezeichnete, wobei sich im Laufe der Zeit die Bedeutung des Wortes gewandelt hat, so daß man darunter später ein Pferd verstand, das als Reitpferd, aber nicht als Jagdpferd eingesetzt wurde. An dieser Bedeutung hat sich nicht viel geändert, und auch heute noch muß ein Hack angenehm zu reiten sein sowie tadellose Manieren und eine gute Ausbidung aufweisen.

Während der Blütezeit des Hacks Ende des 19., Anfang des 20. Jahrhunderts unterschied man zwischen zwei Haupttypen – den Covert Hacks und den Park Hacks. Der Covert Hack war ein Pferd mit einem relativ großen Vollblutanteil, ein schönes Tier mit viel Qualität und Charakter, auf dem sein Besitzer zur Fuchsjagd ritt, wo der Pferdepfleger seinen Arbeitgeber bereits mit dem Hunter, auf dem er hergeritten war, erwartete. Man wechselte die Pferde, und der Pfleger ritt auf dem Covert Hack wieder nach Hause. Park Hacks dagegen waren echte »Statussymbole«, elegante, hervorragend ausgebildete Tiere, auf die man mit Recht stolz sein konnte. Park Hacks besaßen makellose Manieren und konnten mühelos mit einer Hand geritten werden, so daß der Gentleman seinen Hut lüpfen konnte, wenn er einer Dame begegnete, oder die Lady zu Pferde ihren Freunden zuwinken konnte. Park Hacks waren normalerweise Englische Vollblüter, manchmal auch Anglo-Araber.

Heute wird der Hack am besten durch die verschiedenen britischen und irischen Show Hacks verkörpert, die vom Typ her dem alten Park Hack entsprechen. Ein Show Hack sollte die Gebäudemerkmale eines möglichst perfekten, leichten Vollbluts aufweisen, mit gerader, flacher Aktion und ausgesprochener Eleganz und so hervorragend ausgebildet sein, daß sein Reiter ihn mühelos mit einer Hand kontrollieren und lenken kann. Das Pferd sollte leichte, versammelte Aktion in Schritt, Trab und Kanter beherrschen (Hacks galoppieren und springen nicht) und in der Lage sein, bewegungslos zu warten, während sein Reiter auf- oder absteigt.

Hacks werden von Richtern geritten, um Rittigkeit und Ausbildungsgrad der Tiere zu prüfen – bei größeren Veranstaltungen gibt es oft sogar verschiedene Richter für die Beurteilung des Exterieurs und der Rittigkeit – die Pferde werden ohne Sattel begutachtet, so daß Gebäude und Arbeit an der Hand besser bewertet werden können.

Show Hacks werden in drei Klassen unterteilt: Small Hacks (142 bis 150 cm Stockmaß), Large Hacks (150 bis 153 cm Stockmaß) und Ladies Hacks (142 bis 153 cm Stockmaß), die mit Damensattel geritten werden. Alle Grundfarben mit gemäßigten weißen Abzeichen am Kopf und am unteren Teil der Beine sind zulässig. Nur bei Veranstaltungen sind die Farben wichtig.

Außerhalb Großbritanniens gelten andere Bestimmungen für Hacks. Im übrigen Europa sind kleine Vollblüter mit einem Schuß Araberblut beliebt, während in den USA der Saddlebred-Typ als perfektes Reitpferd angesehen wird.

Die einzelnen Länder haben zudem unterschiedliche Klassen für Hacks entwickelt.

Der Show Hack verkörpert das qualitätsvolle, elegante Reitpferd par excellence. Er ist fast immer ein reinrassiges Vollblut oder ein Anglo-Araber und muß hervorragend ausgebildet sein, dabei sehr gehorsam, schön anzuschauen, mit harmonischem Gebäude und schönem oder zumindest hübschem Kopf.

84	Selle Française	107	Italienisches Kaltblut	135	Westfale
88	Französischer Traber	108	Salerner	136	Holsteiner
90	Camarguepferd	110	Lipizzaner	140	Mecklenburger
91	Französischer Anglo-Araber	114	Haflinger	140	Karacabeyer
		115	Noriker	141	Kladruber
92	Percheron	116	Brabanter	142	Shagya-Araber
96	Bretone	120	Konik	143	Nonius
97	Normänner Cob	121	Wielkopolski	144	Furioso
98	Ardenner	122	Malopolski	145	Gidran
99	Friese	123	Huzule	145	Kartäuser
100	Gelderländer	124	Trakehner	146	Andalusier
101	Niederländisches Kaltblut	128	Oldenburger	150	Altér Real
		129	Ostfriese	152	Lusitano
102	Holländisches Warmblut	130	Hannoveraner	153	Ostbulgarisches Warmblut
106	Schweizer Warmblut	134	Schleswiger	153	Danubisches Warmblut

EUROPÄISCHES FESTLAND

EUROPÄISCHES FESTLAND

SELLE FRANÇAISE

Für die meisten Rassen kreuzt man unterschiedliche Pferde- bzw. Ponytypen so lange, bis die vom Züchter gewünschte und vom Markt geforderte Mischung erzielt ist. Beim Selle Française handelt es sich um eine der Rassen mit besonders starker Durchmischung. Erst in den 50er Jahren erhielt das französische Reitpferd offiziell den Status einer eigenen Rasse unter dem Namen (Cheval de) Selle Française. Es hat sich als exzellentes Reit- und Turnierpferd erwiesen.

Die Grundlage für den Selle Française bildete der in der Normandie gezüchtete und schon seit dem Mittelalter bekannte Normänner. Nach den Kreuzzügen wurden Araber und andere orientalische Pferdetypen nach Frankreich mitgebracht und mit den einheimischen schweren Stuten gekreuzt. So entstand ein brauchbares Streitroß. In späteren Jahrhunderten ging es mit der Normännerrasse durch unsachgemäße und planlose Kreuzung mit dänischen und deutschen Zugpferden bergab, bis sie zwischen dem 17. und dem frühen 19. Jahrhundert durch reichliche Zufuhr von Englischem und Arabischem Vollblut sowie Norfolk Roadster erfolgreich wiederveredelt werden konnte.

Der so entstandene Anglo-Normänner war der Vorläufer des Französischen Trabers, lieferte jedoch auch im wesentlichen die Basis für den modernen Selle Française. Im Grunde wurde der Anglo-Normänner in zwei Typen entwickelt, nämlich zum einen (mit Percheron- und Boulonnais-Blut) als kräftiges Zug- und Kavalleriepferd und zum anderen in Form von zwei Schlägen als Traber bzw. Reitpferd. Während sich die Traberlinie offenbar problemlos entwickelte, fiel es beim Reitpferd schwerer, eine erstklassige Rasse zu schaffen, denn oft wurden gerade die ausgesprochen negativen Aspekte der Normänner ebenso wie der Vollblüter vererbt. Durch die sorgfältige Überwachung gezielter Kreuzungen und die Ermittlung der dominanten Erbanlagen jedes einzelnen Tieres konnte jedoch

Der Selle Française ist ein hochwertiges Reitpferd, zeigt jedoch innerhalb der Rasse erhebliche Typunterschiede. Das hier abgebildete Pferd ähnelt einem mittelschweren Englischen Vollblut mit gutem Gebäude. Der Selle Français ist ein hervorragendes Turnierpferd.

EUROPÄISCHES FESTLAND

letztlich ein hervorragendes Vielzweck-Reitpferd gezüchtet werden.

Der ursprüngliche schwere Zugpferdtyp existiert nicht mehr, sein Blut lebt jedoch in einer kleineren Ausgabe weiter, die als »Normänner Cob« bezeichnet wird. Der Reitpferdtyp ging in der neuen Rasse auf, die heute den Namen Selle Française trägt.

Der Normänner diente lediglich als Grundlage. Als weitere »Zutaten« kamen bodenständige französische Rassen dazu wie etwa Limousin, Vendéen und Charentais. Der Limousin, ein schwergewichtiger Jagdpferdtyp, übte von diesen dreien vermutlich den positivsten und nachhaltigsten Einfluß aus. Die Rasse entstand vermutlich im 8. Jahrhundert zu der Zeit, als die Mauren von Spanien aus in Südfrankreich einfielen und dabei sicherlich zahlreiche arabische Pferde mit den heimischen Stuten in Berührung kamen. Vom Typ her hat sich die Rasse offenbar mehrfach gewandelt, unter anderem durch die Zugabe von Anglo-Normännerblut, das für mehr Substanz sorgen sollte. In neuerer Zeit entwickelte sie sich zu großen, kräftig gebauten Pferden, die spät reifen und selbst unter einem beachtlichen Gewicht galoppieren und springen können. Später wurde die Rasse wiederum mit Araberblut etwas leichter gezüchtet und veredelt. Vendéen- und Charentais-Stuten gehörten zum schweren Pferdetyp, der durch Holländer, Normänner, Anglo-Normänner, Norfolk Roadster, Anglo-Araber, Englisches und Arabisches Vollblut verbessert wurde – eine gängige, jedoch erfolgreiche Abstammungslinie.

Die beiden Rassen, die den größten Einfluß auf den Selle Française ausübten, waren das Englische Vollblut und der Anglo-Normänner, dem der Selle Française seine sportliche Gewandtheit, Zähigkeit und seinen gesunden Pferdeverstand verdankt. Heute werden nur ausgewählte Stuten und Hengste ins Stutbuch eingetragen, und zwar in der Reihenfolge der Präferenz Selle Française, Englisches Vollblut, Anglo-Araber und Arabisches Vollblut, darüber hinaus auch eine geringe Anzahl von Französischen Trabern, allerdings nur Hengste. In künftigen Generationen wird der Selle Française voraussichtlich noch einheitlicher sein, wenn auch einige der Liebhaber dieser Rasse meinen, daß die heute bestehenden leicht unterschiedlichen Schläge ein Vorzug sind, weil sie verschiedenen Vorlieben und Anforderungen gerecht werden.

Charakter und Pflege

Eines der Hauptmerkmale ist die Tatsache, daß sich diese Pferde im Wesen stark unterscheiden. Überwiegend sind es sanfte, dabei aber energische und fleißige Tiere, die sich recht gut lenken lassen. Derzeit unterscheidet man fünf Typen, nämlich drei für mittelschwere Reiter geeignete (klein bis 151 cm, mittel 151–160 cm und groß über 160 cm) und zwei für schwere Reiter geeignete Typen (klein bis 160 cm und groß über 160 cm).

Die Pflege richtet sich nach den individuellen Gegebenheiten. In der Regel stellt der Selle Française die gleichen Anforderungen an Futter, Unterbringung und sonstige Versorgung wie andere warmblütige Reitpferde. Er ist weder besonders wetterempfindlich noch schwerfuttrig.

Der Selle Française heute

Selle Française werden vor allem als Turnierpferde und gute Allzweck-Reit- und Freizeitpferde gezüchtet. Ursprünglich waren sie als ausgezeichnete Springpferde angelegt und sind auch heute noch in dieser Disziplin sehr leistungsstark. Darüber hinaus bieten sie auch bei Geländeritten und in Vielseitigkeitsprüfungen sowie bei Jagden ein hervorragendes Bild. Viele Vertreter dieser Rasse werden als Turnierpferde in alle europäischen Länder exportiert; sie starten auch mit anderen Warmblutrassen auf der Galopprennbahn oder bei Hindernisrennen.

Miss Fan, geritten von Eddie Macken, startete 1995 beim Springturnier in Aachen für Irland. Die Stute ist ein gutes Beispiel für ein Pferd, das genau für seine züchterische Bestimmung eingesetzt wird: Der Selle Française wurde speziell als Springpferd konzipiert.

EUROPÄISCHES FESTLAND

SELLE FRANÇAISE
Dieses Pferd weist für ein Reitpferd ein hervorragendes Gebäude auf. Es blickt wach in die Welt und dürfte bei Pferdeschauen an der Hand ebenso wie im Leistungssport unter dem Reiter eine gute Figur machen. Das Symbol **G** steht für spezielle Gebäudemerkmale.

KOPF
Ähnelt meist dem Französischen Traber; das Profil ist gerade, oder – als entfernte Erinnerung an das normannische Pferd – leicht geramst. **G**

AUGEN UND OHREN
Der Kopf ist gut angesetzt, die Ohren sind lang, die Augen nicht vorstehend und manchmal etwas klein.

WIDERRIST UND SCHULTER
Hochstehender Widerrist, gut geschrägte Schulter, der Brustkorb mittelweit. **G**

RUMPF
Der Rumpf ist tief, oval und kräftig ausgebildet. **G**

HUFE
Fest, manchmal etwas groß. **G**

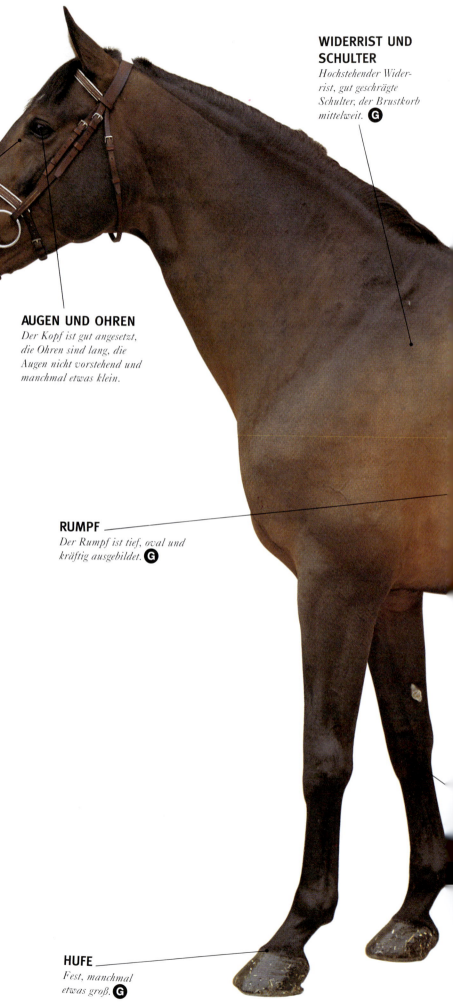

GRÖSSE
Unter Berücksichtigung der verschiedenen Typen beträgt die Größe zwischen 151 und 160 cm.

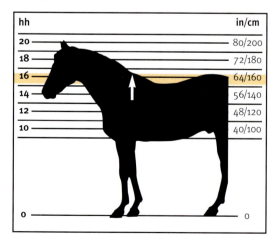

EUROPÄISCHES FESTLAND

FARBE
Die Nahaufnahme zeigt die interessante Fleckung des dunkelbraunen Deckhaars. An sich sind die Pferde dieser Rasse eher Füchse, gelegentlich auch Braune, Schimmel oder seltener Rotschimmel.

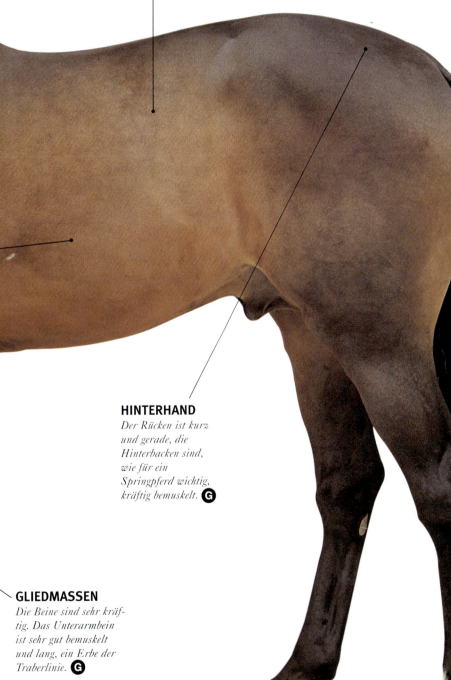

HINTERHAND
Der Rücken ist kurz und gerade, die Hinterbacken sind, wie für ein Springpferd wichtig, kräftig bemuskelt. **G**

GLIEDMASSEN
Die Beine sind sehr kräftig. Das Unterarmbein ist sehr gut bemuskelt und lang, ein Erbe der Traberlinie. **G**

ABSTAMMUNG

Die Haupt-Einflüsse der heutigen Rasse dürften vom Normänner und vom Englischen Vollblut stammen, außerdem von orientalischem Blut und einheimischen französischen Rassen der Region. Erkennbar ist auch ein Einfluß des Norfolk Roadster und des Trabers.

Normänner

Arabisches Vollblut

Norfolk Roadster

Niederländische und deutsche Zugpferde

Französische regionale Rassen

Englisches Vollblut

Anglo-Araber

Selle Française

EUROPÄISCHES FESTLAND

FRANZÖSISCHER TRABER

Sowohl gefahrene als auch gerittene Trabrennen sind in Frankreich ein äußerst beliebter Sport, der schon im frühen 19. Jahrhundert aufkam. Die erste Trabrennbahn wurde 1836 in Cherbourg eröffnet.

Damals galten Normänner oder Anglo-Normänner als beste Traber, und es heißt, die ersten Trabrennen seien abgehalten worden, um geeignete Zuchthengste zu ermitteln. Das Schauspiel erwies sich dann aber als derart publikumswirksam, daß es sich als eigenständige Sportart durchsetzte.

Das herrliche normannische Pferd wurde zunächst mit dem englischen Norfolk Roadster gekreuzt, erhielt aber im 19. Jahrhundert mit dem ebenfalls englischen Hackney sowie dem russischen Orlowtraber weitere Einflüsse, die diese Pferde zu einer Mischung der weltbesten Rassen machten. Gegen Ende des letzten Jahrhunderts kam noch das American Standardbred dazu, das sich auf den Französischen Traber nachhaltig auswirkte.

1906 wurde ein Stutbuch für französische Traberpferde eröffnet, wenn auch die Rasse offiziell erst 1922 anerkannt wurde. Um im Stutbuch registriert zu werden, mußte ein Pferd in der Lage sein, 1 Kilometer in 1 Minute 42 Sekunden im Trab zurückzulegen. 1941 wurde das Stutbuch für alle Tiere geschlossen, bei denen nicht bereits beide Elternteile registriert waren. In jüngerer Zeit wurde die Rasse allerdings wiederum mit einigen ausgewählten American Standardbred verbessert, um die Schnelligkeit noch zu erhöhen, obwohl der Französische Traber ohnehin als den übrigen Traberrassen weltweit ebenbürtig gilt, sogar dem American Standardbred.

Charakter und Pflege

Der Französische Traber ist ein vorzügliches Pferd mit einem Erscheinungsbild wie ein großer, kräftiger Vollblüter. Die bei Trabrennen vor dem Sulky eingesetzten Tiere sind meist etwas kleiner als diejenigen, die geritten werden. Im Temperament ähnelt der Französische Traber dem Vollblut, sowohl im Hinblick auf seine Lebhaftigkeit als auch auf seine Energie.

Der Französische Traber heute

Der heutige Französische Traber wird fast ausschließlich als Trabrennpferd vor dem Sulky oder unter einem Reiter eingesetzt. Pferde, die im Rennen nicht gut abschneiden, sind immerhin hervorragende Reitpferde und besitzen ein gutes angebo-

ABSTAMMUNG

Neben Normänner- und Englischen Vollblut enthält die Ahnenreihe des Französischen Trabers Norfolk Roadster, englisches Halbblut, Hackney, Orlowtraber und in jüngerer Zeit wiederum Vollblut sowie bezeichnenderweise American Standardbred.

Anglo-Normänner
Norfolk Roadster ▼
Englisches Halbblut/Hunter ▼
Hackney ▼
Orlowtraber ▼
Englisches Vollblut ▼
Standardbred ▼
Französischer Traber

Traberrassen sind vor allem in Frankreich sehr beliebt und werden in Trabrennen ebenso wie als Reitpferde eingesetzt. Dieser Französische Traber zeigt neben dem Einfluß des Englischen Vollbluts auch deutlich sein Standardbred-Erbe.

EUROPÄISCHES FESTLAND

renes Springvermögen. Gerittene Traber werden zur Zucht von Renn- und Reitpferden verwendet. Der Französische Traber findet sich auch in der Ahnenreihe des Selle Française.

Im Gegensatz zu dem links abgebildeten Pferd zeigt dieses Tier überwiegend die Einflüsse seiner normannischen Vorfahren, die sich in einem längeren Rücken und einem insgesamt etwas gröberen Erscheinungsbild niederschlagen.

Der vom Anglo-Normänner beeinflußte Kopf mit der angedeuteten Ramsnase ist beim Französischen Traber häufig anzutreffen und hier klar zu sehen. Er ist oft gekoppelt mit einem ehrlichen, ausgeglichenen Temperament.

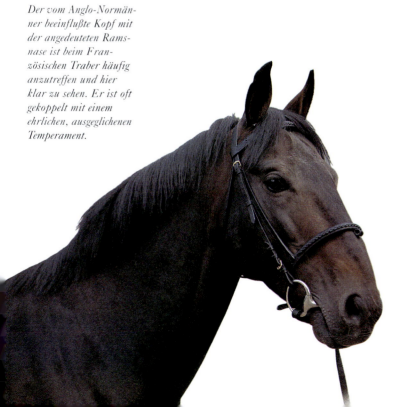

ALLGEMEINE MERKMALE

GEBÄUDE Insgesamt wirkt der Französische Traber wie ein kräftiges Englisches Vollblut.

KOPF Rassiger, dem Vollblut nahestehender Kopf, gerades Profil, breite Stirn, lange, weit auseinanderstehende Ohren, wach blickende Augen, ausgestellte Nüstern.

FARBE Am häufigsten sind Füchse, Braune und Dunkelbraune, daneben auch Rotschimmel und Rappen, selten Schimmel.

GRÖSSE Rund 162 cm.

EUROPÄISCHES FESTLAND

CAMARGUEPFERD

Niemand weiß genau, seit wann das Crin Blanc die Salzwiesen seiner südfranzösischen Heimat bewohnt. Man glaubt, daß es vom primitiven eiszeitlichen Pferd abstammt, vom Typus her, insbesondere, was den Kopf angeht, scheint in seinen Adern jedoch auch reichlich Berberblut zu fließen.

ABSTAMMUNG

Das Camarguepferd stammt von urtümlichen französischen Pferden ab und erhielt darüber hinaus zweifellos schon vor Jahrhunderten Beimengungen von Berber- und Araberblut, in neuerer Zeit auch von Englischem Vollblut, weiterem Arabischem Vollblut und französischen Postier-Bretonen, veränderte sich aber dennoch nur geringfügig.

Primitives französisches Pferd
Berber ▼
Arabisches Vollblut ▼
Englisches Vollblut ▼
Postier-Bretone ▼
Camarguepferd

Die Pferde der Camargue im südöstlichen Teil Frankreichs verbringen ihr Leben zum größten Teil bis zu den Knien im Salzwasser stehend; sie ernähren sich von Schilf und den in Küstennähe spärlichen Gräsern, und das seit Tausenden von Jahren, ohne Schaden zu nehmen, wenn auch ihre Zahl heute auf unter 500 gesunken ist. Die Camargue liegt im Rhônedelta, eine im Sommer brütend heiße, im Winter feuchtkalte Landschaft.

Das Camarguepferd, in seiner Heimat *Crin Blanc* genannt, stammt vermutlich vom primitiven eiszeitlichen Pferd ab. Nach seinem Kopf zu urteilen, scheint darüber hinaus auch Berber- und Orientalenblut in seinen Adern zu fließen.

Im 19. Jahrhundert bemühten sich die Menschen in der Camargue, die Rasse durch Araber, Anglo-Araber, Englisches Vollblut und Postier-Bretonen zu verbessern, jedoch ohne großen Erfolg. Jedes Jahr im Herbst werden die Herden zusammengetrieben, einige Tiere als Reitpferde ausgewählt und minderwertige Fohlen und Hengste ausgesondert, was der Rasse insgesamt zugute kommt.

Charakter und Pflege

Ist ein Camarguepferd erst einmal eingeritten, ist es ein williges, sanftmütiges Reitpferd, das sich jedoch durchaus seine Unabhängigkeit und Lebhaftigkeit bewahrt. Es reift recht spät heran und ist langlebig.

Das Camarguepferd heute

Das Crin Blanc wird vor allem als Reitpferd von den Gardians beim Hüten der schwarzen Rinder der Camargue verwendet. Mit zunehmendem Tourismus wird das weiße Pferdchen heute auch häufig als Reitpony eingesetzt.

ALLGEMEINE MERKMALE

GEBÄUDE Das Camarguepferd wirkt urwüchsig und wie ein typisches Wildpferd. Der Schweif ist tief angesetzt und ebenso wie Mähne und Stirnschopf dick und lang. Die Gliedmaßen sind kräftig und stämmig, die Hufe äußerst hart und gut geformt.

KOPF Wenig edel, groß, mit kurzen, breiten Ohren, ausgeprägtem, schwerem Kiefer sowie schön angesetzten, ausdrucks- und gefühlvoll blickenden Augen rechts und links der breiten Stirn.

FARBE Fast ausschließlich Schimmel. Ebenso wie beim Lipizzaner werden die Fohlen schwarz geboren, schimmeln aber mit zunehmendem Alter aus. Z. T. kommen Braune und Dunkelbraune vor.

GRÖSSE Etwa 131 bis 142 cm.

EUROPÄISCHES FESTLAND

FRANZÖSISCHER ANGLO-ARABER

Der Anglo-Araber ist eine der besten Vielzweckrassen, die weltweit als Reitpferde für anspruchsvolle Zwecke eingesetzt werden. Wie der Name bereits andeutet, besteht die Rasse aus Arabischem und Englischem Vollblut.

Der Französische Anglo-Araber entstand etwa 1830, als der französische Tierarzt E. Gayot sich entschloß, eine offizielle Anglo-Araberzucht zu begründen, zunächst im Gestüt Le Pin, später in Pompadour. Den Grundstock bildeten der Araberhengst Massoud, der türkische Hengst Aslan und drei englische Vollblutstuten.

Das heißt allerdings nicht, daß Gayot damit zum ersten Mal arabisches Blut nach Frankreich gebracht hätte, denn die dort heimischen Rassen waren längst mit orientalischen Pferden veredelt worden. Napoleon war ein Liebhaber des Arabischen Vollbuts und gründete Gestüte für reinrassige und halbblütige Pferde in Pau und Tarbes im Südwesten Frankreichs. Sein berühmter Schimmel Marengo dürfte ein reinrassiger Araber gewesen sein.

Heute wird der Anglo-Araber unter Verwendung von Arabern, Anglo-Arabern und Englischen Vollblütern weitergezüchtet. Für eine Eintragung ins Stutbuch muß das Tier mindestens 25 % arabisches Blut besitzen und darf sechs Generationen zurück außer Arabischem und Englischem Vollblut keinerlei Einflüsse aufweisen.

Charakter und Pflege
Bei den besten Exemplaren des Französischen Anglo-Arabers finden sich die Intelligenz, Friedfertigkeit und Ausdauer des Arabischen Vollbluts sowie die Vielseitigkeit, Größe und Schnelligkeit des Englischen Vollbluts. Sie erfordern eine einfühlsame, erfahrene Hand.

Der Französische Anglo-Araber heute
Der französische Anglo-Araber ist ein hochwertiges Reitpferd, das sich bei Springturnieren ebenso auszeichnet wie in der Dressur, in Vielseitigkeitsprüfungen, Galopp- und Hindernisrennen sowie bei Distanzritten, bei Schaureiten und Jagden.

ALLGEMEINE MERKMALE

GEBÄUDE Kräftiges Gebäude, trotzdem insgesamt elegant und stolz wirkend, jedoch ohne die Arroganz mancher Englischer Vollblüter.

KOPF Der Kopf weist ein gerades oder leicht geramstes Profil auf, die Ohren sind fein geschnitten, die Augen blicken klug. Das zierliche Maul ist mit feinen, beweglichen Nüstern ausgestattet.

FARBE Alle Grundfarben, jedoch überwiegend Füchse. Weiße Abzeichen an Beinen und Kopf.

GRÖSSE Sehr variabel, von 152 bis 163 cm.

ABSTAMMUNG

Die Grundlage bildeten einheimische französische Rassen, denen orientalisches Blut zugeführt wurde. Im 19. Jahrhundert entwickelte sich durch die Zugabe von Arabischem, Türkischem und Englischem Vollblut die Rasse in ihrer heutigen Form.

Tarbes, Limousin und andere einheimische Rassen
Iberer ▼
Orientalen ▼
Arabisches Vollblut ▼
Türkische Pferde ▼
Englisches Vollblut ▼
Französischer Anglo-Araber

Der Französische Anglo-Araber ist eines der attraktivsten Sportpferde der Welt. Die Zucht erfolgt mit viel Sorgfalt und zielte ursprünglich auf hochwertige Kavalleriepferde für Offiziere ab. Heute sind Anglo-Araber hervorragende Turnierpferde in allen Disziplinen, wenn auch seltener als Traber.

91

EUROPÄISCHES FESTLAND

PERCHERON

Ein Percheron wie dieser gehört zweifellos zu den schweren, tüchtigen Zugpferden. Er weist dennoch ein ausgewogenes Gebäude auf und zeigt das für diese Rasse typische ruhige Temperament, gekoppelt mit großer Kraft. Die Beine sind recht trocken und haben kaum Behang an den Fesseln.

Neben dem schottischen Clydesdale ist der französische Percheron derzeit die beliebteste Zugpferdrasse. Er wird heute in ganz Europa und den USA gezüchtet und überallhin exportiert. Der Percheron ist schwerer und kompakter als der Clydesdale, dabei jedoch ebenso dynamisch und elegant, vor allem aufgrund der erheblichen arabischen Einflüsse.

Die Rasse stammt aus der Landschaft La Perche in der Normandie, einer der ältesten Pferdezuchtregionen der Welt. Der heute als schwere Kaltblutrasse geltende Percheron war vor einigen Jahrhunderten leichtkalibriger als die heutigen Exemplare und wurde mit ziemlicher Sicherheit als Reit- und leichtes Zugpferd eingesetzt. Man geht davon aus, daß im 8. Jahrhundert Arabische Vollblüter und andere orientalische Pferde den Sarazenen nach ihrer Niederlage in der Schlacht von Poitiers als Beute abgenommen wurden und später zusammen mit den schweren, stämmigen einheimischen Rassen den heutigen Percheron begründeten.

Im Mittelalter brachten die Kreuzritter als Kriegsbeute wiederum Berber und Araber mit nach Europa, und auch diese gelangten in die Perche, wo sie der Pferdepopulation erneut orientalisches Blut zuführten. Etwa zur gleichen Zeit brachte der Graf von Perche von seinen Raubzügen auf der iberischen Halbinsel spanische Pferde mit nach Hause. Später importierte der Graf von Rotrou andalusische Hengste und ließ Percheron-Stuten von ihnen decken. Im 18. Jahrhundert wurden zudem Arabisches und das damals junge Englische Vollblut importiert und zur Zucht eingesetzt. 1820 gelangten zwei weiße Araberhengste in die Perche. Sie wurden ausgiebig als Beschäler eingesetzt und begründeten die heutige Schimmelfarbe der Percherons.

Mitte des 19. Jahrhunderts waren die alten Percheron-Schläge so gut wie verschwunden, und die Bestände wurden durch Kaltblutstuten aus der angrenzenden Bretagne ergänzt, die man mit den letzten »alten« Percherons vermischte. Zu dieser Zeit ließ die Nachfrage nach dem älteren, leichteren Percheron aufgrund der Ausbreitung der Eisenbahn immer mehr nach, und die Züchter der winzigen Region La Perche wandten sich der Landwirtschaft als neuem Markt für ihre Pferde zu. Sie konzentrierten sich auf die Zucht mächtiger Kaltblüter zum Ziehen schwerer Lastwagen und für die Feldarbeit. Ende des 19. Jahrhunderts kamen Kaltblüter aus der Bretagne, dem Pays de Caux und der Picardie in die Heimat der Percherons und gingen in der Rasse auf. So entstand der heutige Typ des Percheron.

Im Laufe der Jahrhunderte veränderte sich der Percheron im Typ (es gibt noch heute besonders schwere und etwas leichtere Schläge), in der Größe und damit auch in den Funktionen, und erwies sich stets als äußerst anpassungsfähiges, fügsames, aktives, freundliches, energisches und geschmeidiges Pferd, das sich enormer Beliebtheit erfreut. Man verwendete ihn zum Ziehen leichter und schwerer Lasten, als Wagenpferd, für Pferdeomnibusse sowie als Zug- und Packtier bei der Artillerie. Im 19. Jahrhundert züchteten Liebhaber die leichteren Schläge

EUROPÄISCHES FESTLAND

als Trabrennpferde weiter, denn die Rasse ist dafür bekannt, daß sie selbst vor schweren Wagen einen schnellen Trab anschlagen und auf diese Weise im Durchschnitt mühelos bis zu 56 km am Tag zurücklegen kann.

Charakter und Pflege

Der Percheron ist berühmt für sein ausgeglichenes Temperament, seine Intelligenz, seinen Fleiß und seine Umgänglichkeit. Trotz seiner Massigkeit ist der Percheron dank des im Laufe der Jahrhunderte wiederholt zugeführten orientalischen Blutes eine durchaus elegante Erscheinung mit energischen, dynamischen Bewegungen und langen, flachen, raumgreifenden Schritten, die dabei nur wenig Knieaktion zeigen.

Zwar ist der Percheron heute zweifellos eine reine Kaltblutrasse, doch zeigt sich der leichtere und vor allem orientalische Anteil seines Erbguts in seiner Haltung, dem Kopfansatz und Gesichtsausdruck sowie dem fast gänzlichen Fehlen von Kötenbehang.

Wie alle schweren Rassen verträgt auch der Percheron praktisch jedes Wetter; für seine Größe ist er ein guter Futterverwerter. Allerdings besitzt er eine relativ dünne Haut, und sein Deckhaar ist auch im Winter fein und seidig, was bei Kaltblütern selten vorkommt. Dadurch reagieren manche Tiere etwas empfindlich auf extreme Wetterbedingungen. Dennoch wurden und werden Percherons in alle Teile der Welt exportiert und passen sich offenbar gut an die jeweiligen klimatischen Verhältnisse an.

Der Percheron heute

Heutzutage werden Percherons in den meisten europäischen Ländern vor allem als Brauereipferde eingesetzt, wozu sie sich aufgrund ihrer Schönheit, Gutmütigkeit und eindrucksvollen Erscheinung hervorragend eignen. Manche Tiere werden sogar noch in der Landwirtschaft eingesetzt, vor allem in den weniger industrialisierten Ländern. Man verwendet sie auch zum Ziehen schwerer Lasten über kurze Strecken, in vielen Ländern etwa in der Forstwirtschaft. Die leichteren Percheronschläge werden sogar als stämmige Reitpferde für schwere Reiter genutzt und bilden eine ausgezeichnete Grundlage für die Zucht erstklassiger, wenn auch wuchtiger Turnier-, Jagd- und Kutschpferde.

Percherons werden in Frankreich und in anderen Ländern noch heute als Gebrauchspferde in der Landwirtschaft und als Zugtiere eingesetzt und starten darüber hinaus in Schauen und Wettkämpfen. Wegen ihrer Gutmütigkeit und Energie sind sie als Arbeitspferde sehr beliebt.

EUROPÄISCHES FESTLAND

PERCHERON
Percherons werden gelegentlich sogar als schwere Reitpferde eingesetzt. Das hier gezeigte Exemplar ist vom Typ her leichter als der auf der vorigen Seite gezeigte Schimmel und würde auch als Reitpferd durchaus eine gute Figur machen. Der raumgreifende Schritt des Percheron und die durchaus rittigen Gänge sind einzigartig unter den Kaltblutrassen. Das Symbol **G** *steht für spezielle Gebäudemerkmale.*

FELL UND FARBE
In der Regel sind Percherons Schimmel oder Rappen, doch auch Füchse werden gelegentlich anerkannt, wenn das Pferd besonders gut gebaut ist. Dieses Tier ist ein sehr dunkler Schweißfuchs.

LENDEN UND HINTERHAND
Gut bemuskelte, breite Nierenpartie mit ausgeprägter Kruppe sowie kräftiger, voluminöser, etwas schräg abfallender Hinterhand. **G**

SCHWEIF
In vielen Ländern kupiert man traditionell die Schweifrübe oder durchtrennt die Hebemuskeln. Dieses Merkmal gilt jedoch nicht als Anforderung an die Rasse und ist in vielen Ländern verboten. **G**

GRÖSSE
Es gibt eine kleinere Variante, die zwischen 143 und 161 cm Stockmaß erreicht, und eine größere Version, zwischen 161 und 173 cm. Noch größere Exemplare sind ohne weiteres zu finden.

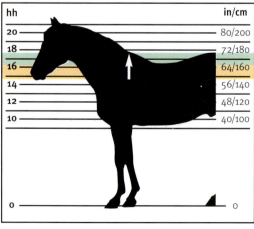

FUNDAMENT
Die Gliedmaßen sind kurz und robust, die Hufe äußerst hart und gut geformt, die Hornschicht ist besonders zäh. **G**

EUROPÄISCHES FESTLAND

WIDERRIST UND RÜCKEN
Der Widerrist ist mäßig ausgeprägt, der Rücken kurz und manchmal etwas matt. G

HALS
Der Hals ist kurz bis mittellang, muskulös und bei männlichen Tieren von Natur aus leicht gewölbt mit ausgeprägtem Mähnenkamm. G

AUGEN UND OHREN
Freundliche Augen, weit unten, weit auseinander liegend. Ohren kurz, beweglich und spitz zulaufend.

KOPF
Eleganter, fein geschnittener Kopf mit geradem Profil und breiter Stirn.

RUMPF UND BRUST
Der Rumpf ist tief und gut gerundet, die Schultern schön geformt und muskulös, die Brust breit und tief. G

NÜSTERN
Die großen, offenen und ziemlich fein geschnittenen Nüstern zeigen deutlich die Orientalenanteile im Blut des Percheron, die für dieses Merkmal verantwortlich sind.

ABSTAMMUNG

In der Landschaft La Perche (Normandie) heimische Stuten bildeten den Grundstock. Durch Beimischung anderer europäischer Kaltblutrassen zusammen mit Englischem Vollblut entstand die hervorragende schwere Pferderasse, wie wir sie heute kennen.

In der Perche heimische Stuten

Araber

Europäische Kaltblutrassen einschl. Normänner

Berber

Spanische Pferde

Englische Vollblüter

Percheron

EUROPÄISCHES FESTLAND

ABSTAMMUNG

Den Ursprung der Rasse bildeten kleine asiatische Kaltblüter und einheimische Typen. Zunächst führte man orientalisches Blut zu, später dann Ardenner, Boulonnais, Percheron, Norfolk Roadster und Hackney.

Asiatische und einheimische Pferde
Orientalen ▼
Ardenner ▼
Boulonnais ▼
Percheron ▼
Norfolk Roadster ▼
Hackney ▼
Großer Bretone/
Postier-Bretone

BRETONE

Das bretonische Kaltblut ist eine relativ junge Rasse aus der Bretagne im Nordwesten Frankreichs. Es gibt den Bretonen in einem schweren und in einem kleineren, etwas agileren Typ, die beide im selben Stutbuch geführt werden.

Die Ursprünge der Rasse reichen 4000 Jahre zurück, als die Indogermanen asiatische Pferde nach Europa mitführten. Im Mittelalter waren die Pferde aus der Bretagne aufgrund ihrer raumgreifenden, bequemen Gänge bei Rittern sehr begehrt. Die Tiere hatten ein freundliches, unkompliziertes Wesen und große Ausdauer.

Die orientalischen Pferde, die von den Kreuzrittern aus dem Heiligen Land mitgebracht wurden, kreuzte man mit Bretonen. Hieraus entwickelten sich zwei Typen, zum einen der Sommier, der überwiegend als starkes, aber langsames Packpferd verwendet wurde, und der Roussin, der auf langen Strecken als Reitpferd sowie als Streitroß diente. Beide Typen wurden jahrhundertelang auch in der Landwirtschaft eingesetzt und ziehen noch heute an der bretonischen Küste Seetang aus dem Meer, den man zu Dünger verarbeitet.

Im 18. Jahrhundert wurden Sommier und Roussin mit anderen Rassen gekreuzt (vor allem Ardenner, Percheron und Boulonnais), so daß ein schwerer, kräftiger Typus entstand, der sogenannte Große Bretone. Im 19. Jahrhundert entstand dann durch Zugabe von Norfolk Roadster und Hackney ein leichterer, geschmeidiger, dabei aber kräftiger Schlag, der als leichtes Zugpferd, beim Heer und als Kutschpferd eingesetzt wurde, der sogenannte Postier-Bretone.

Charakter und Pflege
Beide Bretonenschläge haben ein umgängliches Temperament und sind ausdauernd. Der Postier-Bretone hat keine Behänge; der Große Bretone ist ein frühreifes, enorm starkes und muskulöses Pferd.

Der Bretone heute
Der Große Bretone wird als schweres Zugpferd eingesetzt, der Postier dient als Wirtschaftspferd.

ALLGEMEINE MERKMALE

GEBÄUDE Der Große wie auch der Postier-Bretone sind sich vom Typ her sehr ähnlich. Die Unterschiede liegen im kleineren, leichteren Körperbau des Postier und in seinen aktiveren Gängen.

KOPF Eckiger Kopf mit schwerem Kiefer, dabei jedoch freundlicher Ausdruck. Kurze, bewegliche Ohren und kleine, leuchtende Augen. Die Nüstern sind groß und offen.

FARBE Üblicherweise Füchse oder Rotschimmel; andere Farbschimmel kommen ebenso vor wie Braune oder Schimmel.

GRÖSSE 150 bis 160 cm. Der Postier ist der etwas kleinere Typus.

Die Herkunft des Großen und des etwas leichteren Postier-Bretonen ist nicht exakt nachvollziehbar. Nach mannigfachen Veränderungen und Entwicklungen werden beide Varianten noch heute als Wirtschaftspferde eingesetzt. Der kräftigere Große Bretone dient auch zur Fleischgewinnung.

EUROPÄISCHES FESTLAND

NORMÄNNER COB

Der treffend als »Normänner Cob« bezeichnete Typ zeigt den echten Cob-Typ mit trockenen Beinen, jedoch mit einem größeren Körper. Der Normänner Cob wird in Frankreich weiterhin aktiv als Arbeitspferd eingesetzt, vor allem in der Landwirtschaft und im Transportwesen.

ABSTAMMUNG

Alte Normännerbestände bilden die Grundlage für dieses ungewöhnliche Pferd, das durch Zugaben von orientalischem Blut und Norfolk-Trabern veredelt wurde.

Anglo-Normänner
Norfolk Traber/
Roadster ▼
Einheimische Rassen ▼
Normänner Cob

Der Normänner ist vom Erscheinungsbild ein echter Cob, wenn auch etwas groß geraten. Der Normänner steht deshalb eigentlich im alten Cob-Typ, zumal meist der Schweif kupiert wird, was heute in Großbritannien und Deutschland, nicht jedoch in Frankreich verboten ist.

Die Normandie ist seit jeher ein bekanntes Zuchtgebiet, das schon seit Jahrtausenden hervorragende Pferde hervorbringt. Auf dem Normännerpferd basierte der Anglo-Normänner, der seinerseits als Grundlage für Reit- und leichte Zugpferde diente. Der Normänner Cob entstand im 17. Jahrhundert speziell als Reit-, Kutsch- und leichtes Zugpferd. Heute handelt es sich um fähige Allzweckpferde, die so groß und stark sind, daß man sie vor Wagen spannen kann, zugleich aber auch bequeme Reitpferde abgeben.

In Frankreich stellen die staatlichen Hengststationen den privaten Züchtern Beschäler zur Verfügung und führen die Zucht auch selbst auf eigenen Gestüten fort, so daß die Rasse noch heute aktiv weitergeführt wird und ein hohes Ansehen genießt.

Charakter und Pflege

Der Normänner Cob is ein zähes, robustes Pferd, das über viel Kraft und Ausdauer verfügt, verbunden mit einem sehr ansprechenden Charakter. Selbst die schweren Exemplare sind hochwertig und niemals behäbig oder grobschlächtig.

Der Normänner Cob heute

Heutzutage wird der Normänner Cob als leichtes bis mittelschweres Zugpferd eingesetzt, wobei die stämmigeren Exemplare sich durchaus auch für schwere landwirtschaftliche Arbeiten eignen. Die Rasse wird vor allem in der Normandie selbst verwendet, wo die Cobs auch heute noch auf vielen Bauernhöfen zu finden sind.

ALLGEMEINE MERKMALE

GEBÄUDE Der Normänner Cob ist stämmig, aber nicht grob und ein gutes Zugpferd weniger vom Kaltblut- als eher vom Cob-Typ. Schwungvolle, energische Bewegungsabläufe.

KOPF Der Kopf wird hoch und stolz getragen, die Ohren sind mittellang bis kurz, die Stirn breit. Die strahlenden Augen blicken schelmisch drein. Das Maul ist klein, ebenso die Nüstern.

FARBE Übliche Farben sind Füchse, Dunkelbraune und Braune, seltener Farbschimmel und Schimmel.

GRÖSSE Zwischen 153 bis 163 cm Stockmaß, was für den Cob-Typ eher ungewöhnlich ist.

EUROPÄISCHES FESTLAND

ARDENNER

Dieses Exemplar eines Ardenner Kaltbluts ist ausnahmsweise kein Fuchs, sondern ein angedeutet stichelhaariger Brauner. Trotz verschiedener genetischer Beimischungen wirkt der Ardenner noch heute recht urwüchsig.

ABSTAMMUNG

Ausgehend von primitiven einheimischen Rassen wurden der Ardennerrasse auch orientalisches und Englisches Vollblut zugeführt, daneben auch Brabanter, Boulonnais und Percheron.

Eiszeitliches Solutré-Pferd
Orientalische Rassen ▼
Englisches Vollblut ▼
Brabanter ▼
Boulonnais ▼
Percheron ▼
Ardenner

Der Ardenner kommt, wie der Name sagt, aus den Ardennen im Grenzgebiet zwischen Frankreich und Belgien, er gilt jedoch als französische Rasse. Er gehört zu den ältesten Kaltblutrassen der Welt und stammt direkt vom eiszeitlichen Solutré-Pferd ab. Schon die Römer wußten diese Tiere zu schätzen. Der niemals besonders große Ardenner war vermutlich einer der Stammväter jener berühmten Pferde, die die mittelalterlichen Ritter trugen.

In früheren Jahrhunderten war der Ardenner noch kürzer und weniger kompakt als jetzt. Seine heutige Gestalt und Größe beruhen auf der Einkreuzung von Brabantern, durch die der Ardenner zwar größer und muskulöser wurde, aber an Ausdauer, Kraft, Energie und Aktion etwas verlor.

Der Ardenner diente bei vielen Gelegenheiten als Kavalleriepferd, so etwa 1812 bei Napoleons Rußlandfeldzug, bei dem die Ardenner den strengen Winter besser überstanden als die übrigen Rassen. Im Ersten Weltkrieg wurden sie vielfach zum Transport von Artilleriegeschützen eingesetzt.

Zu Beginn des 19. Jahrhunderts wurde überraschend Englisches und Arabisches Vollblut eingekreuzt, daneben aber auch Boulonnais und Percheron aus Frankreich, so daß verschiedene Typen entstanden. Die drei heutigen Ardennertypen sind zum einen der »eigentliche« Ardenner von rund 150 cm Stockmaß, von dem kleine Gruppen noch in den Ardennen zu finden sind, der sogenannte *Trait du Nord*, ein größeres, schwereres und weiter verbreitetes Kaltblut, und der Auxois, ein ungeheuer mächtiges Kaltblut, in dessen Adern weniger Ardennerblut fließen dürfte als in denen der beiden anderen Typen.

Charakter und Pflege
Der Ardenner ist eindeutig ein schweres Zugpferd und weist einige primitive Züge auf. Er ist dennoch willig und leicht zu führen.

Der Ardenner heute
Der Ardenner wird als schweres Zugpferd beispielsweise in der Forst- und Landwirtschaft eingesetzt.

ALLGEMEINE MERKMALE

GEBÄUDE Einer der schwersten, dabei aber mäßig großer Kaltblüter. Insgesamt wirkt der Ardenner sehr kraftvoll und zugleich sanft. Die Rasse weist rasche, energische Bewegungen auf.

KOPF Mitunter unerwartet leicht und fein, mit wachem, freundlichem Ausdruck, weit auseinanderstehenden Ohren, flacher Stirn, vorstehenden Augen und geradem Profil.

FARBE Ein typisches Merkmal des Ardenners sind die sehr häufigen stichelhaarigen Füchse bzw. Braunen mit schwarzem Langhaar und schwarzen Füßen. Anerkannt werden alle Farben außer Rappen.

GRÖSSE Zwischen 150 und 160 cm.

EUROPÄISCHES FESTLAND

FRIESE

Der Friese wird heute als eines der edlen alten Fürstenpferde für die Hohe Schule anerkannt. In den Niederlanden ist er auch als dekoratives Kutschpferd mit hervorragenden Trabanlagen beliebt.

ABSTAMMUNG

Ausgehend von heimischen primitiven Rassen wurde der Friese zur Zeit der Kreuzzüge mit orientalischem und andalusischem Blut verbessert. Im frühen 19. Jahrhundert kam Oldenburger Blut hinzu, um die Rasse wiederaufleben zu lassen.

Primitive lokale Rassen
Orientalische Rassen ▼
Andalusier ▼
Oldenburger ▼
Friese

Das Friesenpferd, in den Niederlanden als »Harddraver« bezeichnet, wurde als letztes der barocken »Fürstenpferde« Europas anerkannt, ist jedoch weniger verbreitet als die übrigen Vertreter dieser Gruppe, die Andalusier, Lusitano und Lipizzaner umfaßt. Diese Pferderassen waren an den damaligen Fürstenhöfen hoch geschätzt.

Der Friese stammt aus der Küstenregion im niederländischen Westfriesland. Sein niederländischer Name »Harddraver« bedeutet »Schnelltraber«. 3000 Jahre alte Überreste von Kaltblütern, die man in Westfriesland fand, deuten darauf hin, daß es dort schon damals einen ähnlichen Typus gab, von dem der moderne Friese abstammt.

Die Römer akzeptierten den anfangs eher häßlichen Friesen als ausgezeichnetes Gebrauchspferd. Zusammen mit westfriesischen Bauern, die zum Kriegsdienst in den römischen Armeen gezwungen wurden, kamen sie als Reittiere nach Britannien. Das Friesenpferd spielte eine Rolle bei der Entstehung der britischen Fell- und Dalesponys sowie bei der Züchtung der meisten Traberrassen der Welt.

Friesen waren nicht nur hervorragende Reit- und Kutschpferde, sondern auch auf Bauernhöfen zu gebrauchen. Sie bildeten die Grundlage für das Oldenburger Warmblut. Unmittelbar vor dem Ersten Weltkrieg waren von allen Friesen nur noch drei Hengste und einige wenige hochwertige Stuten übrig. Nur durch umsichtige Paarung und selektive Kreuzung mit Oldenburgern konnte die Rasse wieder aufgebaut werden.

Charakter und Pflege
Der Friese ist ein leichtes bis mittelgewichtiges Pferd mit stolzem, dabei aber freundlichem Habitus. Die meisten sind ziemlich fügsam, wenn auch energisch und stürmisch. Ein zähes, ausdauerndes Allzweckpferd.

Der Friese heute
Heute findet man Friesen überall auf der Welt. Seine eindrucksvolle Erscheinung und seine attraktive Trabaktion macht ihn zum idealen Schaupferd für Gespannfahrten und -rennen, die vor allem in seiner Heimat beliebt sind. Der Friese wird neuerdings auch wieder für die Hohe Schule herangezogen.

ALLGEMEINE MERKMALE

GEBÄUDE Elegantes, gutes Pferd. Das üppige, lockige Langhaar wird lang getragen, ein Trimmen ist offiziell nicht gestattet.

KOPF Relativ lang und schmal, ausgestellte Nüstern. Ansprechender Gesichtsausdruck.

FARBE Ausschließlich Rappen, erlaubt ist maximal ein winziger Stern auf der Stirn.

GRÖSSE 150 cm und etwas darüber.

EUROPÄISCHES FESTLAND

GELDERLÄNDER

Die aus dem niederländischen Geldern stammenden Pferde wurden von dortigen Bauern gezüchtet, die Tiere nicht nur für den eigenen Gebrauch, sondern auch zum Verkauf haben wollten. Im 19. Jahrhundert entdeckten sie die damals bestehende Marktlücke für hervorragende Kutsch- und Reitpferde und begannen, einheimische Kaltblutstuten mit edlen Hengsten zu kreuzen, die sie aus verschiedenen europäischen Ländern importierten. Diese Hengste mußten bestimmte Anforderungen an Qualität, Temperament, Aktion und Exterieur erfüllen. Iberer, Neapolitaner, frühe Normänner, Norfolk Roadster und Araber wurden großzügig eingekreuzt, um rasch eine Veredelung zu erreichen. Das Ergebnis war ein Vielzweckpferd, das sich bei der Arbeit auf dem Hof ebenso gut bewährte wie als Kutsch- und Reitpferd.

Um ihre Rasse weiter zu verbessern, setzten die Gelderländer Züchter Oldenburger, Ostfriesen, Englisches Vollblut, Holsteiner, Hackney und Anglo-Normänner ein, bis sie ein elegantes Klassepferd geschaffen hatten, das hielt, was sich die Züchter von Anfang an versprochen hatten: Die Tiere waren als eigenständige Rasse erkennbar und als leichtes Fahr- und kräftiges Reitpferd gut verkäuflich. Als nobles Kutschpferd wird der Gelderländer von verschiedenen europäischen Fürstenhäusern noch heute bei zeremoniellen Anlässen eingesetzt.

Im 20. Jahrhundert wurde der Gelderländer zum idealen Kutschpferd weiter verfeinert; er bildet die Grundlage für das moderne Holländische Warmblut, das viele Turnierpferde hervorbringt. Der Gelderländer wird noch immer als Typ gezüchtet, auch wenn das Stutbuch mit dem des Holländischen Warmbluts zusammengelegt wurde.

ABSTAMMUNG

Viele europäische Rassen wurden mit den einheimischen Gelderner Stuten vermischt, darüber hinaus trugen auch östliche Rassen und Englisches Vollblut zur Entstehung des modernen, edleren Gelderländers bei.

Schwere einheimische Gelderner Stuten
Diverse europäische Rassen ▼
Orientalische Rassen ▼
Englisches Vollblut ▼
Gelderländer

Charakter und Pflege
Der Gelderländer ist ein aktives, elegantes Reitpferd mit gefügigem Temperament, ein aus vielfältigen Einflüssen entstandenes, qualitativ hochwertiges Warmblut. Es besitzt ein ausgeprägtes Springvermögen, auch für Turniere.

Der Gelderländer heute
Besonders geeignet ist der Gelderländer als Kutschpferd, besitzt jedoch auch ein hervorragendes Springvermögen und ist ein gutes Sportpferd. Er bildet die Basis für das Holländische Warmblut.

ALLGEMEINE MERKMALE

GEBÄUDE Der Gelderländer ist eine elegante, aktive Erscheinung.

KOPF Der Kopf ist der eines Gebrauchspferdes, dabei aber gut proportioniert. Die Ohren sind mittellang und recht fein, die Augen ruhig und neugierig, die Nüstern relativ groß.

FARBE Oftmals Füchse, daneben gibt es Braune, Rappen und Schimmel. Häufig ausgedehnte weiße Abzeichen, sogar am oberen Teil der Gliedmaßen.

GRÖSSE Rund 152 bis 162 cm.

Die ausgesprochen flache Kruppe und der hoch angesetzte Schweif, der Ramskopf und die großen Hufe weisen dieses Pferd eindeutig als Gelderländer aus. Diese Pferde wurden ursprünglich als Karossiere gezüchtet, eignen sich aber auch gut als Springpferde und dienen als Grundlage für die Zucht vieler Warmblutrassen.

EUROPÄISCHES FESTLAND

NIEDERLÄNDISCHES KALTBLUT

Das Niederländische Kaltblut ist für seine Größe ausgesprochen schwerkalibrig. Offiziell eingetragen wird die moderne Rasse seit Beginn des 20. Jahrhunderts und Gründung des Königlich-Niederländischen Kaltblutverbandes mit der Eröffnung des Stutbuchs. Die Zucht ist aber bereits ab Mitte des 19. Jahrhunderts mit Stutbüchern gut belegt.

Die Niederlande und Belgien besitzen schon seit Jahrhunderten Kaltblüter. Im Mittelalter wurden sie nur selten als Streitrösser eingesetzt, waren jedoch in dem Maße zunehmend begehrt, wie die Landwirtschaft Tiere erforderte, die stärker als die ansonsten verbreiteten Ochsen sein sollten. Ausgewählte seeländische Stuten, vermutlich Abkömmlinge von mittelalterlichen Ritterpferden, wurden mit Brabantern und Ardennern gekreuzt, um den erwünschten Typ zu erzielen. Seit damals wird großer Wert auf die Reinheit der Rasse gelegt, und seit 1925 dürfen nur noch Abkömmlinge von zwei registrierten Eltern ins Stutbuch eingetragen werden.

Charakter und Pflege

Das Niederländische Kaltblut ist ein sanftes, bereitwilliges Pferd. Obwohl es von massiger Statur ist, sind seine Gänge überraschend aktiv. Es kann schon früh zur Arbeit herangezogen werden und bis weit über zwanzig Jahre tätig sein. Besonders gerühmt wird seine Fruchtbarkeit, Zähigkeit, Kraft und Intelligenz.

Das Niederländische Kaltblut heute

Der Niederländer wird überwiegend in der Landwirtschaft und zum Ziehen schwerer Karren eingesetzt, besonders für Brauereiwagen.

ALLGEMEINE MERKMALE

GEBÄUDE Ein wahrhaft wuchtiges, massiges Tier, dabei aber weder grobschlächtig noch schwerfällig. Die äußerst kräftigen, muskulösen Beine stehen wie Säulen; an den Hufen und an der Rückseite der Beine ausgeprägte Behänge.

KOPF Eckig, aber nicht häßlich. Ausladender, wuchtiger Kiefer, flache Stirn. Die Ohren sind kurz und gerade, die Augen relativ klein. Die Nüstern sind schmal, aber beweglich und erweiterungsfähig.

FARBE Füchse, Braune, Schimmel, gelegentlich Rappen.

GRÖSSE Die Obergrenze liegt bei 170 cm.

ABSTAMMUNG

Die Grundlage bilden mit großer Wahrscheinlichkeit regionale Kaltblutrassen aus den Niederlanden; im 19. Jahrhundert wurden Brabanter und Ardenner eingekreuzt.

Einheimische Kaltblutpferde
Brabanter ▼
Ardenner ▼
Niederländischer Kaltblüter

Der Niederländische Kaltblüter ist im Verhältnis zu seiner Größe sicherlich weltweit eine der Rassen mit dem schwersten Kaliber. Wird große Kraft zum Bewegen schwerer Lasten gefordert, ist der Niederländer hervorragend geeignet. Noch heute ist er ein beliebtes Wirtschaftspferd, vor allem im Dienste von Brauereien.

101

EUROPÄISCHES FESTLAND

NIEDERLÄNDISCHES WARMBLUT

Wenn man überhaupt von einer Rasse sagen kann, sie habe einen kometenhaften Aufstieg erlebt, so vom Niederländischen Warmblut im Turniersport. Die Rasse ist noch neu, denn das in den Niederlanden geführte Stutbuch wurde erst 1958 eröffnet. Dennoch ist sie bereits jetzt als eine der erfolgreichsten, beliebtesten und begehrtesten Turnier- und Reitpferdrassen weltweit bekannt.

Die Rasse ist eindeutig ein Produkt des 20. Jahrhunderts, wie die meisten Warmblutpferde, doch während viele Rassen in etwas anderer Form schon früher existierten, wurde diese tatsächlich komplett neu gegründet. Sie entstand zwar in den Niederlanden, ist aber im Grunde eine europäische Gemeinschaftsproduktion, in deren Adern nicht nur niederländisches, sondern auch englisches, französisches und deutsches Blut fließt.

Die Grundlage bildete der Gelderländer und sein etwas wuchtigerer Landsmann, der Groninger, zwei uralte Rassen, die in den Niederlanden und den angrenzenden Gebieten bereits seit dem Mittelalter nachweisbar sind. Die Ahnenlinie des Gelderländers weist neben Andalusiern auch Neapolitaner, Normänner, Norfolk Roadster, Oldenburger, Holsteiner, Anglo-Normänner, Hackney und Englisches Vollblut auf, wohingegen der Groninger durch Kreuzung von Friesen und Oldenburgern entstand.

In den Niederlanden begann man mit der Zucht ihrer Warmblutrasse zwar später als in den meisten übrigen europäischen Ländern, legte dafür aber viel Elan an den Tag und schuf so ein Turnierspringpferd, das sich im nachhinein auch als vorzügliches Dressurpferd erwies.

Gelderländer und Groninger weisen beide die gleichen erwünschten Eigenschaften auf, nämlich eine attraktive Aktion, ein gutes Gebäude und viel Substanz, Qualität und Präsenz. Die Pferde sind gute Futterverwerter und mit einem freundlichen, fleißigen Charakter ausgestattet. Zunächst wurden nur diese beiden Rassen gekreuzt. Später veredelte man sie mit Englischem Vollblut, das einerseits für mehr Qualität und Schwung sorgte, zum anderen aber auch den manchmal auftretenden langen Rücken, kurzen Hals und die etwas schwach entwickelte Vorhand ausglich. Auch die relativ hohe Aktion im Gespann wurde durch das Englische Vollblut eliminiert. Die damals neu auftretenden charakterlichen Schwierigkeiten machte man durch die Zufuhr von weiterem niederländischem Blut

Das Niederländische Warmblut wurde vor allem als Spring- und Dressurpferd entwickelt. Das Foto rechts zeigt Midnight Madness im Parcours unter dem Briten Michael Whitaker. Das kräftige Pferd weist alle Qualitäten auf, die heute einem Pferd bei internationalen Springturnieren abverlangt werden.

102

EUROPÄISCHES FESTLAND

Dieses bildschöne Niederländische Warmblut zeigt ebenso wie andere erstklassige Warmblutrassen den Typ und die Qualität eines mittelschweren Vollblüters.

wieder wett und verbesserte die Rasse weiter mit Selle Française und Hannoveranern zur heutigen Form, jedoch ohne das manchmal schwierige Temperament der Englischen Vollblüter.

Trotz der Neuheit der Rasse ist das Niederländische Warmblut bereits jetzt ein etablierter Typ, der sich diesseits und jenseits des Atlantiks viele Freunde gemacht hat und häufig unter den Siegern internationaler Turniere zu finden ist.

Charakter und Pflege

Die meisten Niederländischen Warmblüter haben ein ausgezeichnetes Temperament; sie sind durchweg ruhig, willig, intelligent, dabei jedoch so aufgeweckt und energisch, daß sie auffallen und mühelos die von ihnen erwarteten Leistungen erbringen. Berühmt sind vor allem ihre flüssigen Gänge, durch die sie sehr angenehm zu reiten und auch attraktiv anzuschauen sind.

Die Pflege ist die gleiche wie bei allen athletischen Hochleistungspferden. Obwohl hochgezüchtete Turnierpferde, sind sie doch auch für nicht übermäßig erfahrene Reiter und Pferdepfleger gut zu handhaben.

Das Niederländische Warmblut heute

Das Niederländische Warmblut wird speziell bei Springturnieren, in der Dressur und allgemein als Reitpferd eingesetzt. Wegen seines ausgeglichenen Temperaments, seines gesunden Gebäudes und seiner hervorragenden Aktion eignet es sich ebensogut als Kutschpferd.

Der Kopf dieses Niederländers zeigt Eleganz, gepaart mit Arbeitswillen. Man erkennt das aufgeweckte Interesse und das ruhige Temperament, das Züchter und Reiter von dieser Rasse erwarten.

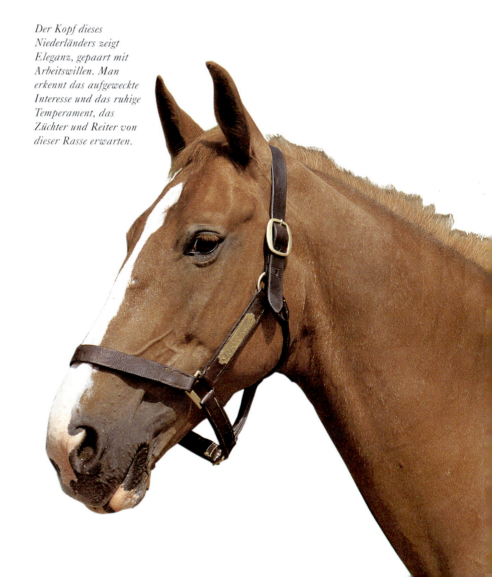

EUROPÄISCHES FESTLAND

NIEDERLÄNDISCHES WARMBLUT

In den Adern des Niederländischen Warmbluts fließt weniger Kaltblut als bei den meisten anderen Warmblutrassen. Das Englische Vollblut und andere Einflüsse leichterer Warmblüter treten bei diesem außerordentlich attraktiven Pferd deutlich zutage. Vor allem die Aktion des Niederländers ist bemerkenswert, seine langen, raumgreifenden Gänge weisen die heute von einem Leistungspferd geforderte Elastizität auf, insbesondere in der Dressur. Das Symbol G steht für spezielle Gebäudemerkmale.

FELL UND FARBE
Das Niederländische Warmblut ist in der Regel braun oder dunkelbraun. Das hier gezeigte Exemplar ist ein hübscher Lichtfuchs. Schimmel und Rappen finden sich ebenfalls.

SCHWEIF
Oft recht hoch angesetzt und stolz getragen. G

GRÖSSE
Circa oder über 160 cm.

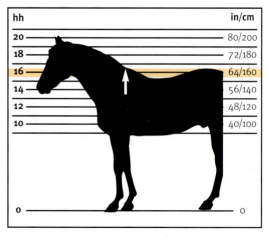

LENDEN UND HINTERHAND
Langgestreckte, muskulöse Nierengegend und mächtige, tiefe Hinterbacken mit leicht abfallender Kruppe. G

RÜCKEN
Kurzer, starker und gerader Rücken. G

SCHULTERN UND WIDERRIST
Gut geschrägte, kräftige Schulter, hochstehender Widerrist. G

FUNDAMENT
Lange, muskulöse Beine. Die Hufe sind hart und gut geformt. G

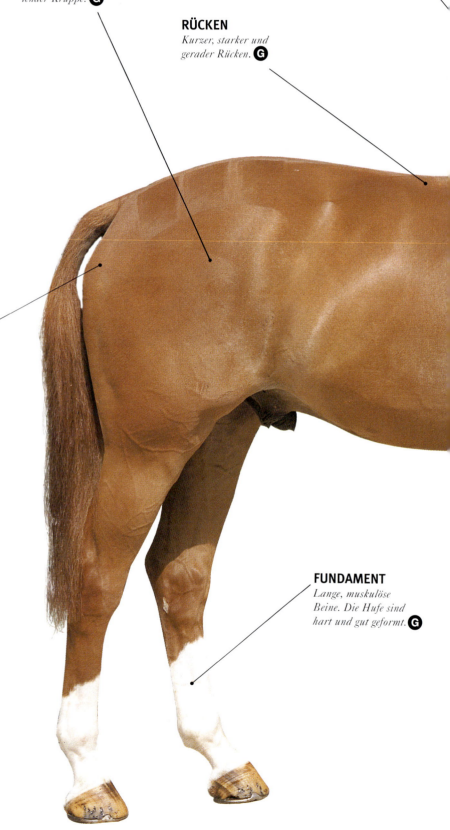

EUROPÄISCHES FESTLAND

KOPF
Der etwas derbe, dabei aber elegante Kopf dieses Holländischen Warmbluts läßt das aufmerksame Wesen und ruhige Temperament erkennen, das Züchter und Reiter von dieser Rasse fordern. **G**

AUGEN
Neugieriger, dabei aber gelassener Blick. Der Gesichtsausdruck verrät Aufmerksamkeit, die großen Augen ein freundliches Naturell.

HALS
Mittellanger bis langer Hals, typisch für Reitpferde. Gut entwickelt und an der Kehle schön gewölbt. **G**

OHREN
Mittellange, spitze, bewegliche Ohren, die weit auseinanderstehen.

ABSTAMMUNG

Das Niederländische Warmblut beruht auf zwei einheimischen niederländischen Rassen, Groninger und Gelderländer, wobei letzterer eine komplexe Abstammung aufweist. Englisches Vollblut wurde zur Veredelung eingesetzt wie auch andere Warmblutrassen, so daß Temperament und Gebäude geglättet wurden.

Groninger

Gelderländer

Englisches Vollblut

Hannoveraner

Selle Française

Niederländisches Warmblut

105

EUROPÄISCHES FESTLAND

SCHWEIZER WARMBLUT

Das schweizerische Warmblut-Turnierpferd basiert auf einer landeseigenen alten Rasse, dem hervorragenden Einsiedler Pferd aus dem Schweizer Kanton Einsiedeln. Diese kräftigen Tiere wurden als Reit- und Kutschpferde eingesetzt. Benediktinermönche züchteten dort bereits um 1064 Pferde und dokumentierten die Veredelung einheimischer Pferde schon schriftlich.

In späteren Jahrhunderten wurden Normänner und Hackney in die Einsiedler-Ahnenreihe aufgenommen, später auch Anglo-Normänner. Im 20. Jahrhundert verwendete man zudem Selle Française und Französische Anglo-Araber. In den 60er Jahren dieses Jahrhunderts beschloß man, ein Turnierpferd für Weltklasseansprüche zu züchten, ließ Schwedisches Warmblut, Hannoveraner, Holsteiner, Trakehner und Englisches Vollblut einfließen und schuf so das Schweizer Warmblut als attraktives Reit- und Turnierpferd für Dressur und Springreiten, daneben auch als wettbewerbsfähiges Kutschpferd. Die Deckhengste wurden zunächst importiert, mit zunehmender Entfaltung der Rasse jedoch durch rasseeigene Beschäler ersetzt. Im Nationalgestüt von Avenches wird dies noch heute' so gehandhabt.

Charakter und Pflege
Das Schweizer Warmblut ist ein vorzügliches Pferd mit freien, weichen Gängen und einem deutlichen Talent sowohl für das Springen als auch die Dressur. Die Tiere besitzen ein sanftes, freundliches Wesen und sind fleißige, zuverlässige Arbeiter.

Das Schweizer Warmblut heute
Das Schweizer Warmblut wird als Allround-Reitpferd verwendet. Die besten Exemplare sieht man bei Turnieren erfolgreich gegen die renommiertesten Pferderassen der Welt antreten. Als leichtes Kutschpferd macht das Schweizer Warmblut eine elegante, schicke Figur.

ABSTAMMUNG

Ausgehend vom alten Einsiedler Pferd wurden im 19. und 20. Jahrhundert diverse europäische Rassen eingekreuzt, um ein kräftiges, athletisches Pferd für den Leistungssport und als Freizeitpferd zu züchten, das ebenso gut als leichtes Kutschpferd einsetzbar ist.

Einsiedler Pferd
Normänner ▼
Hackney ▼
Anglo-Normänner ▼
Englisches Vollblut ▼
Diverse europäische ▼
Warmblutrassen
Schweizer Warmblut

ALLGEMEINE MERKMALE

GEBÄUDE Ein elegantes, rassiges Pferd, ähnelt einem mittelschweren Englischen Vollblüter.

KOPF Gut proportionierter, hübscher Kopf mit geradem oder leicht geramstem Profil. Die Ohren sind mittellang, die Augen stehen weit auseinander. Das Maul ist sensibel und mit weiten Nüstern versehen.

FARBE Zulässig sind alle Grundfarben sowie weiße Abzeichen an Kopf und Gliedmaßen.

GRÖSSE Im Durchschnitt rund 160 cm.

Das Schweizer Warmblut ist eine der jüngeren europäischen Warmblutrassen. Es entstand aus der Kreuzung verschiedener Rassen und erweist sich heute als ebenso elegantes und attraktives wie erfolgreiches Turnierpferd, insbesondere für die Dressur. Mittlerweile versucht man, das Schweizer Warmblut mit möglichst wenig Zufuhr von Fremdblut reinrassig weiterzuzüchten.

EUROPÄISCHES FESTLAND

ITALIENISCHES KALTBLUT

ABSTAMMUNG

Einheimische Pferde wurden zunächst mit Arabischem Vollblut, Hackney und Englischem Vollblut gekreuzt, später kamen Einflüsse durch Brabanter, Boulonnais, Ardenner und Percheron hinzu. In jüngerer Zeit wurden vielfach Postier-Bretonen eingesetzt, um den heutigen Typus zu erzielen.

Bodenständige Rassen
Arabisches Vollblut ▼
Hackney ▼
Englisches Vollblut ▼
Brabanter und fran- ▼
zösische Kaltblutrassen
Postier-Bretone ▼
Italienisches Kaltblut

Die Italiener hatten noch nie Interesse an massigen, phlegmatischen Pferden, so daß bei der Entwicklung ihrer eigenen Kaltblutrasse natürlich ein relativ kleines Tier mit lebhafter Aktion und spritzigem Temperament herauskam.

Das Italienische Kaltblut ist eine relativ junge Rasse, die erst 1860 zustandekam. Das Staatsgestüt in Ferrara begann damals, Hengste aus der Po-Ebene mit bodenständigen Stuten zu kreuzen, und ließ dabei auch Arabisches und Englisches Vollblut sowie Hackney-Blut einfließen.

Zu Beginn des 20. Jahrhunderts waren mehr Größe und Kraft gefordert, so daß man begann, wuchtigere Rassen einzukreuzen, so etwa den belgischen Brabanter und die französischen Rassen Boulonnais, Ardenner und Percheron. Das Ergebnis war jedoch nicht sehr ansprechend, und erst, als man den leichteren, aktiveren Postier-Bretonen zur Veredelung verwendete, entstand der heutige, weit gefälligere Typ.

Charakter und Pflege

Das Italienische Kaltblut ist eine originelle Rasse mit freundlichem, ruhigem Naturell und lebhaftem, dabei aber sanftmütigem Temperament, wenn auch im Einzelfall manchmal etwas nervös. Die Pferde sind relativ klein, energiegeladen und recht schnell. Sie sind überwiegend zäh und anspruchslos.

Das Italienische Kaltblut heute

Es wird zwar noch heute in der Landwirtschaft eingesetzt, dient in der Regel jedoch als Fleischlieferant.

ALLGEMEINE MERKMALE

GEBÄUDE Der Hals ist kurz, kräftig und an der Basis ausladend, mit üppiger Mähne. Die Beine sind kurz und stämmig, aber nicht pummelig, mit kräftigen Gelenken und etwas Behang an den Sprunggelenken.

KOPF Für einen Kaltblüter ziemlich edel und klein. Kleine, gespitzte Ohren, breite Stirn, lieb und wach blickende Augen, weite Nüstern.

FARBE Überwiegend Füchse mit üppigem blondem Langhaar, daneben auch Rotschimmel und Braune. Bei vielen Pferden weist das einfarbige Deckhaar auffallende Schattierungen und Muster auf.

GRÖSSE Zwischen 142 und 160 cm.

Das Italienische Kaltblut gehört zwar unzweifelhaft zu den schweren Rassen, macht diesen Eindruck jedoch durch eine ausgeprägte Persönlichkeit und ein lebhaftes Naturell wieder wett. Die Rasse ist aktiv, energisch und steckt voller komprimierter Kraft.

107

EUROPÄISCHES FESTLAND

SALERNER

Italien ist seit jeher eine Hochburg der Pferdeliebhaber. Noch bevor die Römer die westliche Welt eroberten, züchteten die Etrusker bereits Pferde. In unserem Jahrhundert hat Italien einige der besten Vollblut-Rennpferde aller Zeiten hervorgebracht, im wesentlichen dank der Bemühungen des Züchters Federico Tesio, der Weltmeister wie Ribot und Nearco heranzog. Sein Namensvetter Federico Caprilli, der berühmt wurde, weil er für die italienische Kavallerie den sogenannten Vorwärtssitz erfand, der zur Grundlage des modernen Spring- und Geländereitens geworden ist, muß die Salerner Pferde sehr gut gekannt haben. Die Rasse wurde nämlich in diesem Jahrhundert von der italienischen Kavallerie sehr gern verwendet.

Der heute ausgestorbene Neapolitaner gehörte zu den berühmten Rassen, mit denen in der Renaissance die Hohe Schule geritten wurde. Die Pferde waren an den Königs- und Fürstenhöfen der damaligen Zeit äußerst beliebt. Die Rasse basierte auf Andalusiern, Berbern und Arabischen Vollblütern und soll praktisch identisch mit den damaligen iberischen Pferden gewesen sein.

Die Grundlage für den Salerner, der seinerseits in der Region Kampanien entstand, bildeten Neapolitaner, vermischt mit reichlich Andalusiern und orientalischen Pferden. Die Rasse wurde zwar von Karl III., dem König von Neapel und späteren König von Spanien, gefördert, aufgrund innerer Unruhen im Land jedoch ab 1874 nicht mehr fortgeführt.

Erst zu Beginn des 20. Jahrhunderts wurde das Zuchtprogramm wiederaufgenommen. Man führte dem restlichen Bestand Arabisches und Englisches Vollblut zu und entwickelte nach und nach gezielt ein Pferd, das sich zunächst als ausgezeichnetes Kutschpferd, später – mit der Zufuhr von immer mehr Englischem Vollblut – auch als hochwertiges, ausdauerndes Reitpferd mit hervorragender Springanlage erwies. Das italienische Militär übernahm den neuen Salerner begeistert als Kavalleriepferd, da er sowohl die nötige Schnelligkeit als auch genügend Ausdauer hatte, um in Geländeritten und Hindernisrennen gut abzuschneiden.

Charakter und Pflege
Der Salerner ist lebhaft und munter, jedoch von ausgeglichenem, lenkbarem Naturell. Er gehört in eine erfahrene Hand, ist aber normalerweise weder schwierig noch übertrieben empfindlich.

Der Salerner heute
Heutzutage wird der Salerner fast ausschließlich als Freizeit- und Turnierpferd eingesetzt, insbesondere wegen seiner hervorragenden Springanlagen. Darüber hinaus bildet er derzeit die Grundlage für die neue italienische Sportpferdrasse, das Italienische Reitpferd.

ABSTAMMUNG

Vorfahre des Salerners war der Neapolitaner, daneben bestehen starke Einflüsse durch Andalusier, Arabisches Vollblut und modernes Englisches Vollblut.

Neapolitaner
Andalusier ▼
Arabisches Vollblut ▼
Englisches Vollblut ▼
Salerner

Der Salerner entstand in seiner heutigen Ausprägung Mitte des 20. Jahrhunderts. Die italienische Reiterei bevorzugte diese Tiere für Geländeritte und Springturniere.

EUROPÄISCHES FESTLAND

ALLGEMEINE MERKMALE

GEBÄUDE Der Salerner ähnelt einem mittelschweren Englischen Vollblut. Die Beine sind trocken, jedoch mit härteren Hufen ausgestattet als die meisten Vollblüter.

KOPF Auch hier wird der Vollbluteinfluß deutlich. Der elegante Kopf weist ein gerades Profil, längliche Ohren, eine breite, eckige Stirn, wache Augen und ausgestellte Nüstern auf.

FARBE Alle Grundfarben. Weiße Abzeichen an Kopf und Gliedmaßen sind erlaubt.

GRÖSSE Im Durchschnitt rund 161 cm, manche Tiere sind jedoch größer.

Kopf und Gesichtsaus-druck des Salerners lassen die Eleganz er-kennen, die von einer italienischen Rasse erwartet wird, und zei-gen zudem sein lebhaftes Temperament. Manche Salerner benötigen eine behutsame Hand, die meisten sind jedoch gefü-gig und ausgeglichen.

Der Salerner ging zwar aus der alten neapolita-nischen Rasse hervor (die dem Andalusier sehr ähnlich gewesen sein soll), hat aber heute wegen des reichlich zugeführten Arabischen und vor allem Engli-schen Vollbluts kaum noch Ähnlichkeit mit iberischen Pferden. Der heutige Salerner ist ein erstklassiges Reitpferd modernen Typs.

EUROPÄISCHES FESTLAND

LIPIZZANER

Lipizzaner sind heute wohl vor allem durch die Spanische Reitschule in Wien berühmt, wo die »tänzelnden weißen Hengste« die klassischen Sprünge und Gänge der Hohen Schule vorführen. Die unten gezeigte »Schule über der Erde« ist eine Pesade, eine neuere Spielform der Kapriole.

Neben dem Arabischen und Englischen Vollblut dürfte der Lipizzaner die berühmteste Pferderasse weltweit sein, im wesentlichen aufgrund seiner glänzenden Rolle bei der *Hohen Schule* in der Spanischen Reitschule an der Wiener Hofburg. Die Schule erhielt ihren Namen nicht etwa, weil ihre Ursprünge in Spanien lägen (was nicht der Fall ist) oder dort der spanische Reitstil gelehrt worden wäre, sondern weil die dort verwendeten Pferde früher spanischen Rassen und Typen angehörten.

Wie die meisten europäischen Rassen ist auch der Lipizzaner stark von den alten spanischen (iberischen) Pferden, dem Andalusier und dem Lusitano geprägt, denen er viele seiner besten Eigenschaften verdankt. Ohne das spanische Blut hätte sich der Lipizzaner als eigenständige, hochangesehene Pferderasse nicht entwickeln können.

Der Name kommt von dem Gestüt Lipizza oder Lipica, das früher auf italienischem Boden lag, heute aber zur Region Karst im Nordwesten Sloweniens gehört. Es stimmt zwar, daß die meisten Rassen nach dem Gebiet benannt sind, aus dem sie stammen, doch die Ursprünge der Lipizzaner reichen viel weiter zurück, genauer gesagt bis zur Eroberung Spaniens durch die Mauren im Jahr 711. Die Eroberer brachten arabische und berberische Pferde mit auf die Iberische Halbinsel und kreuzten sie dort mit einheimischen Kaltblutpferden und dem alten spanischen Pferdetypus. Das Ergebnis der maurischen Zuchtversuche waren die Andalusierpferde, die zu den wichtigsten Ahnen der Lipizzaner wurden.

Als der Habsburger Erzherzog Karl II., der Sohn Kaiser Ferdinands I., das Österreichisch-Ungarisch-Spanische Reich 1564 erbte, lag auf seinen neuen Besitzungen auch das Gestüt Lipizza. Im 16. Jahrhundert war das klassische Bahnreiten sehr beliebt, und der Erzherzog wollte Weltklassepferde haben, die in der Lage sein sollten, die anspruchsvollen Sprünge und Schulen zu vollführen. 1580 gründete er das Gestüt und kaufte im Juli desselben Jahres die besten Andalusierhengste und -stuten, die in Spanien zu bekommen waren. Er beabsichtigte, seine eigenen Ställe mit spanischen Pferden zu füllen, um sie selbst weiterzuzüchten und nicht mehr von Importen abhängig zu sein.

Schon bald versorgte er auch das Gestüt Lipizza mit Pferden vornehmen spanischen Geblüts. Das ist insofern wichtig, als unabhängig vom späteren Namen der Rasse die spanischen Gene den wesentlichen Einfluß auf die entstehende Rasse ausübten. Lipizzaner wiesen alle Qualitäten auf, die man auch bei spanischen Pferden fand: Adel, Stolz, Sensibilität, ein liebevolles Wesen, Agilität und Mut. Auch die mit natürlichem Gefühl für Rhythmus gepaarten hohen Gänge der Spanier wurden nicht durch die immerhin erheblichen Beimischungen von orientalischem Blut herausgezüchtet. Diese Aktion war eine wesentliche Voraussetzung für die klassische Dressur. Die zweite waren äußerst kräftige Hanken, die für die anstrengenden Sprünge der Hohen Schule nötig waren.

Allerdings erwartete man von Lipizza nicht nur die Zucht von Reitpferden, sondern auch von guten Kutschpferden, was dem Gestüt anhand verschiedener Zuchtlinien aus dem Grundbestand und der unterschiedlichen Typen, die sich bei der Zucht herausbildeten, auch ohne weiteres gelang.

Die spanische Reitschule wurde 1572 errichtet, damit der damalige Adel die klassische Reitkunst erlernen konnte. Anfangs fand der Unterricht in einer Holzhalle statt, doch 1735 ließ Kaiser Karl VI. das prächtige Gebäude bauen, das noch heute in Wien zu bewundern ist. Karl VI. war nicht nur an den in der Schule vermittelten Reitkünsten sehr interessiert, sondern auch an den wissenschaftlichen und praktischen Grundlagen der Pferdezucht, die er deshalb mit erheblichen Mitteln förderte, sowohl in Form von Land und Geld als auch Pferden.

EUROPÄISCHES FESTLAND

Die rundliche Körperform des alten iberischen Gebäudetyps wird beim modernen Lipizzaner ebenso sichtbar wie seine Kraft und gute Bemuskelung. Dadurch ist das Pferd in der Lage, die klassischen »Schulen« zu bewältigen; auch als Zugpferd leistet es gute Dienste.

Deutsche, italienische (u.a. Neapolitaner) und dänische Warmblüter sowie Kladruber wurden im Laufe der Jahrhunderte in die Lipizzanerbestände eingekreuzt. Im 19. Jahrhundert wurde auch etwas Arabisches Vollblut zugeführt.

Mit dem Niedergang Österreich-Ungarns wurde das Gestüt von Lipizza ins österreichische Piber verlegt. Während des Zweiten Weltkriegs mußten die Lipizzaner dann angesichts der Bedrohung durch die russische Armee nochmals umsiedeln, diesmal noch weiter nach Westen, vor allem nach Deutschland. Heute werden die weißen Pferde wiederum in Piber gezüchtet, aber auch in Lipizza und Babolna (wo die Ungarn den von ihnen bevorzugten größeren, raumgreifenderen Schlag züchten). Auch in Italien, Rumänien, der tschechischen Republik und der Slowakei sind sie mittlerweile zu Hause. In den USA ist die Rasse ausgesprochen beliebt, in Großbritannien dagegen nur selten zu finden.

Charakter und Pflege

Ihr friedfertiges, dabei aber stolzes Temperament ist das Markenzeichen der Lipizzaner. Die Pferde sind willig, intelligent und mit Ausdauer ebenso ausgestattet wie mit Kraft, Agilität und natürlicher Ausgewogenheit.

Der Lipizzaner heute

Der Lipizzaner wird so gut wie ausschließlich für die Hohe Schule verwendet, insbesondere in der Spanischen Reitschule an der Wiener Hofburg, wo Training und Vorführungen fast stets ausverkauft sind. Ebenso wie seine Verwandten, die Andalusier und Lusitanos, sind Lipizzaner darüber hinaus schon seit jeher international beliebte Zirkuspferde.

Lipizzaner geben außerdem hervorragende Kutschpferde ab, als die sie vor allem in Ungarn sehr beliebt sind. Gelegentlich setzt man sie auch zu sonstigen Zwecken als Zugpferde ein.

Da der Lipizzaner zu den spät reifenden Rassen gehört, verfügt er erst mit sieben oder acht Jahren über ausreichend Kraft und körperliche Reife für ernsthafte, anstrengende Arbeit. Es dauert sieben Jahre, um einen Lipizzaner umfassend in der Kunst der Hohen Schule zu unterrichten, doch da die Tiere in der Regel sehr alt werden, kommt es durchaus vor, daß die weißen Hengste erst mit über zwanzig Jahren ihre Höchstleistungen zeigen.

EUROPÄISCHES FESTLAND

LIPIZZANER
Der Lipizzaner ist ein ausgesprochen gut proportioniertes Pferd, dessen iberische Abstammung sich in seinen schön gerundeten Umrissen niederschlägt. Der hier gezeigte Lipizzaner ist etwas leichter gebaut als das auf der vorherigen Seite gezeigte Tier, weist jedoch noch das alte, traditionelle Gebäude auf, wenn auch vielleicht qualitativ etwas verbessert. Ein makellos ausgewogenes Exterieur ist wesentliche Voraussetzung für die Hohe Schule. Das Symbol **G** steht für spezielle Gebäudemerkmale.

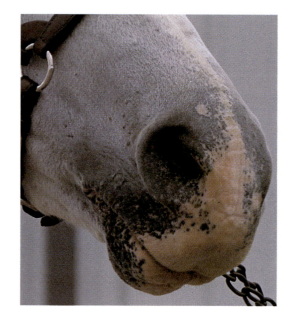

NÜSTERN
Die Nüstern sind weit offen und beweglich.

FARBE
Eine Besonderheit der Rasse ist die Tatsache, daß es sich fast ausschließlich um Schimmel handelt. Die Fohlen werden schwarz geboren, schimmeln aber mit zunehmendem Alter aus. Traditionell wird in der Spanischen Reitschule immer ein brauner Lipizzaner gehalten, um die Verbundenheit der Rasse mit ihrer Vergangenheit zu dokumentieren, als Braune, Dunkelbraune, Rappen und Farbschimmel häufig vorkamen.

WIDERRIST UND RÜCKEN
Der Widerrist ist meist niedrig und breit, der Rücken recht lang, aber gut geformt und kräftig, wenn auch manchmal ganz leicht matt. **G**

LENDEN
Die Nierengegend ist stark und breit. **G**

HINTERHAND UND SCHWEIF
Die Hinterhand ist sehr kräftig, gerundet und gut bemuskelt mit schön getragenem Schweif. **G**

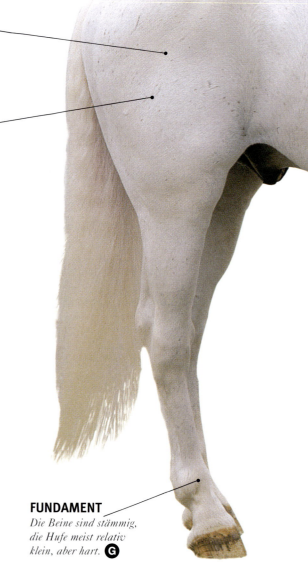

GRÖSSE
Rund 150 bis 161 cm, es kommen auch größere Exemplare vor.

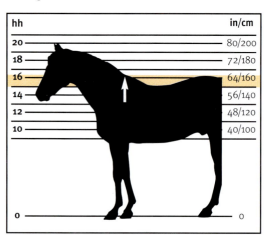

FUNDAMENT
Die Beine sind stämmig, die Hufe meist relativ klein, aber hart. **G**

112

EUROPÄISCHES FESTLAND

PROFIL
Der Einfluß von Berbern bzw. Iberern zeigt sich im vornehm geramsten Profil.

KOPF
Der Kopf ist nobel und länglich. Die Ohren sind mittellang, aufmerksam gespitzt, die Augen groß und ausdrucksvoll. G

HALS UND SCHULTER
Der Hals ist kräftig, gebogen und gut angesetzt. Die mächtigen Schultern fallen schräg ab. G

ABSTAMMUNG

Der Lipizzaner, eine Mischung verschiedener Rassen, überwiegend auf Basis alter spanischer Pferde, wird schon seit Jahrhunderten reinrassig gezüchtet. Heute werden die Reitpferde und die größeren, raumgreifenderen Kutschpferde als verschiedene Typen innerhalb der Rasse gezüchtet.

Spanische (iberische) Rassen

Einheimische Kaltblüter

Berber

Arabisches Vollblut

Andalusier

Diverse europäische Rassen, Neapolitaner und Kladruber

Lipizzaner

113

EUROPÄISCHES FESTLAND

HAFLINGER

Die Ursprünge des Haflinger Ponys liegen weitgehend im dunkeln. Einer Theorie zufolge soll der deutsche König Ludwig IV. 1342 seinem Sohn, Ludwig von Brandenburg, als Hochzeitsgeschenk einen Hengst aus Burgund gesandt haben. Der Hengst wurde mit am südlichen Alpenrand heimischen Stuten gepaart, in deren Adern orientalisches Blut floß. Die so entstandenen Pferde sollen sich zur Haflingerrasse weiterentwickelt haben.

Die zweite These besagt, der Haflinger stamme von den orientalischen Pferden ab, die nach der Vertreibung der Ostgoten durch die Byzantiner nach Norden über die Alpen im Jahr 555 n. Chr. in Tirol zurückblieben. Das würde den sichtbaren Araberanteil der Haflinger erklären.

Gesichert ist, daß die moderne Haflingerrasse tatsächlich von einem Araberhengst abstammt. El Bedavi XXII. wurde 1868 in die Region importiert, um die damals relativ grobschlächtigen Pferde zu veredeln. Alle modernen Haflinger lassen sich auf ihn zurückführen.

Im Laufe der Jahrhunderte veränderte sich die Grenzführung zwischen Österreich und Italien mehrmals, doch heute gilt der Haflinger als österreichische Rasse, die mit ihrem italienischen Gegenstück, dem etwas größeren Aveligneser, eng verwandt ist. Die beiden Rassen gelten als mehr oder weniger identisch.

Heute werden Haflinger in Österreich, der Schweiz, Deutschland und Italien gezüchtet, und auch in anderen europäischen Ländern sind sie sehr beliebt. Die trittfesten Bergponys werden auch in der Forst- und Landwirtschaft eingesetzt. In Österreich erfolgt die Zucht, vom Staat sorgfältig überwacht, in staatlichen und privaten Gestüten.

Charakter und Pflege
Haflinger sind sanftmütige, ausgesprochen intelligente, freundliche und zutrauliche Tiere. Sie reifen spät, sind äußerst genügsam und verfügen über große Ausdauer und Kraft.

Der Haflinger heute
Auch heute noch wird der Haflinger in den Alpen in der Forst- und Landwirtschaft eingesetzt. Er zieht mühelos Schlitten, Wagen oder Kutschen und ist ein sehr gutes Reitpferd. Auch als Kinderpony ist er hervorragend geeignet.

ALLGEMEINE MERKMALE

GEBÄUDE Der Haflinger ist vom Typ her relativ schwer mit arabisch wirkendem Kopf, ein kompaktes, stämmiges Pony mit großer Kraft und Ausdauer.

KOPF Der Kopf ist höchst elegant und edel dafür, daß es sich eigentlich um eine Kaltblutrasse handelt. Er ist keilförmig mit kurzen, spitzen Ohren. Die Augen sind groß und ausdrucksvoll. Gerades Profil oder Hechtkopf. Das Maul ist zierlich und besitzt feine, bewegliche Nüstern.

FARBE Füchse in allen Schattierungen mit auffallend hellblondem Langhaar. Weiße Abzeichen am Kopf sind häufig, an den Beinen äußerst selten.

GRÖSSE Bis 140 cm.

ABSTAMMUNG

Man geht davon aus, daß der Haflinger von bodenständigen Kaltblutponys abstammt, die später mit orientalischem Blut veredelt wurden.

Schwere einheimische Ponys
Orientalische Rassen ▼
Alpiner Kaltblüter ▼
Verwandte Ponyrassen ▼
Arabisches Vollblut ▼
Moderner Haflinger

Der vor Jahrhunderten als kleines, stämmiges Arbeitspferd begründete Haflinger ist inzwischen zu einer Rasse geworden, die in ihrer Heimatregion alle Grenzverschiebungen zwischen Österreich und Italien überstanden hat. Er ist nach wie vor als großes Arbeitspony sehr beliebt und wird vor allem gern als Kinderpony verwendet, weil es Menschen offensichtlich gern mag.

EUROPÄISCHES FESTLAND

NORIKER

Der Noriker ist ein mittelgroßes, schweres Pferd, dessen Vorfahren von den Römern in dieses Gebiet gebracht wurden. Es eignet sich ideal für die Arbeit in der Land- und Forstwirtschaft, vor allem für Transportaufgaben in schwer zugänglichen Berggegenden. Diese Funktion erfüllt der Noriker noch heute.

ABSTAMMUNG

Eine alte Rasse, die von den Römern aus bodenständigen Pferden und importierten Edelrassen begründet wurde. In den Adern des Norikers fließt etwas andalusisches und neapolitanisches Blut, daneben in der süddeutschen Linie auch Normänner, Cleveland Bay, Holsteiner, ungarisches sowie Clydesdale und Oldenburger Blut.

Einheimische Pferde
Römische Importe ▼
Neapolitaner ▼
Andalusier ▼
Noriker

Der auch als Pinzgauer, Oberländer oder süddeutsches Kaltblut bekannte Noriker ist eine alte Rasse und wurde vor rund 2000 Jahren von den Römern aus verschiedenen Kaltblutschlägen der Alpenregion begründet, die von den Eroberern als »Noricum« bezeichnet wurde. Die Provinz bestand etwa aus dem Gebiet der heutigen österreichischen Bundesländer Steiermark und Kärnten. Mit der Zeit entwickelte man ein starkes, trittsicheres und genügsames Zugtier, das sich für verschiedene landwirtschaftliche Arbeiten im rauhen Klima der Bergregionen bestens eignete.

Im 16. Jahrhundert sorgte die Zufuhr von andalusischem und neapolitanischem Blut für mehr Agilität und Attraktivität der Rasse. Im 19. Jahrhundert kamen dann beim süddeutschen Norikerschlag Normänner, Cleveland Bay, Holsteiner, ungarische, Clydesdale und Oldenburger Pferde hinzu, was den Bestand insgesamt erheblich graziler werden ließ.

Heute unterscheidet man beim Noriker fünf anerkannte Schläge, die alle relativ kleine Wagenpferde darstellen und die in der Alpenregion für die Landwirtschaft noch heute eine wichtige Rolle spielen.

Charakter und Pflege
Zugpferd mit aktiven Bewegungsabläufen. Stark, ruhig und sanft.

Der Noriker heute
In allen Schlägen wird der Noriker noch heute in der Land- und Forstwirtschaft eingesetzt.

ALLGEMEINE MERKMALE

GEBÄUDE Der Hals ist kurz und dick, die Schulter gut bemuskelt und kräftig. Der Schweif ist tief angesetzt, das Langhaar üppig und oft gewellt. Die Beine sind stämmig und weisen mäßigen Kötenbehang auf.

KOPF Etwas schwer, mit geramstem Profil. Die Ohren sind kurz, die Augen blicken freundlich. Weite Nüstern.

FARBE Braune, Füchse (oft mit blondem Langhaar), Rotschimmel, Dunkelbraune, Rappen und Gefleckte. Selten Schimmel und Apfelschimmel.

GRÖSSE Zwischen 151 und 162 cm.

EUROPÄISCHES FESTLAND

BRABANTER

Der auch als belgisches Kaltblut oder Brabançon bekannte Brabanter wird durchaus zu Recht als Araber unter den Kaltblütern bezeichnet und hat so gut wie jede schwere Rasse der Welt beeinflußt. Aufgrund seines vorzüglichen Exterieurs, gepaart mit einem freundlichen Wesen und guter Vererbungskraft, wird er seit Jahrhunderten nicht nur zur Verbesserung anderer schwerer Rassen gern eingesetzt, sondern zudem sehr viel als Grundlage für leichtere Zug-, Kutsch- und Reitpferde verwendet und war insbesondere in Europa an der Entwicklung vieler leistungsstarker, wettbewerbsfähiger Warmblutrassen beteiligt.

In seiner Heimat wird der Brabanter leider nicht genügend gewürdigt, und auch in Irland und in Großbritannien ist er trotz seines nachhaltigen Einflusses auf Shire, Clydesdale und Irish Draught nicht besonders beliebt, wohl dagegen in anderen europäischen Ländern, außerdem in Australien und in Amerika.

Der Brabanter blickt auf eine lange Ahnenreihe zurück, und die einzige ältere Zuchtrasse bildet der französische Ardenner, von dem der Brabanter abstammt und dem er seine typische stichelhaarige Fuchsfarbe verdankt. Der Ardenner soll ein Nachfahre des urtümlichen quartären Waldpferdes sein, dessen fossile Überreste man entlang des Ostufers der Maas fand.

Schon im 10. Jahrhundert widmete man sich in Brabant und Flandern ernsthaft der Zucht der Vorläufer der heutigen Brabanter. Der fruchtbare, »tiefe« Boden des Gebietes verlangte Ackerpferde, die große, komprimierte Kraft mit ökonomischen, energiesparenden Gängen paarten, dennoch aber eine ausreichend hohe Aktion von Vorderhandwurzel- und Sprunggelenken aufwiesen, damit sie ihre riesigen Hufe auch bei Regenwetter aus dem lehmigen Boden heben konnten. Die einheimischen Pferde dürften von Natur aus über diese hohe Aktion verfügt haben, und die frühen Züchter waren so klug und umsichtig, diese Eigenschaft in ihrem eigenen Pferdebestand weiterzuzüchten. In späteren Jahrhunderten wachten die Züchter eifersüchtig darüber, daß Typ und Erbe des flämischen Pferdes gewahrt wurden, und setzten deshalb keine fremden Rassen ein, um diese Merkmale nicht zu verwässern.

Im Mittelalter war der Brabanter derart beliebt, daß man ihn in alle europäischen Länder exportierte, was damals eine beachtliche Leistung darstellte.

Der Brabanter übt einen wesentlichen Einfluß auf die meisten Kaltblutrassen der Welt aus und wurde für deren Entwicklung im 19. Jahrhundert sogar noch bedeutsamer als das urwüchsige flämische Pferd. Es handelt sich um mächtige Tiere mit fleißigem Charakter. Sie werden noch heute in der Zucht von Warmblutrassen eingesetzt.

EUROPÄISCHES FESTLAND

Ein belgischer Brabanter in seinem uralten »Beruf« als Wirtschaftspferd, in diesem Fall in Colorado, USA. Die Rasse wird noch heute in Land- und Forstwirtschaft sowie für andere Aufgaben eingesetzt, macht aber auch bei Schauen und Hengstparaden eine gute Figur.

Die Rasse bildete die wesentliche Grundlage für das mittlerweile fast ganz ausgestorbene Rheinische Kaltblut, und ihre Gene sind mittlerweile im Erbgut der meisten deutschen Warmblutrassen fest verankert. Auch Rußland importierte zahlreiche flämische Pferde als Arbeitstiere und kreuzte sie mit den dort heimischen Rassen.

Im 17. Jahrhundert versuchte man eine Zeitlang, die Merkmale der Rasse zu verändern, um sie für ein breiteres Publikum attraktiv zu machen. Die Ergebnisse waren jedoch so wenig erfreulich, daß man das Experiment bald wieder fallenließ. Seither werden ausschließlich reinrassige Brabanter bzw. Flamen miteinander gepaart, so daß die Rasse wirklich als »rein« bezeichnet werden kann und ihre Eigenschaften auch anderen Rassen vermittelt, in die sie eingekreuzt wird.

Der Name »Brabanter« setzte sich Ende des 19. Jahrhunderts gegen den älteren Begriff »flämisches Pferd« durch. Zu dieser Zeit waren die formalen Anforderungen an die Rasse bereits festgeschrieben. Drei verschiedene Abstammungslinien wurden zum modernen Brabanter verschmolzen, der *Gros de la Dendre* (ein muskulöses, sehr kräftiges Pferd mit wuchtigem Fundament), der *Gris de Nivelles* (ein Pferd von eindrucksvoller Erscheinung und gutem Gebäude) sowie dem *Colosse de Mehaigne* (einem riesigen, lebhaften Typus).

Charakter und Pflege

Die beeindruckendsten Eigenschaften des Brabanters sind sein sanftmütiges Wesen, seine enorme Kraft und sein schieres Gewicht. Zuweilen wird er als phlegmatisch, sogar schwerfällig bezeichnet, doch ist er meist von ausgesprochen freundlichem Wesen. Seine Zugkraft ist praktisch unschlagbar und wird am ehesten noch vom englischen Shire Horse erreicht. Die Pferde reifen früh und sind langlebig, zahm und willig, kaum aus der Ruhe zu bringen und sehr starke, zuverlässige und fleißige Arbeiter.

Der Brabanter besitzt eine eiserne Konstitution, ist sehr genügsam und benötigt für seine Größe und Masse relativ wenig Futter.

Der Brabanter heute

Wie die übrigen Kaltblutrassen werden auch die Brabanter überwiegend noch für schwere Arbeiten in der Land- und Forstwirtschaft gebraucht und gelegentlich als Brauereipferd eingesetzt. Bei Schauen und öffentlichen »Auftritten« werden die gutmütigen Riesen stets bestaunt und bewundert. Noch heute wird der Brabanter als Grundlage für viele Warmblutrassen eingesetzt.

EUROPÄISCHES FESTLAND

BRABANTER
Der Brabanter hat einen massigen, muskulösen Körper und vermittelt schon allein durch sein Gewicht den Eindruck großer Kraft und Wucht. Der hier gezeigte moderne Brabanter ist insgesamt etwas leichter gebaut und hat längere Beine. Er entspringt dem Schlag der Gris de Nivelles und zeichnet sich durch ein ausgewogenes Exterieur aus. Er zeigt die urtümliche Farbe, mit Neigung zu hellerer Schattierung an Beinen und Bauch. In der Zucht ist der Brabanter als guter und typtreuer Vererber bekannt. Seine große Kraft, sein Fleiß und freundliches Naturell werden sehr geschätzt. Das Symbol **G** *steht für spezielle Gebäudemerkmale.*

HINTERHAND UND SCHWEIF
Die Hinterhand ist muskelbepackt, der Schweif schön angesetzt. **G**

RUMPF UND RÜCKEN
Der Rumpf ist schön gerundet und tief, der Rücken sehr kurz und stark. **G**

DECKHAAR UND FARBE
Lichtfüchse wie dieser besitzen in der Regel hellblondes Langhaar und helle Behänge. Oft ist auch die Bauchunterseite heller gefärbt.

BEINE
Die Beine sind äußerst kräftig, mit sehr muskulösen Oberschenkeln und großen, flachen Gelenken ausgestattet, so daß das Pferd eine große Hebelwirkung ansetzen kann. **G**

GRÖSSE
Zwischen 153 und 170 cm.

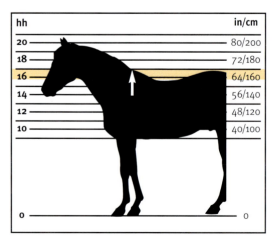

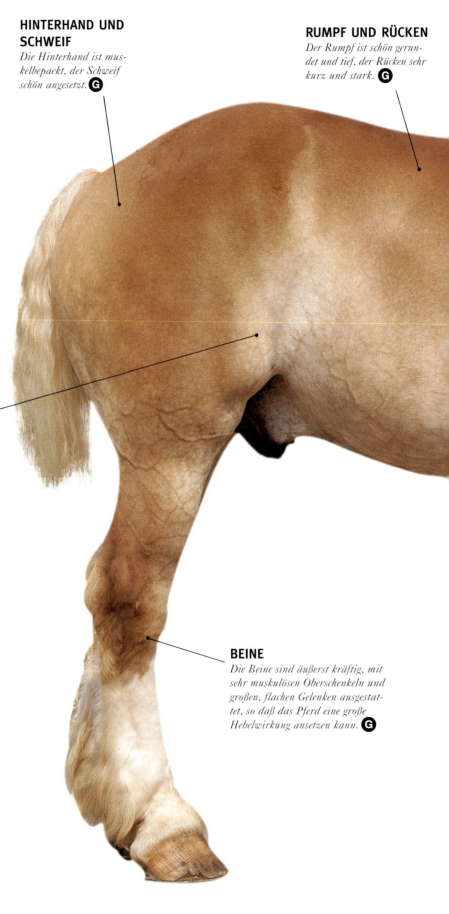

118

EUROPÄISCHES FESTLAND

HALS UND SCHULTERN
Der Hals ist kurz und sehr muskulös, schön gebogen und relativ hoch auf der schrägen Schulter angesetzt. **G**

KOPF
Eckiger, ehrlicher Kopf mit geradem Profil, kleinen Augen und Ohren. Freundlicher Ausdruck. **G**

BRUST
Weite, tiefe, starke Brust. **G**

HUFE
Der Brabanter besitzt hervorragende, große und runde, sehr harte Hufe. Die wenig ausgeprägten Kötenbehänge beschränken sich auf Fesselbeuge und -gelenk. **G**

ABSTAMMUNG

Urahn des Brabanters war das primitive quartäre Waldpferd, doch in neuerer Zeit gehören zu seinen Vorfahren auch Ardenner sowie flämische Kaltblüter.

↓ Ardenner

↓ Flämisches Kaltblut

↓ Brabanter

EUROPÄISCHES FESTLAND

KONIK

Das polnische Konik-Pony ist ein wenn auch etwas stämmigerer, so doch direkter Abkömmling des wilden Tarpans. Es wurde für die »Rückzüchtung« des heute ausgestorbenen Tarpans eingesetzt. Die Tiere aus diesem Zuchtprogramm leben wild im Urwald von Bialowieza in Polen.

ABSTAMMUNG

Der Konik soll reichlich ursprüngliches Tarpanblut besitzen, dazu kamen Einflüsse durch Arabische Vollblüter und diverse Landschläge.

Tarpan
Arabisches Vollblut ▼
Einheimische ▼
Ponyrassen
Konik

Der polnische Konik steht seinen Vorfahren noch viel näher als die meisten anderen Ponyrassen. Das Wort Konik bedeutet im Polnischen soviel wie »Pferdchen« und bezeichnet eigentlich keine Rasse, zumal es rund fünf verschiedene Konikschläge gibt. Der normalerweise als Konik bezeichnete Typ soll vom urtümlichen wilden Tarpan Osteuropas abstammen, einem im orientalischen Typ stehenden kleinen Pferd mit edlem Kopf, jedoch Aalstrich und Zebrastreifen als Kennzeichen primitiver Rassen.

Der wilde Tarpan wurde Ende des 19. Jahrhunderts ausgerottet, doch versuchte man später, die von ihm abstammenden Koniks zu sammeln, um möglichst viele Tarpan-Gene zu erhalten. Der Urwald von Bialowieza wurde zum Nationalpark erklärt und die Koniks dort ausgewildert. Heute leben Nachkommen dieser Pferde (die als rückgezüchtete Tarpane gelten) noch immer frei im Wald von Bialowieze. Sie weisen die Färbung und viele der Merkmale des Tarpans auf. Koniks sind auf polnischen Bauernhöfen vor allem östlich des San, eines Nebenflusses der Weichsel, anzutreffen.

Charakter und Pflege

Der spät reifende, dafür aber langlebige Konik ist äußerst genügsam und kann praktisch das ganze Jahr über im Freien leben. Die meisten Tiere sind sehr umgänglich, doch besitzen manche noch einen Anflug der Wildheit des Tarpans, das heißt, sie sind eigenwillig und schwierig.

Der Konik heute

Die meisten Koniks werden auf Bauernhöfen als Arbeitsponys eingesetzt, die umgänglicheren auch als Kinderreitponys. Der Konik bildete die Grundlage für viele osteuropäische und russische Pferderassen.

ALLGEMEINE MERKMALE

GEBÄUDE Der Hals ist für die Größe der Tiere relativ lang, jedoch schön geformt und muskulös und wird recht stolz getragen. Die Mähne ist lang und üppig. Die stämmigen, kräftigen Beine sind typisch für ein Pony, mit ein wenig Behang und kleinen, harten Hufen ausgestattet.

KOPF Manchmal etwas plump, aber nicht häßlich; lebhafter Gesichtsausdruck, kurze, spitze Ponyohren, neugierig blickende Augen, kleines Maul mit weiten Nüstern

FARBE Meist Mausgraue oder Falben, häufig mit bläulichem Schimmer, daneben auch Braune. Dunkler Aalstrich und gelegentlich Zebrastreifen an den Beinen

GRÖSSE Zwischen 123 und 133 cm.

EUROPÄISCHES FESTLAND

WIELKOPOLSKI

Polen gehört zu den großen Pferdezuchtnationen der Welt. Der »polnische Araber« etwa ist berühmt für seine Ausdauer und Qualität. Die jüngste polnische Rasse, der Wielkopolski, zeichnet sich als hervorragendes leichtes Zugpferd ebenso aus wie als Reitpferd und im Leistungssport.

Als Rasse hat der Wielkopolski noch keine lange Geschichte, denn er entstand erst in der Nachkriegszeit. Er ist eng mit dem Trakehner verwandt, basiert jedoch vor allem auf einheimischen polnischen und osteuropäischen Pferden, die mit Arabischem und Englischem Vollblut veredelt und mit westeuropäischen Schlägen gekreuzt wurden. Zu den einheimischen Rassen gehörten die beiden polnischen Warmblüter, das Masurenpferd und der Posener.

Das Masurenpferd ist eine alte Rasse, in deren Adern viel Trakehnerblut fließt. Seit vielen Generationen ist es als Reit- und Jagdpferd beliebt. Der Posener ist etwas schwerer gebaut und dient meistens als Arbeitspferd in der Landwirtschaft. Er enthält Trakehnerblut, heimische Ponyrassen (Konik), Englisches und Arabisches Vollblut sowie Hannoveraner-Blut.

Sowohl das alte Masurenpferd als auch der Posener werden in Polen heute nicht mehr offiziell anerkannt, obwohl es noch geringe Bestände gibt. Der Wielkopolski ist ein mittelschweres Reit- und leichtes Kutschpferd. Die Hengste müssen strenge Anforderungen an Leistung und Exterieur erfüllen, um zur Zucht zugelassen zu werden.

Charakter und Pflege
Der Wielkopolski weist einen stämmigen, mittelschweren Körperbau und ein angenehmes Temperament auf. Er ist intelligent, ruhig und fleißig und besitzt viel Ausdauer.

Der Wielkopolski heute
Der Wielkopolski wird ausdrücklich als hochwertiges modernes Turnierpferd gezüchtet, macht sich aber auch gut als Kutschpferd und wird noch immer als leichtes Zugpferd eingesetzt.

ABSTAMMUNG

Der Wielkopolski ist ein echter Vertreter seines Heimatgebietes, denn es gibt ost- und westeuropäische Linien, die sich jeweils eindeutig auf lokale Rassen und Typen zurückführen lassen.

Konik
Masurenpferd ▼
Posener ▼
Trakehner ▼
Hannoveraner ▼
Englisches Vollblut ▼
Arabisches Vollblut ▼
Wielkopolski

ALLGEMEINE MERKMALE

GEBÄUDE Das Pferd wirkt insgesamt wie ein mittelschweres Reit- oder Fahrpferd.

KOPF Der Kopf ist eher etwas derb, nicht sehr edel, mit mäßig langen Ohren, ausdrucksvollen, lebhaften Augen und mittelbreiter Stirn. Die Nüstern sind weit offen. Das Profil ist in der Regel gerade.

FARBE Alle Grundfarben.

GRÖSSE Zwischen 160 und 162 cm.

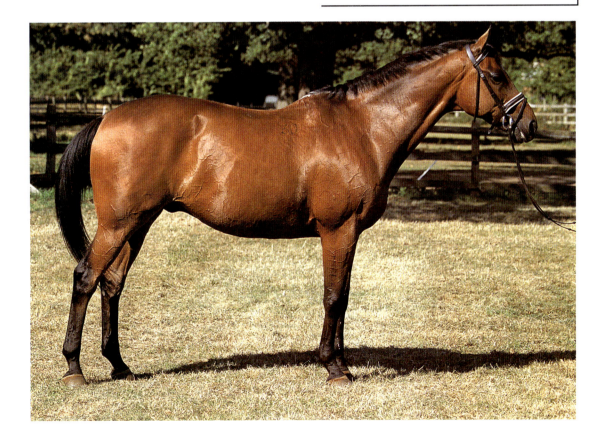

Der Wielkopolski ist eine der jüngsten Rassen der Welt. Er entstand erst nach dem Zweiten Weltkrieg in Polen als hervorragendes modernes Turnierpferd. Zu den Vorfahren gehören zwei polnische Warmblutrassen: das Masurenpferd und der Posener.

EUROPÄISCHES FESTLAND

MALOPOLSKI

Der auch als »polnischer Anglo-Araber« bezeichnete Malopolski verdankt seine Entstehung als Rasse ebenfalls der Umsicht und Pferdeliebe der polnischen Züchter, die ausdrücklich den modernen Anforderungen an ein erstklassiges Reit- und Turnierpferd gerecht werden wollten.

Der Malopolski entspringt den gleichen Vorfahren wie sein entfernter Verwandter, der Wielkopolski. Auch er besitzt Masuren- und Posener-Blut, die beide zu den vielen regionalen Pferdetypen gehörten, die heute nicht mehr als eigenständige Rassen anerkannt werden, sondern in den Stutbüchern des Wielkopolski bzw. Malopolski aufgegangen sind. Bei den ortsansässigen Züchtern und Liebhabern gelten sie allerdings noch heute als separate Rassen.

Beim Malopolski wurde weit mehr Arabisches Vollblut eingekreuzt als beim Wielkopolski, und das wirkt sich auf Haltung, Temperament und Erscheinungsbild des Pferdes aus. Polnische Rassen wurden mit reichlich Englischem Vollblut verbessert, daneben auch mit den ungarischen Rassen Furioso und Gidran. Das Ergebnis ist ein beliebtes, erfolgreiches und ausgewogenes Pferd.

Malopolski-Pferde gibt es in zwei Typen, dem Darbowski-Tarnowski, der überwiegend auf dem Gidran basiert, und dem Sadecki, dessen Basis der Furioso bildete. Die Rasse ist deshalb nicht völlig einheitlich, insgesamt jedoch ausgesprochen beliebt und begehrt.

ABSTAMMUNG

Der Malopolski basiert auf einheimischen Rassen, die durch erhebliche Zugabe von Englischem und Arabischem Vollblut sowie Anglo-Arabern veredelt wurden.

Einheimische polnische Landschläge
Englisches Vollblut ▼
Arabisches Vollblut ▼
Anglo-Araber ▼
Malopolski

Charakter und Pflege

Der Malopolski ist ein mutiges, lebhaftes und energisches Pferd, dabei jedoch von ruhigem, ausgeglichenem Wesen. Er ist bekannt für seine große Ausdauer und sein ausgeprägtes Sprungvermögen. Als hochgezüchtetes Rassepferd verlangt der Malopolski entsprechend aufmerksame Pflege.

Der Malopolski heute

Heute werden Malopolskis überwiegend als exzellente Reit- und Turnierpferde eingesetzt. Sie eignen sich aber ohne weiteres auch als Kutschpferde.

ALLGEMEINE MERKMALE

GEBÄUDE Insgesamt wie ein Araber, mit vielen arabischen Merkmalen, etwa dem hoch angesetzten Schweif und den langen Beinen.

KOPF Gut proportionierter Kopf, beim Darbowski-Tarnowski-Schlag mit Hechtkopf als arabischem Erbe. Die Ohren sind mittellang und beweglich, die Stirn breit, die Augen tief angesetzt und weit auseinanderstehend. Das Maul ist zierlich, die Nüstern sind ausgestellt.

FARBE Alle Grundfarben, auch Farbschimmel.

GRÖSSE Zwischen 153 und 162 cm.

Das hier gezeigte Pferd ähnelt eher einem kräftigen Englischen Vollblut als seinen arabischen Vorfahren. Der Malopolski ist deshalb auch als »polnischer Anglo-Araber« bekannt. Es handelt sich um ausgezeichnete Turnierpferde, die sich unter dem Sattel ebenso hervortun wie vor dem Sulky.

EUROPÄISCHES FESTLAND

HUZULE

Der Huzule stammt vom wilden Tarpan ab, enthält aber mehr Ponyblut einheimischer Rassen als sein naher Verwandter, der Konik, sowie einen ordentlichen Schuß Araberblut. Das Pferd besitzt ein außerordentlich gutmütiges Temperament, ist sehr ruhig und fühlt sich selbst bei schlechtem Wetter im Freien am wohlsten.

ABSTAMMUNG

Der Huzule stammt vom Tarpan ab, wurde aber mit diversen Ponyrassen und reichlich Arabischem Vollblut veredelt.
Tarpan
Einheimische polnische Ponys ▼
Arabisches Vollblut ▼
Huzule

Die als Huzulen oder Huçul bezeichnete polnische Ponyrasse ist mit dem Konik eng verwandt und stammt wie dieser vom urtümlichen wilden Tarpan Osteuropas ab. Häufig sind Tarpan-Züge noch erkennbar, vor allem in der Form des Kopfes und in der Färbung.

Der Huzule gilt als arbeitswilliger und freundlicher als viele Koniks und wird seit dem 19. Jahrhundert offiziell gezüchtet. Aufgrund seiner uralten Abstammung ist er für Pferdekenner und Zoologen auch in anderen Ländern so interessant, daß er auch außerhalb Polens gezüchtet wird.

Die Heimat des Huzulen ist die Karpaten-Bergkette im Süden Polens, deshalb wird es häufig auch als Karpatenpony bezeichnet. Anders als der Konik wurde der Huzule mit reichlich Arabischem Vollblut veredelt, so daß er dem ursprünglichen Wildtyp nicht mehr sehr ähnelt. Gezüchtet wird er heute auf dem Gestüt Siary in der nähe von Gorlice.

Charakter und Pflege

Der Huzule ist ein typischeres Pony als sein Verwandter, der Konik, der eher wie ein kleines Pferd wirkt. Der Huzule gilt als furchtlos und äußerst fleißig. Aufgrund seiner geringen Größe und dem gut proportionierten, kompakten Körperbau eignet er sich ideal als Arbeitspony in seiner heimatlichen Bergregion. Er besitzt ein ausgesprochen sanftmütiges Wesen.

Vom Huzulen heißt es, er beherrsche die »Kunst des Hungerns«, da er extrem genügsam ist und mit sehr wenig Futter auskommt. Er stellt äußerst geringe Ansprüche an die Pflege und hält sich problemlos (und sichtlich gern) bei jedem Wetter im Freien auf, und das dem sehr rauhen Klima der Karpaten zum Trotz.

Der Huzule heute

Der Huzule wird als kleines Wirtschaftspony für alle anfallenden Arbeiten auf dem Lande gezüchtet, wird aber wegen seines ruhigen, gefälligen Charakters auch gern als Kinderpony verwendet.

ALLGEMEINE MERKMALE

GEBÄUDE Der Huzule ähnelt stark dem Konik und besitzt wie er üppiges Langhaar, seine Bewegungen sind jedoch weicher und mit höherer Aktion als beim Konik.

KOPF Kurzer, keilförmiger Kopf mit stumpfem Maul und geradem Profil. Die Ohren sind klein und spitz, die Augen relativ klein.

FARBE Meist Braune oder Lichtfüchse mit blondem Langhaar, doch auch Falben und Mausgraue kommen vor.

GRÖSSE 120 bis 130 cm.

123

EUROPÄISCHES FESTLAND

TRAKEHNER

Wie alle Warmblüter wurde der Trakehner als erstklassiges Turnierpferd gezüchtet. Es ist bekannt für seinen hohen Adel und gilt als leichtester und »vollblütigster« aller modernen Warmblüter. Das Foto zeigt Perow (unter M. Gibson), der bei den Olympischen Spielen 1996 für die USA in den Dressurprüfungen startete.

Die Geschichte der Trakehner (eigentlich »Ostpreußisches Warmblut Trakehner Abstammung«) ist so dramatisch wie die keiner anderen Pferderasse. Er gilt weithin als beste und wertvollste Warmblutrasse. Der Name stammt von dem Gestüt, das König Friedrich Wilhelm I. 1732 im ostpreußischen Trakehnen gründete und das heute auf polnischem Boden liegt. Das 5670 Hektar große Gestüt lag in einer wunderschönen Landschaft, die sich in der Pferdezucht bald einen Namen machte. Die Rasse wurde im Laufe ihrer Geschichte viermal evakuiert, um sie vorrückenden feindlichen Armeen zu entziehen, doch nach der vierten Flucht (Ende des Zweiten Weltkriegs vor der russischen Armee) gab es kein Zurück mehr. Das Gestüt wurde auf tragische Weise zerstört.

Von den rund 58 000 Pferden, die Ostpreußen zur Zeit der russischen Invasion beherbergte, wurden mehrere Tausend im strengen Winter 1944/45 zu Fuß und meist ohne Beschlag 1448 km weit bis nach Westdeutschland geführt. Sie hatten kaum Futter und so gut wie keinen Schutz. Die Zuchtstuten waren bei klirrendem Frost auch nachts vor die Holzkarren ihrer Besitzer gespannt. Aufgrund dieser Bedingungen kamen die meisten Fohlen tot zur Welt, und viele weitere Tiere starben ebenso wie ihre Besitzer an Hunger, Krankheiten und Verletzungen. Alles in allem gelangten letztlich keine tausend Tiere in Sicherheit.

Zu den Glanzzeiten standen 400 Zuchtstuten im Staatsgestüt Trakehnen, und die Pferdezucht war für die örtlichen Bauern zu einer wichtigen Einnahmequelle geworden. Zwischen den Weltkriegen exportierte Ostpreußen jährlich über 32 000 Pferde. Bis zum Zweiten Weltkrieg hatte der Zuchtverband 10 000 Mitglieder, die 20 000 eingetragene Stuten besaßen. Vier Staatsgestüte züchteten mit 33 000 Stuten und 500 Hengsten Pferde für die Kavallerie und bewiesen ständig, daß dieser osteuropäische Landstrich ideal für die Pferdezucht geeignet war, denn die Tiere gediehen auf den saftigen Weidegründen, in dem milden Klima und den weiten, offenen Ländereien hervorragend, wobei vor allem der letzte Aspekt häufig vernachlässigt wird, obwohl er für Pferde von größter Wichtigkeit ist.

Die Trakehnerrasse basiert auf zwei alten Wild- bzw. Halbwildpferden, die in Ostpreußen heimisch waren, dem Panje und dem Schweiken, die ihrerseits vom echten Wildpferd, dem Tarpan, abstammten. Von diesen orientalisch wirkenden Ponys be-

EUROPÄISCHES FESTLAND

völkerten einst große Herden die ausgedehnten Waldgebiete Osteuropas sowie die Steppen Nord- und Ostasiens.

Im frühen 13. Jahrhundert schickte Herzog Konrad I. von Masowien Deutschordensritter zur Kolonisierung Preußens und zur Christianisierung der dort lebenden Pruzzen aus. Die Ritter erfüllten das fürstliche Edikt, bauten zahlreiche Garnisonen und Festungen und zivilisierten im wesentlichen das Gebiet. Die Pferde dieser Ritter waren orientalischer und spanischer Abstammung und wurden systematisch mit vorhandenen Landschlägen gekreuzt, um schwere Arbeitstiere und leichter Reitpferde zu schaffen. Im Laufe der Jahre entwickelte sich nach und nach der ostpreußische Pferdetyp, der von den Deutschordensherren weiter verfeinert wurde. Die Folgezeit brachte zwei Katastrophen, zum einen den Machtverlust des Deutschen Ordens und damit das Nachlassen ihres Bedarfs an Reitpferden, und dann die unter der ortsansässigen Bevölkerung wütende Pestepidemie. Im frühen 18. Jahrhundert beschloß Soldatenkönig Friedrich Wilhelm I. auf Rat Herzog Leopolds von Anhalt-Dessau, die Region gezielt zu fördern. Er ließ Sumpfgebiete trockenlegen, errichtete das Gestüt Trakehnen und begünstigte auch den Aufbau weiterer Gestüte.

Im 18. Jahrhundert war der schwere Trakehnerschlag so gut wie verschwunden und bestand nur noch aus einigen wenigen Tieren. Der Reitpferdtyp war zahlreicher vertreten, und von diesem ungleich verteilten Bestand wurden 1101 Tiere, darunter 513 Stuten, auf dem Gestüt Trakehnen vereinigt und weitergezüchtet, um Pferde für den königlichen Marstall zu schaffen. Zunächst verliefen die Zuchtbemühungen auf dem Gestüt unprofessionell und recht planlos, wobei man Pferde und Rassen von so gut wie überall einkreuzte. Die Ergebnisse waren katastrophal. Die besten Tiere mußte man aus finanziellen Gründen verkaufen – so als würde verarmter alter Adel sein ererbtes Tafelsilber versetzen.

Nach dem Tode Friedrichs des Großen (dem Sohn Friedrich Wilhelms I.) ging das Gestüt aus dem Besitz des Königshauses an den preußischen Staat über. Ganz allmählich tauchte das alte preußische Pferd, wenn auch in etwas kleinerer Ausgabe, wieder auf. Es erfolgten Zugaben von Englischem und Arabischem Vollblut, und im 19. Jahrhundert züchtete man hochwertige Trakehnerpferde, die den Anforderungen der Armee hinsichtlich guter Reitpferde, auch für die Offiziersränge, gerecht wurden.

Wie andere Rassen waren auch die Trakehner von der zunehmenden Mechanisierung betroffen und wurden schließlich nur noch als Freizeit-Reitpferd, leichtes Kutschpferd und für Turniere bzw. Wettkämpfe gezüchtet. Der Brand mit den doppelten Elchschaufeln auf dem Oberschenkel weist heute ein erstklassiges, hochedles Reitpferd aus. Die Rasse wird heute in Deutschland erfolgreich weitergeführt und von einem gut organisierten Zuchtverband überwacht. Wie alle Warmblüter unterliegen sie sehr strengen Selektionskriterien, die dafür sorgen, daß die hochgesteckten Normen weiterhin Bestand haben. Trakehner werden heute auch in vielen anderen Ländern gezüchtet und gelten als höchst begehrte Pferde.

Charakter und Pflege

Trakehner sind ausgesprochen mutige, lebhafte und dennoch ruhige, liebevolle Tiere, die sich durch große Zähigkeit und höchste Qualität auszeichnen. Trakehner ähneln leichten bis mittelschweren Englischen Vollblütern oder stehen gelegentlich auch im Anglo-Arabertyp. Sie bieten alles, was ein exzellentes Reitpferd ausmacht, in Perfektion, jedoch ohne das manchmal schwierige Temperament des Vollblüters.

Trakehner sollten wie Vollblüter gehalten werden. Die Tiere sind verhältnismäßig problemlos im Umgang und für den Besitzer wie für den Reiter eine reine Freude.

Der Trakehner heute

Nach schweren Zeiten und vielen Wechselfällen ist der moderne Trakehner ein erstklassiges Pferd für den Leistungssport. Er wird in aller Herren Länder exportiert und auch im Ausland gezüchtet. Wenn die Leichtigkeit und Qualität einer Rasse verbessert werden sollen, zieht man ihn oft dem Englischen oder Arabischen Vollblut vor, denn er vererbt typgetreu, verfügt über eine athletische Konstitution und ein ausgeglichenes Temperament.

Qualität und aristokratische Klasse des Trakehners kommen bei diesem Pferd gut zur Geltung. Das gerade Profil des Englischen Vollblüters, der feine, keilförmige Hals, die langen, beweglichen Ohren und der aufgeweckte Blick der weit auseinanderstehenden Augen beweisen es.

EUROPÄISCHES FESTLAND

KOPF
Der Kopf dieses Trakehners ähnelt einem mittelschweren Englischen Vollblut und zeigt Adel ebenso wie Interesse und Intelligenz. **G**

AUGEN
Die neben der breiten Stirn gut angesetzten Augen blicken klug, freundlich und hellwach.

PROFIL UND MAUL
Gerades Profil mit leicht keilförmigem Kopf; das sensible Maul ist zierlich und mit weit ausgestellten, beweglichen Nüstern ausgestattet.

GANASCHEN
Die Kehle ist wunderbar gebogen, die Ganaschen sind schlank.

OHREN
Mittellange, fein geschnittene Ohren. Spitz und sehr beweglich.

TRAKEHNER
Von allen Warmblutrassen dürfte der Trakehner am besten für Vielseitigkeitsprüfungen geeignet sein, denn er ist der schnellste und »vollblütigste« von allen, besitzt aber dennoch einen Schuß Kaltblut oder Ponyblut. Eine solche Kombination bewirkt immer zugleich Schnelligkeit und gutes Springvermögen, gekoppelt mit Agilität und Verstand. Das Symbol **G** *steht für spezielle Gebäudemerkmale.*

GRÖSSE
Rund 160 bis 162 cm.

BEINE
Die Beine sind stark und trocken, mit sichtbaren Sehnen, an Oberarm und Sprunggelenk gut bemuskelt. **G**

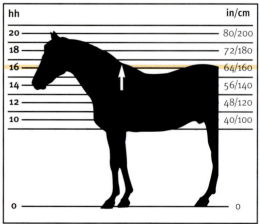

126

EUROPÄISCHES FESTLAND

HALS UND SCHULTERN
Gut entwickelter Hals, der auf eine schön geschrägte »Reitpferdschulter« aufgesetzt ist. **G**

BRUST
Von mittlerer Breite, tief und gut bemuskelt. **G**

WIDERRIST UND RÜCKEN
Der Widerrist ist hoch bis mäßig hoch, der Rücken gerade, kurz und kräftig. **G**

HINTERHAND UND SCHWEIF
Leicht abfallende Kruppe mit gut angesetztem Schweif, der stolz getragen wird. **G**

FARBE
Trakehner gibt es als Dunkelbraune, Braune, Füchse (wie hier gezeigt) und Rappen. Schimmel sind sehr selten, Farbschimmel oder Schecken unbekannt.

FESSELN
Weich geschrägte Fesseln. Die Hufe sind größer und kräftiger als früher. **G**

ABSTAMMUNG

Ausgehend von einheimischen Wildpferden wurde im Mittelalter und nochmals im 18. Jahrhundert reichlich fremdes Blut beigemischt. Später wurde der alte Ostpreußentyp herausselektiert und mit Englischem und Arabischem Vollblut vermischt.

Tarpan

Panje und Schweiken

Diverse europäische und orientalische Rassen

Ostpreuße vom alten Schlag

Englisches Vollblut

Arabisches Vollblut

Trakehner

EUROPÄISCHES FESTLAND

OLDENBURGER

Die Abstammungslinie des Oldenburgers ist länger als die der meisten Warmblüter. Sie ist die schwerste der modernen Warmblutrassen. Ursprünglich handelte es sich um edle Karossiere, die später jedoch leichter gezüchtet wurden und heute nicht nur als Kutschpferde eine hervorragende Figur machen, sondern sich auch als gute Spring- und Dressurpferde erweisen.

ABSTAMMUNG

Der Oldenburger basiert auf dem alten friesischen Landschlag, dem später zahlreiche andere Rassen beigemischt wurden, um größere, kräftigere Pferde zu erzielen.

Friesen
Englisches Halbblut ▼
Arabisches Vollblut ▼
Berber ▼
Frühes Englisches
Vollblut ▼
Cleveland Bay ▼
Yorkshire Coach Horse ▼
Normänner/Anglo-
Normänner ▼
Hannoveraner ▼
Trakehner ▼
Modernes Englisches
Vollblut ▼
Oldenburger

Der aus Nordwestdeutschland stammende Oldenburger ist die größte und schwerste der modernen Warmblutrassen und verfügt über eine längere nachgewiesene Geschichte als die meisten davon. Benannt ist die Rasse nach ihrem Begründer, Graf Anton von Oldenburg (1603–1667), einem ambitionierten Pferdezüchter. Er ließ Friesenstuten von dem orientalischen Halbblut Kranich decken und bezog später Iberer und Neapolitaner in die Zucht ein, um auf diese Weise ein kraftvolles Kutschpferd zu schaffen.

In späterer Zeit wurden Arabisches und Englisches Vollblut sowie Berber hinzugefügt, und im 19. Jahrhundert spielten Cleveland Bay ebenso wie das Yorkshire Coach Horse eine wichtige Rolle für diese Rasse. Normänner, Anglo-Araber und Hannoveraner wurden etwa zur gleichen Zeit eingesetzt, um der Forderung des Miltärs nach starken Artilleriepferden gerecht zu werden.

In der Nachkriegszeit verdrängte die zunehmende Mechanisierung mehr und mehr das Arbeitspferd, und die Oldenburger Züchter reagierten darauf mit der Zucht leichterer Tiere als angenehme Reitpferde für den Freizeitsport. Wiederum wurde Englisches Vollblut zugeführt, daneben auch Trakehner und Anglo-Normänner. Die Oldenburger entwickelten sich zu einer eigenständigen Pferderasse für den immer beliebteren Turniersport. In den letzten Jahrzehnten schloß sich der Kreis, denn der Oldenburger wird heute auch wieder als hervorragendes Kutschpferd eingesetzt.

Charakter und Pflege

Der Oldenburger ist ein hohes, großrahmiges Pferd. Es erinnert an für schwere Reiter geeignete Jagdpferde mit sichtbarem Vollblutanteil. Er ist nicht ganz so genügsam und ausdauernd wie andere Warmblutrassen, gehört jedoch aufgrund seiner Kraft, seiner frühen Reife, Langlebigkeit und Größe und der raumgreifenden, aktiven Gänge nach wie vor zu den begehrten Rassen.

Der Oldenburger heute

Als Kutschpferd für Wagenrennen und zeremonielle Anlässe ist der Oldenburger unschlagbar. Auch als Springpferd und in Dressurprüfungen macht er vielfach eine überragend gute Figur.

ALLGEMEINE MERKMALE

GEBÄUDE Das Pferd wirkt insgesamt wie ein schwerkalibriges Halbblut.

KOPF Edler, ehrlicher Kopf mit dicken, jedoch schön gewölbten Ganaschen, längliche, spitze Ohren, leicht geramstes Profil und ausgestellte Nüstern.

FARBE Überwiegend Rappen, Dunkelbraune und Braune.

GRÖSSE Zwischen rund 162 und 172 cm.

EUROPÄISCHES FESTLAND

OSTFRIESE

Der heutige Ostfriese weist nur noch wenig Ähnlichkeit mit seiner Verwandtschaft, den Oldenburgern auf. Er enthält leichteres Blut, das nach dem Zweiten Weltkrieg eingebracht wurde, um die von den osteuropäischen Züchtern geforderte Verfeinerung als Reit- und Turnierpferd zu erzielen.

ABSTAMMUNG

Der Ostfriese ist eine Mischung europäischer Rassen, besitzt jedoch mehr Araber- und Hannoveranerblut als der ihm ähnliche alte Oldenburger Schlag.

Altfriesischer Landschlag
Englisches Halbblut ▼
Orientalische Rassen ▼
Englisches Vollblut ▼
Cleveland Bay ▼
Yorkshire Coach Horse ▼
Polnische, ungarische, französische Rassen ▼
Arabisches Vollblut ▼
Hannoveraner ▼
Ostfriesen

Der Ostfriese ist blutsverwandt mit dem Oldenburger, und bis zum Zweiten Weltkrieg und der Teilung Deutschlands galten sie 300 Jahre lang als identisch. Der Ostfriese stammt von Beständen ab, die im Ostteil Deutschlands zurückgeblieben waren und mit den Tieren, aus denen sich der heutige Oldenburger entwickelte, übereinstimmten.

Osteuropäische Pferdezüchter haben seit jeher einen hervorragenden Ruf und legen traditionell eher Wert auf leichtere, orientalischere Rassepferdtypen. Als der Ostfriesenbestand weiter veredelt werden sollte, griffen die Züchter deshalb auf Arabisches Vollblut zurück, um der Rasse mehr Qualität, Temperament und einen leichteren Rahmen zu geben.

Araber vom ungarischen Gestüt Babolna, einem der besten und ältesten Europas, wurden eingesetzt, und vor allem der Hengst Gazal hatte großen Einfluß auf die Rasse. Zudem verwendete man polnische Pferde. Der Ostfriese ist ein gutes Beispiel dafür, wie eine Rasse verändert und aktiv beeinflußt werden kann. Seit dem Ende des Zweiten Weltkriegs wird vor allem der leichtere Hannoveranerschlag eingesetzt, um den Ostfriesen eher für die Ansprüche an ein modernes Turnierpferd aufzubereiten.

Charakter und Pflege

Der Ostfriese ist ein hochwertiges Allzweckpferd. Er ist lebhaft, mutig, gutmütig und energisch, stark und außerordentlich ausdauernd, stellt jedoch ebenso wie andere vergleichbare Rassen relativ hohe Anforderungen an Unterbringung, Fütterung und Gesundheitspflege.

Der Ostfriese heute

Der Ostfriese wird generell als Reitpferd und für den Turniersport eingesetzt und geht auch im leichten Gespann.

ALLGEMEINE MERKMALE

GEBÄUDE Gut proportioniertes, hochwertiges Pferd, das wie ein leichtes Halbblut wirkt.

KOPF Aufgrund der ausgedehnten Einkreuzung von Arabischem Vollblut besitzt der Ostfriese einen klugen, aufmerksamen Ausdruck, der allerdings nicht so sehr für Araber als eher für Anglo-Araber typisch ist. Die Stirn ist breit, die Ohren sind mittellang und spitz und die großen, freundlichen Augen weit auseinanderstehend. Das Profil ist gerade, die Nüstern sind weit offen und ausgestellt.

FARBE Braune, Dunkelbraune, Rappen, Füchse und Schimmel. Weiße Abzeichen an Kopf und Gliedmaßen sind erlaubt.

GRÖSSE Zwischen 152 und 161 cm.

129

EUROPÄISCHES FESTLAND

HANNOVERANER

Das Hannoveraner Warmblut zählt heute unzweifelhaft zu den beliebtesten Turnierpferden weltweit und fehlt bei keinem internationalen Reit- und Springturnier. Dank typisch deutscher Gründlichkeit wird der Hannoveraner seit nunmehr 300 Jahren im Hinblick auf unterschiedliche, aber jeweils sehr spezielle Anforderungen gezüchtet. Die Rasse stammt von relativ unattraktiven Pferden ab, die durch die Zugabe von geeignetem Englischem und Arabischem Vollblut sowie Trakehnerblut veredelt wurden.

Die Ursprünge der Hannoveraner können bis zur Schlacht von Poitiers im Jahr 732 zurückverfolgt werden, bei der die Franken die Sarazenen besiegten. Die fränkischen Pferde waren eine Mischung verschiedener Typen, die in vorchristlicher Zeit den Süden und Osten Europas bevölkert hatten und nun mit einheimischen Rassen gekreuzt wurden, die der ab 100 n. Chr. im Rheintal siedelnde Stamm der Tenkterer hielt. Von diesem Volksstamm ist nur wenig bekannt, man weiß aber, daß sie ihre Pferde liebten und eine gut organisierte, wenn auch primitive Kavallerie besaßen.

Ab dem 8. Jahrhundert entwickelten sich diese Tiere zum sogenannten Großen Ritterpferd des Mittelalters, einem stämmigen Cob-Typ, bei dessen Zucht mit Sicherheit auch das berühmte Flämische Pferd beteiligt war.

Mit den neuen Methoden der Kriegsführung mußten sich auch die Pferde verändern, um weiterhin brauchbar zu sein, und die Vorfahren des Hannoveraners wurden nun größer und agiler als der vorherige Cob-Typ gezüchtet. Im 17. Jahrhundert wurden drei Pferdetypen für das Militär hervorgebracht: das Dänische, das Mecklenburger und natürlich das Hannoveraner Warmblut. Alle drei Pferde waren damals noch relativ schwerkalibrig.

Nun nahm die Sache eine unerwartete Wendung, die den Hannoveraner Pferden besonders zugute kam: Prinz Georg Ludwig, der Kurfürst von Hannover, bestieg 1714 als Georg I. den englischen Thron. Wilhelm IV., der letzte Hannoveraner König, starb 1837, so daß die Hannoveraner Pferde sich 123 Jahre lang der Gunst der königlichen Bewunderer erfreuen konnten. Zu Beginn des 18. Jahrhunderts sandte man frühe Englische Vollblüter und Cleveland Bay nach Hannover und kreuzte sie in bestehende Bestände ein, doch das Ergebnis war

Der Hannoveraner dürfte heute der begehrteste Warmblüter sein. Er ist berühmt für seine raumgreifende, rhythmische Mechanik, seine gute Substanz und das in der Regel hervorragende Exterieur. Er zeichnet sich in der Dressur ebenso aus wie im Springsport und als Freizeitpferd.

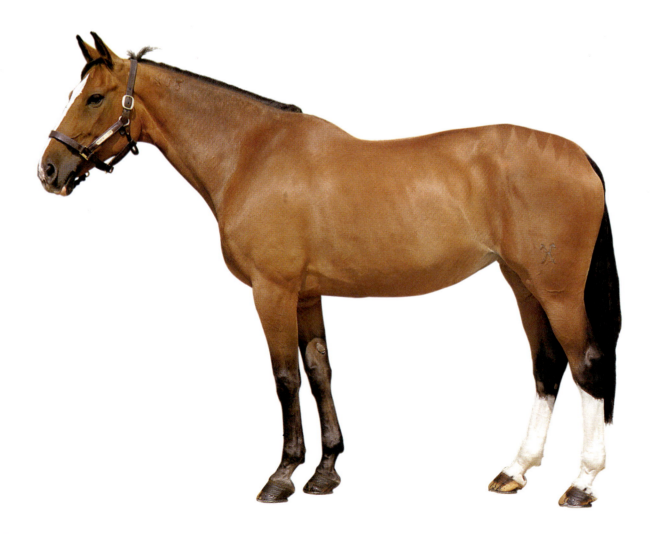

noch immer recht schwer und eignete sich deshalb gut als Wirtschafts- oder Kutschpferd.

Georg II., ein großer Förderer der Hannoveraner Rasse, gründete 1735 das Staatsgestüt in Celle. 14 Holsteiner Rapphengste wurden angekauft, um dem vorhandenen Bestand frisches Blut beizugeben. Die Holsteiner waren von einem schweren Typ und enthielten etwas Orientalisches, Spanisches und Neapolitanisches Blut.

Den Neapolitaner, eine italienische Rasse mit Spanischem, Orientalischem und reichlich Kaltblut, gab es bereits im Mittelalter. Im 17. Jahrhundert war er als Dressurpferd, für Paraden und Schauen äußerst begehrt, weil die Tiere groß und feurig, aber auch freundlich waren; einnehmend waren die stolze Kopfhaltung, die hohen Gänge und die starke Hinterhand. Sie besaßen feine, kleine Hufe und vererbten über die Holsteiner Hengste diese Eigenschaften an die schweren Hannoveraner in Celle.

Als der Publikumsgeschmack leichtere Jucker verlangte, kreuzte man mit Erfolg Englisches Vollblut ein, und einige dieser Tiere wurden wiederum nach England exportiert und dort vor königliche Kutschen gespannt. In Deutschland wurde der Hannoveraner als Kavalleriepferd sehr beliebt, man beschränkte jedoch die Zufuhr von Vollblut, um die Rasse nicht allzu leicht zu machen.

Den Ersten Weltkrieg überlebte die Rasse noch in ihrer schweren Form, doch gegen Ende des Zweiten Weltkriegs wurde der schwere Hannoveraner als Nutztier in Transport und Landwirtschaft nicht mehr benötigt. In der Nachkriegszeit gewannen Freizeitreiten und Turniere zunehmend an Bedeutung, und wieder wurde der Hannoveraner erfolgreich an die neuen Anforderungen angepaßt. Man verwendete nochmals Englisches und Arabisches Vollblut sowie den leichteren Trakehner und entwickelte so das erstklassige Hochleistungspferd, das wir heute kennen.

Charakter und Pflege

Wesentliche Anforderung an den Hannoveraner ist ein ausgeglichenes Temperament, und in den strengen Tests bei der Körung wird diesem Punkt große Bedeutung beigemessen. Tiere mit zweifelhaftem Temperament werden von der Zucht ausgeschlossen. Der typische Hannoveraner soll hervorragend aussehen, Selbstbewußtsein und natürlichen Stolz ausstrahlen, darf jedoch niemals einen schwierigen Charakter aufweisen.

Seine Aktion macht den Hannoveraner zu einem idealen Dressur- und überragenden Springpferd. Er bewegt sich raumgreifend, geschmeidig und mit guter Beweglichkeit in Vorderhandwurzel und Sprunggelenk.

In der Regel werden sie wie Halbblüter gehalten (was sie im Grunde ja sind). Sie können je nach den Umständen im Stall oder auch auf der Weide stehen.

Der Hannoveraner heute

Der heutige Hannoveraner wird so gut wie ausschließlich für den Dressur- und Springsport ge-

züchtet, daneben aber auch als Freizeit-Reitpferd. Gelegentlich werden die Tiere auch als Kutschpferde eingesetzt.

Nur Hannoveraner mit ausreichend Vollblutanteil entwickeln die nötige Schnelligkeit für Geländeritte wie die Vielseitigkeitsprüfung.

Der Hannoveraner Grunox Tecrent (geritten von Monika Theodorescu) startete 1996 in Aachen. Viele der Spitzen-Dressurpferde sind Hannoveraner, da sie die geforderte Aktion und das geeignete Temperament für diese Sportart in sich vereinigen.

EUROPÄISCHES FESTLAND

HANNOVERANER
Im Aussehen ähnelt der Hannoveraner einem mittelschweren bis schweren Vollblut bzw. edlen Halbblut-Jagdpferdtyp. Die Rasse wurde ursprünglich aus wenig einnehmenden frühen Streitrössern kleiner Statur gezüchtet, entwickelte sich jedoch nach und nach durch viele Veränderungen und Verbesserungen, die je nach Nachfrage des Marktes vorgenommen wurden, über einen Zeitraum von rund 300 Jahren zum modernen Typ. Dank seiner Aktion eignet sich der Hannoveraner ausgezeichnet für die Dressur und das Springreiten, da er über freie, geschmeidige Bewegungen und gute Beugung von Vorderhandwurzelgelenk und Sprunggelenk verfügt. Das Symbol **G** steht für spezielle Gebäudemerkmale.

FARBE
Hannoveraner gibt es in allen Grundfarben, der hier gezeigte weist ein warmes Goldbraun auf. Häufig finden sich markante Abzeichen an den Füßen, gelegentlich auch am Kopf.

BEINE
Der Hannoveraner hat besonders hervorragende Beine, die ihm seine elastischen, raumgreifenden Gänge ermöglichen, für die er berühmt ist. Viele Hannoveraner weisen ausgedehnte weiße Abzeichen an den Extremitäten auf. **G**

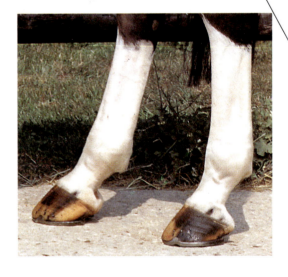

GRÖSSE
Meist zwischen 152 und 170 cm, im Durchschnitt um 160 cm.

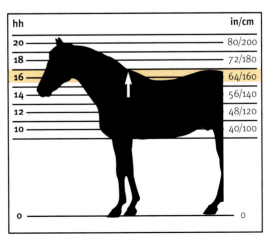

RÜCKEN UND LENDEN
Der Rücken ist oft etwas lang, aber kräftig, die Nierenpartie und die Hinterhand sind muskulös. **G**

FUNDAMENT
Trockene, gut gebaute Beine mit großen, flachen Gelenken, langem Unterschenkel bzw. Unterarm und kurzen Röhrenknochen. Die Fesselbeugen sind schön geschwungen. Der moderne Hannoveraner verfügt zudem über gut geformte, harte Hufe. **G**

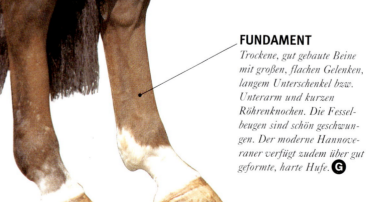

EUROPÄISCHES FESTLAND

WIDERRIST UND SCHULTERN
Der Widerrist ist recht ausgeprägt. Große, schräge Schulter **G**

HALS
Der Hals ist mittellang bis lang, schön geformt und anmutig. **G**

BRUST
Tiefe, gut bemuskelte Brust. **G**

KOPF
Mittelgroßer Kopf mit geradem oder leicht geramstem Profil. Das abgebildete Pferd besitzt einen leichteren, eher an Vollblüter erinnernden Kopf als die meisten seiner Rassengenossen, zeigt jedoch das gleiche noble und sanftmütige Naturell wie sie. **G**

OHREN UND AUGEN
Die Ohren sind mittellang, fein geschnitten und spitz, die großen, weit auseinanderstehenden Augen blicken freundlich drein.

ABSTAMMUNG

Der Hannoveraner ist das Ergebnis einer sorgfältigen Mischung verschiedener Typen, von denen im Laufe der Zeit immer andere im Vordergrund standen.

↓
Europ. einheimische Rassen
↓
Orientalische, span. Rassen
↓
Holsteiner, Englisches Vollblut
↓
Cleveland Bay
↓
Andalusier
↓
Arabisches Vollblut
↓
Trakehner
↓
Moderner Hannoveraner

EUROPÄISCHES FESTLAND

SCHLESWIGER

Die Zuordnung des relativ kleinen Schleswigers zu den Kaltblutpferden ist umstritten, vor allem aufgrund der fehlenden Körpergröße und des Cob-ähnlichen Aussehens. Die Rasse basiert auf einheimischen Kaltblutschlägen, entwickelte sich jedoch in der heute bekannten Form erst im 19. Jahrhundert. Die heutige Rasse wurde gezüchtet, um die Nachfrage nach starken, schnellen Zugtieren zu befriedigen, und – ebenso wie viele andere Kaltblutrassen – als Militärpferd und für sonstige schwere Arbeiten.

Der unmittelbare Nachbar des Schleswigers, der dänische Jütländer, hatte nachhaltigen Einfluß auf die Rasse, was dadurch erleichtert wurde, daß Schleswig einst zu Dänemark gehörte. Sowohl die Jütländer als auch die Schleswiger wurden von dem Hengst Oppenheim LXII. beeinflußt, der 1860 nach Schleswig-Holstein gebracht wurde und mit an Sicherheit grenzender Wahrscheinlichkeit ein Suffolk Punch war.

Gegen Ende des 19. Jahrhunderts wurde reichlich Englisches Vollblut zugeführt, um die Rasse zierlicher zu machen. Im 20. Jahrhundert führten jedoch Fehler wie überlange, matte Rücken und weiche Hufe dazu, daß wiederum andere Rassen eingekreuzt wurden, diesmal Bretonen und Boulonnais, mit denen die Fehler beseitigt werden konnten. In jüngster Zeit wurde wiederum etwas Jütländer Blut zugeführt.

Charakter und Pflege
Der Schleswiger wirkt wie eine Kreuzung zwischen einem Kaltblüter und einem stämmigen Cob. Er besitzt ein lebhaftes Temperament und energische Bewegungen und ist ein williger, fleißiger Arbeiter.

Der Schleswiger heute
Heutzutage wird der Schleswiger überwiegend auf Bauernhöfen als schweres Zugtier eingesetzt.

ABSTAMMUNG

Für den frühen Schleswiger wurden heimische Kaltblutschläge ausgiebig mit dem dänischen Jütländerpferd vermischt. Suffolk Punch, Cleveland Bay und das Yorkshire Coach Horse wurden im 19. Jahrhundert verwendet, daneben auch Englisches Vollblut. In neuerer Zeit brachte man Bretonen, Boulonnais und wiederum Jütländer in die Rasse ein.

Einheimische Kaltblüter
Jütländer ▼
Suffolk Punch ▼
Cleveland Bay ▼
Yorkshire Coach Horse ▼
Englisches Vollblut ▼
Bretone ▼
Boulonnais ▼
Moderner Jütländer ▼
Schleswiger

ALLGEMEINE MERKMALE

GEBÄUDE Im Cob-Typ stehender schwerer Kaltblüter.

KOPF Relativ derb, dabei aber mit einem lebhaften, neugierigen Ausdruck. Die Ohren sind mittellang, schön gespitzt und weit auseinanderstehend, die Augen klein, aber durchaus freundlich blickend.

FARBE Meist Füchse, vor allem in einem hübschen Schokoladenbraun, dazu welliges blondes Langhaar. Gelegentlich Braune und Schimmel.

GRÖSSE Zwischen 151 und 161 cm.

Der Schleswiger war ursprünglich eine ausgesprochen schwerkalibrige Rasse, wurde jedoch etwas leichter und agiler gezüchtet und steht heute eindeutig im Cob-Typ. Die Rasse weist eine interessante geschichtliche Entwicklung auf und erfreut sich noch heute in Europa großer Beliebtheit als Wirtschaftspferd.

EUROPÄISCHES FESTLAND

WESTFALE

Der moderne Westfale ist ein weiteres erstklassiges deutsches Pferd, das durch Veredelung einer älteren Version der Rasse entstand und nun das darstellt, was der Markt heute fordert: ein ausgezeichnetes Reit- und Turnierpferd.

Als offizielle Rasse wurde der Westfale schon 1826 anläßlich der Gründung des westfälischen Zuchtverbandes anerkannt. Die frühen Zuchtbestände basierten auf lokalen Pferden, die vor allem mit Englischem Vollblut gekreuzt wurden. Gegen Ende des Zweiten Weltkriegs begann man, bei der Zucht der Westfalen konzentrierter vorzugehen, und wählte Englisches und Arabisches Vollblut, um Schnelligkeit, Mut, Ausdauer und Schönheit zu erzielen, und Hannoveraner Blut, um dem Pferd Verstand und Gutmütigkeit mitzugeben. In Verbindung mit dem vorhandenen Zuchtbestand erwies sich diese Vorgehensweise als sehr glücklich.

Als Turnierpferde traten Westfalen erstmals Ende der 70er Jahre ins Rampenlicht. Der Westfale Roman gewann 1978 die Springweltmeisterschaft, und auch bei der Weltmeisterschaft von 1982 gehörten die Westfalen Fire (Springreiten) und Ahlerich (Dressur) zu den Siegern.

Charakter und Pflege
Der Westfale ist ein mutiges, lebhaftes und temperamentvolles, dabei aber friedfertiges und williges Pferd.

Der Westfale heute
Heute wird die Rasse als Reit- und Fahrpferd eingesetzt, auch in Kutschenrennen. Die Hauptbegabung liegt allerdings im Springreiten und in der Dressur. Manche Westfalen sind sogar schnell genug für die Vielseitigkeitsprüfung.

ALLGEMEINE MERKMALE

GEBÄUDE Gut proportioniertes, erstklassiges mittelschweres Pferd, das in unterschiedlichen Typen vorkommt, da das Stutbuch die weitere Zufuhr wünschenswerten Blutes nicht ausschließt.

KOPF Intelligenter Kopf. Die Ohren sind mittellang, die Augen lassen Mut und ein freundliches Naturell erkennen. Das Profil ist gerade, der ganze Kopf eher ehrlich als ausgesprochen schön.

FARBE Alle Grundfarben. Weiße Abzeichen an Kopf und Beinen sind erlaubt.

GRÖSSE Zwischen 152 und 162 cm.

Der Westfale wurde als modernes Turnierpferd gezüchtet und weist in seiner Ahnenreihe weniger Beimischungen auf als andere Warmblüter. Die Tiere tun sich in vieler Hinsicht hervor, sei es im Gespann, als Reitpferde oder als Traber, besonders jedoch bei Springturnieren und in der Dressur.

ABSTAMMUNG

Westfälische Landschläge wurden mit frühen Englischen Vollblütern vermischt, dazu kamen Hannoveraner, Arabisches Vollblut und später das moderne Englische Vollblut.

Einheimische Rassen
Frühes Englisches ▼
Vollblut
Hannoveraner ▼
Arabisches Vollblut ▼
Modernes Englisches ▼
Vollblut
Westfale

135

EUROPÄISCHES FESTLAND

HOLSTEINER

Der Holsteiner wird häufig als großer Vetter des Hannoveraners bezeichnet, doch obwohl dieser Holsteiner Blut enthält, liegen die Ursprünge der Holsteiner Rasse ganz woanders. Man weiß, daß sie bereits gegen Ende des 13. Jahrhunderts in einem Kloster in den Marschen nordöstlich der Elbemündung im heutigen Schleswig-Holstein gezüchtet wurde. Sie stammt von einem urwüchsigen einheimischen Pferdetyp ab, dem sogenannten Marschpferd. Die erste Funktion des Holsteiners waren schwere Arbeiten in der Landwirtschaft und das Ziehen von Kutschen.

Im Mittelalter wurde der Holstein selektiv als beliebtes Streitroß und Ritterturnierpferd gezüchtet. In späteren Jahrhunderten verwendete man ihn in der Kavallerie, bei der Artillerie und als Packpferd. Er war derart begehrt, daß er sogar nach Frankreich und England für das dortige Militär exportiert wurde.

Der Holsteiner war schon immer hochbeinig und stark, ohne jedoch plump zu wirken, und eignete sich vor allem zum Ziehen und für schwergewichtige Reiter. Er wurde als zäher Karossier bewundert, der hart arbeiten und weite Strecken schaffen konnte, wobei ihm seine natürliche Ausdauer zugute kam. In der Landwirtschaft besaß er den Ruf eines hervorragenden Allroundtalents, das die meisten anfallenden Arbeiten von Pflügen bis zum Ziehen von Karren und als Reittier bewältigte.

Im Lauf der Jahrhunderte wurden andere Rassen und Typen in den Holsteiner eingekreuzt, so etwa Andalusier, Neapolitaner und Orientalen. Er behielt dabei zwar seine Kraft, seine raumgreifenden Gänge und seine Zähigkeit, erwarb aber zugleich eine ausgeprägte Eleganz, gepaart mit einem bereitwilligen, energischen Charakter, hoher Qualität und eindrucksvollem Erscheinungsbild, so daß er zu einer ebenso attraktiven wie zuverlässigen Pferderasse wurde.

Vom 16. bis 18. Jahrhundert bestand eine große Nachfrage nach Holsteinern, die in alle möglichen europäischen Länder exportiert wurden, vor allem nach Frankreich. Außerdem waren sie teuer, und einen Holsteiner zu besitzen machte etwas her

Der Holsteiner war ursprünglich ein schwerkalibriges Arbeitspferd in Landwirtschaft und Transport, steht heute jedoch in einem oft hochbeinigen, schlanken Typ, dem es dennoch nicht an Substanz fehlt. Das hier gezeigte Pferd ähnelt eher den Schlägen, die im 19. Jahrhundert beliebt waren, als den modernen Holsteinern.

EUROPÄISCHES FESTLAND

– und das zu Recht. Die Nachfrage überstieg bei weitem die Zahl der verkauften guten Pferde, so daß die Qualität etwas hinter der Quantität zurückblieb, was der Rasse nicht guttat. Bis zum Beginn des 19. Jahrhunderts ging es mit ihr bergab, bis ernsthafte Gegenmaßnahmen ergriffen wurden.

Die Verbesserung erfolgte im wesentlichen durch das Englische Vollblut, das damals sehr geschätzt wurde, und das Yorkshire Coach Horse, das eine Mischung von Cleveland Bay und Englischem Vollblut war. Die Rasse wurde von einem speziellen Zuchtverband in einem eigenen Stutbuch geführt, und die Züchter bemühten sich, ein Pferd zu schaffen, das sehr hoch in der Schulter stand (die meisten waren mindestens 170 cm Stockmaß) und sowohl Qualität als auch ausreichend Substanz aufweisen sollte.

Die Yorkshire Coach Horses wurden nach Deutschland importiert und in die Holsteiner Rasse eingekreuzt. Das Experiment erwies sich als erfolgreich. Der Holsteiner wurde in Exterieur und Konstitution verbessert, ohne jedoch seinen ursprünglichen Charakter und sein Wesen einzubüßen.

Wie bei vielen Kaltblutrassen gab es auch beim Holsteiner in der Nachkriegszeit schwere Rückschläge in der Zucht. Mit zunehmender Mechanisierung schwand der Bedarf an Arbeitspferden. Der Holsteiner war jedoch grundsätzlich so solide gebaut, daß mit der kürzlich erfolgten Einkreuzung von Englischem Vollblut und Trakehnerblut ein leichteres Kaliber geschaffen werden konnte, das jetzt als Kutsch- und Reitpferd weithin beliebt ist.

Charakter und Pflege

Der Holsteiner besitzt ein ausgezeichnetes Temperament und unterscheidet sich in seinem Exterieur von allen anderen Warmblutrassen. Er weist noch heute ein großes, stämmiges, markiges Gebäude auf, erfüllt aber zugleich die Ansprüche derer, die ein großes, elegantes, aber nicht übermäßig verfeinertes Pferd wünschen.

Die Rasse ist zäh und genügsam, zumal die Tiere traditionell in den sumpfigen Marschwiesen ihrer Heimat im Freien gehalten werden. Durch die Zufuhr von weiterem Englischem Vollblut allerdings sind die modernen Holsteiner bei schlechtem Wetter auf angemessene Unterbringung angewiesen.

Der Holsteiner heute

Der Holsteiner wird heute als Kutschpferd, bei Springturnieren (für die er ein natürliches Talent zu besitzen scheint), Vielseitigkeitsprüfungen (dank seiner langen Schritte bewältigt er die großen Entfernungen und hohen Zäune mühelos) und daneben auch in der Dressur eingesetzt, wo er dank seiner Größe und noblen Wirkung stets eine Augenweide ist. Auch in Militärparaden macht er eine gute Figur.

Der moderne Holsteiner zeichnet sich vor allem beim Springen aus, wo ihm sein hohes, schlankes Fundament und seine langen, rhythmischen Gänge zugute kommen. Die Fotos zeigen das Holsteiner Springpferd Classic Touch unter Ludger Beerbaum, der 1992 bei den Olympischen Spielen für Deutschland startete. Man erkennt deutlich das enorme Springtalent dieser Rasse.

EUROPÄISCHES FESTLAND

HOLSTEINER
Der Gesamteindruck eines Holsteiners ist der eines hochgewachsenen, ausgezeichneten Pferdes. Das hier gezeigte Tier ist ein gutes Beispiel für den heute geforderten Typ, der noch immer die Höhe und das beträchtliche Format aufweisen, jedoch insgesamt graziler und »vollblütiger« wirken soll. Abgesehen von dem Eindruck, Qualität und Zähigkeit im Großformat zu bieten, erweist sich der Holsteiner als kräftiges, ausgewogenes, raumgreifendes Reitpferd. Das Symbol **G** *steht für spezielle Gebäudemerkmale.*

DECKHAAR UND FARBE
Dieses Foto zeigt einen markanten Apfelschimmel. Des weiteren finden sich alle Grundfarben mit kleinen oder gar keinen weißen Abzeichen.

GRÖSSE
Zwischen 160 und 170 cm.

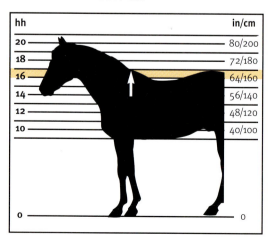

HINTERHAND UND SCHWEIF
Die Hinterhand ist mächtig, breit, tief und etwas schräg abfallend, mit schön angesetztem Schweif. **G**

WIDERRIST, RÜCKEN UND LENDEN
Der Widerrist ist relativ hoch, der Rücken gerade und oft ziemlich lang, mit etwas seichter Hinterrippe, dennoch gut gebaut. Die Nierengegend ist lang, leicht gewölbt und breit. **G**

BRUST UND GURTENTIEFE
Die Brust ist tief und breit, die Gurtentiefe gut ausgeprägt. **G**

FUNDAMENT
Die Beine sind schön geformt, mit langen, muskulösen Oberteilen, großen, trockenen Gelenken. Die Hufe sind besser als bei früheren Generationen. **G**

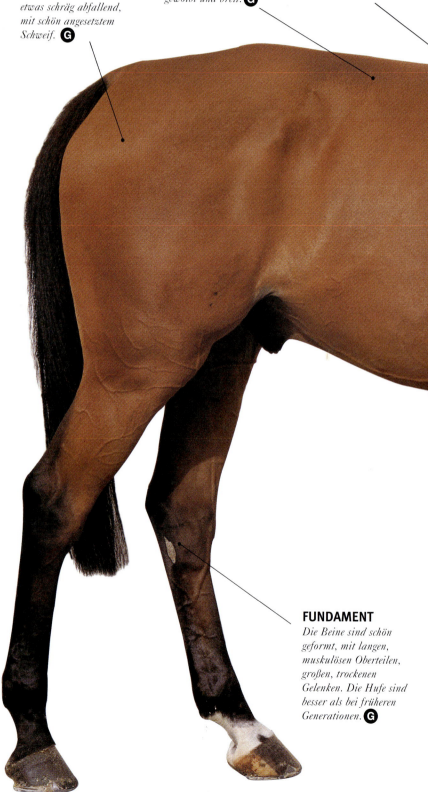

EUROPÄISCHES FESTLAND

HALS
Relativ lang, schön geformt, muskulös; insgesamt nicht zu lang und tief angesetzt wie beim Vollblüter, aber auch nicht zu hoch wie bei manchen Trabern. **G**

OHREN, AUGEN UND NÜSTERN
Die Ohren sind recht lang, beweglich und spitz. Die Augen sind groß, ehrlich und neugierig. Die Nüstern sind ausgestellt und werden häufig gebläht.

SCHULTERN
Die ausladenden, schrägen Schultern und lockeren Oberschenkel tragen zu den ausgesprochen raumgreifenden Gängen des Holsteiners bei. **G**

KOPF
Dieses Pferd besitzt einen langen Kopf mit geradem Profil und für diese Rasse ungewöhnlich langen Ohren. Die Ganaschen sind frei und schön modelliert, so daß das Pferd gut Luft bekommt und sich mühelos beizäumen läßt.

VORHAND
Relativ weit auseinanderstehende Vorderbeine sind ein typisches Merkmal der Rasse. **G**

ABSTAMMUNG

Vorfahren sind Marschpferde sowie Zugaben von Andalusiern, Neapolitanern und orientalischen Rassen.

Marschpferd

Andalusier

Neapolitaner

Orientalische Rassen

Yorkshire Coach Horse

Cleveland Bay

Englisches Vollblut

Trakehner

Holsteiner

EUROPÄISCHES FESTLAND

MECKLENBURGER

ABSTAMMUNG

Die Vorfahren des Mecklenburgers können bis ins 14. Jahrhundert zurückverfolgt werden. Ende des 19. Jahrhunderts kreuzte man etwas schwächeres Englisches Vollblut ein und verwendete dann im 20. Jahrhundert ausgiebig Anglo-Araber und Hannoveraner zur Veredelung.

Einheimische Kaltblüter
Englisches Vollblut ▼
Anglo-Araber ▼
Hannoveraner ▼
Mecklenburger

Bis zum Zweiten Weltkrieg war Sinn und Zweck der deutschen Pferdezucht vor allem die Produktion von Pferden für das Militär, wobei die Tiere aber auch für zivile Zwecke geeignet sein sollten. Die staatlichen Hengststationen sorgten im wesentlichen für die Deckhengste, während die Stuten bei privaten Besitzern standen.

Früher wurden großkalibrige Cob-Typen als Reittiere für die Ritter in ihren schweren Rüstungen benötigt, und genau diesem Typ entsprachen auch die Vorfahren des Mecklenburgers. Später wurde die Rasse mit Warmbluthengsten zu einem ansehnlichen Kavalleriepferd veredelt.

Im 18. Jahrhundert war der Mecklenburger vor allem als stämmiges, starkes Kutschpferd mit Ausdauer, gesunder Konstitution und ausgeglichenem Temperament beliebt. In der zweiten Hälfte des 19. Jahrhunderts verwässerte die Rasse allerdings durch die planlose Zugabe von minderwertigem Englischem Vollblut.

Bis zum Zweiten Weltkrieg hatte sich der Mecklenburger zu einem mittelgewichtigen Kavallerie- und Reitpferd mit stämmigem Fundament und leichten Gängen entwickelt. Heimat der Rasse war das Mecklenburger Land, das später zur DDR gehörte, und dort wurde auch in Schwerin das Gestüt gegründet und die Umzüchtung des Mecklenburgers in ein modernes Freizeit- und Sportpferd unternommen.

In den 60er und 70er Jahren wurden zwei Anglo-Araberhengste mit den Mecklenburger Stuten gepaart, um der etwas phlegmatischen Rasse mehr Feuer zu vermitteln. Später erfolgte die massive Einkreuzung von Hannoveranern.

Charakter und Pflege

Der moderne Mecklenburger ist im wesentlichen ein kräftiges, mutiges Reit- und Fahrpferd mit lenkbarem, ruhigem Wesen.

Der Mecklenburger heute

Die wesentliche Verwendung des Mecklenburgers ist heute das Freizeitreiten, daneben auch der Turniersport.

ALLGEMEINE MERKMALE

GEBÄUDE Der Hals ist relativ lang, die Brust breit und tief. Die Beine sind stämmig und stehen auf runden, harten Hufen.

KOPF Mittelgroß, ehrlich, mit geradem Profil. Ohren mittellang, Augen blicken kühn.

FARBE Meist Braune, Dunkelbraune, Rappen oder Füchse; weiße Abzeichen an Kopf und Beinen sind erlaubt.

GRÖSSE Im Durchschnitt 153 bis 161 cm.

KARACABEYER

ABSTAMMUNG

Der Karacabeyer ist eine sehr junge Rasse. Heimische türkische Stuten wurden mit Nonius-Hengsten gepaart, später kam Arabisches Vollblut dazu.

Einheimische türkische Stuten
Nonius ▼
Arabisches Vollblut ▼
Karacabeyer

Heimat der Karacabeyer ist die Türkei, ein traditionelles »Pferdeland«, in dem es über eine Million Pferde geben soll, die vor allem im Transportwesen und in der Landwirtschaft Verwendung finden. Von den diversen heutigen Pferdetypen der Türkei ist der Karacabeyer der einzige rein gezüchtete Schlag und gilt als echtes Türkisches Pferd.

Die Rasse ist noch jung und beginnt erst Anfang dieses Jahrhunderts, als einheimische türkische Stuten mit Nonius-Hengsten aus Ungarn gepaart wurden. Zur gleichen Zeit wurden große Mengen Arabischen Vollbluts zugegeben.

Charakter und Pflege

Der Karacabeyer ist ein vielseitiges Warmblut mit gutem Exterieur. Er hat ein ausgeglichenes, gleichmütiges Temperament und ist fleißig.

Der Karacebeyer heute

Die Rasse ist sehr vielseitig. In der Türkei wird sie als Reitpferd, bei der Kavallerie und als leichtes Zug- sowie als Packpferd verwendet.

ALLGEMEINE MERKMALE

GEBÄUDE Der Hals ist lang und gut proportioniert, leicht gewölbt. Die Beine sind kräftig und relativ lang, dabei aber schön geformt.

KOPF Gerades Profil mit mittellangen Ohren.

FARBE Braune, Dunkelbraune, Rappen, Schimmel, Füchse oder Farbschimmel. Weiße Abzeichen in Maßen erlaubt.

GRÖSSE 151 bis 161 cm.

EUROPÄISCHES FESTLAND

KLADRUBER

ABSTAMMUNG

Alpenländische Stuten wurden mit Berberischen und Türkischen Hengsten gepaart. Später kamen Andalusier, Lipizzaner und Neapolitaner als Verbesserer hinzu. Im 20. Jahrhundert verwendete man Anglo-Normänner, Hannoveraner und Oldenburger zur zahlenmäßigen Vermehrung der Rasse.

Alpine Kaltblutstuten
Berber ▼
Türkische Pferde ▼
Andalusier ▼
Neapolitaner ▼
Lipizzaner ▼
Anglo-Normänner ▼
Hannoveraner ▼
Oldenburger ▼
Moderner Kladruber

Die böhmische Kladruberrasse wurde 1597 vom österreichischen Kaiser Maximilian II. begründet, und das Stammgestüt Kladrub ist noch heute in Betrieb.

Schwere alpenländische Stuten wurden zunächst mit Berber- und Türkenhengsten gepaart, später importierte man zudem Andalusierhengste aus Spanien sowie einige Lipizzaner und Neapolitaner. In den ersten Jahren wurden die Zuchttiere im Hinblick auf ihre Rolle als Paradepferde oder Karossiere für den Wiener Kaiserhof sehr sorgfältig ausgewählt. Es handelte sich überwiegend um Schimmel, daneben wurden auch einige Rappen gezüchtet.

Der Zweite Weltkrieg dezimierte die Kladruberbestände stark. Um die Rasse wiederzubeleben, verwendete man Anglo-Normänner, Hannoveraner und Oldenburger zusammen mit den noch existierenden Kladrubern. Heute ist die Rasse wieder obenauf, es finden sich neben den Schimmeln sogar auch die Rappenschläge wieder.

Charakter und Pflege

Der Kladruber ist ein starkes, aktives Pferd. Er ist langlebig, ruhig und umgänglich.

ALLGEMEINE MERKMALE

GEBÄUDE Der Hals ist tief und muskulös, das Fundament stark, mit breiten, flachen Gelenken und geringem Behang. Die Gänge des Kladrubers sind mäßig hoch, die Hufe mittelgroß und schön geformt.

KOPF Die »klassische« Wirkung des Kopfes deutet auf die Ursprünge des Kladrubers hin. Die Ohren sind mittellang, die Augen groß und sehr ausdrucksvoll, die Stirn ist breit und die Nüstern sind weit ausgestellt.

FARBE Fast ausschließlich Schimmel, Rappen werden jedoch ebenfalls gezüchtet.

GRÖSSE Früher wiesen die Kladruber bis zu 180 cm Stockmaß auf, heute sind sie zwischen 162 und 170 cm groß.

Der Kladruber heute

Der Kladruber war einst der klassische Karossier; heute sind die Tiere etwas kleiner und geben ausgezeichnete Reit- und Zugpferde ab.

Der historische Karossier erfreut sich noch immer großer Beliebtheit. Die eindrucksvollen, außergewöhnlichen Pferde besitzen neben dem Erbe ihrer kaltblütigen Vorfahren reichlich spanisches Blut. Andere Rassen wurden nur bei Bedarf eingekreuzt, so etwa nach dem Zweiten Weltkrieg.

EUROPÄISCHES FESTLAND

SHAGYA-ARABER

Als erstklassiges Reitpferd hätte es der ungarische Shagya-Araber verdient, über die Grenzen seiner Heimat hinaus besser bekannt zu sein. Auch wenn die Rasse züchterisch eigentlich ein Halbblut darstellt, ist der moderne Shagya-Araber im Grunde nichts anderes als ein großes Arabisches Vollblut mit etwas mehr Substanz. Ein äußerst ansprechendes Reitpferd.

ABSTAMMUNG

Auf der Basis ungarischer Landschläge entstand der Shagya-Araber durch Beigabe von Orientalischem Blut. Die heutigen Shagya-Araber sind erstklassige Reitpferde mit ausgeprägtem Araber-Charakter.

Ungarische Pferde (einschl. Tarpan und Mongolenpony sowie etwas Kaltblut)
Diverse Orientalenlinien ▼
Alte spanische Rassen ▼
Englisches Vollblut ▼
Arabisches Vollblut ▼
Shagya-Araber

Der ungarische Shagya-Araber ist eines der besten, jedoch zugleich am meisten unterschätzten Pferde. Obwohl er in Exterieur und Charakter wie ein kräftiges Arabisches Vollblut wirkt, besitzt er zwar überwiegend, aber dennoch nur zum Teil Arabisches Vollblut.

Mezöhegyes ist das älteste Gestüt Ungarns und wurde 1785 gegründet. Das vier Jahre später entstandene Gestüt Babolna ist die Heimat des überragenden Shagya-Arabers. Ab 1816 mußten aufgrund eines Militäredikts die Stuten von Babolna mit orientalischen Hengsten gepaart werden, um so leichte Kavallerie- und Kutschpferde zu züchten. Hengste gemischter orientalischer Herkunft wurden ebenso verwendet wie alte spanische Rassen.

Das Ergebnis war derart zufriedenstellend, daß eine Generation später beschlossen wurde, daß sich Babolna auf die Produktion von Pferden mit ausschließlich arabischem Blut konzentrieren sollte. Diese Nachkommen wurden zu den Vorfahren der heutigen Shagya-Araber, deren Name auf einen arabischen Hengst zurückgeht, den das Gestüt 1836 als Sechsjährigen aus Syrien importierte. Mit 152 cm Stockmaß war Shagya für einen Araber relativ hochgewachsen. Er gehörte zur Siglavy-Linie, die mit dem trockenen Hechtkopf, dem gewölbten Hals und dem hoch getragenen Schweif noch das »traditionelle« Exterieur der Araber verkörperten.

Charakter und Pflege

In Aussehen und Konstitution sind die Shagyas echte Araber, lediglich größer und kompakter. Sie sind intelligent, friedfertig, lebhaft und begeisterungsfähig, dabei jedoch sanftmütig. Sie sind sehr zäh, schnell und ausdauernd.

ALLGEMEINE MERKMALE

GEBÄUDE Sein Exterieur weist den Shagya als typischen Araber aus, jedoch mit erheblich mehr Substanz. Wie bei allen Arabern ist das Langhaar lang, glatt und seidig. Insgesamt ist der Shagya ein exquisites, hochwertiges Pferd.

KOPF Der Kopf ist meist ausgesprochen schön mit weit auseinanderstehenden spitzen Ohren. Die Augen blicken sanft, die Stirn ist breit und etwas gewölbt. Das zierliche Maul ist mit fein geschnittenen Nüstern ausgestattet. Der Hals weist eine rassentypische Wölbung auf.

FARBE Die meisten Shagyas weisen als Erbe ihres Urvaters seidiges weißes Deckhaar auf, es finden sich daneben aber alle anderen Araberfarben, darunter auch seltene Rappen, die von »The Black Pearl of Hungary« abstammen, dem absolut perfekten Hengst O'Bajan XIII. (geboren 1949) vom Gestüt Babolna.

GRÖSSE Zwischen 142 und 152 cm.

Der Shagya-Araber heute

Der früher für die Kavallerie gezüchtete Shagya-Araber ist heute ein exzellentes Reitpferd und eignet sich auch als leichtes Fahrpferd ebenso wie für Wettkämpfe.

EUROPÄISCHES FESTLAND

NONIUS

ABSTAMMUNG

Der Gründerhengst war ein Abkömmling von Anglo-Normännern und Norfolk Roadsters, die Stuten waren Arabisches Vollblut, Andalusier, Lipizzaner, Normänner und Kladruber, daneben auch einige Englische Halbblüter. Später wurde nochmals Englisches und Arabisches Vollblut in die bereits etablierte Nonius-Rasse eingekreuzt.

Anglo-Normänner
Norfolk Roadster ▼
Arabisches Vollblut ▼
Andalusier ▼
Lipizzaner ▼
Normänner ▼
Kladruber ▼
Englisches Halbblut ▼
Englisches Vollblut ▼
Nonius

In einer Hinsicht kann man zu Recht sagen, daß die Nonius-Rasse dem amerikanischen Morgan Horse ähnelt, und das ist die Rolle des Gründungshengstes als guter Vererber, in diesem Fall Nonius Senior, der die ganze Rasse unfehlbar prägt. Bis heute ähneln ihm alle Nonius-Pferde.

Die Rasse entstand, als der nicht besonders einnehmende Anglo-Normänner Halbbluthengst »Nonius Senior« 1813 nach der Niederlage Napoleons bei Leipzig von der ungarischen Kavallerie aus dem französischen Gestüt Rosières entführt wurde. Der Vater dieses Hengstes, Orion, war offenbar kein Englisches Vollblut, sondern ein Halbblut, dessen andere Hälfte ein Norfolk Roadster gewesen sein dürfte. Nonius' Mutter war eine Normänner Stute, angeblich eine schlichtes, aber gutes Zuchttier.

Nonius Senior selbst war nicht besonders attraktiv und besaß diverse Gebäudefehler wie eine schwach ausgebildete Hinterhand, einen langen, matten Rücken und einen kurzen Hals mit einem derben Kopf, großen Ohren und Schweinsaugen. Warum die Ungarn gerade ihn mitnahmen, ist schwer nachzuvollziehen und erklärt sich vielleicht nur durch einen sechsten Sinn, denn er sollte der Begründer der brauchbarsten ungarischen Pferderasse werden. Nonius Senior war umgänglich im Charakter und willig, so daß seine Pfleger ihn gern hatten.

Nonius Senior wurde mit allen möglichen Stuten gepaart, darunter Arabisches Vollblut, Lipizzaner, Andalusier, Kladruber, Normänner und Englisches Halbblut, und die Nachkommen sahen allesamt wie ihr Erzeuger aus. Als die Leute vom Gestüt erkannten, welche durchschlagende Wirkung Nonius Senior als Zuchthengst hatte, entwarfen sie ein kühnes Zuchtprogramm, um seinen Typ festzuhalten. Er wurde mit vielen seiner eigenen Töchter vereinigt, damit die Nonius-Merkmale Bestand hatten. Doch nicht nur seine Töchter gaben seine Eigenschaften weiter, sondern auch seine Söhne, und er zeugte viele hervorragende Hengste, die sein Erbe fortsetzten. Als er nach Ungarn kam, war er noch jung, und er wurde 22 Jahre alt: 1832 starb er nach einer äußerst langen und erfolgreichen Karriere als Deckhengst.

Ende des 19. Jahrhunderts hielt man eine gewisse Veredelung für notwendig und kreuzte Englisches und Arabisches Vollblut ein.

Heute gibt es den Nonius in zwei Typen, zum einen den »großen« Nonius, der seine Anglo-Normänner Vorfahren erkennen läßt und einen hervorragenden Karossier abgibt, jedoch auch als Reit- und Arbeitspferd eingesetzt werden kann, und zum anderen den »kleinen« Nonius, der überwiegend als Reitpferd, daneben aber auch als leichtes Zugpferd verwendet wird.

Charakter und Pflege

Beide Nonius-Typen weisen ein ruhiges, umgängliches Wesen auf und geben sich viel Mühe. Sie reifen spät, werden aber in der Regel recht alt.

Der Nonius heute

Früher fand der Nonius häufig in der ungarischen Armee Verwendung, doch heute gelten beide Typen als vielseitige Allround-Pferde.

ALLGEMEINE MERKMALE

GEBÄUDE Der Nonius ist ein schönes Pferd, und die früher häufigen Gebäudefehler sind inzwischen im wesentlichen behoben.

KOPF Der Kopf ist etwas lang und derb. Die Ohren sind mittellang, die Augen größer und ausdrucksvoller als bei früheren Generationen, das Profil ist gerade oder leicht geramst. Der Ausdruck ist freundlich und ehrlich.

FARBE Rappen, Dunkelbraune und Braune. Gelegentlich kommen weiße Abzeichen am Kopf und an den Füßen vor.

GRÖSSE Der große Nonius erreicht zwischen 153 und 162 cm Stockmaß, der kleinere Typ zwischen 142 und 153 cm.

Nonius-Pferde gehören zu einer beliebten und ausgesprochen brauchbaren Rasse. Bis zum heutigen Tag ähneln alle Tiere dieser Rasse ihrem Gründervater, dem Anglo-Normännerhengst Nonius Senior, den die Ungarn einst aus Frankreich entführten.

EUROPÄISCHES FESTLAND

FURIOSO

Der Furioso ist eine hochwertige, lernfähige, intelligente Rasse, im Prinzip ein kräftiges Halbblut mit sehr guten Anlagen als Freizeit- und Kutschpferd. Noch heute werden sorgfältig ausgewählte Englische Vollblüter eingekreuzt, um den derzeit gefragten Turnierpferdtyp zu schaffen.

ABSTAMMUNG

Englische Vollblut- und Norfolk-Roadster-Hengste wurden mit Nonius- und Araberstuten gepaart. Im 19. Jahrhundert wurde dann nochmals Englisches Vollblut eingekreuzt, es dient auch heute noch gelegentlich zur Verbesserung der Rasse.

Nonius,
ungarische Rassen
Arabisches Vollblut ▼
Frühes Englisches ▼
Vollblut ▼
Norfolk Roadster ▼
Englisches Vollblut ▼
Furioso

Der Name Furioso oder auch Furioso North Star klingt zwar seltsam, geht jedoch wie bei allen ungarischen Rassen auf den Gründerhengst zurück (in diesem Fall gleich zwei). Heute ist die Rasse nur noch als Furioso bekannt.

Die Rasse ist erst rund 150 Jahre alt, jedoch fest etabliert und in Ungarn und Osteuropa sehr beliebt.

Der Furioso wirkt wie ein kräftiger mittelschwerer Englischer Vollblüter. Die Ungarn mögen hochwertige, aufmerksame und intelligente Pferde, und auch der Furioso weist diese Qualitäten auf.

Das vom Habsburger Kaiser Joseph II. 1785 gegründete Gestüt Mezöhegyes, eines der berühmtesten in Ungarn, brachte erst den Nonius und später die Furioso- und North-Star-Schläge hervor, nachdem diese beiden Hengste 1840 bzw. 1843 importiert worden waren. Furioso war ein Englisches Vollblut, North Star ein englischer Norfolk Roadster. Beide Hengste wurden mit Nonius- und Araberstuten gepaart und produzierten zunächst zwei verschiedene Linien, die jedoch um 1885 untereinander vermischt und zu einer Rasse vereinigt wurden, wobei dem Furioso der dominante Anteil zukommt.

Charakter und Pflege

Der Furioso ist ein typischer Nachkomme Englischer Vollblüter und ein kräftiges mittelschweres Pferd. Er ist intelligent, kooperativ und mit einem angenehmen Temperament ausgestattet.

Der Furioso heute

Der Furioso ist ein gutes, für alle möglichen Zwecke vom Freizeitreiten bis zum Steeplechase einsetzbares Allzweck-Reitpferd, das zudem hervorragende Springanlagen zeigt. Auch im Gespann macht der Furioso eine hervorragende Figur, er ist ausdauernd und zeigt die typische Karossier-Aktion mit hoher Knieaktion, die er seinen Nonius-Vorfahren verdankt.

ALLGEMEINE MERKMALE

GEBÄUDE Der Furioso ähnelt einem mittelschweren Englischen Voll- oder Halbblut und ist insgesamt eine gefällige, stolze Erscheinung.

KOPF Deutlicher Vollblutcharakter. Die Ohren sind mittellang, die Augen blicken kühn und neugierig. Das Profil ist gerade, das Maul etwas eckig und mit großen, weit offenen Nüstern ausgestattet.

FARBE Fast durchweg Dunkelbraune, Braune und Rappen. Sehr selten weiße Abzeichen.

GRÖSSE Im Durchschnitt rund 161 cm.

EUROPÄISCHES FESTLAND

GIDRAN

Der Gidran oder ungarische Anglo-Araber wird auf einen Araberhengst aus der Siglavy-Linie zurückgeführt, der Gidran Senior hieß und 1816 aus dem Nahen Osten nach Ungarn gelangte. Er wurde mit einer spanischen Stute namens »Arrogante« gepaart, und beider Nachkomme, ein Hengst namens Gidran II, gilt als Stammvater der Rasse. Allerdings soll ein weiterer Araberhengst gleichen Namens, der auf dem Gestüt Babolna gezüchtet wurde, in den Gründungsjahren die Rasse erheblich beeinflußt haben.

Von Anfang an wurde der Gidran auf ein Kavalleriepferd hingezüchtet, und da die Arabischen Vollblüter für europäische Soldaten zu klein waren, mußte anderes Blut zugeführt werden. Man ließ Stuten gemischter ungarischer Herkunft und spanische Stuten von Englischen Voll- und Halbbluthengsten decken, um den Nachkommen die nötige Höhe und Konsistenz zu verleihen. Heute ist der Gidran ein hervorragendes Reitpferd, das sich im modernen Reitsport sehr gut behauptet.

Charakter und Pflege
Der Gidran hat ein feuriges, schwieriges Temperament, ist jedoch ein ausgezeichnetes Springpferd. Er ist schnell, kühn und eifrig.

Der Gidran heute
Er wird als Reit- und Turnierpferd eingesetzt und in alle osteuropäischen Länder für den Rennsport und als Veredler anderer Rassen exportiert.

ABSTAMMUNG

Ausgeprägte Arabische Basis, der später erhebliche Mengen an Englischem Vollblut hinzugefügt wurden.

Arabisches Vollblut
Ungarische Rassen ▼
Spanische Pferde ▼
Englisches Vollblut ▼
Gidran

ALLGEMEINE MERKMALE

GEBÄUDE Der Gidran ist eine hervorragende Rasse und hat meist den Englischen Vollbluttyp, oft jedoch mit deutlichem arabischem Einschlag und Wesen.

KOPF Oft schöner, für ein Klassepferd typischer Kopf mit hübsch gespitzten Ohren, weit auseinanderstehenden Augen und breiter Stirn. Das Profil ist gerade oder weist einen leichten Araberknick auf. Das Maul wirkt »wie gemeißelt«, die Nüstern werden oft weit gebläht.

FARBE Fast immer Füchse.

GRÖSSE Meist zwischen 161 und 170 cm.

KARTÄUSER

Die Kartäusermönche bei Jerez de la Frontera wendeten schon ab 1476 selektive Zuchtmethoden an, um erstklassige iberische Pferde zu entwickeln. Don Alvaro Obertus de Valeto vermachte ihnen in Jerez gut 4000 Hektar bestes Weideland.

Die Mönche verfolgten die Züchtung und Erhaltung des alten Spanischen Pferdes so eifrig, daß sie sich sogar über ein Edikt hinwegsetzten, mit dem der König die Einkreuzung von Neapolitanern erzwingen wollte.

Als Napoleon bei seinem Spanienfeldzug 1808 bis 1814 die besten Andalusier erbeutete, sammelten die Kartäusermönche die Restbestände und züchteten sie selektiv mit ihren eigenen Pferden weiter. Heute werden Kartäuser noch von einigen wenigen reichen Familien gezüchtet, darüber hinaus gibt es einige Staatsgestüte. Die Rasse kann durchweg auf die von den Mönchen so sorgsam gehüteten Pferde zurückgeführt werden.

Charakter und Pflege
Die Kartäuserpferde sind stolz, freundlich und intelligent und weisen alle Qualitäten auf, die auch die Andalusier auszeichnen.

ABSTAMMUNG

Alte iberische Rassen wurden mit Arabischem Vollblut und Berbern vermischt und ergaben den Kartäuser, bei dem nicht wie bei anderen andalusischen Rassen nachträglich Kaltblüter eingekreuzt wurden.

Iberische Pferde
Berber ▼
Arabisches Vollblut ▼
Kartäuser

ALLGEMEINE MERKMALE

GEBÄUDE Der Hals ist stolz gewölbt und ruht auf hohen, schrägen Schultern. Das Fundament ist kräftig und trocken, die Hufe sind gut geformt.

KOPF Etwas kleiner als beim Andalusier. Die Stirn ist breit, das Profil im oberen Teil gerade. Das Maul ist lang und zierlich und weist unterhalb der Nüstern eine kleine Senke auf. Die gespitzten Ohren stehen weit auseinander, die großen Augen blicken kühn und hellwach.

FARBE Die meisten Kartäuser sind Schimmel, daneben kommen aber auch Füchse und Rappen vor.

GRÖSSE Bis 152 cm.

Der Kartäuser heute
Er dient heute als Reit- und leichtes Zugpferd und wird außerdem in der Stierkampfarena und in der Hohen Schule eingesetzt.

EUROPÄISCHES FESTLAND

ANDALUSIER

Der moderne Andalusier dürfte eine der reinsten und ältesten Rassen der Welt sein. Neben seinen engsten Verwandten, Lusitano, Kartäuser, Altér Real, Castellano, Extremeño und Zapatero, repräsentiert der Andalusier so gut wie haargenau den Pferdetyp, der auf prähistorischen Höhlenmalereien auf der Iberischen Halbinsel zu sehen ist. All diese Pferde basieren auf dem heute noch existierenden urtümlichen Sorraia-Pony, das früher über die ganze Halbinsel verbreitet lebte.

Im Lauf der Zeit kamen verschiedene Völker auf die Iberische Halbinsel, sei es als Eroberer oder als Händler. Tausende von Jahren, bevor die Mauren im Jahre 711 in Spanien einfielen, wurden schon Pferde vorwiegend mit orientalischen Schlägen gekreuzt. Innerhalb der Halbinsel verschoben sich die Grenzen mehrfach, so daß manchmal derselben Rasse je nach Gebiet und Zeitperiode unterschiedliche Namen gegeben wurden. Vor Beginn des Mittelalters, während der arabischen Herrschaft, wurde fast die ganze iberische Halbinsel als »Andalusien« bezeichnet, folglich hießen ihre Pferde »Andalusier«. Lusitania dagegen war der römische Name für das Gebiet, das im groben dem heutigen Portugal entspricht.

Iberien war ein bekanntes Pferdezuchtgebiet schon zu Zeiten, als es römische Provinz war und arabische Pferde, Berber und andere orientalische Schläge einführte, doch bereits Jahrtausende zuvor gab es dort typisch Spanische oder Iberische Pferde mit stolz getragenem Ramskopf, kompaktem, kräftigem Körperbau und hoher Aktion und stolzem, jedoch sanftem Wesen.

Der heutige Andalusier stellt eine der großen Rassen der Welt dar, die viele andere Rassen veredelt hat und in Spanien höchste Wertschätzung genießt, vor allem in Andalusien, dem Herzen des »alten« Spanien, besonders in Jerez de la Frontera, Sevilla und Córdoba. Von den spanischen Eroberern wurden andalusische Pferde mit nach Amerika genommen, wo sie viele amerikanische Rassen beeinflußten. Auch die europäischen Rassen verdanken ihnen viel.

Im Mittelalter bot der Andalusier genau das

Das Foto zeigt den älteren Andalusiertyp mit gerundeten Konturen und kraftvoller Hinterhand. Diesem Pferdetyp fallen die Bewegungsabläufe und Sprünge der Hohen Schule relativ leicht. Die modernen Andalusier haben jedoch manchmal einen höheren Vollblutanteil, der sie größer und graziler macht.

EUROPÄISCHES FESTLAND

Der hier vorgeführte spanische Trab wird ebenso wie der spanische Schritt in der klassischen Dressur nicht anerkannt, da eine Versammlung und Beizäumung des Pferdes dabei nicht möglich ist. Die Bewegungsabläufe sind jedoch ein ausgezeichnetes Training für die Schultern, die dadurch raumgreifender und geschmeidiger werden.

Exterieur, das für Bestleistungen auf dem Schlachtfeld von einem Streitroß verlangt wurde (Babieca, das Pferd des spanischen Nationalhelden El Cid, war ein Andalusier) und bot darüber hinaus Ausdauer gepaart mit einem angenehmen Wesen. Die Blütezeit der Andalusierzucht erstreckt sich vom 15. bis zum 18. Jahrhundert. Um die Pferde höher und etwas schwerer zu züchten, verwendete man massigere Hengste und hätte damit um ein Haar die gelungene Mischung aus dem sehr geschätzten stolzen »Feuer« und einem sanften, lenkbaren Wesen zerstört; auch das kompakte Gebäude und die hohe Aktion der Andalusier wurden verwässert. Während seiner Spanienfeldzüge erbeuteten Napoleon und seine Offiziere die meisten der besten noch vorhandenen Schläge, so daß die Rasse ernsthaft in Gefahr geriet auszusterben. Die Kartäusermönche von Castello, Jerez und Sevilla, die seit dem 15. Jahrhundert die besten und reinsten Andalusier züchteten, retteten zum Glück das, was noch an hochwertigen Beständen vorhanden war, und züchteten sie selektiv weiter, um die Kontinuität der Rasse zu wahren. Von den besten heutigen Pferden können die meisten auf diese Kartäuserlinien zurückgeführt werden.

Charakter und Pflege

Stolz, Mut und Lebhaftigkeit, gepaart mit Sanftmut und einer liebevollen Zuwendung zum Menschen sind kennzeichnend für den Charakter des Andalusiers. In Spanien werden sie häufig von kleinen Kindern geritten und besitzen dennoch das vom erfahrenen Reiter für Pferdeschauen oder Paraden geforderte Temperament und Feuer.

Der Andalusier heute

Heute wird der Andalusier überwiegend für Pferdeschauen und bei Stierkämpfen eingesetzt. Die Wendigkeit und Kraft dieser Pferde macht sie ideal geeignet für die geschmeidigen Bewegungen, die von einem Pferd in der Corrida gefordert werden und die Grundlage für einige Bewegungsabläufe der Hohen Schule bilden.

Die besten Vertreter der Rasse werden nur selten zum Export freigegeben, sondern eifersüchtig im Land gehütet. Dennoch breitet die Rasse sich allmählich aus, und schon gibt es in Großbritannien einige Tiere, mehr noch in den USA. Andalusier besitzen von Gebäude und Kraft her gute Voraussetzungen als Springpferde. Sie sind athletische, energische Pferde mit idealen Gängen für die anspruchsvolle Dressur. Neben ihrer Verwendung als exzellente Reit- und Kutschpferde für alle Zwecke werden Andalusier auch häufig an der Hand oder unter dem Reiter in Pferdeschauen gezeigt.

EUROPÄISCHES FESTLAND

ANDALUSIER
Dieser Andalusier entspricht eher dem modernen Typ: Er ist leichter und besitzt längere Beine, weist aber noch immer den Adel auf, der die Rasse schon vor Jahrhunderten zu einem solchen Publikumserfolg sowohl in den Stierkampfarenen als auch in den klassischen Reitschulen Europas gemacht hat. Hervorstechend ist die Aktion des Andalusiers: Er hat einen attraktiven Schritt, einen luftigen Trab mit Neigung zum »Bügeln« und einen Kanter, der ihn wie ein lebendes Schaukelpferd wirken läßt. Das Symbol **G** *steht für spezielle Gebäudemerkmale.*

FARBE
Vorwiegend Schimmel, daneben Braune und Kastanienbraune, gelegentlich Füchse und Farbschimmel.

LENDEN UND HINTERHAND
Lenden und Hinterhand sind kräftig und muskulös. **G**

RÜCKEN
Kompakt, gut proportioniert und stämmig mit geradem, relativ kurzem Rücken. **G**

LANGHAAR
Mähne und Schweif sind äußerst üppig und oft wellig. Sie stellen ein typisches Merkmal der Rasse dar und werden hochgeschätzt. Früher ließ man das Langhaar manchmal so stark wachsen, daß es über den Boden schleifte.

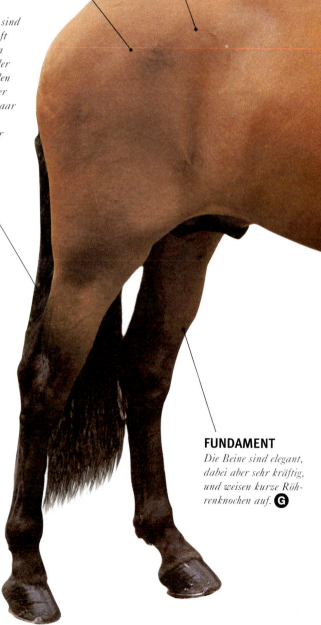

FUNDAMENT
Die Beine sind elegant, dabei aber sehr kräftig, und weisen kurze Röhrenknochen auf. **G**

GRÖSSE
Im Durchschnitt zwischen 151 und 153 cm.

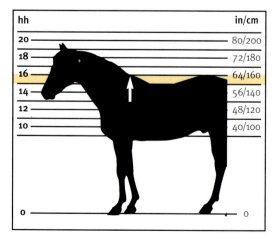

EUROPÄISCHES FESTLAND

KOPF UND HALS
Das mächtige, schön gewölbte Genick und der aristokratische Ausdruck des Andalusiers sind bei diesem Tier gut zu erkennen. Die Rasse besitzt Feuer und Klasse gepaart mit einem sanften Temperament. G

OHREN UND AUGEN
Die Ohren sind mittellang und ausdrucksvoll. Die Augen blicken stolz, dabei aber durchaus sanftmütig und sehr ansprechend.

KOPF
Der Kopf ist in einem Winkel auf dem Hals aufgesetzt, der eine natürliche Beizäumung erleichtert. G

BRUST UND SCHULTERN
Die Brust ist breit und tief mit gut geschrägten Schultern, auf denen der Hals hoch aufliegt. G

PROFIL UND NÜSTERN
Das Profil ist (typischerweise) geramst oder gerade. Die Nüstern sind sehr gut dehnbar. G

DECKHAAR
Das dichte Haarkleid ist im Sommer kurz und im Winter ein wenig länger, vor allem in kühleren Klimata.

ABSTAMMUNG

Wie viele Pferde, die nicht offiziell als Warmblüter registriert sind, ist auch der Andalusier nichts anderes als gerade ein Warmblüter. Das einheimische spanische Pferd, Ginete genannt, und die einheimischen Ponys, also das Garrano und das Sorraia, wurden mit Berbern und Arabischem Vollblut gekreuzt. Das Ergebnis war dieses hübsche Pferd, das seit Jahrhunderten als eigenständige Rasse sorgfältig selektiert und weitergezüchtet wird.

↓

Spanische Pferde

↓

Garrano

↓

Sorraia

↓

Berber

↓

Arabisches Vollblut

↓

Andalusier

EUROPÄISCHES FESTLAND

ABSTAMMUNG

Unglücklicherweise wurde viel unbrauchbares Blut in diese Rasse eingekreuzt, die sich jedoch durch selektive Zucht mit dem alten iberischen Typ wieder erholen konnte.

Andalusier
Englisches Vollblut ▼
Normänner ▼
Hannoveraner ▼
Arabisches Vollblut ▼
Kartäuser/Andalusier ▼
Altér Real

ALTÉR REAL

Der Altér Real ist Portugals zweite aristokratische Pferderasse für die Hohe Schule und die Stierkampfarena. Leider litt sie unter dem Spanienfeldzug Napoleons noch weit mehr als seine Verwandten, der Lusitano und der Andalusier.

Gegründet wurde der Altér Real aus 300 Andalusierstuten, die vom portugiesischen Königshaus Braganza in Jerez angekauft wurden, um ein Gestüt in Vila de Portel in der Provinz Alentejo im Süden des Landes zu gründen. Das Ziel war dabei, den Königshof in Lissabon mit hervorragenden Pferden für die Hohe Schule und eleganten Karossieren zu versorgen.

Nach acht Jahren wurde das Gestüt in die Kleinstadt Altér do Chao im Alentejo-Gebiet verlegt. Damit kamen auch die Pferde zu ihrem Namen, wobei der Zusatz »Real« auf portugiesisch »königlich« bedeutet.

Die Zucht verlief erfolgreich, und der Altér Real gedieh gut bis zum Spanienfeldzug Napoleons, dessen Truppen das Gestüt plünderten und die besten Pferde erbeuteten. Auch die Abdankung König Miguels im Jahr 1832 schädigte die Rasse weiter, da der größte Teil des Gestütsgebietes anschließend von seinen Nachfolgern konfisziert wurde. Später wurden Versuche unternommen, den Altér Real zu »veredeln«, indem man wahllos Englisches Vollblut, Hannoveraner, Normänner und Arabisches Vollblut einkreuzte, dadurch aber sowohl Typ als auch Charakter der Rasse verdarb.

Erst Ende des 19. Jahrhunderts konnte durch die Einkreuzung von Kartäuser-/Andalusierblut aus dem Gestüt der spanischen Familie Zapata die Entwicklung aufgehalten werden, doch als Anfang des 20. Jahrhunderts die Monarchie in Portugal abgeschafft wurde, gingen die Stutbücher des Altér Real verloren, die Bestände wurden verstreut und die Zuchthengste kastriert.

Heute verdankt die Rasse ihren Fortbestand einem einzigen Mann, nämlich Dr. Ruy d'Andrade, dem es gelang, zwei Hengste und ein paar Stuten zu kaufen. Als erfahrener Züchter und Liebhaber der echten Iberischen Rassen baute er mit seinen Altér-Real-Pferden ein kleines, aber exquisites Gestüt auf und schenkte es Mitte des 20. Jahrhunderts dem portugiesischen Landwirtschaftsministerium.

Seither ist die Rasse im Staatsbesitz und wird vom Staat verwaltet. Inzwischen hat sie ihren hohen Ruf wiedergewonnen und gelangt allmählich zu neuer Blüte.

Charakter und Pflege

Der Altér Real ist vom Erscheinungsbild her ein echtes altes Iberisches Pferd, weist jedoch manchmal ein leicht erregbares Temperament auf (das für den Andalusier und vor allem den Lusitano keines-

Der Altér Real ist weniger bekannt als die verwandten iberischen Rassen Andalusier und Lusitano und erlitt im 19. Jahrhundert durch die Beimischung unerwünschten Erbguts manchen Nachteil. Durch konsequente Rückzüchtung des alten Schlages konnte Dr. Ruy D'Andrade den Altér Real retten. Heute wird er auf portugiesischen Staatsgestüten weitergezüchtet.

EUROPÄISCHES FESTLAND

Aufgrund unglücklicher Einkreuzungen in der Vergangenheit sind einige Altér-Real-Pferde sehr leicht erregbar und gehören in eine erfahrene Hand. Die Rasse zeichnet sich jedoch durch Intelligenz, Zähigkeit und Genügsamkeit aus.

wegs typisch ist), das auf die planlose Einkreuzung von minderwertigen fremden Rassen im frühen 19. Jahrhundert zurückgehen dürfte. Manche Tiere erfordern die erfahrene Hand eines gut geschulten Reiters.

Der Altér Real ist intelligent, lernfähig und aufmerksam, jedoch ziemlich feurig, sehr selbstbewußt und lebhaft, darüber hinaus zäh und genügsam.

Der Altér Real heute

Der Altér Real wird als Reit- und leichtes Zugpferd verwendet, insbesondere in der Hohen Schule, in vielen Funktionen auch vom portugiesischen Militär.

ALLGEMEINE MERKMALE

GEBÄUDE Der kurze Hals ist kräftig und gewölbt und an den Ganaschen schlank. Die Oberschenkel und Oberarme sind muskelbepackt, die Beine im allgemeinen trocken und hart. Die hohen Gänge werden durch die langen Fesselbeugen und sehr starken, vorstehenden Sprunggelenke begünstigt. Die Hufe sind etwas klein, aber gut geformt und hart.

KOPF Der Kopf zeigt wieder die hohe Qualität des alten Typs mit leicht geramstem Profil und fein geschnittenem Maul. Die Ohren sind mittellang, die Augen ausdrucksvoll und manchmal sogar arrogant.

FARBE Fast ausschließlich Braune.

GRÖSSE Im Durchschnitt zwischen 150 und 160 cm.

ANDERE MERKMALE Der Altér Real ist ein eindrucksvolles, feuriges Pferd von hoher Qualität, zudem sehr stark. Aufgrund seiner hohen Gänge und der hohen, breiten Vorhand wirkt er unter dem Reiter erheblich massiver, als er ist.

EUROPÄISCHES FESTLAND

LUSITANO

Der Lusitano gehörte zu den beliebten »Fürstenpferden« Europas. Davon zeugen noch seine traditionell gerundeten Konturen, seine schräg abfallende Kruppe und das leicht geramste Profil. Der Lusitano wurde nie in den gleichen Mengen gezüchtet wie sein Verwandter, der spanische Andalusier, und wird auch heute noch eher als Arbeits- denn als Freizeitpferd verwendet, vor allem bei Paraden und Pferdeschauen.

ABSTAMMUNG

Wie die übrigen iberischen Rassen basiert auch der Lusitano auf dem urtümlichen Sorraia-Pony, das noch heute auf der spanischen Halbinsel zu finden ist. In der Vergangenheit wurde etwas orientalisches Blut eingekreuzt, heutzutage werden jedoch nur noch Pferde mit rein iberischem Erscheinungsbild für die Zucht verwendet; seit Generationen wird kein fremdes Blut mehr eingekreuzt.

Sorraia-Pony
Orientalische Rassen ▼
Garrano ▼
Alte spanische Rassen ▼
Lusitano

Ebenso wie der Andalusier stammt der Lusitano vom alten Iberischen Reitpferd ab. Er ist benannt nach seinem Herkunftsland Lusitania, dem römischen Namen für Portugal, wobei diese Bezeichnung allerdings erst gebräuchlich wurde, als im frühen 20. Jahrhundert eine Beschreibung der portugiesischen Ibererpferde veröffentlicht wurde. Offiziell wurde der Name erst 1966 anerkannt.

Der Lusitano wird vor allem im landwirtschaftlich geprägten Mittelteil Portugals und im fruchtbaren südwestlichen Tejo-Gebiet als Stierkampfpferd gezüchtet. In Portugal wird der Stier nicht getötet; der ganze Kampf findet vom Pferderücken aus statt, und es bedeutet eine schlimme Schande, wenn das Pferd dabei verletzt wird. Die Pferde werden hoch geschätzt, gründlichst geschult und gelten als vorbildlich im Hinblick auf Wendigkeit, Couragiertheit und Anmut. Vom Temperament her sind sie lebhaft, willig und kooperativ.

Die Hengste erlernen zudem in der Regel die äußerst anspruchsvolle Kunst der Hohen Schule, bevor sie für die Zucht freigegeben werden. Der Lusitano reift spät, wird jedoch recht alt und üblicherweise erst mit mindestens dreieinhalb Jahren angeritten. Corridapferde werden nicht kastriert, da es allgemein heißt, Wallachen fehle es an Mut, Sensibilität, Interesse und Feuer, die das Pferd im Angesicht des Stieres beweisen soll.

Charakter und Pflege
Der Lusitano ist ein stolzes, freundliches, flinkes und äußerst ausgewogenes Pferd. Die meisten sind mutig und von Natur aus willig und gehorsam.

Der Lusitano heute
Der Lusitano wird überwiegend für Stierkämpfe gezüchtet und in der Hohen Schule unterrichtet, daneben aber auch in der Landwirtschaft eingesetzt.

ALLGEMEINE MERKMALE

GEBÄUDE Der Hals wird hoch getragen und ist ebenso muskulös wie schön geformt. Das Fundament ist gut entwickelt und im oberen Teil trocken und rund. Die Hufe sind relativ klein.

KOPF Das Profil ist leicht geramst mit rundem, zierlichem Maul. Die Ohren sind mäßig lang, fein geschnitten und beweglich. Die mandelförmigen Augen blicken wach und strahlend in die Welt. Die Nüstern sind weit und beweglich.

FARBE Schimmel, Dunkelbraune und Füchse sind die häufigsten Farben.

GRÖSSE 150 bis 160 cm.

EUROPÄISCHES FESTLAND

OSTBULGARISCHES WARMBLUT

ABSTAMMUNG

Englische Voll- und Halbblüter begründeten zusammen mit Arabern und europäischen Anglo-Arabern diese Rasse, der heute zur Veredelung nur noch weiteres Englisches Vollblut zugeführt wird.

Englisches Vollblut
Englisches Halbblut ▼
Arabisches Vollblut ▼
Anglo-Araber ▼
Ostbulgarisches Warmblut

Als Bulgarien beschloß, ein eigenes hochwertiges Reit- und Zugpferd zu züchten, war das Ergebnis der Bemühungen ein symmetrisches, schönes Pferd, das zudem hervorragende Leistungen zeigte.

Das Ostbulgarische Warmblut wurde gegen Ende des 19. Jahrhunderts in den Gestüten Karadja und Vassil Kolarov gezüchtet. Der Grundbestand umfaßte eigenartigerweise keine heimischen bulgarischen Pferde und Ponys, sondern bestand aus Englischem Voll- und Halbblut, Arabischem Vollblut und Anglo-Arabern, die selektiert und zusammen weitergezüchtet wurden.

Sobald die geforderten Merkmale erzielt waren, beschränkten sich die Züchter in der Folgezeit auf Englisches Vollblut zur Weiterentwicklung und Veredelung der Rasse. Noch heute wird gelegentlich Englisches Vollblut eingekreuzt, meist jedoch paart man Angehörige der inzwischen anerkannten Rasse untereinander.

Charakter und Pflege
Das Ostbulgarische Warmblut ist ein hervorragendes, gut gebautes Pferd mit elegantem, stolzem Erscheinungsbild und geschmeidigen Gängen. Das Temperament ist lebhaft, dabei jedoch gutmütig, begeisterungsfähig und zäh.

Das Ostbulgarische Warmblut heute
Der Ostbulgare ist ein vielseitiges Pferd, das als Reittier im Freizeitsport, im Turniersport und als Kutschpferd eingesetzt wird.

ALLGEMEINE MERKMALE

GEBÄUDE Im Vollbluttyp stehendes mittelschweres Pferd, das sich durch Eleganz und Kraft auszeichnet. Die Beine sind trocken und hart, im oberen Teil gut bemuskelt, die Hufe besser als beim reinen Englischen Vollblut.

KOPF Im Vollbluttyp stehender, eleganter und attraktiver Kopf mit stolzem, ruhigem Ausdruck, die beweglichen Ohren sind mittellang, die Augen blicken hellwach. Gerades Profil mit offenen, zierlichen Nüstern.

FARBE In der Regel Füchse und Rappen, daneben jedoch auch Braune und Dunkelbraune, selten Schimmel. Gelegentlich weiße Abzeichen am Kopf und an den Beinen

GRÖSSE 150 bis 160 cm.

DANUBISCHES WARMBLUT

ABSTAMMUNG

Nonius- und Gidranbestände bildeten die Grundlage für das Danubische Warmblut, später kamen Anglo-Araber und Englisches Vollblut hinzu.

Nonius
Gidran ▼
Anglo-Araber ▼
Englisches Vollblut ▼
Danubisches Warmblut

Der Danubier erhebt keinerlei Anspruch auf eine Rolle im Leistungssport, sondern begnügt sich mit einem guten Ruf als Reitpferd und leichtes, aber starkes Zugpferd. Gegründet wurde die Rasse Anfang des 20. Jahrhunderts durch Kreuzung originaler Noniushengste mit Gidranstuten.

Das Ergebnis waren kompakte, kräftig gebaute Pferde, die durch die Zugabe von etwas Anglo-Araberblut und Englischem Vollblut verbessert wurden. Heute ist das Danubische Warmblut in Bulgarien ein beliebtes Reit- und Kutschpferd. Trotz des Arabischen und Englischen Vollbluts in seiner Vorfahrenreihe sind diese Tiere eher schlicht und etwas derb, da sie offenbar die etwas weniger schönen Merkmale des Nonius geerbt haben.

Charakter und Pflege
Das Danubische Warmblut steht in vieler Hinsicht im Cob-Typ und besitzt ein friedfertiges Temperament.

Das Danubische Warmblut heute
Der Danubier wird als Reit- und leichtes Zugpferd eingesetzt, startet jedoch nicht in Wettkämpfen.

ALLGEMEINE MERKMALE

GEBÄUDE Kompakt, solide gebaut, wirkt wie ein Cob.

KOPF Ehrlicher, gut proportionierter Kopf mit geradem Profil. Die Ohren sind mittellang, die Augen vielleicht etwas klein, dafür aber strahlend, der Ausdruck insgesamt wach und gefügig. Die Nüstern sind etwas klein, aber weit.

FARBE Fast immer Rappen oder Dunkelfüchse.

GRÖSSE Meist rund 152 cm.

Werden die Stuten jedoch mit Englischen Vollbluthengsten gepaart, entstehen durchaus leistungsstarke Turnierpferde.

153

156	Orlow Traber	**165**	Schwedisches Warmblut
157	Donpferd	**166**	Gotland Pony
158	Budjonny	**167**	Nordland Pony
159	Métis-Traber	**168**	Dölepferd
160	Tersker	**169**	Fjordpferd
161	Kabardiner	**170**	Dänisches Warmblut
162	Ukrainer	**171**	Frederiksborger
163	Lettisches Warmblut	**172**	Knabstrupper
164	Karabach	**173**	Islandpferd

RUSSLAND, BALTIKUM UND SKANDINAVIEN

RUSSLAND, BALTIKUM UND SKANDINAVIEN

ORLOW TRABER

Die Rasse der Orlow Traber wurde 1777 begründet, nachdem Graf Alexei Grigoriewitsch Orlow Katharina der Großen zu ihrem Thron verholfen hatte. Zur Belohnung machte Katharina ihn zum Oberkommandeur der russischen Flotte. Als er 1770 die türkische Flotte bei Chesme schlug, schenkte ihm der türkische Admiral den Araberhengst Smetanka.

Smetanka deckte nur ein Jahr auf dem Orlow-Gestüt und hinterließ nur eine Handvoll Nachkommen aus dänischen, Mecklenburger-, Englischen Vollblut-, Araber- und niederländischen Harddraverstuten, doch im darauffolgenden Jahr brachte eine dänische Stute ein sehr mittelmäßiges Fohlen zur Welt, das den Namen Polkan bekam. Es wurde später mit einer weiteren dänischen Stute gepaart, und das Ergebnis war ein überragender Traber, der Bars I genannt wurde und heute als Begründer der Orlow-Traberrasse gilt.

Graf Orlow arbeitete auf seinem neuen Gestüt in Chrenov an der Weiterentwicklung der Rasse. Er ließ Bars I alle möglichen Stuten – Araber, Holländer, Dänen, Englische Halbblüter, Polen, Russen, Mecklenburger und deren Kreuzungen – decken und selektierte nach Qualität, Kraft, Ausdauer und Trabvermögen. Nur wenige Generationen später war der Orlow Traber die schnellste und beliebteste Traberrasse der Welt. Heute können die Orlow Traber mit den Standardbreds und den Französischen Trabern nicht mehr mithalten, doch durch die gezielte Einkreuzung von Standardbreds wird jetzt aus dem Orlow Traber der Russische oder Métis-Traber gezüchtet.

Charakter und Pflege
Der Orlow Traber ist ein starkes, zähes Pferd; temperamentvoll, aber gut zu handhaben.

Der Orlow Traber heute
Der Orlow Traber wird als Trabrennpferd, aber auch als Gebrauchspferd in der Landwirtschaft genutzt.

ALLGEMEINE MERKMALE

GEBÄUDE Ein ausgewogen gebautes Pferd im leichten Rahmen; vielen Exemplaren sieht man ihre orientalischen Vorfahren an.

KOPF Die besten Exemplare haben einen edlen Kopf mit geradem oder leicht konkavem Profil. Ohren und Augen wirken arabisch, die Nüstern sind groß und das Maul ist eckig.

FARBE Überwiegend Schimmel, aber auch Rappen und Braune.

GRÖSSE Sehr unterschiedlich; von 152 bis 172 cm.

ABSTAMMUNG

Arabische Basis, dazu eine Vielzahl europäischer Rassen, neuerdings auch American Standardbred.

Araber
Holländer ▼
Dänen ▼
Russen ▼
Polen ▼
Mecklenburger ▼
Engländer (Vollblut, Norfolk Roadster) ▼
Standardbred ▼
Orlow Traber

Dieser dunkelbraune Wallach zeigt die kurze Vorderpartie, die steile Schulter und die langen, stämmigen Beine, die bei allen Renntrabern zu finden sind. Bevor das Standardbred seinen Siegeszug antrat, war der Orlow Traber das schnellste Trabrennpferd, und Orlow-Rennen sind in Rußland und angrenzenden Ländern noch heute sehr beliebt.

156

RUSSLAND, BALTIKUM UND SKANDINAVIEN

DONPFERD

ABSTAMMUNG

Das frühe Donpferd, das Reittier der Kosaken, ist aus Steppenpferden und verschiedenen asiatischen und orientalischen Rassen hervorgegangen. Später wurden Orlow Traber, Vollblüter und Strelitzer Araber eingekreuzt.

Einheimische Steppenpferde
Turkmenen ▼
Karabach ▼
Karabaier ▼
Persische Araber ▼
Orlow Traber ▼
Strelitzer Araber ▼
Vollblüter ▼
Modernes Donpferd

Das Donpferd stammt aus dem Gebiet um die Flüsse Don und Wolga, der russischen Steppenlandschaft, die auch die Heimat der Kosaken war, die diese Pferde ritten. Es waren kleine, außergewöhnlich zähe und drahtige Pferde mit einem unabhängigen Charakter und ungeheurer Ausdauer, denen die harten russischen Winter nichts anhaben konnten. Sie stammten von Steppenpferden aus dem Kaukasus ab, die trotz des spärlichen Futterangebots in ihrem Lebensraum blühten und gediehen.

Bereits im 18. Jahrhundert beschlossen die Züchter und Besitzer der Donpferde, die Rasse zu verbessern, und ließen Persische Araber- und andere orientalische Hengste zu den frei in der Steppe lebenden Stutenherden. Im 19. Jahrhundert wurden Orlow Traber, Vollblüter und Russische Streletzker eingesetzt, um bei der Nachzucht für eine Verfeinerung und Korrektur des Exterieurs zu sorgen.

Charakter und Pflege

Das moderne Donpferd ist noch immer zäh und stark und hat sich seine Unabhängigkeit bewahrt. Es wird in großer Zahl in der Steppe gezüchtet, wo es halbwild lebt und keiner menschlichen Zuwendung bedarf.

Das Donpferd heute

Heute wird das Donpferd hauptsächlich auf Distanzritten eingesetzt, wofür es sich hervorragend eignet. Es wird auch in andere Rassen eingekreuzt, um deren Ausdauer und Robustheit zu verbessern.

ALLGEMEINE MERKMALE

GEBÄUDE Die Gebäudeprobleme des Donpferdes sind noch nicht vollkommen überwunden. Häufig verhindert die Fehlstellung von Hüfte und Becken das Durchschwingen der Hinterhand, was den Bewegungsablauf kurz und hart werden läßt.

KOPF Die Ohren sind klein und wohlgeformt; die Augen groß und ausdrucksvoll; das Profil ist gerade mit großen Nüstern.

FARBE Gewöhnlich Dunkelbraun oder Fuchs, es kommen aber auch Braune, Rappen und Schimmel vor. Oft zeigt das Fell einen metallischen Glanz.

GRÖSSE Zwischen 154 und 156 cm.

Das Donpferd war das Pferd der Kosaken, die im Krieg gegen Napoleon Geschichte geschrieben haben. Napoleon hatte sowohl den russischen Winter unterschätzt als auch die ungeheure Zähigkeit der Donpferde. Die unabhängigen, zähen und starken Donpferde werden noch heute für Distanzritte verwendet.

157

RUSSLAND, BALTIKUM UND SKANDINAVIEN

BUDJONNY

Der Budjonny ist eine der jüngeren russischen Rassen, denn sie entstand erst nach der Russischen Revolution. Einer der Helden der Revolution war Marschall Budjonny, der beschloß, das perfekte Kavalleriepferd zu züchten. Es sollte ausdauernd, zäh, gutmütig und mutig sein und zudem Springvermögen und Schnelligkeit besitzen. Das Militärgestüt von Rostow wurde als Zuchtstätte der Rasse gewählt, die später den Namen ihres Initiators tragen sollte.

Donstuten mit Vollbluthengsten zu kreuzen, erwies sich als erfolgreich; andere Rassen wie etwa Kasachen und Kirgisen aus der Mongolei stellten sich als Fehlschläge heraus. Tschernomor-Stuten (den Donpferden ähnlich, aber kleiner und leichter) erwiesen sich als gute Wahl. Der Rassetyp war schnell fixiert, und um 1948, als die Rasse offiziell anerkannt wurde, vererbten sich die Pferde bereits typgerecht.

Charakter und Pflege

Der Budjonny ist ein freundliches, geduldiges und intelligentes Pferd, das trotzdem feurig, mutig, schnell, ausdauernd und zum Springen veranlagt ist. Zum Teil werden die Pferde auf den staatlichen Gestüten gezüchtet, viele leben aber auch in Herden auf der Steppe, wo sie, von einem Hirten bewacht, gesund und robust aufwachsen.

Der Budjonny heute

Der Budjonny ist ein vielseitiges Turnierpferd, das aber auch vor der Kutsche ein gutes Bild abgibt. Er eignet sich auch für Distanzritte und Rennen.

ALLGEMEINE MERKMALE

GEBÄUDE Die Gebäudemängel, die beim Donpferd auftreten können, sind beim Budjonny weniger ausgeprägt.

KOPF Die Kopfform weist auf die Vollblutvorfahren hin. Die Ohren sind fein und von mittlerer Länge, die Augen groß und mit gelassenem Blick, das Profil gerade oder leicht konkav, und die Nüstern groß.

FARBE Überwiegend Füchse, andere dunkle Farben kommen nur gelegentlich vor.

GRÖSSE Gewöhnlich um 160 cm.

ABSTAMMUNG

Vollbluthengste und Donstuten bilden die Grundlage der Rasse, in geringerem Umfang auch Kasachen, Kirgisen und Tschernomor-Pferde.

Don
Kasachen ▼
Kirgisen ▼
Tschernomor-Pferde ▼
Vollblüter ▼
Budjonny

Bei diesem Pferd ist der Vollbluteinfluß nicht zu übersehen. Als typisch russisches Pferd führt es auch das Blut von Donpferden, Kasachen, Kirgisen und Tschernomor-Pferden. Ehemals ein erstklassiges Kavalleriepferd, ist der Budjonny heute ein hochkarätiges Sportpferd.

158

MÉTIS-TRABER

Die mächtige, steile Schulter, die hohe Kruppe und die langen Beine sind typische Merkmale eines Trabrennpferds. Als Konkurrenz zum Standardbred gezüchtet, führt der Métis-Traber viele seiner Erbanlagen und dazu noch die des berühmten Orlow Trabers. Seine Renngeschwindigkeit liegt etwa in der Mitte zwischen beiden Rassen.

ABSTAMMUNG

Der Métis-Traber ist eine Kreuzung aus Orlow Trabern und American Standardbreds.

Orlow Traber
Standardbred ▼
Métis-Traber

Wenn man daran gewöhnt ist, der Beste der Welt zu sein, fällt es schwer, zurückzustecken, doch zu Beginn des 20. Jahrhunderts mußten die Russen feststellen, daß ihre weltberühmten, rekordbrechenden und bis dahin unbesiegbaren Orlow Traber von den American Standardbred-Trabern in Grund und Boden gerannt wurden. Doch statt sich darüber aufzuregen, beschlossen sie, sich zu revanchieren, und packten das Übel an der Wurzel, indem sie anfingen, Standardbreds aufzukaufen. Sie paarten sie mit ihren geliebten Orlows und erhielten keinen verbesserten Orlow Traber, sondern eine ganz neue, schnellere Rasse, den Russischen oder Métis-Traber.

Leider ist der Métis-Traber selbst nach fast hundert Jahren der selektiven Zucht und der Auswahl der besten Orlow- und Standardbred-Elterntiere noch immer nicht so schnell wie das Standardbred, doch er ist schneller als der reine Orlow Traber. 1949 wurde der Métis-Traber als eigenständige Rasse anerkannt.

Charakter und Pflege

Der Métis-Traber ist ein gutmütiges Pferd mit viel Vorwärtsdrang, Mut und Ausdauer. In Rußland wird es gehalten, wie es einem wertvollen Rennpferd zusteht – es wird perfekt untergebracht, gefüttert und gepflegt.

ALLGEMEINE MERKMALE

GEBÄUDE Der Métis-Traber sieht aus wie ein Halbblutpferd von guter Qualität; die Hinterhand ist manchmal überbaut und der Hals etwas gerade. Im Renntrab fällt der »bügelnde« Bewegungsablauf der Vorder- und Hinterbeine auf, der durch eine x-beinige Stellung vorn und kuhhessige Stellung hinten bedingt ist.

KOPF Der Kopf ist nicht so edel, wie man erwarten könnte. Die Ohren sind mittellang und wohlgeformt, die Augen manchmal etwas klein, und das Profil gerade oder leicht konvex.

FARBE Alle Grundfarben kommen vor.

GRÖSSE Zwischen 153 und 156 cm.

Der Métis-Traber heute

Der Métis-Traber wird ausschließlich für Trabrennen genutzt, denn dafür wird er gezüchtet.

RUSSLAND, BALTIKUM UND SKANDINAVIEN

TERSKER

Bei diesem bildschönen Pferd ist der Arabereinfluß deutlich zu sehen. Es gibt aber noch zwei andere Tersker-Typen. Sie alle sind erstklassige Sportpferde, von denen die schönsten auch im Zirkus sehr gefragt sind.

ABSTAMMUNG

Ukrainische Stuten und die ursprünglichen Tersker wurden mit dem Streletzker Araber gekreuzt. Später wurde die Rasse mit Kabardinern, Donpferden, Arabern und Vollblütern veredelt.

Tersker alten Typs, einheimische Stuten
Strelitzer Araber ▼
Kabardiner ▼
Donpferde ▼
Shagya Araber ▼
Vollblüter ▼
Moderner Tersker

Der Tersker zählt zu den wirklichen Schönheiten in der Pferdewelt, aber er ist auch ein echtes Leistungspferd.

Der moderne Typ wurde zu Beginn dieses Jahrhunderts als im Arabertyp stehendes Kavalleriepferd gezüchtet, was ein wenig merkwürdig anmutet, weil es zu jener Zeit bereits den Streletzker Araber gab, eine Zucht von Partbred-Arabern, die heute ganz in der Terskerzucht aufgegangen ist. Der Streletzker Araber war eine Kreuzung aus ukrainischen Stuten und orientalischen Hengsten, vorwiegend Arabern. Unter ihnen waren einige erstklassige Hengste die vom Gestüt Crabbet Park in England, Janow Podlaski in Polen und Babolna in Ungarn kamen.

Der ursprüngliche Tersker war wegen seiner Zähigkeit und Ausdauer bei den Kosaken hoch geschätzt, doch im 20. Jahrhundert veredelte Marschall Budjonny die Rasse durch die Einkreuzung von Kabardinern, Donpferden, Arabern und Englischen Vollblütern.

Heute gibt es den Tersker in drei Typen: den leichten, zierlichen Arabertyp, einen mittleren Typ und einen schweren Typ mit stämmigen Beinen und einem längeren Körper.

Charakter und Pflege

Der Tersker hat ein freundliches, aber feuriges Temperament; er ist intelligent, ausdauernd, sehr schnell und hat ein erstklassiges Springvermögen.

Der Tersker heute

Der Tersker ist ein ausgezeichnetes Sportpferd, vor allem für Springen und Distanzreiten. Er läßt sich auch dressurmäßig reiten und ist wegen seiner Schönheit auch im Zirkus sehr beliebt.

ALLGEMEINE MERKMALE

GEBÄUDE Alle drei Typen wirken sehr arabisch und zeigen alle Rassemerkmale des Arabers.

KOPF Ein edler, fein geschnittener Kopf mit langen Ohren, dem Profil des Arabers, ausdrucksvollen Augen und weiten Nüstern.

FARBE Schimmel mit metallischem Glanz.

GRÖSSE Mit einer Größe von 146 bis 153 cm kein großes Pferd, das aber größer wirkt und sich unter dem Reiter »groß macht«.

RUSSLAND, BALTIKUM UND SKANDINAVIEN

KABARDINER

Der Kabardiner ist ein überaus anpassungsfähiges Pferd, das sich auf Meereshöhe genauso wohl fühlt wie im Hochgebirge. Ursprünglich stammt der Kabardiner aus dem nördlichen Kaukasus, wo diese Rasse schon lange gezüchtet wurde. In ihr vereint sich eine ungewöhnliche Mischung von orientalischen Merkmalen wie die dünne Haut, die langen, beweglichen Ohren und die weiten Nüstern mit den Merkmalen von Pferden aus kälteren Klimazonen, zu denen der Kaukasus ohne Zweifel gehört.

Wie viele osteuropäische Pferde stammt der Kabardiner vom Tarpan ab. Wie andere russische Rassen blieb auch der Kabardiner bis zur Russischen Revolution unverändert, doch anschließend wurden Karabach, Turkmenen, Perser und Araber eingekreuzt, die die Kabardiner größer, rittiger und leistungsstärker machen sollten. Kabardiner werden in ihrem Heimatland in zwei großen Gestüten gezüchtet, doch auch in den benachbarten Ländern gibt es größere Zuchten dieser beliebten Arbeits-, Pack- und Reitpferde. Sie sind überaus fruchtbar und werden auch zur Gewinnung von Stutenmilch verwendet.

In ihrer Heimat Kabardin-Balkar ist diese Rasse sehr beliebt. Als Bergpferde sind die Kabardiner ausgesprochen trittsicher, geschickt und klug genug, sich ihren Weg selbst zu suchen. Sie arbeiten im Schnee ebenso wie im tiefen, schnell fließenden Wasser, und ihre Ausdauer ist so groß, daß sie einen ganzen Tag lang traben können.

Charakter und Pflege
Der Kabardiner hat ein umgängliches Wesen und ist sehr vernünftig und intelligent. Er ist langlebig, stark und robust. In ihrer Heimat überwintern die Pferde im Freien, werden allerdings zugefüttert.

Der Kabardiner heute
Obwohl sich der Kabardiner hervorragend als Kutschpferd eignet, wird er in seiner gebirgigen Heimat überwiegend als Reit- und Packpferd verwendet. Andernorts nutzt man ihn als Sportpferd und zur Veredelung anderer Rassen.

ALLGEMEINE MERKMALE

GEBÄUDE Orientalisches Äußeres; mit weichem und bequemem Bewegungsablauf.

KOPF Recht lang mit leicht konvexem Profil, dünner Haut und kräftigen Kiefern. Die Ohren sind ziemlich lang und stehen dicht beieinander; die Ohrspitzen sind zueinander gerichtet. Die Augen sind klein und die Nüstern weit.

FARBE Braun, dunkelbraun und schwarz, niemals Schimmel.

GRÖSSE Zwischen 145 und 153 cm.

ABSTAMMUNG

Der Nachfahre des Tarpans wurde zu Beginn dieses Jahrhunderts mit Karabach, Turkmenen, Persern und Arabern veredelt.

Tarpan
Karabach ▼
Turkmene ▼
Perser ▼
Araber ▼
Kabardiner

Der Kabardiner soll das sicherste und beste Bergpferd der Welt sein. Die fast unglaubliche Ausdauer und Robustheit dieser Pferde ist möglicherweise auf die ungewöhnliche Mischung orientalischer Merkmale mit denen kaltblütigerer Pferde zurückzuführen, die bei dieser Rasse deutlich erkennbar ist.

161

RUSSLAND, BALTIKUM UND SKANDINAVIEN

UKRAINER

Der Ukrainer, eine junge Rasse, mit deren Zucht erst nach dem Zweiten Weltkrieg begonnen wurde, wird nicht nur zum Reiten, sondern auch zum Fahren und, abhängig vom Typ, auch in der Landwirtschaft eingesetzt. Ukrainische Reiter vertreten ihr Land auf Turnieren fast immer mit diesen Pferden.

ABSTAMMUNG

Einheimische Stuten sowie Stuten der Rassen Nonius, Furioso North Star und Gidran wurden mit Trakehner-, Hannoveraner- und Vollbluthengsten gepaart, um diese Rasse zu begründen.

Einheimische Stuten
Nonius ▼
Furioso North Star ▼
Gidran ▼
Vollblut ▼
Trakehner ▼
Hannoveraner ▼
Ukrainer

Die Zucht des Ukrainers begann nach dem Zweiten Weltkrieg mit großen Nonius-, Furioso-North-Star-, Gidran- und einheimischen Stuten und Trakehner-, Hannoveraner- und Vollbluthengsten. Die Verwendung dieser durchgezüchteten Sportpferderassen bot den ukrainischen Züchtern bei gezielter Anpaarung schon fast eine Garantie für ein gelungenes Endprodukt. Nachdem ein guter Grundstock gelegt war, wurden weitere Vollblüter und Hannoveraner eingekreuzt.

Diese neue Rasse war als erstklassiges Reit- und Turnierpferd gedacht, und dieses Ziel ist mittlerweile erreicht. Die Hengstfohlen werden sehr jung in Arbeit genommen; schon mit 18 Monaten werden sie auf ihre Eignung für Rennen, Dressur, Springen und Vielseitigkeit getestet. Die Besten gehen jedoch nicht in den Sport, sondern in die Zucht.

Charakter und Pflege

Der Ukrainer ist eine Mischung aus hervorragenden Reit- und Turnierpferden, von denen die meisten über ein ausgeglichenes Temperament verfügen. Das gilt auch für den Ukrainer, der ebenfalls gutmütig und willig ist. Er ist ein qualitätsvolles Warmblutpferd, das über Kraft, Ausdauer und raumgreifende Bewegungen verfügt.

Der Ukrainer heute

Als geborenes Sportpferd wird der Ukrainer als Reit- und Kutschpferd eingesetzt, aber abhängig von Typ und Gebäude auch als Arbeitspferd in der Landwirtschaft.

ALLGEMEINE MERKMALE

GEBÄUDE Da die Rasse aus hochklassigen Pferden hervorgegangen ist, wirkt auch der Ukrainer edel und wohlproportioniert.

KOPF Manchmal etwas groß, mit geradem Profil, mittelgroßen Ohren, großen Augen und Nüstern.

FARBE Überwiegend Fuchs, aber auch Braune und Rappen.

GRÖSSE Bis zu 163 cm.

RUSSLAND, BALTIKUM UND SKANDINAVIEN

LETTISCHES WARMBLUT

ABSTAMMUNG

Die Vorfahren sind das nordeuropäische Waldpferd und das Tarpan-/Araberblut führende Zemaituka-Pony. Heute gibt es durch die Einkreuzung von Finnpferden, Schwedischen Ardennern, Hannoveranern, Oldenburgern, Norfolk Roadsters, Vollblütern und Arabern drei verschiedene Typen.

Primitives kaltblütiges Waldpferd
Zemaituka (Tarpan, Araber) ▼
Finnpferd, Schwedischer Ardenner ▼
Hannoveraner, Oldenburger ▼
Norfolk Roadster ▼
Vollblut, Araber ▼
Lettisches Warmblut

Das Lettische Warmblut stammt wahrscheinlich vom prähistorischen Waldpferd Nordeuropas ab, das im Kaltbluttyp stand. Manche Fachleute vermuten jedoch, daß das in Litauen heimische Zemaituka-Pony (das Tarpan-, aber auch Araberblut führt) ein direkter Vorfahr des Lettischen Warmblutpferdes ist.

Da im Lauf der Zeit verschiedene Rassen eingekreuzt wurden, gibt es das Lettische Warmblut heute in drei Typen: Ein schweres Zugpferd, ein mittelschweres Kutschpferd und ein im leichteren Typ stehendes Reitpferd. Anfangs gab es nur den Zugpferdetyp, aus dem sich die beiden anderen entwickelt haben.

Finnpferde, Oldenburger und Schwedische Ardenner sollten dem Lettischen Zugpferd mehr Masse und Kraft verleihen. Heute läßt sich der schwere Lettische Warmblüter auch als Reitpferd einsetzen.

Das Lettische Kutschpferd wurde in den 20er Jahren durch Einkreuzung von Hannoveranern in manche Zuchtlinien begründet; andere wurden mit Anglo-Normänner, Oldenburger und Norfolk Roadster gekreuzt, um einen schweren Schlag hervorzubringen. Beide Schläge werden heute auch als Reit- und Turnierpferde gebraucht.

Das Lettische Reitpferd, das erst vor kurzem entwickelt wurde, führt viel Araber- und Vollblut und ähnelt oft einem Traber des Warmbluttyps.

Charakter und Pflege
Lettische Warmblüter haben ein ruhiges Temperament. Außerdem sind sie sehr stark und ausdauernd.

Das Lettische Warmblut heute
Die verschiedenen Typen werden vielseitig eingesetzt, von der schweren Landarbeit bis hin zum Turniersport. Die Rasse ist bei den Bauern ebenso beliebt wie bei den Sportreitern.

ALLGEMEINE MERKMALE

GEBÄUDE Die Lettischen Warmblüter unterscheiden sich zwar im Typ, sind aber grundsätzlich schon auf den ersten Blick als Angehörige ihrer Rasse zu erkennen.

KOPF Ziemlich lang und edel mit einem geraden Profil; kleine, spitze Ohren; große, sanft blickende Augen und große Nüstern. Üppiges Schopf- und Mähnenhaar.

FARBE Rappen, Dunkelbraune, Braune und Füchse, gelegentlich auch Schimmel.

GRÖSSE Zwischen 153 und 162 cm.

Das Lettische Warmblut ist kräftiger, als es aussieht. Es wurde vor etwa 300 Jahren als Zugpferd gezüchtet, doch durch die Einkreuzung anderer Rassen gibt es heute drei Typen: Den Zug-, Kutsch- und Reittyp. Allen gemeinsam ist das ruhige Temperament, verbunden mit Kraft und Ausdauer.

RUSSLAND, BALTIKUM UND SKANDINAVIEN

KARABACH

Der kleine Karabach stammt aus Bergkarabach in Aserbaidschan. Karabach-Pferde sehen Arabern sehr ähnlich, was auch nicht weiter verwunderlich ist, da beide demselben genetischen Typ entspringen.

Die Existenz dieser Pferde läßt sich zurückverfolgen bis ins 4. Jahrhundert, und sie sind seitdem beliebte Reitpferde. Im 18. Jahrhundert stieg die Nachfrage plötzlich sprunghaft an, und die Pferde wurden in viele asiatische und europäische Länder exportiert.

Heute soll es keine reinen Karabachs mehr geben, weil in der Vergangenheit zu viele Perser, Turkmenen und Araber eingekreuzt wurden.

Charakter und Pflege

Der Karabach ist ein heißblütiges, temperamentvolles Pferd. Er ist bildschön, sanft und umgänglich, hat aber viel Energie und verfügt über große Ausdauer. Wie alle Bergrassen ist auch er sehr trittsicher und hat einen guten Orientierungssinn.

Der Karabach heute

Der Karabach wird überwiegend als Rennpferd eingesetzt, er eignet sich aber auch als kleines Reit- oder Packpferd und wird gern für Reiterspiele genommen.

ALLGEMEINE MERKMALE

GEBÄUDE Der Karabach sieht aus wie eine temperamentvolle Araberkreuzung, er ist klein, edel, hat lange Beine und oft blauschwarze Hufe.

KOPF Im orientalischen Typ, klein, mit geradem Profil, spitzen Ohren, großen Augen und einem kleinen, weichen Maul.

FARBE Wie manche anderen Rassen Rußlands hat auch der Karabach ein metallisch glänzendes Fell. Goldfalben mit Aalstrich überwiegen, man findet aber auch Füchse, Braune und Schimmel.

GRÖSSE Um 143 cm.

ABSTAMMUNG

Der ursprüngliche, heißblütige Karabach wurde mit Persern, Turkmenen und Arabern gekreuzt.

Alter Karabach
Perser ▼
Turkmene ▼
Araber ▼
Moderner Karabach

Die langen Beine, der schmale Körper und der hoch angesetzte, dünn behaarte Schweif weisen auf die orientalische Abstammung hin. Dieses kleine Bergpferd eignet sich als Rennpferd ebenso wie als Packpferd und für Reiterspiele.

164

RUSSLAND, BALTIKUM UND SKANDINAVIEN

SCHWEDISCHES WARMBLUT

ABSTAMMUNG

Einheimische Pferde- und Ponyrassen wurden anfangs mit Iberern, Friesen, Arabern und Berbern gekreuzt. Im 20. Jahrhundert wurden Vollblüter, Hannoveraner und Trakehner zur Veredelung eingesetzt.

Schwedische Rassen
Iberer ▼
Friesen ▼
Araber ▼
Berber ▼
Hannoveraner ▼
Trakehner ▼
Vollblüter ▼
Schwedisches Warmblut

Da Schweden im Norden Europas liegt, stehen seine Pferde und Ponys im Typ des kaltblütigen Nordlandpferdes. Im 17. Jahrhundert verlangte man in Schweden nach einem hervorragenden Kavalleriepferd, und deshalb wurde im königlichen Gestüt von Flyinge begonnen, die einheimischen Pferde mit einer Vielzahl anderer europäischer Rassen zu kreuzen, unter ihnen Iberer, Friesen, Araber und Berber.

Dieser Vorgang zog sich über mehrere Generationen hin, und später wurde die Rasse noch mit Hannoveranern, Trakehnern, Englischen Vollblütern und ausgewählten Arabern veredelt. Heute ist dies nicht mehr nötig, und die im Typ gefestigten Pferde werden immer noch in Flyinge gezogen.

Das Schwedische Warmblut ist heute ein international erfolgreiches Turnierpferd, das in der Dressur, im Springen und in der Vielseitigkeit Olympisches Gold errungen hat. Auch als Fahrpferd für Turniere eignet es sich hervorragend.

Das Stutbuch wurde 1874 eröffnet, und vor der Eintragung müssen sich alle Zuchttiere einer strengen Inspektion unterziehen, bei der Gebäude, Bewegungsablauf, Temperament und Leistungsfähigkeit geprüft werden. Die Prüfer ziehen durchs Land, um auch die Tiere aus Privatzuchten zu begutachten. Sowohl die privat als auch die staatlich gezogenen Tiere werden ihrer Qualität entsprechend eingetragen, und können – abhängig von ihren Leistungen in Sport oder Zucht – auf- oder abgewertet und sogar wieder aus dem Register gestrichen werden.

Charakter und Pflege
Schwedische Warmblüter sind umgänglich und intelligent. Sie können ausgezeichnet springen, haben fließende, elastische Bewegungen und sind auch schnell und ausdauernd genug für Vielseitigkeitsprüfungen.

Das Schwedische Warmblut heute
Die Pferde werden hauptsächlich für den Sport gezüchtet; die Exemplare, die den Ansprüchen nicht genügen, werden als Freizeitpferde genutzt.

ALLGEMEINE MERKMALE

GEBÄUDE Der Hals ist lang und wohlgeformt, die Schultern sind lang und schräg. Die Beine sind recht lang und in der oberen Hälfte gut bemuskelt, die Hufe sind hart und ebenmäßig.

KOPF Intelligenter Ausdruck, lange Ohren, wacher Blick und ein gerades Profil.

FARBEN Alle Grundfarben; Rappen sind allerdings selten.

GRÖSSE Meistens zwischen 163 und 171 cm, häufig aber auch kleiner.

Das Schwedische Warmblut, einst als Kavalleriepferd gezüchtet, ist heute eines der erfolgreichsten Sportpferde der Welt. Es gehört zu den wenigen Warmblutrassen, die schnell genug sind, um an Vielseitigkeitsprüfungen teilzunehmen. Außerdem ist es ein großartiges Fahrpferd für Turniere.

165

RUSSLAND, BALTIKUM UND SKANDINAVIEN

GOTLAND PONY

Das Gotland Pony wurde beinahe ein Opfer seiner eigenen Beliebtheit, doch in den 50er Jahren sorgte die Regierung dafür, daß sich die Bestände, die durch übermäßigen Export stark dezimiert waren, wieder erholen konnten. Heute ist das Skogruss ein beliebtes Kinderreitpferd, das auch an Trabrennen teilnimmt.

ABSTAMMUNG

Diese alte Rasse stammt vom Tarpan ab und führt auch etwas orientalisches Blut.

Tarpan
Schwedische Ponys ▼
Orientalen ▼
Gotland Pony

Das Gotland Pony, das auch Skogruss genannt wird, ist eine der ältesten Rassen der Welt. Wie der Bosniake, der Konik und der Huzule ist es ein direkter Nachfahre des Tarpans und weist viele seiner Merkmale auf.

Gotland Ponys leben schon seit Urzeiten wild auf der gleichnamigen schwedischen Insel, und es gibt dort noch immer eine freilaufende Herde, doch die meisten werden auf dem Festland gezüchtet.

Die Ponys vom Festland sind nicht mehr ganz reinrassig, denn sie führen mittlerweile etwas orientalisches Blut. In der Vergangenheit wurden die Ponys für die Landarbeit und als Zugtiere gebraucht, doch durch die zunehmende Technisierung im 20. Jahrhundert schrumpfte ihre Zahl. Gleichzeitig wurden die Ponys zu einem wichtigen Exportartikel, so daß ihre Anzahl in Schweden drastisch sank. Das veranlaßte die schwedische Regierung in den 50er Jahren, die Swedish Pony Association zu gründen, die sich der Förderung der Zucht verschrieben hat.

Die Ponys werden manchmal auch Skogruss genannt, was »Waldpferd« bedeutet.

Charakter und Pflege

Gotland Ponys sind hübsche, intelligente Tiere, von denen manche allerdings zur Sturheit neigen. Die meisten sind jedoch sehr gutmütig und willig. Sie können erstaunlich gut springen.

Das Gotland Pony heute

Das Gotland Pony wird für Trabrennen verwendet, aber auch als Reitpony für Kinder. Es geht auch gut vor einem leichten Wagen.

ALLGEMEINE MERKMALE

GEBÄUDE Schweif, Mähne und Schopf sind lang und üppig. Die Beine wirken manchmal etwas zu dünn für den kräftigen Körper, aber sie sind gut bemuskelt und haben gesunde Gelenke und starke Sehnen. Die Hufe sind klein, hart und wohlgeformt.

KOPF Klein, mit weit auseinanderstehenden Ohren, einer breiten Stirn, großen, freundlich blickenden Augen und geradem Profil.

FARBE Die häufigsten Farben sind Schwarz und Braun. Viele der Ponys haben einen Aalstrich.

GRÖSSE 120 bis 130 cm.

RUSSLAND, BALTIKUM UND SKANDINAVIEN

NORDLAND PONY

Das Nordland Pony ist außerhalb von Norwegen kaum bekannt. Es gehört dem nordeuropäischen Typ des alten Keltenponys an und ähnelt dem Shetland Pony.

Bis in die 20er Jahre wurden diese Ponys von den norwegischen Bauern gezüchtet und zur Arbeit verwendet. Obwohl kaum selektive Zucht betrieben wurde, veränderte sich der Typ nicht.

In den 40er Jahren gab es nur noch 43 Exemplare dieser Rasse, doch ein besonders guter Hengst mit Namen Rimfakse verschaffte der Zucht neuen Aufschwung. Dazu kam die Tatsache, daß das Reiten zu einer beliebten Freizeitbeschäftigung wurde, denn das Nordland Pony hat alle Qualitäten, die man von einem Kinderpony erwartet, und so wurde es bald überwiegend für den Export gezüchtet.

Charakter und Pflege

Nordland Ponys sind ruhig, stark und zäh und bedürfen nur geringer Pflege, um gesund zu bleiben. Sie scheinen bei knapper Fütterung am besten zu gedeihen. Sie bevorzugen die Robusthaltung.

Das Nordland Pony heute

Das Nordland Pony wird überwiegend als Kinderpony genutzt; in seiner Heimat allerdings auch zur Landarbeit.

ABSTAMMUNG

Das in Norwegen heimische Nordland Pony gehört zur Gruppe der Keltenponys und führt etwas Tarpanblut.

Keltenpony
Tarpan ▼
Nordland Pony

ALLGEMEINE MERKMALE

GEBÄUDE Ein typischer keltisch-nordeuropäischer Ponytyp. Die Beine sind kräftig und nicht zu dünn, gut bemuskelt mit wohlgeformten Gelenken und kleinen, harten Hufen.

KOPF Gut proportioniert, manchmal etwas groß, mit kurzen Ohren, großen, ausdrucksvollen Augen, einem geraden Profil und ziemlich kleinen Nüstern.

FARBE Fuchs, Schimmel, Braun und Dunkelbraun. Wenig Abzeichen.

GRÖSSE Zwischen 135 und 145 cm.

Das Nordland Pony, ein typisch nordeuropäisches Pony, stand immer etwas im Schatten des berühmten Fjordpferdes. Die freundlichen, willigen und fleißigen Ponys sind beliebte Kinderponys, die aber auch für die Landarbeit in schwierigem Gelände eingesetzt werden.

RUSSLAND, BALTIKUM UND SKANDINAVIEN

ABSTAMMUNG

Das Dölepferd gehört zur Gruppe der Keltenponys und führt zweifellos friesisches Blut, angesichts der Typenvielfalt aber sicherlich auch das anderer Rassen.

Keltenpony
Friese ▼
Kaltblut ▼
Norfolk Traber ▼
Döle ▼
Gudbrandsdal ▼
Araber ▼
Vollblut ▼
Modernes Dölepferd

DÖLEPFERD

Das Dölepferd ist dem englischen Dales Pony sehr ähnlich und hat wahrscheinlich dieselben Vorfahren. Dölepferde werden in verschiedenen Typen gezogen, die jedoch eindeutig zu erkennen sind. Ursprünglich gab es den Döle- und den Gudbrandsdal-Typ, doch sie sind miteinander verschmolzen, und heute heißt die Rasse nur noch Dölepferd. Im Lauf der Zeit wurden verschiedene Rassen eingekreuzt wie etwa schwere Kaltblüter, Traber, Vollblüter und Araber, so daß das Dölepferd heute eine recht vielseitige Rasse ist.

Eine Zuchtrichtung, der Döle-Traber, ist das Ergebnis umfangreicher Vollbluteinkreuzung, und die Trabrennen mit diesen Pferden sind in Norwegen sehr beliebt.

Gegen Ende des Zweiten Weltkriegs gab es kaum noch Dölepferde, doch in den 60er Jahren wurden in ganz Norwegen staatliche Gestüte eingerichtet, die sich auch des Dölepferdes annahmen und es schafften, sowohl die Anzahl der Tiere als auch ihre Beliebtheit zu steigern.

Charakter und Pflege

Das geduldige, ruhige Temperament ist verbunden mit Kraft, Energie und Ausdauer. Die Pflegeansprüche sind gering; knappe Fütterung reicht aus.

Das Dölepferd heute

Das Dölepferd wird in Norwegen immer noch als Zugtier in Feld und Wald verwendet. Die Döle-Traber laufen Rennen, die sich großer Beliebtheit erfreuen.

ALLGEMEINE MERKMALE

GEBÄUDE Dem britischen Dales Pony sehr ähnlich.

KOPF Unterschiedlich. Zum Teil schwere Ramsköpfe, aber auch leichte mit geradem Profil. Die Ohren sind kurz und beweglich, die Augen blicken freundlich und neugierig, und die Nüstern sind recht groß.

FARBE Überwiegend schwarz und dunkelbraun, manchmal auch braun. Isabellen und Schimmel sieht man nur selten.

GRÖSSE Von 145 bis 153 cm.

Das Dölepferd, eine Mischung aus dem ursprünglichen Dölepferd und dem Gudbrandsdaler, führt auch noch das Blut anderer Rassen, was die Typenvielfalt erklärt. Der hier abgebildete Döle-Traber, eine besondere Zuchtlinie, ist aus der Einkreuzung von Vollblütern hervorgegangen.

RUSSLAND, BALTIKUM UND SKANDINAVIEN

FJORDPFERD

Wenn es eine Pferderasse gibt, die selbst der Laie auf einen Blick erkennt, dann ist es sicher das Fjordpferd mit seiner typischen Falbfarbe und der charakteristisch gestutzten Mähne.

Das Fjordpferd gibt es in Norwegen schon seit Tausenden von Jahren. Die Wikinger benutzten es als Streitroß, wie aus den Steinmetzarbeiten auf ihren Runensteinen ersichtlich ist, und sie wählten die blutige Methode des Hengstkampfs, um die besten Hengste für Gebrauch und Zucht zu ermitteln.

Fjordpferde sind auch in andere nordeuropäische Ponyrassen wie etwa das britische Highland Pony und das Islandpferd eingekreuzt worden. Sie wurden in viele europäische Länder exportiert, vor allem in solche, in denen es keine guten einheimischen Ponys gibt. Das Fjord- oder Vestlands-Pferd, wie es manchmal genannt wird, ist in Skandinavien weit verbreitet und wird in verschiedenen, einander sehr ähnlichen Typen gezüchtet.

Charakter und Pflege

Das Fjordpferd ist ein alter Pferdetyp, der dem Przewalski-Pferd ähnelt, das zu seinen Vorfahren gehören dürfte. Farbe und Abzeichen sind typisch für ein Primitivpferd, und es ist ein guter Vertreter der Keltenponys.

Fjordpferde sind freundlich und willig, manchmal aber etwas dickköpfig. Sie sind sehr stark und zäh und haben viel Ausdauer.

Das Fjordpferd heute

Das Fjordpferd ist ein trittsicheres und furchtloses Bergpferd. Es wird noch heute in unebenem Gelände zum Pflügen verwendet, ist aber auch beliebt als Trekkingpferd. Man sieht es jedoch auch bei Trabrennen, Distanzritten und Fahrturnieren.

ALLGEMEINE MERKMALE

GEBÄUDE Der Aalstrich verläuft vom Schopf bis zum Schweifansatz über den ganzen Rücken. Dadurch ist die mittlere Schicht der Mähne dunkel, angefangen von einer schwarzen Strähne im Schopf, die sich durch die Mähne fortsetzt, als Aalstrich über den Rücken läuft und als schwarze Strähne im Schweif endet. Die Mähne wird traditionell so gestutzt, daß die äußeren weißen Haare etwas kürzer sind als die mittleren schwarzen, wodurch der Hals massiver aussieht, als er tatsächlich ist.

KOPF Der Kopf ist schwer, die kurzen, spitzen Ohren stehen weit auseinander und die Stirn ist breit. Die Augen sind groß und ausdrucksvoll. Die Nüstern sind mittelgroß, und das Maul ist manchmal etwas kurz.

FARBE Unverkennbar. Fast immer gelb- oder graufalb mit dreischichtiger Mähne (siehe oben). Häufig Zebrastreifen an den Beinen. Gelegentlich weiße Abzeichen am Kopf.

GRÖSSE 132 bis 145 cm.

ABSTAMMUNG

Das Fjordpferd ist mit Przewalski-Pferd und Tarpan verwandt. Im Lauf der Zeit wurden diverse Rassen eingekreuzt, die sich jedoch alle nicht bewährt haben, und so wird es heute als »reinrassig« betrachtet.

Przewalski-Pferd
Keltenpony ▼
Tarpan ▼
Fjordpferd

Das unverwechselbare norwegische Fjordpferd gibt es in seiner heutigen Form wahrscheinlich schon seit 2000 v. Chr. Auffallend sind seine Wildfarbe mit dem Aalstrich, der vom Schopf bis zur Schweifrübe reicht, und die gelegentlich auftretenden Zebrastreifen an den Beinen.

169

RUSSLAND, BALTIKUM UND SKANDINAVIEN

DÄNISCHES WARMBLUT

Das Dänische Warmblut, eines der wenigen Sportpferde, das kein Hannoveranerblut führt, hat doch viele Warmblut- und orientalische Pferde unter seinen Vorfahren. Diese haben ihm dazu verholfen, ein erfolgreiches Turnierpferd zu werden, das voll im modernen Warmbluttyp steht.

ABSTAMMUNG

Im Laufe der Jahrhunderte wurden deutsche und dänische Stuten mit Iberern, Neapolitanern, Holländern und türkischen Hengsten gepaart. Das Dänische Warmblut entstand aus der Kreuzung der daraus hervorgegangenen Stuten mit Vollblut-, Trakehner-, Anglo-Normänner-, Wielkopolski- und Malopolski-Hengsten.

Deutsche und dänische Stuten
Iberer ▼
Neapolitaner ▼
Holländer ▼
Türken ▼
Vollblut ▼
Trakehner ▼
Anglo-Normänner ▼
Wielkopolski ▼
Malopolski ▼
Dänisches Warmblut

Das Dänische Warmblut zählt mit dem Schwedischen Warmblut, dem Hannoveraner und dem Holländischen Warmblut zu den besten Sportpferden der Welt. Da Teile von Schleswig-Holstein bis 1864 zu Dänemark gehörten, hatten die dänischen Züchter Zugang zu den deutschen Pferderassen. In Klöstern scheinen schon immer besonders gute Pferde gezüchtet worden zu sein, und die Zisterzienser-Mönche im heutigen Holstein begründeten ihre Zucht schon zu Beginn des 14. Jahrhunderts. Sie kreuzten großrahmige deutsche Stuten mit erstklassigen iberischen Hengsten.

Das königliche Gestüt Frederiksborg in der Nähe von Kopenhagen wurde 1562 gegründet. Dort wurden überwiegend Neapolitaner und Andalusier gezogen, doch auch die kleinen dänischen Kaltblüter und der größere Jütländer wurden hier mit iberischen, holländischen, türkischen und später auch Vollbluthengsten gekreuzt. Mitte des 20. Jahrhunderts beschlossen die Dänen, ihre Frederiksburger-Vollblutkreuzungen zu erstklassigen Sportpferden umzuzüchten. Dafür verwendeten sie Hengste der Rassen Anglo-Normänner, Englisches Vollblut, Trakehner, Wielkopolski und Malopolski. Anders als bei vergleichbaren Rassen setzten die dänischen Züchter keine Hannoveraner ein.

Charakter und Pflege
Dänische Warmblüter sind ausgesprochen erfolgreiche Sportpferde, die sich vor allem in der Dressur und im Springen einen Namen gemacht haben. Sie sind fast immer gutmütig und willig, aber doch temperamentvoll und mutig. Ihr Bewegungsablauf ist besonders locker, elastisch und fließend.

Das Dänische Warmblut heute
Diese Pferde werden ausschließlich für den Turniersport gezüchtet. Exemplare, die den Anforderungen des Sports nicht genügen, geben gute Freizeitpferde ab.

ALLGEMEINE MERKMALE

GEBÄUDE Fast immer makellos. Vor allem die Beine sind nahezu perfekt, haben die richtige Länge, sind in der oberen Hälfte gut bemuskelt, kräftig, aber trocken, haben große, stabile Gelenke und ausgezeichnete Hufe.

KOPF Der Gesichtsausdruck strahlt Intelligenz und Mut aus. Die Ohren sind lang und edel und die Augen groß und ausdrucksvoll.

FARBE Alle Grundfarben; Braune überwiegen. Weiße Abzeichen an Kopf und Beinen sind erlaubt.

GRÖSSE In der Regel zwischen 163 und 165 cm.

170

RUSSLAND, BALTIKUM UND SKANDINAVIEN

FREDERIKSBORGER

Der alte Typ des Frederiksborgers war das geborene Pferd für die Hohe Schule der Reiterei. Die hier abgebildete moderne Variante ist in erster Linie ein gutes Kutschpferd, doch die anhaltende Zufuhr von Vollblut wird aus ihr vermutlich irgendwann ein Sportpferd werden lassen.

ABSTAMMUNG

Anfangs wurden auf dem Gestüt Frederiksborg die dänischen, Jütländer- und Holsteinerstuten von Neapolitanern und Iberern belegt. Es kamen auch holländische und türkische Hengste sowie die Vorläufer des Englischen Vollbluts zum Zuge, und diese Mischung machte den Original-Frederiksborger aus. Heute wird versucht, ihn aus Oldenburgern, Friesen, Vollblütern und Arabern neu erstehen zu lassen. Vollblüter sollen auch weiterhin eingekreuzt werden.

Andalusier
Neapolitaner ▼
Dänen, Jütländer ▼
Holsteiner ▼
Iberer ▼
Holländer ▼
Türken ▼
Frühe Vollblüter ▼
Oldenburger ▼
Friesen ▼
Araber ▼
Moderne Vollblüter ▼
Moderner Frederiksborger

Wenn wir heute von der Hohen Schule sprechen, sind meistens Lipizzaner, Lusitanos und Andalusier gemeint. Doch zur Blütezeit der Schulreiterei im 19. Jahrhundert war der Frederiksborger eines der beliebtesten Pferde für die Hohe Schule.

Das königliche Gestüt Frederiksborg in der Nähe von Kopenhagen wurde im Jahre 1562 von König Frederik II. gegründet. Dort sollten Pferde gezüchtet werden, die sowohl Kraft und Talent für die Übungen der Hohen Schule als auch die nötige Kraft und Ausdauer für ein Offizierspferd mitbrachten. Zudem mußten die Pferde noch bei wichtigen Anlässen die Galakutschen ziehen können.

Auf diesem Gestüt wurden überwiegend Frederiksborger gezüchtet, die mehrere Jahrhunderte lang als perfekte Hohe-Schule-Pferde galten. Leider konnten die Dänen den Angeboten aus anderen Ländern nicht widerstehen und verkauften zu viele ihrer erstklassigen Zuchttiere. Die dänische Zucht war am Boden, und in Frederiksborg wurden Vollblüter gezüchtet, bis das Gestüt 1862 geschlossen wurde.

Einige wenige Frederiksborger des alten Typs blieben in Dänemark bei Privatzüchtern, doch erst 75 Jahre später tauchten solche Pferde wieder auf und konnten erneut ins Stutbuch eingetragen werden. Die Rasse mußte fast vollständig neu gezüchtet werden, und dazu wurden Oldenburger, Friesen, Vollblüter und Araber verwendet. In letzter Zeit sind vermehrt Vollblüter eingekreuzt worden, um den Frederiksborger zu einem modernen Sportpferd umzuzüchten.

Charakter und Pflege
Der Frederiksborger, ein ziemlich gewöhnliches Pferd, ist kräftig und lebhaft und von gutem Charakter.

Der Frederiksborger heute
Der Frederiksborger ist nicht nur ein gutes Reit-, sondern auch ein hervorragendes Fahrpferd. Er wird in Dänemark noch heute als Zugpferd in der Landwirtschaft verwendet.

ALLGEMEINE MERKMALE

GEBÄUDE Der Hals ist kräftig und ziemlich kurz und wird hoch getragen. Die Brust ist breit und tief. Die Beine sind recht lang, aber korrekt und stark, und in der Bewegung fällt die hohe Aktion der Vorderbeine auf.

KOPF Der Ausdruck ist freundlich und intelligent. Die Ohren sind sehr beweglich und die Augen blicken gelassen.

FARBE Fast ausschließlich Füchse.

GRÖSSE Von 153 bis 163 cm.

171

RUSSLAND, BALTIKUM UND SKANDINAVIEN

KNABSTRUPPER

Der Knabstrupper, der beinahe ein Opfer der reinen Farbzucht geworden wäre, wird heute nicht mehr ausschließlich nach seiner Färbung beurteilt und ist jetzt ein gutes Reitpferd im mittelschweren Typ. Wegen seiner auffallenden Farbe sieht man ihn auch oft im Zirkus.

Der mehr als 200 Jahre alte dänische Knabstrupper war einst sehr beliebt, dann nahezu verschwunden, und erlebt jetzt wieder einen Aufschwung. Das besondere Merkmal dieser Rasse ist ihr getupftes Fell. Die frühesten Vorfahren der Pferde waren Waldbewohner, und getupfte Pferde erscheinen schon auf frühen Höhlenmalereien.

Im 16. und 17. Jahrhundert waren getupfte Pferde an den europäischen Königshöfen große Mode. Eine getupfte iberische Stute wurde von ihrem spanischen Besitzer an den dänischen Metzger Flæbe verkauft. Da sie sehr ausdauernd und schnell war, kaufte Major Villars Lunn, ein bekannter Pferdezüchter, sie ihm wieder ab und ließ sie auf seinem Gestüt Knabstrup von einem isabellfarbenen Frederiksborger decken. 1813 brachte die Stute, die den Namen Flæbehoppen erhalten hatte, ein buntes Hengstfohlen mit metallischem Fellglanz zur Welt. Es wurde Flæbehingsten genannt und begründete die Knabstrupperzucht.

Ende des 19. Jahrhunderts war aus dem Knabstrupper ein grobes, schlecht proportioniertes Pferd geworden, bei dem kein einheitlicher Rassetyp mehr zu erkennen war – das passiert leider oft, wenn die Farbe des Fells das einzige Auswahlkriterium der Zuchttiere ist. Die damaligen Knabstrupper waren grobknochige Tiere, die im Zugpferdetyp standen. In neuerer Zeit sind häufig Vollblüter eingekreuzt worden, die eine Wendung zum Besseren bewirkt haben.

Charakter und Pflege
Der Knabstrupper ist ein intelligentes, waches und umgängliches Reitpferd.

Der Knabstrupper heute
Knabstrupper werden als Freizeitpferde genutzt und auf Zuchtschauen vorgestellt. Wegen ihrer außergewöhnlichen Färbung sind sie auch im Zirkus sehr beliebt.

ALLGEMEINE MERKMALE

GEBÄUDE Der Knabstrupper hat nichts Orientalisches oder Edles an sich; die heutigen Exemplare sind jedoch solide, verläßliche und bequeme Reitpferde.

KOPF Der Hals bietet am Übergang zum Kopf wenig Ganaschenfreiheit. Die Ohren stehen weit auseinander, die Augen blicken freundlich und aufmerksam, das Profil ist gerade, das Maul eckig, und die Nüstern sind groß.

FARBE Eine Vielzahl von Flecken und Punkten auf weißem oder meliertem Fell. Das Langhaar ist bei klar gezeichneten Tieren gewöhnlich üppig, bei melierten eher dürftig.

GRÖSSE Zwischen 154 und 156 cm.

ABSTAMMUNG

Ursprünglich basierte die Rasse auf Frederiksborgern und Iberern. Heute werden Englische Vollblüter zur Veredelung eingesetzt.

Frederiksborger
Iberer ▼
Vollblüter ▼
Knabstrupper

RUSSLAND, BALTIKUM UND SKANDINAVIEN

ISLANDPFERD

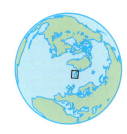

Island ist eines der Länder, das kein einheimisches Pony besitzt. Die bekannten Islandpferde sind das Ergebnis einer Kreuzung von mehreren nordeuropäischen Keltenponys, die im 9. Jahrhundert mit Siedlern aus ganz Skandinavien nach Island kamen. Es ist auch denkbar, daß einige Kelten dort einwanderten. Die verschiedenen Ponys vermischten sich zu einem extrem robusten Pferd, das schließlich einen bestimmten Typ annahm. Das Islandpferd wird für die Landarbeit und für Rennen verwendet, vor allem aber als Transportmittel, auf das im Winter, wenn die Straßen verschneit sind, niemand verzichten kann.

Die Zufuhr von orientalischem Blut erwies sich als Fehlschlag; für Ponys, die in solch strengem Klima leben, ist das heiße Araberblut vollkommen unpassend. Heute leben die Ponys halbwild und überleben den Winter ohne Zufutter, indem sie den Schnee wegscharren und fressen, was sie finden können. Da Rinder den isländischen Winter nicht überstehen würden, werden die Ponys auch als Schlachttiere gehalten.

Zu Beginn dieses Jahrhunderts waren die Ponys ein wichtiger Wirtschaftsfaktor, denn sie wurden als Grubenponys und Packtiere nach England exportiert.

Charakter und Pflege

Das Islandpferd ist ungewöhnlich zäh und robust und bedarf fast keiner speziellen Pflege. Es ist sehr stark und gesund, ruhig im Umgang, neugierig und freundlich, doch es bewahrt sich seine Unabhängigkeit.

Das Islandpferd heute

Heute werden die Pferde nach ganz Europa verkauft, denn sie sind beliebte Freizeitpferde, die sich für Wanderritte ebenso eignen wie für Distanzritte. Auf Island werden sie noch heute für die Landarbeit genutzt.

ALLGEMEINE MERKMALE

GEBÄUDE Islandpferde sind kräftig gebaut. Der Hals ist kurz und dick, und die Beine sind kurz und stämmig, mit kurzen Röhrbeinen und sehr harten Hufen.

KOPF Er ist unbestreitbar groß und gewöhnlich. Die Ohren sind klein, die Augen blicken freundlich. Mähne und Schopf sind üppig behaart, und auch der Schweif ist lang und dicht, um das Pferd vor Wind und Wetter zu schützen.

FARBE Mit Ausnahme der Tigerscheckung kommen alle Farben vor, auch in Kombinationen, wie man sie von anderen Pferden nicht kennt.

GRÖSSE Zwischen 122 und 138 cm.

ANDERE MERKMALE Das Islandpferd hat fünf Gangarten. Neben dem Tölt, einer Gangart im Viertakt, beherrschen gute Isländer noch den Paß.

ABSTAMMUNG

Das Islandpferd entstand aus verschiedenen Keltenpferden, die skandinavische Siedler nach Island mitbrachten.

Fjordpferd
Shetland ▼
Vorläufer des
Highland Ponys ▼
Connemara ▼
Islandpferd

In früherer Zeit ermittelten die Isländer die zur Zucht geeigneten Hengste, indem sie die Tiere miteinander kämpfen ließen. Heute werden andere Methoden verwendet, zum Beispiel die Selektion nach Gangarten wie etwa dem Tölt, einer schnellen Fußfolge im Viertakt. Die zähen und robusten Islandpferde haben einen erstaunlichen Heimfinde-Instinkt und werden für Wander- und Distanzritte eingesetzt. In ihrer Heimat arbeiten sie noch heute in der Landwirtschaft.

173

176	Quarter Horse	**204**	Peruvian Stepping Horse
180	Saddlebred	**205**	Paso Fino
182	Appaloosa		
186	Tennessee Walker		
187	Pony of the Americas	**Pferdetypen**	
188	Standardbred	**206**	Polopony
192	Missouri Foxtrotter	**207**	Palomino
193	American Shetland	**208**	Pinto
194	Morgan	**209**	Amerikanisches Warmblut
198	Criollo	**210**	Mustang
200	Falabella	**211**	American Performance Horse
201	Mangalarga	**211**	Albino
202	Azteke	**212**	Rocky Mountain Pony
203	Galiceño	**213**	Canadian Cutting Horse

AMERIKA

AMERIKA

QUARTER HORSE

Vom amerikanischen Quarter Horse heißt es, daß es »zu fliegen vermag, solange es den Atem anhalten kann« und »sich auf einem Groschen dreht und dabei noch 9 Pfennig Wechselgeld rausgibt«. Diese beiden Redensarten fassen die außerordentlichen Eigenschaften zusammen, die, so seine Anhänger, das Quarter Horse zu einem der beliebtesten Pferde der Welt gemacht haben – sein enormes Sprintvermögen und eine unglaubliche Wendigkeit. Es sei das schnellste Pferd der Welt – über die Distanz einer Viertelmeile (400 m = quarter mile) und tauge zu mehr Aufgaben besser als irgendein anderes lebendes Pferd, behauptet seine Fan-Gemeinde. Bei solchem Lob sind die Erwartungen an das Tier natürlich hoch, aber auch damit scheint das Quarter Horse problemlos fertig zu werden.

Das klassische Quarter Horse entwickelte sich im 17. Jahrhundert aus den Pferden und Ponys, die britische und andere europäische Siedler mit nach Amerika brachten und aus iberischen Pferden und Orientalen, die im 15. und 16. Jahrhundert von den Konquistadoren eingeführt worden waren und in den Kolonien wild und domestiziert bereits sehr gut Fuß gefaßt hatten.

Die klimatischen und geographischen Unterschiede, die sich in Nordamerika finden, bieten ideale Voraussetzungen für die Entstehung jeder denkbaren Pferde- und Ponyrasse. Siedler, die sich in Nord- oder Süd-Carolina und Virginia niederließen, mußten Urwälder roden und die Wildnis urbar machen, um sich ein Heim zu schaffen. Aber schließlich besteht das Leben nicht nur aus harter Arbeit; sie brauchten auch etwas Unterhaltung und hatten ihre Begeisterung für Pferderennen mit in die Neue Welt gebracht.

Anfänglich veranstalteten die Siedler ihre Pferde- oder Ponyrennen auf der Dorfstraße oder auf freigeschlagenen Pfaden, die etwa eine Viertelmeile lang waren. In diesen Zeiten war jede Menge Landarbeit zu verrichten, und die Pferde mußten vielfäl-

Das Quarter Horse ist bekannt für sein aufgewecktes, intelligentes, ruhiges Wesen. Bei kleinem Maul ist der Kopf kurz und breit und wird auf einem muskulösen, relativ geraden Hals getragen.

tig einsetzbar sein. Im Lauf der Zeit bildete sich durch Einkreuzen importierter Tiere jedoch ein Typ heraus, der auf Blitzstarts aus dem Stand spezialisiert war. Pferde, die sich mit dieser Fähigkeit hervortaten, wurden als »Quarter Pathers« bekannt und gezielt für ländliche Rennen gezüchtet.

Mit der Zeit wurden für die Quarter Pathers eigens Rennbahnen angelegt. Sie wurden jedoch auch für ihren »Cow Sense« – ihren sicheren Instinkt für die Arbeit mit Rinderherden – berühmt. Diese Eigenschaften der Geschwindigkeit, des Spurtvermögens, der Wendigkeit und des Instinktes für die Arbeit mit Rindern sind Merkmale des iberischen Pferdes, das in Europa zur Rinderarbeit und zu Stierkämpfen eingesetzt worden war. Es ist daher nicht verwunderlich, daß man großzügig auf iberisches Blut zurückgriff, um eine neue amerikanische Rasse herauszubilden, das Quarter Horse. Die wesentlichen Qualitäten, Geschwindigkeit und allgemeine Wendigkeit, wurden von den Siedlern und ihren Nachkommen durch Zuchtauslese gefestigt; so erhielt man mit der Zeit ein Pferd, das für diese Merkmale spezialisiert war.

Zu einem entscheidenden Fortschritt in der Entstehung des Quarter Horse kam es, als Mitte des 18. Jahrhunderts ein kleiner Vollbluthengst aus England importiert wurde; er hieß Janus und war ein Enkel von Godolphin Barb. Seine Stärke lag in schnellen Rennen über eine Distanz von etwa 6,5 km. Allerdings zeugte er auch viele Kurzstreckensprinter und Vollblüter und überdies Quarter Pathers. Janus stand nur vier Jahre in North Carolina für die Zucht zur Verfügung. Er muß jedoch sehr aktiv gewesen sein, denn er prägte die Rasse nachdrücklich. Die meisten Linienbegründer gehen auf ihn zurück. Darüber hinaus zeugte er viele berühmte Vollbluthengste und -stuten, darunter auch Gewinner des Kentucky Derby.

Charakter und Pflege

Berühmt sind Quarter Horses für ihr enormes Spurtvermögen aus dem Stand, für ihre Schnelligkeit über kurze Distanzen, ihre Wendigkeit und ihren Cow Sense. Sie sind darüber hinaus jedoch bekannt für ihr williges Temperament und ihren Leistungswillen, wobei sie gleichzeitig lebhaft und energiegeladen sind und sich eifrig an jede Aufgabe machen.

Ihre Lebensbedingungen sind äußerst unterschiedlich und reichen von der Haltung als reines Stallpferd in luxuriösen Rennställen bis zum Freilauf in den weiten Weidegebieten der westlichen USA. Als Warmblut ist das Quarter Horse zäh und seine Pflege unproblematisch.

Das Quarter Horse heute

Quarter-Horse-Rennen sind in den USA und anderen Ländern wie Australien ein großes Geschäft. In diesem Sport leistet die Rasse zweifellos Hervorragendes. In den USA wird das Quarter Horse auch zum Rinderhüten und als Rodeo-Pferd eingesetzt. Als Sportpferd für den Anfänger wie den Experten ist das Quarter Horse kaum zu schlagen. Es gibt

überdies ein großartiges Familienpferd ab, sowohl unter dem Sattel – ob in Western- oder klassischer Ausrüstung – als auch im Geschirr. Allerdings sieht man das Quarter Horse nur selten angespannt. Durch seine Eigenschaften eignet es sich auch für den Polosport, den es richtig zu genießen scheint, und für das Springreiten. Es wird hauptsächlich in den USA sowie in Kanada, Australien und einigen europäischen Ländern gehalten.

Zwar wurde das Quarter Horse zunächst als Rennpferd für kurze Distanzen gezüchtet, jedoch ist es genauso bekannt für seine Fähigkeiten in Western-Reitdisziplinen. Besonders berühmt ist es für seinen sicheren »Cow Sense«.

AMERIKA

QUARTER HORSE
Das augenfälligste Merkmal des Quarter Horse ist sein außergewöhnlich muskulöser und starkknochiger Bau. Dies wird besonders bei den Schultern, der Hinterhand und den Unterschenkeln deutlich. Das moderne Quarter Horse ist nicht mehr ganz so stämmig wie der ältere Typ, der aus der Mode zu geraten scheint. Vom Quarter Horse werden hohes Galoppiervermögen und scharfe, schnelle Drehungen und Kehrtwendungen bei der Arbeit erwartet. Sein muskulöses, gepacktes Gebäude erleichtert einen freien, geraden Gang und eine ausgesprochen geschmeidige Aktion. Das Symbol **G** bezeichnet ein Gebäudemerkmal.

FUNDAMENT
Früher wurden Ausstellungspferde oft mit zu kleinen Hufen gezüchtet; mittlerweile steht das Quarter Horse wieder auf starken Beinen und Hufen. An den unteren Gliedmaßen ist etwas Weiß erlaubt. **G**

FARBE
Alle Grundfarben sind vertreten. Zudem kommt es zu Falb- und stichelhaarigen Farbschlägen (wie hier abgebildet), die spezielle Bezeichnungen haben.

GRÖSSE
Größer als früher, zwischen 150 und 160 cm.

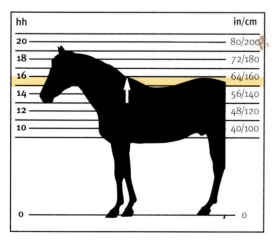

HINTERHAND UND SCHWEIF
Außergewöhnlich muskulöse, gerundete Hinterhand mit großer Weite und Tiefe; Schweif recht tief angesetzt. **G**

KNIEGELENK UND SCHENKEL
Schenkel und Knie sind oft breiter als die Hüfte, ein Gebäudemerkmal, das einen raumgreifenden Schritt und kraftvollen Schub aus der Hinterhand begünstigt. **G**

AMERIKA

OHREN
Die Ohren sind mäßig lang und gut aufgestellt. Ihre Beweglichkeit läßt ein Tier mit aufmerksamem Temperament erkennen.

KOPF
Kurz und breit mit gerader Nasenlinie, weiter Stirn und großen, ruhigen, ausdrucksvollen Augen. **G**

RÜCKEN UND LENDEN
Der Rücken ist kurz, gerade und stark und geht in weite, muskulöse Lenden über. **G**

HALS
Der Hals ist muskulös und ziemlich gerade; der Kopf wird relativ niedrig getragen (ein Merkmal, das die Geschwindigkeit des Pferdes steigert). **G**

MAUL UND NÜSTERN
Das Maul ist kurz und fest mit großen, beweglichen Nüstern, wodurch ein schneller Luftaustausch gefördert wird.

ABSTAMMUNG

Ausgehend vom iberischen Pferd wurde die Rasse während der Kolonialzeit mit Hilfe verschiedener Europäer und Orientalen entwickelt und später Englisches Vollblut eingekreuzt.

↓
Iberer (altspanische Pferde)

↓
Versch. europäische Schläge

↓
Orientalen (überwiegend Araber und Berber)

↓
Englisches Vollblut

↓
Quarter Horse

AMERIKA

AMERICAN SADDLEBRED

Das American Saddlebred ist eines der elegantesten, liebenswürdigsten, ja in der Tat liebevollsten Pferde der Welt. Über seine edle Erscheinung und sein lebhaftes Temperament hinaus ist es eins der gutmütigsten Pferde überhaupt.

Es wurde ursprünglich als ein folgsames, ausdauerndes Arbeitspferd in den Südstaaten gezüchtet und zwar zunächst und hauptsächlich in Kentucky, wo sein Vorläufer als Kentucky Saddler bekannt war. Dort saßen die Plantagenbesitzer oft von Sonnenaufgang bis Sonnenuntergang im Sattel, um die Arbeit auf ihren ausgedehnten Ländereien zu beaufsichtigen.

Für die langen Stunden im Sattel wurde ein äußerst bequemes und schnelles Pferd gebraucht. Der Galopp war für diese Aufgabe jedoch keine praktische Gangart, so wurden zusätzlich zu den Gängen Schritt, Trab und Galopp zwei weitere entwickelt. Dies war nicht schwierig, da sich unter den Ahnen der Rasse schnelle und langsame Paßgänger aus Spanien und England befanden. Man unterscheidet entsprechend ein »three-gaited« und ein »five-gaited« Saddlebred. Die »three-gaited« Pferde beherrschen Schritt, Trab und Galopp, die »five-gaited« Saddlebreds zusätzlich den »slow gait«, den Paßgang, und den »Rack« oder Rennpaß.

Charakter und Pflege

Das Saddlebred ist feurig, lebhaft und stolz und dabei so sanft, daß es sich auch für Kinder eignet.

ABSTAMMUNG

Zu den entfernteren Vorfahren gehören Traber- und Gangpferderassen, die Siedler aus England und dem übrigen Europa mitbrachten. Der Narragansett Pacer (der auf Rhode Island im 17. Jahrhundert entwickelt wurde), der Canadian Pacer, der Morgan und das Englische Vollblut kamen hinzu. Durch das Zusammenführen dieser Rassen entstand ein typvolles Reitpferd hoher Qualität.

Europäische Traber und Gangpferderassen
Narragansett Pacer ▼
Canadian Pacer ▼
Morgan ▼
Englisches Vollblut ▼
Amerikan. Saddlebred

Seine langen Beine, der hochgetragene Kopf und sein künstlich gebogener, hochgestellter Schweif machen das American Saddlebred zu einer unverwechselbaren Erscheinung. Die Rasse wird hauptsächlich für den Schauring gezüchtet, wo sie sowohl unter dem Sattel wie im Geschirr vorgeführt wird. Als Reitpferd wird es in der three-gaited Klasse und five-gaited Klasse gezeigt.

AMERIKA

Das American Saddlebred heute

Das Saddlebred wird fast ausschließlich als Schaupferd für die Saddlebred-Spezialklassen des Reit- und Fahrsports gezüchtet. Es könnte jedoch auf allen anderen Gebieten mit jedem anderen Pferd mithalten. Einige Saddlebreds sind ausgezeichnete Springpferde.

Durch das Wachsenlassen der Hufe (manchmal werden sie sogar künstlich verlängert), Beschlagen mit Gewichtseisen und Spezialtraining wird seine sehr hohe, spektakuläre Aktion noch verstärkt. Überdies werden die Muskeln auf der Unterseite der Schweifrübe eingeschnitten (eine Praktik, die in den meisten Ländern aus ethischen Gründen verboten ist), wodurch sich eine unnatürlich steife und hohe Schweifhaltung ergibt, die noch bei den meisten Tieren (aber heute nicht mehr bei allen) zu sehen ist. Unterstützt wird dies durch Anlegen eines Schweifgurts, wenn das Tier im Stall steht; solche Praktiken verhindern, daß das Tier seinen Schweif senken und auf natürliche Weise gebrauchen kann. Das Saddlebred wird im amerikanischen Sattelsitz geritten, bei dem der Reiter weit hinter dem Gleichgewichtspunkt des Pferdes sitzt. Solange alle diese Techniken nicht zumindest modifiziert, wenn nicht gar abgeschafft werden, wird diese Rasse in der übrigen Pferdewelt nicht die volle Anerkennung finden, die sie aufgrund ihrer überragenden Eigenschaften verdient hätte.

ALLGEMEINE MERKMALE

GEBÄUDE Ein wunderschönes (und tüchtiges) Pferd mit entsprechendem Temperament und außergewöhnlicher Präsenz und Ausdruckskraft. Sein langer und eleganter Hals ist hoch angesetzt, der Kopf wird hoch getragen, der Widerrist verläuft ebenmäßig über langen schrägen Schultern zum Rücken. Die Schulterblätter stehen oben enger zusammen als unten, so daß die Ellbogen weit gestellt sind und eine geschmeidige, fließende Aktion erlauben. Rumpf und Rücken sind relativ lang; ersterer ist gut gewölbt, und letzterer ist stark und gerade mit weiten, kräftigen Lenden und flacher Hinterhand mit natürlich hohem Schweifansatz. Die Gliedmaßen sind hart und stark, aber fein und gut bemuskelt mit langen, schrägen Fesseln und harten Hufen.

KOPF Klein und schmal, aufmerksam und intelligent und sehr hoch getragen. Die Ohren sind spitz und fein und stehen eng zusammen. Die Augen blicken stolz ohne Überheblichkeit und sind doch sanft. Die Nasenlinie verläuft gerade, und die Nüstern sind groß und weit geöffnet. Die Kehle ist trocken und geschwungen.

FARBE Alle Grundfarben, auch Palomino, gelegentlich Dunkelschimmel. Weiße Abzeichen an Kopf und Fesseln kommen vor. Decke, Mähnen- und Schweifhaare sehr fein und seidenweich.

GRÖSSE 150 bis 162 cm.

ANDERE MERKMALE Die Gänge dieser Rasse unterscheiden sie von anderen Pferden. Beim »slow gait« (der auch »running walk«, »stepping pace« oder »slow rack« genannt wird) handelt es sich um eine sehr alte Gangart, die bei vielen ostasiatischen und alten europäischen Rassen zu beobachten ist: Die Beine einer Seite bewegen sich eins nach dem anderen, gefolgt von den Beinen der anderen Seite; so entsteht ein gleitender Laufschritt. Der »rack« ist die wesentlich schnellere Version derselben Gangart und sieht durch die hohe Aktion des Pferdes spektakulär aus.

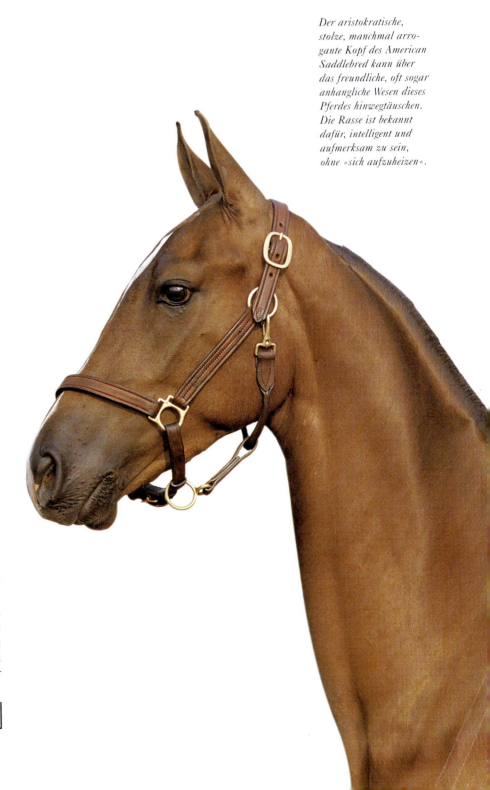

Der aristokratische, stolze, manchmal arrogante Kopf des American Saddlebred kann über das freundliche, oft sogar anhängliche Wesen dieses Pferdes hinwegtäuschen. Die Rasse ist bekannt dafür, intelligent und aufmerksam zu sein, ohne »sich aufzuheizen«.

AMERIKA

APPALOOSA

Die Nez-Percé-Indianer entwickelten die Stammväter des modernen Appaloosa, eine der beliebtesten Rassen in Amerika. Ein Appaloosa muß nicht unbedingt gefleckt sein; in dem Fall müssen jedoch die Haut unter dem Fell gesprenkelt und seine Hufe gestreift sein, und die weiße Lederhaut des Auges muß als Ring um die Iris sichtbar werden.

Der Appaloosa kann als das amerikanische Pferd schlechthin bezeichnet werden, denn es wurde von den Nez Percé, einem Indianerstamm im Nordwesten der USA, aus den Pferden entwickelt, die die Konquistadoren mit ins Land brachten.

Die Urahnen der Pferde waren Waldbewohner, deren Fell zur Tarnung gesprenkelt, möglicherweise auch gestreift gewesen sein muß, um ihnen gegen Raubtiere im fleckigen Schatten der Bäume Schutz zu bieten. Ihre modernen Appaloosa-Nachkommen tragen die Gene für die charakteristische Fleckung.

Schon dem Höhlenmenschen des Cro-Magnon waren gefleckte Pferde bekannt, denn er hat sie in Felszeichnungen festgehalten. Sie waren in Asien und bis zum ausgehenden 19. Jahrhundert in Europa sehr begehrt; dann scheinen sie aus der Mode gekommen zu sein.

Inzwischen erfährt der Appaloosa jedoch eine Renaissance und das nicht nur bei Western-Paraden und -Shows, für die er durch seine Fellzeichnung bestens geeignet ist, sondern auch als Gebrauchs- und Turnierpferd.

Ein Appaloosa muß nicht unbedingt gefleckt sein. Wenn er dies nicht ist, muß er jedoch drei weitere Anforderungen erfüllen: die weiße Lederhaut des Auges muß sichtbar sein, die Haut unter der Haardecke muß gesprenkelt und die Hufe müssen gestreift sein.

Innerhalb der Rasse gibt es eine Vielfalt von Sprenkel- und Fleckzeichnungen; sie wurden zur leichteren Klassifizierung in sechs Hauptmuster unterteilt: Tigerscheck – hier sind fuchsfarbene, braune oder schwarze Flecken auf weißem Fell über den ganzen Körper verteilt; Schneeflockenscheck mit weißen Flecken auf fuchsfarbenem, braunem oder schwarzem Fell; der Schabrackenscheck zeigt eine großflächige Weißfärbung über Lende, Kruppe und Schenkeln, die dann entweder fuchsfarben, braun oder schwarz gesprenkelt ist oder keinerlei Markierungen besitzt. Das Frost-Muster bezeichnet ein dunkles Fell mit wenigen weißen Flecken auf Hüfte und Lende. Marmorscheckung schließlich findet sich bei Pferden, die ihr Fohlenfell durch Tupfer und Spritzer wechseln, bis das ältere Tier mit Ausnahme schwarzer Markierungen an Kopf und Gliedmaßen fast ganz weiß ist.

Zu den weiteren Variationen der Hauptmuster gehören stichelhaarige Pferde (mit weißen Haaren durchsetzte Füchse und Grauschimmel), die helle, aber keine weißen Flecken haben.

Charakter und Pflege

Appaloosas sind ideale Familienponies und -pferde, denn sie haben ein liebenswertes Wesen und sind körperlich robust. Sie sind wendig, schnell und zeigen beachtliche Ausdauer; gleichzeitig sind sie auch

AMERIKA

Appaloosas sind kompakt gebaut und gut bemuskelt, wobei dem Quarter-Horse-Typ allgemein der Vorzug gegeben wird. Es wird Wert gelegt auf ein starkes, korrektes Fundament, da die meisten Vertreter dieser Rasse für die Rinderarbeit gebraucht, als Freizeitpferde geritten werden oder an verschiedenen Turnieren speziell der Western-Klassen teilnehmen.

gelehrig und begeisterungsfähig. Es macht wirklich Freude, mit ihnen zu arbeiten, und sie sind leicht zu pflegen.

Der Appaloosa heute

Appaloosas sind gute Reitpferde für jeden Zweck und eignen sich als Fahrpferde, wenn auch wenige Spanndienste zu verrichten scheinen. Bei Wettbewerben werden in erster Linie die Qualitäten des Appaloosa als Reitpferd beurteilt.

In den Vereinigten Staaten sind Appaloosas in verschiedenen Western-Disziplinen wie Reiten, Lassoarbeit, Rinderarbeit und Tonnenrennen und in verschiedenen Ausstellungsklassen zu sehen.

In England macht die Verbesserung der Rasse große Fortschritte, da mehr und mehr Züchter die Qualität des Pferdes und nicht nur die Farben in den Vordergrund ihrer Bemühungen stellen. Infolgedessen sieht man den Appaloosa zunehmend sowohl in den Reitpferdklassen, Farb- und Familienpferdklassen wie in den Leistungsprüfungen der Military-, Spring- und Dressurklassen. In Australien ist die Rasse sehr beliebt, und dort wird der Appaloosa genau wie in den USA über seine anderen Fähigkeiten hinaus auch als Rennpferd geschätzt.

Appaloosas haben in der Regel ein ruhiges, leistungswilliges Temperament. Ob in Western-, Indianer- oder klassisch englischer Ausrüstung, Appaloosas sehen immer gut aus.

AMERIKA

APPALOOSA
Bei der Appaloosa-Zucht stand die Farbe, nicht das Temperament im Vordergrund. Dennoch zeichnet sich die Rasse insgesamt durch ein ruhiges Wesen, Leistungsbereitschaft und Gutmütigkeit aus. Ob im Western-Stil, als Indianerpferd oder klassisch englisch geritten, Appaloosas sehen immer gut aus. Bei den meisten anderen Rassen gilt es traditionell als Zeichen für einen schwierigen Charakter, wenn das Weiße im Auge eines Pferdes zu sehen ist. Das trifft beim Appaloosa mit Sicherheit nicht zu! Das Symbol **G** *bezeichnet ein Gebäudemerkmal.*

FELL UND FARBE
Obwohl die Fellzeichnungen in sechs Hauptmuster unterteilt werden, kann es bei den vielfältigen Variationen gescheckter, gesprenkelter und getupfter Tiere schwer werden, eine Farbe oder ein Muster richtig zu benennen. Bei dem hier vorgestellten Appaloosa handelt es sich allerdings um eine Schabrackenschecke mit großflächig über Kruppe und Hinterhand verteiltem Weiß.

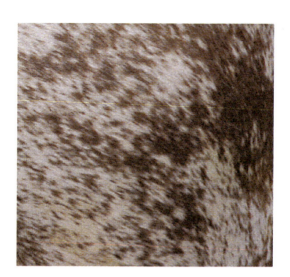

HINTERHAND UND GLIEDMASSEN
Kraftvolle Hinterhand und starke, gut eingesetzte Gliedmaßen. **G**

MÄHNEN- UND SCHWEIFHAAR
Ein Charakteristikum der Appaloosas ist das recht dünne Langhaar. Dieser attraktive Vertreter seiner Rasse hat volleres Schweifhaar als beim Appaloosa üblich.

GRÖSSE
Im allgemeinen 145 bis 155 cm.

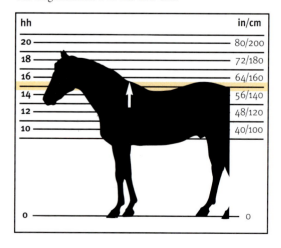

HUFE
Die Hufe haben in der Regel senkrechte Streifen.

AMERIKA

KOPF
Ehrlicher Kopf mit kurzen spitzen Ohren. **G**

HALS
Der Hals ist kurz bis mittellang. **G**

RÜCKEN
Kompakter, gut bemuskelter, relativ kurzer Rücken. **G**

AUGEN
Der Charakter des Appaloosa läßt sich an seinen Augen erkennen, die meist aufmerksam und freundlich blicken.

ABSTAMMUNG

Gefleckte und gescheckte Pferde waren in alten Kulturen hochbegehrt, und die Appaloosas sind nicht der einzige Pferdetyp mit dieser Art Fellzeichnung. Die meisten Pferde dieses Typs kamen aus Asien, fanden Verbreitung in Europa und wurden von dort im Gefolge der Konquistadoren mit in die Neue Welt gebracht. Obwohl von überwiegend orientalischer Abstammung, haben sie, vermutlich von ihren europäischen Ahnen, doch einen gewissen Kaltblut-Anteil, der an ihrem stämmigeren Körperbau erkennbar wird.

Araber

Berber

Turkpferde

Altspanisches Pferd

Appaloosa

185

AMERIKA

ABSTAMMUNG

Als Rasse, die von Siedlern und Pionieren entwickelt wurde, gründet sich die Herkunft des Tennessee Walker auf Standardbred- und Morganblut mit einem Schuß Narragansett Pacer, Saddlebred, Englisches Vollblut und Canadian Pacer.

Standardbred
Morgan ▼
Narragansett Pacer ▼
Saddlebred ▼
Canadian Pacer ▼
Engl. Vollblut ▼
Tennessee Walker

Mit seinem berühmten schnellen »running walk« ist dieses Pferd sehr beliebt als Schaupferd, Freizeit- und Fahrpferd. Sein ausgeglichenes Temperament und die einfache Pflege machen den Tennessee Walker zu einem Pferd, das es zu besitzen lohnt und das dabei nicht zu anspruchsvoll ist.

TENNESSEE WALKER

Wie die anderen Rassen aus dem tiefen Süden der USA wurde der Tennessee oder Plantation Walker im 17. Jahrhundert von den Plantagenbesitzern gezüchtet, die ein Pferd brauchten, das sie viele Stunden schnell und leicht über ihre ausgedehnten Ländereien trug. Der »Walker«, wie man dieses Pferd heute allgemein nennt, ist robuster, aber weniger elegant als das American Saddlebred und wird als Allzweckpferd unter dem Sattel und im Geschirr eingesetzt.

Wie der Morgan verdankt auch der Walker seine Existenz einem beeindruckenden Vererber namens Black Allan, dessen Vater ein Standardbred war. Black Allan wurde 1886 geboren und kam, nachdem er wegen seines merkwürdigen Gangwerks als Fahrpferd abqualifiziert worden war, noch als junges Pferd nach Tennessee. Dort wurde er dank seines »Geburtsfehlers« der Begründer einer unverwechselbaren und sehr beliebten Rasse.

Black Allan genoß eine lange Karriere als berühmter Deckhengst. Er blieb ein erfolgreicher Vererber, der seinen Typ – und seine Gangart – an seine Nachkommen weitergab.

Charakter und Pflege

Der Tennessee Walker wird oft mit dem American Saddlebred verglichen, ist jedoch weit weniger elegant. Er hat ein freundliches und williges Wesen, und seine unverwechselbaren Gänge, speziell der »running walk«, ein »Laufschritt«, finden großen Anklang.

Der Tennessee Walker heute

Obwohl der Tennessee Walker als Schaupferd gezogen wird, so findet diese Rasse doch auch als Reit- und Spannpferd für jeden Zweck Verwendung.

ALLGEMEINE MERKMALE

GEBÄUDE Der Hals ist lang, gebogen, muskulös und wird hoch getragen. Seine breite Basis ist hoch in die tiefe, breite Brust eingesetzt. Die Gänge dieses Pferdes sind einzigartig; das Gangwerk wird vererbt, jedoch durch Training entwickelt. Die beiden Gänge (»flat-footed walk« und der berühmte »running walk«, ein Laufschritt) werden als »tiefer, lockerer Viertakt« beschrieben, »bei dem jeder Huf in einem regelmäßigen Intervall einzeln auftritt.« Beide Gänge sind außerordentlich komfortabel und sollen selbst den skeptischsten Reiter bekehren.

KOPF Ziemlich groß und schlicht, mit aufgestellten Ohren, gerader Nasenlinie, sanften Augen und großen Nüstern.

FARBE Rappen sind häufig, darüber hinaus Fuchs, Braune, Dunkelbraune, Schimmel und stichelhaarige Farbschläge. Weiße Abzeichen an Kopf und Gliedmaßen sind erlaubt.

GRÖSSE Nicht unter 155 cm.

AMERIKA

PONY OF THE AMERICAS

Genau wie die Briten ein Miniatur-Vollblut für den Reiternachwuchs züchteten, so wurde auch in Amerika eine eigene Ponyrasse geschaffen, das Pony of the Americas.

Begründer dieses Reitponys sind zwei recht unterschiedliche Rassen: das schottische Shetland Pony aus Großbritannien vom keltischen Pony-Typ und der amerikanische Appaloosa iberischer Herkunft. In den fünfziger Jahren paarte der Pferdezüchter Leslie Boomhower aus Iowa einen Shetland-Hengst mit einer Appaloosa-Stute; das Ergebnis war Black Hand I, der das Ebenbild seiner Mutter war. Er war so erfolgreich bei Pferdeschauen und war bei Kindern so beliebt, das er schließlich zum Begründer der ersten Ponyrasse Amerikas wurde.

Der Standard für dieses Pony verlangt Farbe und Fellzeichnung des Appaloosa und die Gebäudemerkmale einer Miniaturkreuzung zwischen Araber und Quarter Horse. Die Fohlen können, vorausgesetzt ein Elternteil ist ein eingetragenes Pony of the Americas (POA), vorläufig registriert werden; für einen endgültigen Eintrag muß das Tier jedoch drei Jahre alt sein. Zuchtziel ist, ein Miniaturpferd und nicht ein Tier mit Pony-Charakter zu schaffen. Überdies wird beim Trab hohe Aktion mit einer gewissen Kniearbeit gefordert: Die langen, flachen Gänge des Englischen Vollbluts oder der Pferde vom Araber-Typus sind unerwünscht.

Charakter und Pflege

Das Pony of the Americas wird ausdrücklich als kleines Pferd nicht als echtes Pony gezüchtet. Es ist still und fügsam und ein ausgezeichnetes Allroundpferd. Es ist hart und ausdauernd, anspruchslos in der Pflege und für Kinder gut geeignet.

Das Pony of the Americas heute

Das Pony of the Americas ist ein passendes Allzweck-Reitpferd für Kinder und kann auch von kleinen Erwachsenen geritten werden. Es ist vielseitig genug, um eine Reihe verschiedener Aufgaben zu erfüllen wie Pony-Trekking, Springen, Ausdauerprüfungen, Springreiten, Trabrennen und sogar Pony-Flachrennen.

ABSTAMMUNG

Entwickelt auf der Grundlage des Shetland Ponys und des Appaloosa, ist die Rasse inzwischen durch Quarter Horse und Araber geprägt. Und diese Blutanteile werden sich durchsetzen. Dennoch sollte jedes Pony, das die strikten Voraussetzungen für den Zuchtbucheintrag erfüllt, unabhängig von der Abstammung anerkannt werden.

Shetland
Appaloosa ▼
Quarter Horse ▼
Araber ▼
Pony of the Americas

ALLGEMEINE MERKMALE

GEBÄUDE In dem Bemühen, einen gefestigten und erkennbaren Typ zu schaffen, wird das Pony of the Americas inzwischen einem strengen Rassestandard unterworfen. Höchstes Ziel der Züchter ist es, ein Miniaturpferd vom Quarter-Horse- und Araber-Typ zu entwickeln.

KOPF Araber-Kopf, keilförmig mit kleinen aufgestellten Ohren, breiter Stirn, großen, ausdrucksvollen Augen und kleinem Maul mit weiten Nüstern; es kommen auch schwerere, etwas gröbere Tiere vor.

FARBE wie Appaloosa.

GRÖSSE 115 bis 135 cm.

Das Pony of the Americas, das als kleines Pferd und nicht als echtes Pony gezüchtet wird, erfreut sich als Reittier für Kinder, Jugendliche und kleine Erwachsene steigender Beliebtheit. Unverwechselbar wird dieses Tier durch seine hohe Aktion und Appaloosa-Zeichnung.

187

AMERIKA

STANDARDBRED

Ob als Traber oder Pacer, das Standardbred ist im Geschirr das schnellste Pferd der Welt. Mit größter Sorgfalt und Präzision wurde es für einen einzigen Zweck gezüchtet, nämlich im Trab oder Paß einen ultraleichten, zweirädrigen Rennsulky in einer schnellstmöglichen Standardzeit über die Distanz von 1,6 Kilometer zu ziehen. Die Verfolgung dieses Zuchtziels hat eine klar umrissene Rasse mit gefestigten Fähigkeiten und körperlichen wie charakterlichen Merkmalen hervorgebracht.

Bei den 1879 festgesetzten Standardzeiten mußte ein Pferd die Meile in zwei Minuten und 30 Sekunden zurücklegen. Diese Geschwindigkeit mußte für einen Zuchtbucheintrag nachgewiesen werden. Heutzutage reicht der Stammbaum als einzig erforderliches Kriterium. Bei den heutigen Standardzeiten müssen zweijährige Traber oder Pacer die Meile in zwei Minuten 20 Sekunden hinter sich bringen; von Pferden, die drei Jahre oder älter sind, werden zwei Minuten 15 Sekunden gefordert. Die Pferde sind heutzutage zum einen wesentlich schneller, weil bei der Zucht auf Schnelligkeit hin ausgewählt wird, zum anderen aber, weil sowohl Rennbahnbeläge, Geschirr und Sulkys verbessert wurden. Der Standardbred-Hengst Niatross kündigte den Beginn einer neuen Ära an, als er 1980 die Zeitprüfung mit 1 Minute 49,5 Sekunden absolvierte, und die Zeiten werden immer kürzer.

Der Unterschied zwischen Renntrab und Rennpaß besteht darin, daß ein Traber diagonale Gänge hat, also ein Hinterbein der einen Seite und ein Vorderbein der anderen Seite gleichzeitig aufsetzt, während der Pacer sich lateral bewegt, wobei Hinterbein und Vorderbein derselben Seite gleichzeitig aufgesetzt werden. Pacer sind geringfügig schneller als Traber, da die Schwebephase in dieser Gangart (d. h. die Zeit, in der das Pferd keinen Bodenkontakt hat) um einen Bruchteil länger ist als beim Trab. Pacer verbringen also etwas mehr Zeit in der Luft, ohne durch den Boden gestoppt zu werden, der jedesmal eine Bremswirkung ausübt, wenn ein Huf aufgesetzt wird.

Die meisten Standardbreds laufen entweder Trabrennen oder Paßrennen, manche sind jedoch in beiden Gangarten erfolgreich. Zwar glaubt man allgemein, daß der Trab eine natürliche Gangart des Pferdes ist, der Paßgang jedoch nicht, doch viele Pferde zeigen die Veranlagung zum Paß von Geburt an, die dann durch Training gefördert und entwickelt wird. Als Trainingshilfe wird ein Hobblegeschirr (eine Art Beinfesselung) um die Oberarme und -schenkel gelegt, um den Paßgang zu unterstützen.

Trabrennen stammen aus dem 17. Jahrhundert, als die Leute Pferde und leichte Wagen benutzten, um ungepflasterte Wege zu bewältigen, die als Straßen dienten. Als die Straßen mit der Zeit verbessert und viel mehr Pferde und Fahrzeuge eingesetzt wurden, entwickelten die Pferdehalter einen natürlichen Stolz auf ihre Roadster (Straßenpferde), und es kam zu freundschaftlichen, improvisierten Rennen, wann immer eine Familie eine andere zu überholen versuchte. Trabrennen waren also die logische Konsequenz aus der menschlichen Veranlagung zum Wettbewerb.

Ab dem frühen 19. Jahrhundert wurde der Zucht auf Renngeschwindigkeit mehr Aufmerksam-

Das Standardbred ist der Welt bester Renntraber. Die Entwicklung der Rasse war phänomenal und wurde präzise gesteuert, um Tiere mit natürlicher Veranlagung zum Paß und Trab zu schaffen; dabei sind Pacer geringfügig schneller als Traber. Geschwindigkeiten von unter 2 Minuten über die Distanz von einer Meile (1,6 km) sind heute keine Seltenheit.

AMERIKA

keit gewidmet; und am 11. Juni 1806 war der folgende Rennbericht im *New York Commercial Advertiser* zu lesen: »Flotter Trab – Gestern nachmittag legte ein Pferd namens Yankey aus New Haven die Distanz über eine Meile auf der Harlemer Rennbahn in zwei Minuten und neunundfünfzig Sekunden zurück, eine Geschwindigkeit, die, soweit bekannt, in unserem Land noch nie überboten wurde und die sich mit jedem Eintrag in den englischen Sporting Calendars messen kann.«

Mit der Rekordzeit von Yankey hatte ein Pferd die Meile zum ersten Mal in unter drei Minuten bewältigt, und in der Folge fand der Trabrennsport, für den die Teilnehmer hochrädrige, schwere Karren benutzten, immer mehr Anhänger. Um den Trabrennsport von Rennen unter dem Sattel zu unterscheiden, wurden 1879 die Standards für Trabrennen festgelegt und der Name Standardbred eingeführt, um diesen Pferdetyp von dem schnelleren Englischen Vollblut zu unterscheiden, das für gerittene Rennen bevorzugt wurde. 1892 hatte der Sulky mit luftgefüllten Reifen, die Fahrradreifen ähneln, sein Debut, was schlagartig zu einer Verkürzung der Trab- bzw. Paßrennzeiten um fast vier Sekunden führte.

Das Standardbred läßt sich bis auf den Englischen Vollbluthengst Messenger zurückverfolgen, der 1788 nach Philadelphia importiert wurde. Interessanterweise finden sich in seiner Ahnentafel zwei bekannte Hengste: Blaze vom Typ des Norfolk Roadster, der den berühmten Old Shales zeugte, ein Begründer der Norfolk-Roadster- und Hackney-Rassen, und Sampson, einflußreicher Vererber für alle Traber- und Pacer-Rassen, der seine Gangqualitäten an alle seine Nachkommen weitergab. Auch Morgan-Blut hat zur Entwicklung des Standardbred beigetragen.

Charakter und Pflege

Das Standardbred, obwohl zweifelsohne ein »Bluttyp«, ist zäh und besitzt großes Durchhaltevermögen. Es muß natürlich gut gepflegt, aber nicht verhätschelt werden. Es ist gelehrig und leicht zu führen, willig, eifrig und energisch, und es hat einen natürlichen Wettbewerbsinstinkt.

Das Standardbred heute

Die Hauptaufgabe des modernen Standardbred besteht in seiner Teilnahme an Trab- und Paßrennen, wie sie in seiner Heimat, den Vereinigten Staaten, aber auch in Skandinavien, Kanada, Australien und Neuseeland veranstaltet werden. Pferde, die nicht für Rennen eingesetzt werden oder die einfach nicht schnell genug sind, eignen sich hervorragend als Reitpferde und scheinen sich aufgrund ihrer Zähigkeit besonders für den Distanzsport und als Jagdpferde zu eignen. Sie tun sich auch in Vielseitigkeitsprüfungen hervor, sind jedoch nicht ganz so schnell wie das Englische Vollblut, das immer noch die Spitze in dieser Disziplin hält.

In den USA scheinen Rennen vor dem Sulky – ob im Trab oder Paß – beliebter zu sein als Galopprennen. Auch in Kanada, Skandinavien, Australien und Neuseeland steht der Trabrennsport hoch im Kurs. Das Standardbred wird zur Verbesserung der Traberzucht auf der ganzen Welt eingesetzt.

AMERIKA

STANDARDBRED
Das Pferd erinnert an ein mittelgewichtiges Vollblut, ist jedoch robuster und stabiler als die meisten Vollblüter und hat weniger Feuer. Dieses herrliche Tier ist äußerst korrekt gebaut und läßt eindeutig die Vollblutahnen des Standardbred erkennen. Als Absonderlichkeit bei dieser Rasse ist die Kruppe fast ausnahmslos deutlich überhöht; sie ist oft 2,5 cm oder sogar 5 cm höher als der Widerrist, ein Merkmal, das der an sich schon kraftvollen Hinterhand enorme Schubkraft verleiht. Bei einem Reitpferd hingegen ist eine solche Kontourlinie für den Reiter unbequem, da er immer das Gefühl hat, bergab zu reiten. Um Kraft zu sparen und eine Selbstverletzung in engen Kehren des Parcours bei hoher Geschwindigkeit zu vermeiden, muß die Aktion beim Trab oder Paß frei und vollkommen gerade sein. Das Symbol **G** bezeichnet ein Gebäudemerkmal.

FELL UND FARBEN
Die meisten Standardbreds sind dunkelbraun oder braun mit schwarzer Mähne und einem schwarzen Schweif. Auch Rappen, Füchse und, wenn auch seltener, Schimmel sowie stichelhaarige Tiere kommen vor.

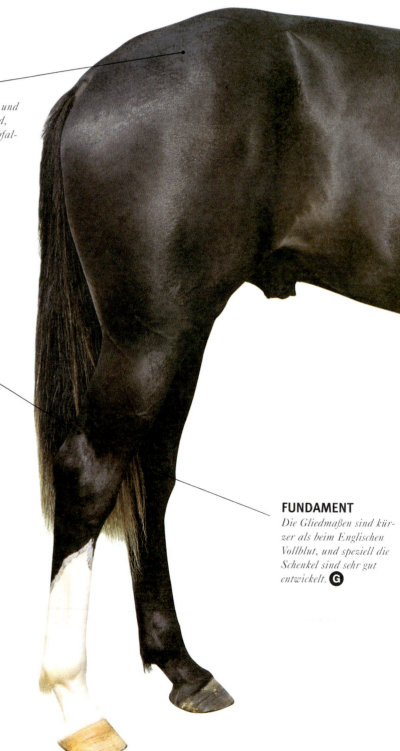

LENDEN UND HINTERHAND
Starke, weite Lenden und kraftvolle Hinterhand, zum Schweif leicht abfallend. **G**

SPRUNGGELENKE UND RÖHRBEINE
Die Sprunggelenke sind groß und stark, mit deutlich markierten Sehnen und kurzen Röhren. **G**

FUNDAMENT
Die Gliedmaßen sind kürzer als beim Englischen Vollblut, und speziell die Schenkel sind sehr gut entwickelt. **G**

GRÖSSE
Ca. 142 bis 162 cm, im Durchschnitt etwa 155 cm.

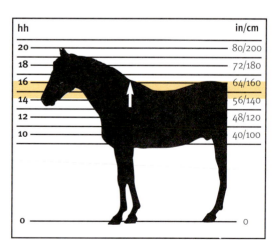

AMERIKA

HALS UND SCHULTERN
Der Hals ist mittellang, muskulös und sitzt gut auf den äußerst kräftigen, bemuskelten Schultern. G

KOPF
Ein ehrlicher, nüchterner Kopf. Aus Gründen der Symmetrie und des Gleichgewichts sollte der Kopf im selben Winkel zum Hals stehen wie die Schultern. G

RUMPF UND RÜCKEN
Der Rumpf ist tief und die Rippen gut gebogen, der Rücken ist gerade und etwas lang. G

MAUL UND NÜSTERN
Traber brauchen große, bewegliche Nüstern für maximalen Luftaustausch bei hohen Geschwindigkeiten. Die Tasthaare, die alle Pferde ums Maul haben, sind wichtige Hilfen für den Tastsinn des Pferdes. Viele Pferdebesitzer trimmen sie allerdings aus optischen Gründen ab.

HUFE
Die Hufe sind hart und gut geformt. Gesunde Hufe sind wesentlich für die harte Arbeit dieses Pferdes. G

ABSTAMMUNG

Eine Kreuzung von Rassen und Pferdetypen, die alle für ihre Traber- und Pacer-Qualitäten bekannt sind.

↓

Norfolk Roadster, Hackney

↓

Einheimische nordamerikanische Traber und Pacer

↓

Englisches Vollblut

↓

Morgan

↓

Standardbred

191

AMERIKA

MISSOURI FOXTROTTER

Diese Rasse wurde im frühen 19. Jahrhundert im Grenzgebiet zwischen Missouri und Arkansas von Siedlern entwickelt, die ein bequemes, ausgeglichenes, ausdauerndes und schnelles Pferd schaffen wollten, das sie durch das unterschiedlichste Gelände tragen konnte. Als erstes wurden Tiere der Morgan-Rasse, Englisches Vollblut, Araber und alte iberische Rassen (einschließlich des Berbers) gepaart. Später wurde noch das American Saddlebred und der Tennessee Walker eingekreuzt, was der neuen Rasse beachtliche Eleganz verlieh und seinen Foxtrott verstärkte.

Zunächst ließ man die Foxtrotter Rennen laufen; als der Rennsport verboten wurde, wurde aus dem Foxtrotter eher ein Gebrauchs- und Allzweckpferd. Ein Stutbuch wurde erst 1948 angelegt.

Im Vergleich mit den beiden anderen nordamerikanischen Gangpferderassen, dem Saddlebred und dem Tennessee Walker, ist die Aktion des Foxtrotter niedriger und weniger brillant. Trainingsmanipulationen zur Akzentuierung der Gänge verbietet die Züchtervereinigung. Auch der Schweif wird nicht operativ gerichtet und aufgestellt.

Charakter und Pflege
Der Missouri Foxtrotter ist sehr fügsam; er hat große Ausdauer, ist gesund und zäh, vielseitig und leistungswillig.

Der Missouri Foxtrotter heute
Heute wird die Rasse hauptsächlich als Freizeit- und Schaupferd genutzt und darüber hinaus bei Ausdauerprüfungen eingesetzt. Im Gegensatz zu den anderen Gangpferderassen wird er meist in Westernausrüstung geritten.

ABSTAMMUNG

Die genetische Basis lieferten der Morgan, frühe Vollblüter, Araber und die vom Berber abstammenden altspanischen Pferde. Später wurde die Qualität der Rasse durch Einkreuzen des Saddlebred und des Tennessee Walker weiterentwickelt.

Morgan
Frühes Englisches Vollblut ▼
Araber ▼
Iberer ▼
Saddlebred ▼
Tennessee Walker ▼
Missouri Foxtrotter

ALLGEMEINE MERKMALE

GEBÄUDE Ein elegantes Pferd mit viel Substanz. Hals mittellang, gut geformt; wird ziemlich tief getragen. Der Widerrist ist mäßig ausgeprägt, der Rücken kurz und gerade, der Schweif relativ tief angesetzt. Gliedmaßen recht fein, Gelenke groß und gut geformt. Die Rasse hat gute, harte Hufe.

KOPF Wohlproportioniert und intelligent, etwas schlicht mit geradem Profil, länglichen, aufgestellten Ohren, ausdrucksvollen, ruhigen Augen und einem feinen, leicht viereckigen Maul und weiten Nüstern.

FARBE Füchse in verschiedenen Abstufungen; darüber hinaus Braune, Dunkelbraune, Rappen, Schimmel, Schecken (Schwarz-, Fuchs-, Braun- oder Buntschecke) und manchmal Rotschimmel. Weiße Abzeichen an Kopf und Gliedmaßen.

GRÖSSE 140 bis 160 cm.

ANDERE MERKMALE Das hervorstechendste Merkmal dieser Rasse ist seine Gangart, der Foxtrott.

Dies ist eine von mehreren amerikanischen Rassen mit unverwechselbaren Gängen: Ihre Spezialität ist der Foxtrott, bei dem das Pferd mit den Vorderbeinen im Schritt geht und mit den Hinterbeinen trabt. Durch sein ausgeglichenes Wesen, seine Härte und Arbeitswilligkeit ist der Missouri Foxtrotter in seiner Heimat sehr beliebt; in der übrigen Welt ist er jedoch kaum bekannt.

AMERIKA

AMERICAN SHETLAND

Shetland Ponys wurden in nennenswertem Umfang erstmals 1885 in die USA importiert, und zwar von Eli Elliot, der 75 Tiere einführte. Das feuchtwarme Klima im Südosten der Vereinigten Staaten, wo sich die Pferdezucht konzentrierte, unterschied sich erheblich von der bitteren Kälte in der Heimat dieses Ponys, dessen körperliche Hauptmerkmale, wie die kleine, gerundete Statur und die kurzen Beine, von den herrschenden subarktischen Bedingungen geprägt wurden. Es scheint jedoch, daß sich die ersten importierten Tiere gut anpaßten, und inzwischen wird die Zahl des American Shetland in den USA auf etwa 50 000 geschätzt.

Der American Shetland Pony Club wurde 1888 gegründet.

Das American Shetland hat mit dem echten Shetland Pony nur noch wenig gemein; es wurde geschaffen, um amerikanischen Anforderungen zu genügen. Echte Shetlands wurden mit kleinen Hackney Ponys gekreuzt; hinzu kamen kleine Araber und Vollblüter. Das American Shetland Pony hat das dicke Langhaar der Shetlands beibehalten, aber es entspricht eindeutig dem Pferde-, nicht dem Pony-Typ und zeigt einen gestreckteren Körper und längere Gliedmaßen.

ABSTAMMUNG

Reingezüchtete Shetland Ponys wurden mit Hackney Ponys, kleinen Arabern und Vollblütern gekreuzt, um diese moderne Rasse zu entwickeln.

Shetland
Hackney ▼
Araber ▼
Vollblut ▼
American Shetland

Charakter und Pflege
Es ist fügsam genug für den Umgang mit Kindern und dabei intelligent und leicht zu pflegen.

Das American Shetland heute
Das American Shetland wird vorwiegend im Geschirr vorgeführt: in der vierrädrigen Buggyklasse, der zweirädrigen Roadsterklasse oder auch in Fahrklassen und leichten Sulky-Rennklassen. Geritten wird es sowohl in Western- wie in englischer Ausrüstung in allgemeinen Reitklassen für Kinder, in Jagdpony-Klassen und Rasseschauen.

ALLGEMEINE MERKMALE

GEBÄUDE Mit seinem Exterieur eines leicht ruppigen Hackney sieht das American Shetland gleichermaßen handfest und gut aus. Der Hals kann ein wenig kurz sein. Der gut angesetzte Schweif ist üppig, die Schweifhaare stark. Die Gliedmaßen sind eher lang, jedoch korrekt und stark. Die Hufe läßt man oft unnatürlich lang wachsen, um die extravaganten Gänge zu fördern; in natürlichem Zustand sind sie jedoch hart und gut geformt.

KOPF Der manchmal eher schlichte, lange Kopf hat eindeutig Pferdecharakter. Die Profillinie ist gerade, die Ohren sind recht lang, und die Augen sind die eines Pferdes und haben keinen Pony-Ausdruck.

FARBE Alle Grundfarben; darüber hinaus stichelhaarig, creme- und falbfarben.

GRÖSSE Bis 115 cm.

Bei der Zucht des American Shetland wurden ausdrücklich ein längeres Gebäude, längere Gliedmaßen und eine hochblütige Verfeinerung des echten schottischen Shetland Ponys angestrebt. So hat das American Shetland eher Pferde- als Pony-Charakter; seine Aktion ist raumgreifender als die des Shetland Ponys, jedoch besitzt es nicht dessen Härte.

AMERIKA

MORGAN

Der Morgan ist ein beliebtes Allzweck- und Familienpferd. Er zeichnet sich durch viel Persönlichkeit, Fügsamkeit und Leistungswillen aus. Bis auf den heutigen Tag sind sich alle Morgan Horses sehr ähnlich, denn sie schlagen alle nach dem Begründer der Rasse, Justin Morgan.

Die Morgan-Rasse ist vermutlich die vielseitigste aller US-amerikanischen Rassen; sie ist jedoch außerhalb ihres Heimatlandes wenig bekannt. Dabei verdient der Morgan international wahrhaftig höhere Anerkennung, denn er ist als Reitpferd und vor leichten Wagen ein herrlicher Allrounder, der zu großen Leistungen fähig ist.

Wie bei den meisten US-amerikanischen Rassen, liegt auch der Ursprung des Morgan in der Kolonialzeit. Im Unterschied zur Entwicklung vieler anderer Rassen, ist seine Entstehung jedoch einem glücklichen Zufall zu verdanken. Ein Schulmeister namens Thomas Justin Morgan kaufte Figure, einen kleinen Junghengst, der 1793 in Vermont geboren worden war. Morgan, der von der Erscheinung und Persönlichkeit des Tieres beeindruckt war, beschloß, ihn zur Zucht anzubieten, um zu sehen, ob er auch als Hengst eine gute Figur machen würde – das Resultat war außergewöhnlich. Gleich welcher Stute er zugeführt wurde, immer waren die Nachkommen das genaue Ebenbild ihres Vaters Figure, dessen Ruf sich wie ein Lauffeuer verbreitete und der bald nur noch als Justin Morgan bekannt war.

Nicht lange nachdem Thomas Justin Morgan das nach ihm benannte Pferd erworben hatte, starb er, und sein Namensvetter wurde an einen wahrhaft gestrengen Zuchtmeister verkauft, einen Farmer, der den Hengst gnadenlos schindete. Justin Morgan verrichtete Farmarbeit und erledigte dabei Aufgaben, die für schwere Zugpferde bestimmt waren: Er pflügte die Felder, ging im Geschirr und unter dem Sattel, er beschälte Stuten und nahm überdies an Renn- und Fahrprüfungen teil, bei denen er, soweit bekannt, nie geschlagen wurde.

Justin Morgan blieb auch weiterhin ein dominanter Vererber; jedes einzelne Fohlen war eine Kopie des Hengstes, und bald wurden Stuten aus dem ganzen Land zu ihm gebracht. Mit einem Stockmaß von nur 140 cm war Justin Morgan recht niedrig; er war jedoch kompakt gebaut, gut bemuskelt und hatte besonders kraftvolle Schultern, elegante Gliedmaßen und einen leichten Kötenbehang an den Fesseln. Sein Hals war dick und gebogen. Mähne, Schweif und Schopf waren voll. Er war braun mit schwarzem Langhaar und Maul, mit schwarzen Gliedmaßen und einem kleinen weißen Stern auf der Stirn.

Justin Morgan stammte von einem Hengst namens True Briton ab, der ein Welsh Cob gewesen sein könnte. Außerdem führte Justin Morgan vermutlich auch etwas orientalisches Blut, das seine Mutter an ihn weitergegeben haben mag. Über sie ist nichts bekannt; allerdings war Justin Morgan für seinen unbezwingbaren Esprit bekannt, eine Eigenschaft, die ein Synonym für die orientalischen Rassen ist, die seine Mutter weitergegeben haben müßte.

AMERIKA

Die Morgan Horses wurden bereits zu Lebzeiten ihres Begründers als Rasse anerkannt; dieser starb 1821, nachdem er einige Jahre in einem Armeegestüt verbracht hatte. So scheint es angemessen, daß das Morgan Horse bis zur Zeit der Motorisierung die offizielle Remonte der US-Kavallerie war. Darüber hinaus war es maßgeblich an der Entwicklung einiger anderer amerikanischer Rassen beteiligt.

Charakter und Pflege
Feuer, Fügsamkeit und Leistungswillen sind die Markenzeichen eines Morgan. Dieses Pferd ist schnell, ausdauernd und äußerst vielseitig: Man kann sich nur schwer eine Aufgabe vorstellen, die ein Morgan nicht gut verrichten könnte. Als Warmblüter ist der Morgan hart und genügsam, er ist also recht problemlos zu halten.

Der Morgan heute
Der Morgan ist ein exzellenter Allrounder und gibt ein ideales Familienpferd ab. Er bewährt sich in allen Bereichen des Pferdesports und eignet sich sowohl für den professionellen Reitsport wie für den Amateurreiter.

Inzwischen wurden zwei Typen des Morgan entwickelt, ohne daß eine sichere Festigung möglich wäre. Bei dem hier gezeigten Park Morgan sitzt der Hals hoch auf den Schultern und wird entsprechend hoch getragen. Die Aktion ist hoch und eindrucksvoll. Beim Pleasure Morgan sind diese Merkmale weniger spektakulär. Der Unterschied läßt sich meist nur ausmachen, wenn die Tiere in Aktion sind.

Der Kopf des Morgan läßt Klasse erkennen; er hat eine gerade oder leicht konkave Profillinie, weit geblähte Nüstern, wenn das Tier in Bewegung oder aufgeregt ist und ausdrucksvolle Augen und Ohren, wodurch es einen interessierten, freundlichen Eindruck macht.

AMERIKA

MORGAN
Kraftvolle Noblesse dürfte die passende Beschreibung für das Exterieur des Morgan sein, denn er ist ein elegantes, starkes Pferd, ohne die geringste Andeutung von Schwere oder Grobheit. Inzwischen wurden zwei Typen des Morgan entwickelt; bis jetzt scheint eine sichere Festigung jedoch noch nicht möglich. Bei dem hier gezeigten Park Morgan sitzt der Hals hoch auf den Schultern und wird entsprechend hoch getragen. Die Aktion ist hoch und eindrucksvoll. Beim Pleasure Morgan sind diese Merkmale weniger spektakulär. Der Unterschied läßt sich meist nur ausmachen, wenn die Tiere in Aktion sind. Das Symbol G *bezeichnet ein Gebäudemerkmal.*

GRÖSSE
Ca. 140 bis 155 cm.

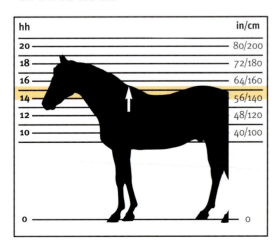

OHREN, AUGEN UND NÜSTERN
Ohren weit auseinandergesetzt und spitz, ausdrucksstarke Augen und weite Nüstern. G

WIDERRIST
Der Widerrist ist klar gezeichnet, mäßig lang und muß auf jeden Fall höher sein als die Kruppe. G

KOPF
Der Kopf ist mittelgroß mit geradem oder leicht konkavem Profil. G

HALS UND SCHULTERN
Der Hals ist gut geformt und schön in die Brust eingesetzt. Ein Merkmal des Morgan ist seine hohe Kopfhaltung; der Hals ist hoch in die schrägen, starken Schultern eingesetzt, woraus sich ein hoch getragener Kopf ergibt. G

FUNDAMENT
Die Gliedmaßen sind schlank, aber trotzdem stark, die Fesselung nicht zu schräg; die Hufe sind rund und hart. G

196

AMERIKA

RÜCKEN UND HINTERHAND
Der Rücken ist kurz, gerade und stramm und die Hinterhand leicht gerundet und gut bemuskelt mit munter getragenem Schweif. **G**

FELL UND FARBE
Der Morgan ist braun, dunkelbraun (oft attraktiv geäpfelt wie dieser hier), schwarz oder fuchsfarben; mäßig große weiße Abzeichen an Kopf und unteren Gliedmaßen sind erlaubt.

ABSTAMMUNG

Eine Abstammung von Wesh Cob, Vollblut und amerikanischen Rassen iberischer oder orientalischer Herkunft mit Einkreuzung importierter europäischer Rassen ist wahrscheinlich.

Welsh Cob/Engl. Vollblut

Amerikanische Rassen iberisch/orientalischer Herkunft

Einheimische europäische Rassen
Morgan

MÄHNE
Die Mähne wird lang und üppig gelassen; vom Genick abwärts werden jedoch als »Zaumbresche« ein paar Zentimeter freigeschoren oder zurückgestutzt, damit Kehlgang und Nackenpartie besser sichtbar werden.

SCHWEIF
Große Aufmerksamkeit widmet man dem Schweif des Morgan. Zum Schutz und um die Üppigkeit der Wellen und die Länge des gelösten Haares zu fördern, wird der Schweif im Stall normalerweise geflochten. Der hier gezeigte gestreckte Stand muß einem Pferd beigebracht werden; man sieht ihn bei mehreren amerikanischen und inzwischen auch bei außer-amerikanischen Rassen. Er wurde ursprünglich entwickelt, damit das Pferd beim Besteigen ruhig und fest stand.

AMERIKA

CRIOLLO

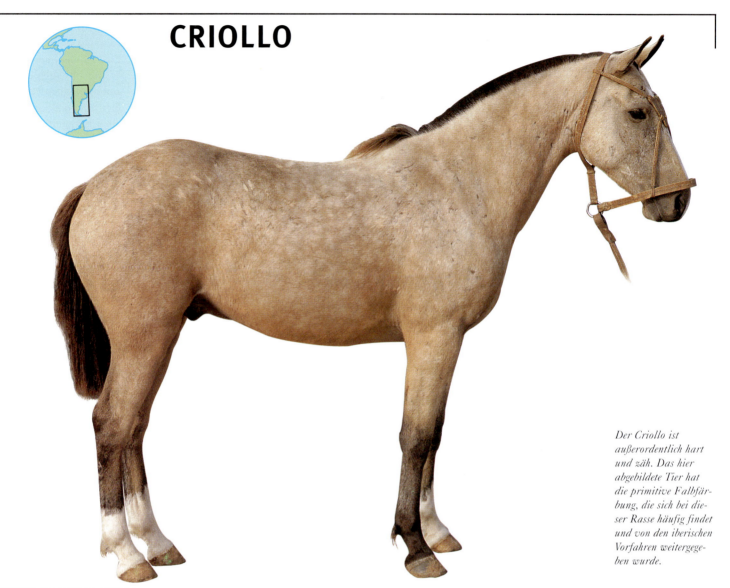

Der Criollo ist außerordentlich hart und zäh. Das hier abgebildete Tier hat die primitive Falbfärbung, die sich bei dieser Rasse häufig findet und von den iberischen Vorfahren weitergegeben wurde.

ABSTAMMUNG

Durch Vermischung alter iberischer und orientalischer Rassen, die im 16. Jahrhundert importiert wurden, und durch natürliche Selektion entstand dieser unverwechselbare Typ eines zähen Pferdes, das an feindliche Umweltbedingungen angepaßt ist.

Iberer
Berber ▼
Araber ▼
Criollo

Als im 16. Jahrhundert die spanischen Eroberer Cortez und Pizarro und ihre Nachfolger iberische und orientalische Pferde nach Amerika mitbrachten, ahnten sie nicht, was aus ihnen langfristig entstehen würde. Auch für die Pferde bedeutete die Landung auf diesem Kontinent den Einstieg in eine völlig neue Erlebniswelt. Es war auch der Anfang der Entwicklung neuer Pferderassen und -typen, die von Natur und Mensch geprägt wurden. Sowohl Mensch wie Natur erschaffen Neues nach ihren Erfordernissen aus bereits Bestehendem. Eine der bemerkenswertesten Pferderassen, der der Mensch und die Natur ihren Stempel aufgedrückt haben, ist der südamerikanische Criollo.

Vorfahren dieser Rasse waren die Iberer, Berber und Araber, die mit den Konquistadoren in die Neue Welt kamen. Man geht heute allgemein davon aus, daß die Ureinwohner Mittelamerikas vor der Ankunft der Konquistadoren noch nie ein Pferd gesehen hatten und ihnen zunächst mit Furcht, später mit einer gewissen Ehrfurcht begegneten.

Die Pferde der Spanier lebten für etwa 300 Jahre wild auf den Pampas, wo sich ihre Gene nach und nach mischten und die einzigartige Rasse der Criollos entstand, die mit ihrer äußerst zähen Konstitution eigens für die extremen Temperatur- und Witterungsunterschiede in Südamerika geschaffen schienen.

Durch natürliche Auslese verschwanden schließlich die schwachen und kränklichen Vertreter der Rasse, während die übrigen um so besser und kräftiger gediehen. Ohne Zweifel war es für diese Pferde von Vorteil, daß sie die charakteristischen Farben Khaki und Falbfarben annahmen und sich so ihrer Umgebung anpaßten – den Sandwüsten und verdorrten Steppen der unwirtlichen Pampas.

Der Criollo wurde bald von den südamerikanischen Gauchos vereinnahmt, die ihn für die Rinderarbeit einsetzten, und dafür war das zähe kleine Pferd auch bestens geeignet.

Charakter und Pflege

Der Criollo ist ein extrem hartes, genügsames und zähes Pferd, ein schneller und tüchtiger Arbeiter, der große Strapazen erträgt. Zuchttiere werden nun strengen Auswahlkriterien unterworfen, um den Fortbestand der bewährten Rassemerkmale zu sichern; so besteht zum Beispiel ein Test der Selektionsprüfung darin, daß das Pferd 750 km ohne Futter- und Wasserreserven zurücklegen und dabei 108 kg tragen muß. Das Ende des Treks besteht aus einem Rennen über 48 km. Die meisten Criollos leben

AMERIKA

halbwild auf den weiten Haziendas des südlichen Kontinents; sie kommen, wenn sie zur Arbeit gebraucht werden, auf eine Koppel und werden zugeritten. Mittlerweile gibt es auf dem südamerikanischen Kontinent verschiedene Schläge dieser Rasse, aber die genetische Basis ist bei allen gleich.

Der Criollo heute

Der Criollo wird ausgiebig für die Herdenarbeit in der südamerikanischen Fleischproduktion genutzt. Darüber hinaus wird er mit großem Erfolg im Distanzsport eingesetzt und dient durch Einkreuzung mit Vollblütern der Zucht des berühmten argentinischen Poloponys.

ALLGEMEINE MERKMALE

GEBÄUDE Das Pferd sieht stämmig, zäh und ursprünglich aus, und das ist es auch.

KOPF Recht lang, mit geradem oder leicht ramsnasigem Profil. Ohren länglich und engstehend; breite Stirn und wache Augen, Gesichtsteil lang und schmal mit kleinem, festem Maul.

FARBE Die primitive Falbfarbe oder Mausbraun herrschen vor, oft mit dunklem Schulterstrich über dem Widerrist und einem Aalstrich entlang der Wirbelsäule. Zebrastreifen an den Beinen sind nicht unüblich. Weitere Farben des Criollo sind Braun, Hellbraun, Rappen, Schimmel, Fuchs, Palomino und Stichelhaar, überdies kommen Schwarz- und Braunschecken vor. Etwas Weiß an Kopf und Gliedmaßen ist häufig.

GRÖSSE Ca. 140 bis 150 cm.

Die Zähigkeit und Unabhängigkeit des Criollo ist auf diesem Bild deutlich zu erkennen, obwohl dieses Pferd vermutlich schwerer ist als die meisten Arbeitsponys der Gauchos in Südamerika. Es wird immer noch auf den ausgedehnten Landgütern Südamerikas eingesetzt, ist darüber hinaus jedoch ideal für Distanzprüfungen geeignet und wird zur Zucht des berühmten argentinischen Poloponys eingekreuzt.

AMERIKA

FALABELLA

Da Falabellas als Miniaturpferde und nicht als Ponys anzusehen sind, sollten sie die Proportionen und den Charakter eines Pferdes haben. Die Rasse ist als Reittier nicht stark genug. Falabellas sind jedoch liebenswerte und gehorsame Haustiere, die sorgfältiger Pflege bedürfen. Gelegentlich gehen sie vor einem kleinen Wagen.

ABSTAMMUNG

Begründet wurde die Rasse durch Verpaarung eines Shetland Ponys mit einem Vollblut; später wurden Araber eingekreuzt.

Shetland
Englisches Vollblut ▼
Araber ▼
Falabella

Die Falabellas sollen die kleinsten Pferde der Welt sein. Sie wurden von der Familie Falabella auf ihrem Besitz Recrio de Roca bei Buenos Aires gezüchtet. Als Basis sollen ein ausnehmend kleiner Vollblut-Hengst und eine Shetland-Stute gedient haben. Mit der Zeit wurden andere kleine Vollblüter, Shetland Ponys und kleine Araber eingekreuzt, um dieses winzige Miniaturpferd hervorzubringen.

Falabellas sind Pferde, keine Ponys, denn Charakter und Proportionen sind die eines Pferdes. Kleinwüchsigkeit scheint bei dieser Rasse eine dominante Erbanlage zu sein, denn ein Falabella-Hengst, der mit einer größeren Stute gepaart wird, zeugt Nachkommen, die wesentlich kleiner sind als die Stute, und die Nachzucht aus dieser Kreuzung wird über Generationen immer kleiner. Bei den Falabellas wurde auch Zuchtauslese betrieben; die Rassemerkmale sind durchgezüchtet.

Die kontinuierliche Zucht auf Kleinwüchsigkeit hat leider zu erblichen und angeborenen körperlichen Schwächen geführt, und Züchter müssen nun versuchen, diese Schwachpunkte zu beseitigen. Derzeit aber mangelt es selbst den besten Exemplaren im Verhältnis zur Körpergröße an Widerstandskraft, und ihre Haltung bedarf großer Sorgfalt.

Charakter und Pflege

Mit dem Falabella sollte ein echtes Miniaturpferd mit Pferde-Exterieur geschaffen werden. Aber die weniger guten Exemplare weisen derart gravierende Gebäudefehler auf, daß einige von ihnen fast wie Mißgeburten aussehen.

Normalerweise haben Falabellas ein ruhiges, freundliches Wesen und sind sehr gehorsam. Sie besitzen keine starke Konstitution, denn durch Inzucht ging ihnen einiges an Vitalität verloren. Sie brauchen dieselbe Pflege, die auch ein normalgroßer Vollblüter beansprucht.

Die Falabellas heute

Die Rasse ist als Reittier selbst für kleine Kinder nicht stark genug, aber sie sind ideale Haustiere. Sie werden oft in Pferdeschauen vorgeführt und können kleine Wagen ziehen.

ALLGEMEINE MERKMALE

GEBÄUDE Gute Vertreter der Falabella-Rasse sehen aus wie ein Miniaturvollblut. Schwächen sind oft ein zu schwerer Hals, ein zu langer Kopf und vor allem kuhhessige Beine.

KOPF Sollte eindeutig Pferdecharakter haben; bei vielen Tieren schlagen allerdings die Shetland-Vorfahren durch. Die Ohren sind sehr klein und stehen weit auseinander, die Augen sind besonders freundlich und ruhig, die Nasenlinie ist gerade, und die Nüstern sind klein und offen.

FARBE Sehr häufig ist eine Appaloosa-Zeichnung; aber insgesamt ist die Vielfalt der Farben groß und umfaßt Rappen, Braune, Dunkelbraune, Schimmel und stichelhaarige Farbschläge.

GRÖSSE Nicht über 76 cm.

AMERIKA

MANGALARGA

Alleiniger Begründer der brasilianischen Mangalarga-Rasse war ein Altér-Real-Hengst, der Mitte des 19. Jahrhunderts von Kaiser Pedro II. ins Land geholt wurde. Bei der Entwicklung der Mangalargas kamen diesem Hengst später andalusische und weitere Altér-Real-Hengste zu Hilfe, die mit südamerikanischen Criollo-Stuten gepaart wurden.

Der heutige Mangalarga scheint wieder zu dem ursprünglichen Berber-Typ zurückzukehren, von dem der Altér Real abstammt. Es ist ein elegantes Tier mit ordentlicher Reitpferdanlage und einem angenehmen Temperament.

Wie viele Pferde iberischer Abstammung gibt sich der Mangalarga nicht mit einem einfachen Schritt, Trab, Kanter und Galopp zufrieden. Er beherrscht eine charakteristische fünfte Gangart, der von den Gauchos »Marcha« oder »Marchador« genannt wird. Dabei handelt es sich um eine schnelle, wiegende Bewegung, die ein Mittelding zwischen Trab und Kanter ist, über lange Strecken durchgehalten werden kann und folglich bei der Herdenarbeit in der offenen Pampa sehr nützlich ist.

Charakter und Pflege

Der Mangalarga ist prinzipiell ein Gebrauchspferd. Es ist trittsicher, zäh und kooperativ und überdies drahtig. Er hat ein phänomenales Durchhaltevermögen.

ABSTAMMUNG

Dieses zähe Reitpferd entstammt der Kreuzung von Altér-Real-Hengsten, Andalusiern und Criollos.

Altér Real
Andalusier ▼
Criollo ▼
Mangalarga

ALLGEMEINE MERKMALE

GEBÄUDE Der Hals ist attraktiv geformt und wird recht hoch getragen. Die langen Gliedmaßen sind trocken und zäh und im oberen Bereich gut bemuskelt mit großen Gelenken und langer oder mittellanger, schräger Fesselung und sehr harten Hufen.

KOPF Länglicher Kopf mit mittelgroßen Ohren; die Augen blicken stolz und forschend, das Profil ist gerade, und die Nüstern sind offen.

FARBE Braune, Schimmel, Füchse und stichelhaarige Farbschläge.

GRÖSSE Etwa 150 cm.

Der Mangalarga heute

Der Mangalarga wird überwiegend als Gebrauchspferd eingesetzt und findet nur selten den Weg zu Ausstellungen, Paraden oder Pferdeschauen. Er wird weitgehend zur Rinderarbeit auf den ausgedehnten Haziendas Brasiliens genutzt.

Dieses elegante, gutaussehende Pferd wird zur Arbeit auf den brasilianischen Landgütern eingesetzt, es ist aber ebenso auf Pferdeschauen zu sehen. Es ist zäh, hart und kooperativ. Die einzigartige Gangart der Mangalargas, der Marchador, ist sehr angenehm und schnell und kann von dem Tier über lange Strecken durchgehalten werden.

AMERIKA

AZTEKE

Obwohl es sich um eine neue Rasse handelt, ist seine Abstammung von alten Rassen und seine Ursprünglichkeit klar auf diesem Bild zu erkennen. Die 1972 begündete Zucht strebte den Aufbau einer Rasse für den Freizeit- und Leistungssport an, die ausdrücklich nicht dem Vollblut- oder europäischen Warmblut-Typ entsprechen sollte.

ABSTAMMUNG

Durch umsichtige Kreuzung von Quarter-Horse-Blut, andalusischem Blut und Criollo-Blut enstand der Azteke.

Andalusier
Quarter Horse ▼
Criollo ▼
Azteke

Der Azteke ist eine der neuesten Rassen der Welt. Wie der Name schon vermuten läßt, stammt er aus Mexiko und ersetzt die mexikanische Linie der Criollos, die inzwischen praktisch erloschen zu sein scheint.

Mit dem systematischen Aufbau der Rasse begann man 1972. Man kreuzte Andalusier-Hengste mit sorgfältig ausgewählten südamerikanischen Criollo-Stuten und Quarter-Horse-Stuten. Diese Rassen wurden gezielt eingesetzt, da man die besten Eigenschaften der Andalusier und des Quarter Horse vereinigen wollte, die beide kompakt gebaut und stark bemuskelt sind und dennoch nicht den Eindruck von Schwere vermitteln. Ihr Temperament ist unterschiedlich, da der Andalusier Feuer hat, das Quarter Horse hingegen eher von gelassenerem Gemüt ist. Der Grund, auch einen Anteil Criollo-Blut aufzunehmen, lag darin, daß man noch eine Verbindung zum traditionellen Pferd Mexikos beibehalten und dem Azteken die Härte, Zähigkeit, Gesundheit und Ausdauer mitgeben wollte, über die der Criollo so reichlich verfügt.

Charakter und Pflege

Der Azteke vereinigt in sich die Noblesse des Andalusiers mit der Gelehrigkeit, Schnelligkeit und Wendigkeit des Quarter Horse und der Zähigkeit des Criollo.

Der Azteke heute

Der Azteke wurde als eindrucksvolles, elegantes Pferd spanisch-lateinamerikanischer Prägung für den Freizeit- und Leistungssport geschaffen. Ein europäischer Warmblut- oder ein Vollblut-Typ war ausdrücklich nicht das Zuchtziel.

ALLGEMEINE MERKMALE

GEBÄUDE Die andalusische Abstammung des Azteken ist deutlich zu erkennen. Der Hals ist elegant gebogen, kraftvoll und gut bemuskelt. Das Fundament ist zart aber stark, mit gut geformten Gelenken, im oberen Teil muskulös; mit dem Reitpferde-Typus entsprechenden korrekten Fesseln und Hufen. Die natürliche Haltung des Pferdes ist aufrecht und stolz.

KOPF Ein edler, schlanker Kopf, mit kleinen, aufgestellten Ohren, weiten Augen mit stolzem Feuer, gerader oder leicht konvexer Nasenlinie und bereitwillig geblähten Nüstern.

FARBE Alle Farben sind erlaubt mit Ausnahme von Schecken oder gefleckten Fellzeichnungen.

GRÖSSE Stuten im Durchschnitt 147, Hengste im Durchschnitt 150 cm.

AMERIKA

GALICEÑO

Von den Rassen, die die spanischen Eroberer mit nach Amerika brachten, ist der Galiceño sicherlich die am wenigsten bekannte. Er stammt vom spanischen Pony, dem galizischen Garrano, und vom nordportugiesischen Minho ab. Der Galiceño zeigt nicht das Exterieur des alten iberischen Typs, sondern ist leicht und schmal gebaut, was vermutlich auf das Arabererbe des Garrano zurückzuführen ist.

Die ersten dieser Ponys, die den Atlantik überquerten, landeten in Mexiko, wo sie zwar von Menschen genutzt wurden, sich aber unkontrolliert paaren konnten. Der jetzige Typ ist also vielmehr das Produkt natürlicher Auslese als das menschlicher Selektion.

Erst 1959 kamen die ersten Galiceños nach Nordamerika und wurden dort schnell zu einem sehr beliebten Reitpony der »Zwischengröße« für größere Kinder. Die Rasse hat sich großartig an die Erfordernisse des Schau- und Leistungssports angepaßt und zeigt großes Springvermögen. Seine Ausdauer ist groß und seine angeborene, schnelle Schrittgangart trägt den Reiter angenehm und zügig über weite Entfernungen.

Charakter und Pflege

Der Galiceño scheint viele Merkmale des Arabers geerbt zu haben; er ist ein zähes und robustes, edles Pony, das mit Intelligenz, Mut, schneller Auffassungsgabe und einem liebenswürdigen Temperament ausgestattet ist. Überdies ist es schnell und ausdauernd.

Der Galiceño heute

In Mexiko wird der Galiceño zur Landarbeit bzw. zu leichten Spanndiensten verwendet, und er wird von kleinen Erwachsenen und Kindern geritten. In Nordamerika tut er sich im Leistungssport hervor.

ALLGEMEINE MERKMALE

GEBÄUDE Ein schönes Pony von großer Qualität, das die besten Merkmale des Arabers in sich vereinigt.

KOPF Edler Kopf, intelligent, mit freundlichen, wachen Augen, mittellangen Ohren und offenen Nüstern.

FARBE Braune, Rappen, Füchse, Falben und Schimmel. Schecken und Albinos sind nicht zugelassen.

GRÖSSE 120 bis 135 cm.

ABSTAMMUNG

Gezüchtet aus den iberischen Garrano- und Minho-Ponys.

Garrano
Minho ▼
Galiceño

Weit weniger berühmt als seine iberischen Verwandten, vertritt der Galiceño eher den arabisierten Typ; er ist leicht, aber robust, intelligent und besitzt ein großes Stehvermögen. Sein schneller Viertakt-Schritt trägt seinen Reiter bequem und schnell über große Entfernungen. Die Rasse eignet sich bestens für die Landarbeit und hat noch viele weitere Talente.

203

AMERIKA

PERUANISCHER PASO

Der peruanische Paso ist ein Blutsverwandter des Paso Fino; beide Rassen wurden von denselben Berbern und Iberern begründet, die die spanischen Konquistadoren nach Amerika mitbrachten. Durch Anpassung an die Klimaverhältnisse ihrer neuen Heimatländer entwickelten sie in der Folge jedoch unterschiedliche Rassemerkmale. Das peruanische Pferd sollte seinen Reiter bequem über lange Strecken durch rauhes und gefährliches Berggelände oder über schmale Felspfade in großer Höhe tragen können.

Herz und Lunge des Peruanischen Paso haben sich dabei außergewöhnlich groß und stark entwickelt und versetzen das Pferd in die Lage, Höchstleistungen in einer Atmosphäre mit sehr niedrigem Sauerstoffgehalt zu vollbringen. Überdies ist das Pferd »berg- und geländegängig«; es findet instinktiv ohne Furcht oder Panik seinen Weg über steinigen Untergrund, rutschende Felsplatten, durch tiefes Wasser und steile Abhänge.

Es gibt verschiedene Paso-Rassen; allen ist die Fähigkeit zu den unverwechselbaren, lateralen Viertakt-Gangarten angeboren, die dem Reiter ermöglichen, lange Strecken in hoher Geschwindigkeit zurücklegen, ohne das Pferd zu ermüden. Die drei wichtigsten Paso-Gangarten sind der Paso Corto, ein angenehmer »Reisegang«, der akzentuierte, langsame und elegante Paso Fino, der auf Pferdeschauen und Paraden vorgeführt wird, und der weite schnelle Paso Largo.

Charakter und Pflege
Zäh und widerstandsfähig ist der Peruanische Paso, ein ruhiges, energisches, starkes, ausdauerndes und arbeitswilliges Pferd.

Der Peruanische Paso heute
Ein ausgezeichnetes Reitpferd, das jedoch nie im Trab oder Galopp geht. Er wird bei Paraden und Schauen eingesetzt und in seinem Heimatland als Reisepferd und für die Landarbeit genutzt.

ALLGEMEINE MERKMALE

GEBÄUDE Feine, starke Gliedmaßen, gut bemuskelt mit sehr flexiblen Gelenken und langer, schräger Fesselung über einem harten, offenen Huf. Die hinteren Gliedmaßen sind sehr lang.

KOPF Der Kopf ist mittellang und erinnert an den Berber. Ohren aufgestellt und beweglich, die Augen strahlend, das Maul klein mit weiten Nüstern.

FARBE Alle Farben kommen vor, Braune und Füchse überwiegen jedoch. Weiße Abzeichen an Kopf und Gliedmaßen erlaubt.

GRÖSSE Zwischen 140 und 152 cm.

ABSTAMMUNG

Berber und alte iberische Rassen sind die Begründer des Peruanischen Paso, der jedoch durch die Anpassung an die peruanische Bergwelt eigene Merkmale entwickelte.

Berber
Alte iberische Rassen ▼
Peruanischer Paso

Der Peruanische Paso hat sich zu einem etwas anderen Typ entwickelt als sein Blutsverwandter, der Paso Fino. Er arbeitet in großer Höhe und besitzt daher ein größeres und stärkeres Herz. Darüber hinaus wurde er zu einem hervorragenden Saumpferd, das unabhängig, ruhig und trittsicher ist.

AMERIKA

PASO FINO

Diese berühmte Rasse iberischer Herkunft ist besonders bekannt durch ihre auffälligen Gangarten Paso Corte, Paso Fino (oder Fino Fino) und Paso Largo, die sie, prächtig geschmückt, bei Paraden vorführen und die sich durch den typischen Termino auszeichnen. Nichtsdestoweniger ist der Paso Fino auch ein Gebrauchspferd, das hauptsächlich auf Kaffeeplantagen arbeitet.

ABSTAMMUNG

Wie der Peruanische Paso stammt der Paso Fino von Berbern und altspanischen Pferden ab.

Berber
Alte iberische Rassen ▼
Paso Fino

Der Paso Fino ist einer der drei Hauptvertreter der südamerikanischen Gangartpferde, die alle denselben genetischen Hintergrund haben, sich jedoch geringfügig unterscheiden, da sie sich jeweils in unterschiedlicher Umgebung weiterentwickelten.

Der Paso Fino ist sicher der berühmteste unter ihnen; er kommt aus Puerto Rico, die anderen beiden Rassen sind in Peru (Peruanischer Paso) bzw. Kolumbien beheimatet. Ziel der Paso-Fino-Zucht war es, ein Schau- und Transportpferd zu entwickeln. Der puertoricanische Typ ist offensichtlich nicht an das Arbeiten in großer Höhe angepaßt (im Gegensatz zum Peruanischen Paso); aber seine Gänge sind fast noch spektakulärer als die des Peruanischen Paso. Der Paso Fino führt den Paso Corto, den Paso Fino und den Paso Largo in atemberaubender Schönheit und Sicherheit aus.

Zwei Varianten der Grundgangarten, in denen sich der Paso Fino hervortut, sind der Sobre Paso und der Andadura. Beim Sobre Paso geht das Pferd natürlich und entspannt am losen Zügel; diese Gangart wird bei Reitveranstaltungen nicht vorgeführt. Beim Andadura bewegt sich das Pferd in einem schnellen lateralen Paß, der für den Reiter nicht angenehm ist und nur über kurze Strecken geritten wird, wenn Geschwindigkeit gefordert ist.

Charakter und Pflege

Der Paso Fino besticht durch ein außerordentlich sanftes Wesen. Mit dem Kopf des Arabers und dem Körper des Andalusiers ist er vermutlich der bestaussehende Vertreter der bestehenden Paso-Rassen. Das Pferd ist intelligent und sehr angenehm im Umgang.

Der Paso Fino heute

Der Paso Fino steht hoch im Kurs als Freizeitpferd, Schaupferd, Paradepferd und ebenso als vielseitiges Transportpferd auf den Kaffeeplantagen Puerto Ricos.

ALLGEMEINE MERKMALE

GEBÄUDE Ein hochedles, elegantes Pferd mit ausgezeichneten und großen Sprunggelenken. Die Hinterbeine sind relativ gerade und werden gut unter den Körper gesetzt, wodurch das Tier in der Lage ist, die Paso-Gänge auszuführen. Die Haut ist fein und die Haardecke seidig.

KOPF Ein edler Kopf mit flachem, geradem Profil. Die Ohren sind recht lang und gespitzt, die Augen ausdrucksstark und stolz; die Nüstern sind empfindsam und offen.

FARBE Alle Farben sind erlaubt.

GRÖSSE Zwischen 145 und 150 cm.

AMERIKA

POLOPONY

Polo ist eine der ältesten Sportarten der Welt. Sie entstand etwa 500 Jahre v. Chr. in Persien, verbreitete sich rasch und war bald bei anderen Völkern bekannt. Polo ist ein schnelles Spiel, für das ein Pony mit denselben Qualitäten gebraucht wird.

Während ihrer Herrschaft in Indien entwickelten die Briten eine Vorliebe für Polo, und von da ab eroberte dieses Spiel alle Kontinente der Erde. Heute kommen die besten Poloponys aus Argentinien.

Ein Polofeld mißt ca. 274 x 180 m; die Torpfosten müssen wenigstens 3 m hoch sein und 7,3 m auseinander stehen. Gespielt wird mit einem harten Ball aus Bambuswurzeln oder Weiden, der aus dem Sattel mit einem Poloschläger von 120 bis 137 cm Länge geschlagen wird. Der hammerartige Schläger hat einen stabilen, zylindrischen Kopf am Ende des Schafts. Ziel des Spiels ist es, den Ball zwischen die gegnerischen Torpfosten zu schlagen. Es spielen zwei Mannschaften mit je vier Spielern (es sind also immer 8 Ponys mit ihren Reitern gleichzeitig auf dem Feld); jedes Spiel besteht aus maximal 8 Spielabschnitten von 7,5 Minuten, den sogenannten Chukkas.

Geeignete Ponys müssen extrem schnell sein und über kurze Strecken Spitzengeschwindigkeiten herausgaloppieren, blitzschnell stoppen und wieder angaloppieren können. Höchste Geschmeidigkeit ist also wesentlich. Ein Polopony wird unweigerlich angerempelt und von Schlägern, dem Ball oder anderen Ponys getroffen und muß in der Lage sein, ein gegnerisches Pony auch einmal aus dem Weg zu stoßen.

Es ist also ein Tier gefordert, das fit, stark, entschlossen und dominant ist, sich aber seinem Reiter unbedingt unterordnet. Im Lauf der Jahrhunderte wurden verschiedene Rassen ausprobiert, von den asiatischen Ponys bis zum Araber und zum Englischen Vollblut, aber das argentinische Polopony ist das beste von allen. Argentinische Polyponys sind überwiegend Criollo-Vollblut-Kreuzungen.

Ein Polopony sollte 150 bis 152 cm hoch und außerordentlich gut ausbalanciert sein. Es braucht einen verhältnismäßig langen Hals, der in Genick und Kehle gut beweglich ist (d. h. große Ganaschenfreiheit haben muß), kraftvolle, schräge Schultern, einen strammen, kurzen Rücken, eine gutgeformte Rippenpartie, weite Ellbogen für ein Maximum an Bewegungsfreiheit und eine extrem starke Hinterhand.

Poloponys müssen zäh, sehr wendig und spurtstark sein; darüber hinaus müssen sie intelligent sein und blitzschnell reagieren können – das ist viel verlangt von einem einzigen Tier. Üblicherweise gelten die argentinischen Ponys als die besten Poloponys der Welt, jedoch werden in jedem Land, in dem Polo gespielt wird, auch eigene Poloponys gezüchtet.

PALOMINO

AMERIKA

Als Pferd mit einer der schönsten Fellfarben der Welt hat der Palomino immer seine Anhänger bei Pferdeschauen, Paraden, im Zirkus und auf Ausstellungen aller Art gefunden. Da die Farbe bei Pferden aller Größen und bei Ponys vorkommt, läßt sich ein Palomino für fast jeden Reiter und für jeden Zweck finden.

Palomino bezeichnet in erster Linie eine Farbe und ist strenggenommen keine Rasse. Palomino-farbige Ponys und Pferde können in einem Stutbuch registriert werden, das Einzelheiten ihrer Zuchtlinie festhält und von ihrem nationalen Züchterverband geführt wird, es gibt jedoch kein spezielles Zuchtbuch für Palominos, das von einem Rasseverband aufgelegt würde. Ausgenommen sind hier bis zu einem gewissen Grad die Vereinigten Staaten, wo die Palomino Society den Palomino als eine Farbrasse betrachtet, entsprechend registriert und im Hinblick auf eine zukünftige Typfestigung einen strikten Rassestandard aufgestellt hat. Im Amerikanischen Zuchtbuch muß ein Elternteil als Palomino eingetragen sein und der andere Blutanteile vom Araber, Vollblut oder Quarter Horse besitzen.

Unglücklicherweise läßt sich die Palominofarbe als Vererbungsmerkmal nicht fixieren, daher ist eine volle Anerkennung der Palominos als eigenständige Rasse unwahrscheinlich. Pferde dieser Farbe sind seit altersher bekannt und begehrt. Im Mittelalter förderte Königin Isabella von Spanien ihre Zucht, und in Spanien werden diese Pferde immer noch Ysabellas genannt. Isabella gab Cortez einige Exemplare mit nach Amerika. Bei seiner Ankunft schenkte er eines davon Juan de Palomino, so kamen diese Pferde zu ihrem Namen. Als Kalifornien Mitte des 19. Jahrhunderts den Vereinigten Staaten angegliedert wurde, entdeckte man den Palomino neu, und er wurde bald als »Das goldene Pferd des Westens« bekannt. Seit dieser Zeit hat seine Beliebtheit nicht mehr nachgelassen.

Das Fell soll die Farbe einer frisch geprägten Goldmünze haben, es darf jedoch drei Töne heller oder dunkler sein. Mähne und Schweif müssen weiß, creme oder silberfarben sein. Weiße Abzeichen sind lediglich an Kopf und Gliedmaßen erlaubt.

Der Palomino wird weltweit für jede nur vorstellbare Aufgabe eingesetzt, denn die Farbe kommt bei den meisten Rassen vor, interessanterweise jedoch nicht beim Vollblut oder Araber.

AMERIKA

PINTO

Das harmonische Exterieur dieses Pinto in Tobiano-Scheckung beweist, daß man auch bei Farbzucht qualitativ hochwertige Tiere erzielen kann. Gescheckte Exemplare gab es in vergangenen Jahrhundert auch bei Rassen, die heute nur noch in Grundfarben vorkommen. In manchen Ländern würde man den hier abgebildeten Pinto schlicht einen Schecken nennen.

Mit den Begriffen »Pinto«, »Paint Horse« oder dem weniger üblichen »Calico« werden in den USA Pferde mit großen weißen oder andersfarbigen Fellflecken bezeichnet. Schwarzschecken werden in einigen englischsprachigen Ländern »piebald« genannt, und unsere Fuchs- bzw. Braunschecken und Buntschecken (mehrere Farben plus weiß) sind »skewbald«, »odd-coloured« oder einfach »coloured«. Keiner dieser Begriffe wird zur Beschreibung von Pferden mit überwiegend gefleckter »Tigerscheckung« wie bei den Appaloosas oder Knabstruppern verwendet. Lediglich in den Vereinigten Staaten werden Pintos als eigenständige Rasse anerkannt; allerdings gibt es auch in anderen Ländern Register für gescheckte Pferde.

In den USA, Kanada, Australien und in gewissem Maß auch in Neuseeland finden Schecken große Bewunderung und sind wegen ihrer Einzigartigkeit sehr begehrt, denn keine zwei Schecken sind absolut gleich. In früheren Generationen waren sie für Lieferfahrten sehr beliebt, denn aufgrund ihrer auffälligen Zeichnung waren sie eine gute Reklame fürs Geschäft. Die Zigeuner haben Schecken immer wegen ihrer glänzenden, auffälligen Erscheinung geschätzt, und sie werden wahrscheinlich genau aus diesem Grund auch immer eine Zirkusattraktion bleiben.

Schecken gibt es seit Jahrtausenden, und viele edle Rassen, die heute nur in den Grundfarben vorkommen, haben gescheckte Vorfahren. Ob es sich dabei um eine primitive Fellzeichnung handelt, ist nicht klar. Fest steht jedenfalls, daß sie, wie beschrieben, zwar ein Blickfang ist, aber dessen ungeachtet einen hervorragenden Tarnschutz bietet. Die Indianer Amerikas haben den Pinto-Typ immer wegen seines attraktiven Äußeren geliebt, aber auch weil die gebrochenen Linien ihnen bei ihren Beutezügen die Tarnung erleichterten.

Seit 1956 züchtet die Pinto Horse Association of America auf Farbe, harmonisches Exterieur und Aktion; 1963 wurde der Pinto als Rasse anerkannt.

Mittlerweile sind in den USA vier Pinto-Typen zugelassen: Stock Horse (Quarter Horse Typus), Hunter (Vollblut-Typus), Pleasure Type (ein gutes Reitpferd vom Araber-Morgan-Typus) und der Saddle Type (entsprechend dem Saddlebred-Typus). Da es Pinto-Ponys und Pinto-Pferde gibt, ist ein Stockmaß nicht vorgeschrieben.

Zwei Arten der Scheckung sind für die Pinto-Fellzeichnung anerkannt: der Tobiano, bei ihm sind

208

AMERIKA

Auch dies ist ein Tobiano-Pinto, der jedoch einen anderen Pferdetypus vertritt; dennoch ist auch er ein qualitätvolles Pferd mit ausgewogenem Exterieur. Als schwarzweißes Pferd wird er zu Deutsch »Schwarzschecke« und in seiner Heimat auch »piebald« genannt.

weißes und farbiges Fell auf große, gutbegrenzte Flächen verteilt, der Kopf ist farbig und die Augen sind dunkel; und der Overo, hier sind die Flecken kleiner, die weiße Färbung scheint sich immer vom Bauch aus zu verteilen, Rücken, Mähne und Schweif sind normalerweise farbig, und der Gesichtsteil ist weiß mit blauen Augen.

AMERIKANISCHES WARMBLUT

Überall auf der Welt sind US-Amerikaner für ihr Konkurrenzdenken bekannt; als sie sahen, wie erfolgreich verschiedene europäische Warmblutrassen im Leistungsreitsport und besonders im Springreiten und in der Dressur waren, war es daher nur natürlich, daß auch sie ein eigenes Warmblut züchten wollten. Sie importierten hochklassige europäische Warmblüter und gründeten Anfang der achtziger Jahre die American Warmblood Society, mit der Absicht, ein Höchstleistungswarmblut in den USA aufzubauen.

Da ein Warmblut alles sein kann zwischen einem zu hundert Prozent hochblütigen Pferd und einem hundertprozentigen Kaltblut, kann man der aufkeimenden Zucht Blut nahezu aller Rassen zuführen, vom schweren Typ bis zum nahezu reinen Vollblut oder Araber; dadurch ist der Gen-Pool, der zur Zucht zur Verfügung steht, natürlich enorm. Wie es aussieht, wird es noch einige Zeit dauern, bis ein erkennbar gefestigter Typ geformt wurde; aber der Rest der Welt kann sicher sein, daß ein Tier, das sich in Zukunft amerikanisches Warmblut nennen darf, bei jedem Turnier eine gute Figur macht, wie immer es auch beschaffen sein mag.

Dieses attraktive Amerikanische Warmblut ist schwarzgescheckt – was bei einem Warmblut eine Seltenheit ist.

AMERIKA

MUSTANG

Der Mustang ist das Wildpferd des nordamerikanischen Kontinents. Sein Name kommt von dem spanischen *mestengo* oder *mesteño*, was ursprünglich Tiere in Wanderherden bezeichnete, die einer Gemeinschaft von Viehzüchtern, einer *mesta*, gehörten.

Es gilt als gesichert, daß das Pferd in Amerika entstand; dort wurde es jedoch vollständig ausgelöscht und erst von den spanischen Eroberern wieder eingeführt. Innerhalb weniger Generationen zogen große Herden der vom Araber und Berber abstammenden kleinen, drahtigen und zähen iberischen Pferde über die Prärie, die schon die prähistorische Heimat dieser Spezies war.

Die Indianer Amerikas fingen und nutzten die Mustangs; dadurch entwickelten sich bei verschiedenen Stämmen eigene Rassen wie das Chickasaw Indian Pony, der Appaloosa und das Cayuse Indian Pony. Der Mustang, speziell der Wildtyp, wird auch als Bronco bezeichnet und traditionell für Rodeos verwendet.

Die Mustangs und ihre Nachkommen waren allen Härten der natürlichen Selektion ausgesetzt und entwickelten daher eine unglaubliche Zähig-

Der Kiger-Mustang gilt bei seiner Anhängerschaft als der reinblütigste unter den Mustangs, denn er zeigt mehr Merkmale seiner spanischen Vorfahren als alle anderen. Mustangs sind oft falbfarben in verschiedenen Abstufungen und haben keine oder nur kleine weiße Abzeichen. Aalstrich oder andere typisch iberische Markierungen kommen häufig vor.

keit; sie büßten allerdings trotz ihrer aristokratischen Abstammung von Andalusiern, Arabern und Berbern das ein, was wir »Klasse« nennen würden. Bis zum Ende des 19. Jahrhunderts wurde die Zahl der freilebenden Tiere auf 1 bis 2 Millionen geschätzt. Es folgte ein erbarmungsloses Abschlachten, und übrig blieben lediglich ein paar tausend freilebende Tiere; viele gehören heute zu einem Ranch-Betrieb, wurden als Reitpferd adoptiert oder werden mit erstklassigen Rassen zum qualitätsvollen Reit- oder Gebrauchspferd veredelt.

Heute ist der Mustang gesetzlich geschützt und gilt als Teil des amerikanischen Erbes. Eine Reinzucht gibt es zwar nicht, jedoch werden Tiere vom Berber-Typus bevorzugt. Das Stockmaß liegt allgemein zwischen 140 und 150 cm.

AMERIKA

AMERICAN PERFORMANCE HORSE

Das American Performance Horse ist ein hochklassiges Warmblutpferd. Ein erkennbarer Rassetyp und -charakter ist früher zu erwarten als beim Amerikanischen Warmblut, da die Basis des genetischen Materials schmaler ist.

Das American Performance Horse ist zuchttechnisch ein Warmblut, wird aber nicht so genannt und trägt nicht dieselben Gene wie die Tiere der noch in den Anfängen steckenden amerikanischen Warmblutzucht.

Mit diesem ungewöhnlichen Zuchtprojekt wurde 1981 begonnen. Zuchtziel war, athletische Reitpferde mit einem großzügigen Anteil Rennpferdblut aus Vollblut-Championlinien zu produzieren und deren Nachzucht mit Zugpferden zu kreuzen, wobei aufgrund seiner Klasse, Aktivität und seines Temperaments hauptsächlich der Percheron in Frage kommt. Dieser züchterische Ansatz war zweifellos gut, und bis jetzt konnten schon ausgezeichnete und äußerst attraktive Pferde vorgestellt werden.

Theoretisch wie praktisch dürfte es dem American Performance Horse nicht schwerfallen, mit dem Amerikanischen Warmblut zu konkurrieren. Aufgrund der Forderung, nur hochklassige Vollblüter zur Zucht zu verwenden, können Nachkommen sehr hoher Qualität erwartet werden, vorausgesetzt natürlich, die Selektion der kaltblütigen Zuchttiere wird hinsichtlich Exterieur, Aktion, Konstitution und Temperament mit derselben Sorgfalt betrieben wie bei den Vollblütern.

ALBINO

Weiße Pferde wurden immer schon von vielen Menschen als außergewöhnlich und besonders faszinierend bewundert; die amerikanischen Albinos haben darüber hinaus den Vorteil, daß sie auf eine harmonische Gesamterscheinung und ein angenehmes Temperament hin gezüchtet werden.

Wie von den Palominos ging auch von weißen Pferden immer eine besondere Faszination aus: Albinismus wird vererbt und tritt als Teilalbinismus, unvollständiger und vollständiger Albinismus auf. Bei den betroffenen Tieren ist die Melaninbildung, d. h. die Bildung des Hautpigments, gestört; als Folge ist ihre Haut unter der weißen Haardecke rosafarben. Bei vollständigem Albinismus sind auch die Augen rosa, da die Iris nicht pigmentiert ist. Die Augen können auch dunkel, blau oder sogar weiß sein und das Fellhaar cremefarben. Manche Albinos haben ein weißes oder cremefarbenes Fell bei zimtfarbener Haut und braunen Augen. Albinismus kann mit einer allgemeinen Konstitutionsschwäche, Infektanfälligkeit, verminderter Sehschärfe, Taubheit, Lichtscheu und sonnenempfindlicher Haut einhergehen.

Das Albino-Pferd ist eher ein Typ und keine Rasse im eigentlichen Sinn. Dennoch sind diese Tiere in den USA als Rasse unter dem Namen American Creams anerkannt. Der Rassebegründer war der Hengst Old King; er wurde 1906 geboren und hatte möglicherweise Morgan- und Araberblut. Der Zuchtverband fördert Tiere im Quarter-Horse-, Morgan-, Vollblut- oder Araber-Typus und unterschiedliche Kombinationen weißen und cremefarbenen Fell- oder Langhaars, rosa- oder zimtfarbener Haut und blauer oder dunkler Augen.

AMERIKA

ROCKY MOUNTAIN PONY

Dieses herrliche Pony zeigt die typische Fellfarbe des Rocky Mountain Pony, das, obwohl es erst seit zehn Jahren gezüchtet wird, wesentlich gefestigter ist als viele ältere Rassen. Von seinen iberischen Vorfahren hat es den Paßgang geerbt.

Die Zucht der Rocky Mountain Ponys geht auf Sam Turtle aus Kentucky zurück, der fand, daß sein alter Hengst, Old Tobe, der erklärte Liebling der Kunden seines Reitstalls in den Appalachen, die Chance erhalten sollte, seine Eigenschaften weiterzugeben. Sam Turtle plante überdies, ein Reitpony zu entwickeln, das für die Vorberge der Appalachen – ein rauhes, schwieriges Gelände – geeignet war, also ein zuverlässiges, ruhiges Temperament hatte, Behendigkeit, Trittsicherheit, Kraft und Ausdauer besaß und bequem für seinen Reiter war.

Das Zuchtergebnis nach nur zehn Jahren ist ein bemerkenswert gefestigter Typ, der alle diese Merkmale besitzt (Old Tobe muß ein genauso durchschlagender Vererber gewesen sein wie andere Rassebegründer, z. B. Justin Morgan). Wie Old Tobe so sind auch die Ponys (Stockmaß im allgemeinen zwischen 145 und 147 cm) von einem ungewöhnlichen Schokoladenbraun, dabei oft gefleckt; Mähne und Schweif sind flachsblond.

Da die meisten einheimischen amerikanischen Rassen auf Tiere des alten iberischen Typs zurückgehen, tauchen auf die eine oder andere Art Merkmale der Iberer oder Berber immer wieder auf. Im Fall der Rocky Mountain Ponys ist es die bequeme laterale Gangart der Iberer, der Paßgang, der beim Rocky Mountain Pony als »Amble« bekannt ist.

Bis jetzt gibt es nur einige hundert der bereits beliebt gewordenen Rocky Mountain Ponys. Es ist jedoch abzusehen, daß dieses Pferd über kurz oder lang den ihm gebührenden Platz in der Reihe der ausgezeichneten und typfesten Rassen Amerikas einnehmen wird, und dann wird sich auch die Zahl der Tiere entsprechend erhöhen.

AMERIKA

CANADIAN CUTTING HORSE

Außerhalb Nordamerikas ist meist nicht bekannt, daß die Viehzucht eine Haupterwerbsquelle in Kanada ist. Kanada, das zwar keine einheimischen Pferderassen besitzt, züchtet schon seit langem eine Reihe ausgezeichneter Pferde unterschiedlichen Typs. Einer davon ist als kanadischer Typ anerkannt.

Wie sein englischer Name schon sagt, wird das Canadian Cutting Horse speziell dazu verwendet, Rinder aus der Herde auszusondern. Es hat einen hohen Anteil Quarter-Horse-Blut und wird nach denselben Maßgaben und auf dieselben Merkmale hin gezüchtet, jedoch ist die europäische Basis seines genetischen Materials vermutlich breiter. Die erzielte kanadische Version ist größer als das Quarter Horse, allerdings genauso wendig, spurtstark und im Galopp über kürzere Distanzen auch genauso schnell.

Es ist ein sehr aktives, gut ausbalanciertes, starkes und intelligentes Pferd mit »Cow Sense«, dem Instinkt für die Rinderarbeit. Es ist etwas länger als das Quarter Horse und hat ein leicht konvexes Profil. Das Canadian Cutting Horse wird bis zu 162 cm hoch. Es ist sehr gelehrig und besitzt ein angenehmes Temperament.

Rodeos finden als Sport und Unterhaltung in Kanada immer mehr Anhänger, und das Canadian Cutting Horse ist regelmäßig bei Cutting-Prüfungen.

Dieses Canadian Cutting Horse entspricht dem gewünschten Quarter-Horse-Typ der Rasse, das Gebäude ist jedoch etwas leichter, der Rücken etwas länger. Dieses schöne Tier hat ein ausgewogenes Exterieur und zeigt Klasse.

216 Araber
220 Kaspisches Pony
221 Achal-Tekkiner
222 Przewalski-Pferd
223 Turkmenisches Pferd
224 Baschkir
225 Berber
226 Australian Stock Horse
227 Australisches Pony

AFRIKA, ASIEN UND AUSTRALIEN

AFRIKA, ASIEN UND AUSTRALIEN

ARABER

Das Pferd, das wir heute Araber nennen, hat wahrscheinlich mehr Pferde- und Ponyrassen beeinflußt, als irgendein anderes auf dieser Welt. Um die Rasse rankt sich romantische Verklärung, da die meisten ihrer Vertreter wunderschöne Pferde sind, feurig im Temperament, intelligent und anhänglich. In der Praxis wäre der Rasse besser gedient, wenn man ihrer Zähigkeit, Individualität und Ausdauer mehr Tribut zollte.

Die heutige Rasse wird »Araber« genannt, weil im letzten Jahrhundert und in geringerem Umfang auch im 18. Jahrhundert Zuchttiere von der Arabischen Halbinsel nach Großbritannien importiert wurden. Die Vorfahren des Arabers stammen aber mit Sicherheit von den kleinen, drahtigen Pferden vom orientalischen (»hochblütigen«) Typus ab, die in Osteuropa und im Nahen und Mittleren Osten wild lebten.

Zwar soll der Araber die älteste Rasse in Reinzucht sein, dennoch umfaßt sie Blutlinien, die in ihrer äußeren Erscheinung dem früheren Typus des Orientalen ähneln, aus dem sich der moderne Araber entwickelt hat. Was immer auch sein Ursprung sein mag, der Araber hat als Reitpferd nicht seinesgleichen und ist in den Augen der Pferdeliebhaber, die ihn verstehen und eher als Partner denn als Diener betrachten, von unschätzbarem Wert.

Charakter und Pflege

Araber sind intelligente Pferde, wache Beobachter, sensibel und umsichtig und dies nicht nur im Sinne von rücksichtsvoll und sanft zu Menschen und anderen Tieren, sondern sie gehen durchaus überlegt an eine Aufgabe. Sie haben zwar den Ruf, schwierig gegenüber Menschen zu sein, die ihnen mit Gewalt ihren Willen aufzwingen wollen, sie sind andererseits jedoch außerordentlich couragiert und geben ihr Bestes für den, dem sie vertrauen.

Da sie aus heißen Klimazonen stammen, sind sie dünnhäutig und haben alle körperlichen Merkmale, die die Wärmeabgabe des Körpers erleichtern. Gegenüber Kälte sind sie nicht so empfindlich wie das Englische Vollblut. Sie eignen sich auch für unerfahrene Reiter und für Kinder, vorausgesetzt, sie behandeln den Araber mit Achtung und Einfühlungsvermögen.

Der Araber heute

Araber sind hervorragende Allround-Reitpferde und eignen sich auch für leichte Spanndienste. Ihre Anhänglichkeit und ihre Durchschnittsgröße machen sie

Als Inbegriff des Wüstenpferdes von altersher ist der Araber, der »Trinker des Windes«, das berühmteste Vollblut der Welt, aber keineswegs das einzige Pferd mit ähnlichen Merkmalen. Die Rasse, die wir heute Araber nennen, besteht aus verschiedenen Linien, Stämmen oder Typen. Für die meisten von uns ist der hier abgebildete Saqlawi-Typ die Verkörperung des »richtigen« Arabers.

AFRIKA, ASIEN UND AUSTRALIEN

auch zu einem guten Familienpferd, das sowohl von Erwachsenen wie auch von Kindern geritten werden kann.

In Reitprüfungen sollte der Araber in erster Linie nach seinen Reitpferdqualitäten und erst in zweiter Linie nach seinen unverwechselbaren Typmerkmalen und nach seiner Übereinstimmung mit dem Rassestandard beurteilt werden.

Große Begeisterung finden bei den Araber-Enthusiasten die Schauklassen, bei denen die Pferde nur geführt werden; die einzelnen Klassen sind in die regulären Alters- und Geschlechtsgruppen eingeteilt, jedoch wird ein Gesamtsiegertitel in jeder Klasse vergeben.

Zunehmend ist der Araber nicht mehr nur in Schauklassen unter dem Sattel zu sehen, sondern wird auch in Sportdisziplinen wie Dressur, Springreiten und Distanzprüfungen geritten. Er wird inzwischen auch bei Rennen eingesetzt. An allen Wettbewerben nehmen Araber international unter der Schirmherrschaft der World Arabian Horse Organization teil.

Araber werden gelegentlich als Hansdampf in allen Gassen, aber als Meister eines Fachs bezeichnet: des Distanzsports. Ihre legendäre Ausdauer erklärt ihre überragende Leistung über lange Strecken, ob bei der Arbeit oder im Turniersport. Und so findet man den Araber sowohl auf der Ranch bei der Rinderarbeit wie bei Distanzprüfungen, wo er die meisten Preise abräumt.

Eine weitverbreitete Fehlannahme ist, daß der Araber nicht springen kann. Das kann er ganz gewiß und tut er auch, jedoch fehlt ihm für den Spitzensport im Military- oder Springreiten die Reichweite.

Der hochangesetzte Schweif und die eher flache Hinterhand und Kruppe deuten auf eine natürliche Schnelligkeit und haben zu einer Renaissance der Araber-Rennen geführt. Alles in allem sind Araber ausgezeichnete Allround- und Familienpferde und zeigen im Geschirr eine unnachahmliche Bravour.

Innerhalb des Araber-Typs zeigt dieser Fuchs einen ganz anderen Kopf als der Grauschimmel auf der vorherigen Seite. Aber auch er besitzt die feingemeißelten Züge des Wüstenpferdes.

Der Araber hat sich durch sein großes Leistungsvermögen internationalen Ruhm erworben und ist heute im Distanzsport sehr begehrt. Im Verhältnis zu ihrem Format können Araber ein großes Gewicht tragen und arbeiten begeistert mit einem menschlichen Partner, der ihren Respekt und ihr Vertrauen gewonnen hat.

AFRIKA, ASIEN UND AUSTRALIEN

ARABER
Unverwechselbar in Exterieur und Typ. Sollte in erster Linie den Standard eines guten Reitpferds und erst danach den eines guten Arabers erfüllen. Im Verhältnis zu ihrem Format können Araber ein großes Gewicht tragen und arbeiten begeistert mit einem menschlichen Partner, der ihren Respekt und ihr Vertrauen gewonnen hat. Der hier abgebildete Araber aus der Mu'niqi-Linie ist ideal als Rennpferd geeignet. Auch Darley Arabian, einer der Stammväter des Englischen Vollbluts, soll diesem Typ mit schlankem Körper, langen Gliedmaßen und recht hoher Kopfhaltung entsprochen haben. Die Ähnlichkeit zwischen diesem Araber-Typus und dem turkmenischen Typ des Orientalen ist unverkennbar. Das Symbol **G** *bezeichnet ein Gebäudemerkmal.*

GESICHT
Konkave Profillinie des Gesichts erwünscht, wird auch als »Hechtkopf«, die Einsenkung des Nasenbeins als »Araberknick« bezeichnet.

KOPF
Leicht keilförmiger Kopf, breite Stirn, kurze Gesamtlänge. **G**

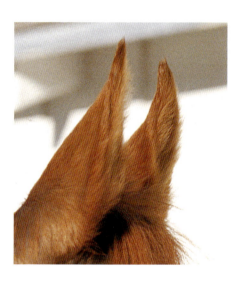

OHREN
Die Ohren stehen weit auseinander und sind fast immer in Bewegung, denn das Pferd spitzt sie ununterbrochen in die Richtung, die für das Tier von Interesse ist.

MAUL UND NÜSTERN
Die besten Araber haben ein »pint pot« oder Bierseidelmaul, ein Maul also, das in einen Bierseidel passen würde. Die Nüstern sind fein, sehr beweglich und können weit gebläht werden, um einen optimalen Luftaustausch zu ermöglichen und so zur Kühlung des Körpers beizutragen. **G**

GRÖSSE
Allgemein zwischen 140 und 152 cm.

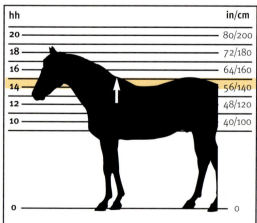

HAARDECKE
Fein und sehr kurz im Sommer, etwas länger und dichter im Winter.

AFRIKA, ASIEN UND AUSTRALIEN

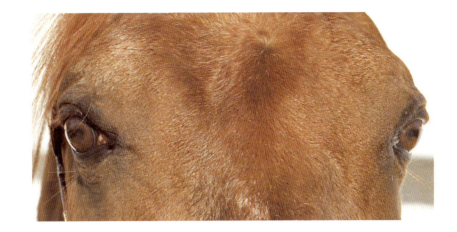

AUGEN
Die Augen des Arabers sind besonders groß, tief und ausdrucksstark. Sie stehen weit auseinander gesetzt jeweils an der Seite der breiten Stirn und sollten etwa auf halber Länge des Kopfes oder nur wenig höher angesetzt sein.

SCHWEIF
Der Schweif ist hoch angesetzt, bisweilen höher als der Rücken, ist sehr beweglich und wird vergnügt, bei Erregung sogar über dem Rücken getragen.

LANGHAAR
Mähnen- und Schweifhaare sind lang, fein und seidig. Die Breite der »Zaumbresche«, d. h. des Mähnenabschnitts, der hinter den Ohren freigeschoren oder zurückgestutzt wird, um die Kopf und Halspartie vorzuführen, ist in den einzelnen Ländern, in denen das Tier gezeigt wird, unterschiedlich. Manchmal kommt es auch zu Übertreibungen, und die halbe Mähne wird entfernt.

MITBAH
Ein wesentliches Identifizierungsmerkmal des Arabers ist die »mitbah«, die Winkelung zwischen Kopf und Hals. **G**

HUFE
Die Hufe sind in der Regel hart und zäh.

FARBEN
Grundfarben: Fuchs und Schimmel überwiegen, aber auch die drei anderen Farben braun, dunkelbraun und schwarz sind häufig. Weiße Markierungen sind an Gliedmaßen und Kopf, jedoch nicht am Körper erlaubt.

ABSTAMMUNG

Der moderne Araber scheint weit weniger mit anderen Rassen vermischt als die meisten anderen Pferde der Welt. Nach Arabien eingeführt wurde er erst zu Zeiten Mohammeds. Anhaltspunkte für eine einheimische arabische Rasse vor dieser Zeit gibt es nicht. Als Mohammed ihren Wert als Kriegswaffe erkannte, importierte er in großer Zahl Pferde aus dem Nahen Osten und förderte ihre Zucht und Typverbesserung.

Wilde, hochblütige Pferde aus Asien und Osteuropa

Heutiger Araber

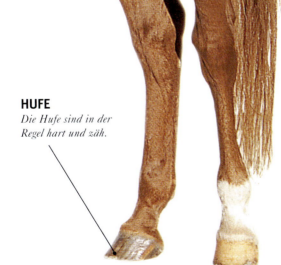

219

AFRIKA, ASIEN UND AUSTRALIEN

KASPISCHES PONY

Das Kaspische Pony ist eher als Kleinpferd denn als Pony einzuordnen, denn es ist von seiner Erscheinung her ein Pferd, kein Pony. Bemerkenswerterweise scheint es, obwohl es domestiziert wurde, in direkter Linie von einem prähistorischen orientalischen Pferdetyp abzustammen. Fossile Funde dieses Pferdes im Iran stimmen mit den Skelettmerkmalen des Kaspischen Ponys überein. Eine der besten Abbildungen dieses altertümlichen Pferdes finden sich auf dem Siegel von Darius dem Großen, der 500 v. Chr. in Persien herrschte.

Alle Theorien wiesen darauf hin, daß dieses Pferd etwa im 10. Jahrhundert ausgestorben war. Dann aber wurden 1965 40 Kaspische Ponys von Louise Firouz in einem entlegenen Gebiet des Elbursgebirges im Iran entdeckt und nach Großbritannien gebracht. Ein Zuchtverband wurde gegründet, der sich des Kaspischen Ponys annimmt und seinen Fortbestand fördert. Inzwischen gibt es Gestüte in Großbritannien, den USA, Australien, Neuseeland und im Iran.

Man geht davon aus, daß das Kaspische Pony das älteste reinrassige Pferd der Welt ist und der Stammvater der Araber.

Charakter und Pflege

Das Kaspische Pony ist ein Miniatur-Orientale mit freier, fließender Aktion, wach, aber ausgeglichen; es hat ein liebenswertes Temperament und ist sensibel, ohne zu großer Nervosität zu neigen.

ABSTAMMUNG

Als direkter Abkömmling eines primitiven Pferdetyps ist das Kaspische Pony ein Stück lebender Vorgeschichte, das, soweit bekannt, keinerlei fremde Blutanteile hat.

Kleines, prähistorisches Pferd des Mittleren Ostens ▼ Kaspisches Pony

ALLGEMEINE MERKMALE

GEBÄUDE Der Hals ist anmutig gebogen, stark und elegant, Schopf-, Mähnen- und Schweifhaare sind lang, voll und seidig. Das Fundament ist zart, aber stark, mit außerordentlich harten Hufen, die nicht beschlagen werden müssen.

KOPF Wie der eines Miniatur-Vollbluts. Die Ohren sind kurz und aufgestellt, die Stirn ist breit und gewölbt, die Augen groß, kühn und intelligent. Die Nasenlinie ist gerade, und die tiefangesetzten Nüstern werden gerne gebläht.

FARBE Braune, Schimmel und Füchse, selten Rappen oder cremefarbene Tiere.

GRÖSSE Zwischen 100 und 120 cm.

Das Kaspische Pony heute

Das Kaspische Pony ist ein hervorragendes Reitpony für Kinder. Ein besseres Anfängerpferd als das schmale, leichtführige, intelligente, sanfte und kooperative Kaspische Pony kann man sich schwer vorstellen. Es macht überdies auch im Geschirr eine gute Figur.

Einer der hippologischen Erfolge des 20. Jahrhunderts war die Wiederentdeckung des altertümlichen Kaspischen Ponys 1965 im Iran; man hatte geglaubt, es wäre seit 1000 Jahren ausgestorben. Die Rasse blüht nun in Gestüten in Großbritannien, den USA, Australien, Neuseeland und im Iran selbst wieder auf. Sie eignet sich hervorragend als Anfängerpony.

AFRIKA, ASIEN UND AUSTRALIEN

ACHAL-TEKKINER

Der turkmenische Achal-Tekkiner ist ein Nachfahre des inzwischen ausgestorbenen alten Typs turkmenischer Pferde und genießt in seiner Heimat hohes Ansehen. Er hat in einem der heutigen Form sehr ähnlichen Typ schon vor etwa 3000 Jahren existiert und wurde damals als schnelles Kriegspferd verwendet. Da Pferde dieser Rasse sich unter extremen Klimabedingungen, von sengender Hitze bis zu tödlicher Kälte, entwickelten und gezogen werden, gehört der Achal-Tekkiner zu den widerstandsfähigsten und ausdauerndsten Pferden der Welt.

Seine Herkunft aus unfruchtbaren Gebieten weiter Steppen und Wüsten macht den Achal-Tekkiner geschichtlich zum echten Wüstenpferd. Obwohl sie, gehütet von einem berittenen Hirten, mit der Herde liefen und immer noch laufen, werden sie auch heute noch nach alter Art angebunden und aus der Hand mit Gerste, Eiern, Alfalfa, Hammelfett und »Quatlame«, einem kräftigen, gerösteten Brot, gefüttert, wenn sie für die Arbeit gebraucht werden. Zum Schutz vor der Eiseskälte der Nacht und der Wüstensonne am Tag trugen diese dünnhäutigen Tiere schwere Filzdecken. In der Vergangenheit wurden die Fohlen nach zwei Monaten abgesetzt, und es wurden harte Jährlingsrennen durchgeführt.

Charakter und Pflege

Der Achal-Tekkiner ist als stur, rebellisch, etwas wild, unabhängig, sogar schwierig mit einem Hang zur Bösartigkeit bekannt.

Der Achal-Tekkiner heute

Der Akhal-Tekkiner ist ein rassiges Reitpferd: Er läuft Rennen, springt und nimmt an Distanz- und Dressurprüfungen teil. Er ist das Spitzenpferd in Turkmenistan, Rußland und anderen Ländern des Ostens.

ALLGEMEINE MERKMALE

GEBÄUDE Mit seiner regelwidrigen Gestalt bricht der Achal-Tekkiner alle denkbaren Rassestandards. Der lange schmale Hals wird sehr hoch getragen, der Widerrist ist ausgeprägt, die Schultern sehr stark, schräg und eng. Der Körper ist flach, eng und röhrenförmig, und die feinen Gliedmaßen sind eigentlich zu lang für den Körper.

KOPF Ein wahrhaft aristokratischer Kopf. Er ist fein, lang und trocken mit weit auseinander stehenden, herrlich geformten Ohren, einer breiten, flachen Stirn mit großen kühnen Augen, einem geraden Profil und weiten Nüstern.

FARBE Braune, Schimmel, Füchse und Rappen sind vertreten, am begehrtesten sind jedoch die honiggoldenen Falben mit schwarzen Abzeichen. Das Fell hat einen seltsamen, intensiven metallischen Schimmer.

GRÖSSE 155 cm, sieht jedoch größer aus.

ABSTAMMUNG

Als Angehöriger der alten turkmenischen Pferdefamilie hat der Achal-Tekkiner viele Rassen einschließlich des Englischen Vollbluts beeinflußt und mitbegründet.

Turkmenische Stämme

Achal-Tekkiner

Das Erscheinungsbild des Achal-Tekkiners macht eine gewisse Veränderung durch, denn die Zuchtauslese orientiert sich am Markt für moderne Hochleistungspferde. Dieses Pferd sieht einem modernen Vollblüter schon recht ähnlich.

221

AFRIKA, ASIEN UND AUSTRALIEN

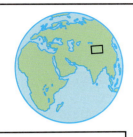

PRZEWALSKI-PFERD

Das Przewalski-Pferd bzw. das Mongolische oder Asiatische Wildpferd wurde, soweit dies die Westliche Welt betrifft, 1881 von dem russischen Forscher Hauptmann N. M. Przewalski wiederentdeckt. Er erhielt Schädel und Fell eines dreijährigen Tiers, die von Jägern in der Wüste Gobi im Westen der Mongolei gefunden worden waren, vom Präfekten von Saissan in Ost-Kasachstan geschenkt. Hauptmann Przewalski seinerseits schenkte diese Überreste dem Zoologischen Museum von Petersburg in Rußland, wo der Naturforscher I. S. Poliakoff sie untersuchte und zu dem Ergebnis kam, daß sie einer spezifischen Spezies des Steppenwildpferds zuzuordnen seien.

Weitere Untersuchungen und Spekulationen hielten über Jahre an. Wir wissen, daß das Przewalski-Pferd durch Überjagung als Wildpferd ausgerottet wurde; seit den siebziger Jahren ist kein Exemplar mehr in Freiheit gesichtet worden. Jedoch konnten von den früher gefangenen wildlebenden Tieren Zoozuchten aufgebaut werden, aus denen Tiere nach Rußland, China und auch Frankreich wiedereingeführt wurden. Diese Przewalski-Pferde können nicht als echte Wildpferde, sondern nur als wildlebende Pferde betrachtet werden. Auch in Zoos und Tiergärten auf der ganzen Welt finden sich Przewalski-Herden, und die Zucht wird sorgfältig durch das internationale Zuchtbuch, das vom Zoologischen Garten in Prag geführt wird, überwacht.

Charakter und Pflege

Es werden große Anstrengungen unternommen, die Wildpferdnatur des Przewalski-Pferds charakterlich und körperlich so gut wie möglich zu erhalten. Sie werden als Wildtiere in Gefangenschaft behandelt. Sie haben Angst vor dem Menschen und sind dementsprechend aggressiv. Jedoch verteidigen die Hengste mutig ihre Herde, speziell wenn Fohlen bei den Stuten sind. Natürlich sind die Przewalski-Pferde sehr widerstandsfähig und zäh.

Das Przewalski-Pferd heute

Przewalski-Pferde werden vom Menschen nicht gezähmt und genutzt. Sie zu jagen ist verboten, was sich aber nur schwer durchsetzen läßt. In dem Versuch, sie zu schützen, werden die freilebenden Herden engmaschig durch Wildhüterpatrouillen überwacht.

ABSTAMMUNG

Die heutigen Przewalskis sind direkte Nachkommen ihrer primitiven Urahnen.

Primitive asiatisch-mongolische Wildpferde ▼
Przewalski-Pferd

Alle Przewalski-Pferde werden als wildlebende, nicht als wilde Tiere betrachtet.

AFRIKA, ASIEN UND AUSTRALIEN

Nachdem das Przewalski-Pferd fast bis zur Ausrottung gejagt wurde, zeigt nun die Wiederaussetzung der Rasse in die Freiheit speziell in Rußland, der Mongolei und China erste Erfolge. Auch in Frankreich findet sich eine blühende Population. Das Przewalski-Pferd zeigt dabei seine ererbte Fähigkeit zur Anpassung und akklimatisiert sich offenbar mühelos in jeder Region, in der es sich wiederfindet.

ALLGEMEINE MERKMALE

GEBÄUDE Der Hals ist sehr kurz und fleischig, der Rücken relativ lang und das Fundament schlank mit länglichen, harten Hufen.

KOPF Derb und schwer; kein Schopf. Die Augen sitzen hoch und sind verhältnismäßig klein. Das Profil ist konvex oder gerade. Das Maul ist klein und fest mit kleinen, tief angesetzten Nüstern.

FARBE Eine gelbliche Falbfarbe überwiegt; jedoch variiert der Falbton zwischen fuchs- und mausfalb. Die Pferde haben einen Aalstrich, und Zebrastreifung an den Gliedmaßen ist häufig. Die unteren Extremitäten sowie Mähne und Schweif sind schwarz. Um Maul und Augen sind die Haare mehlfarben.

GRÖSSE Zwischen 120 und 140 cm.

ANDERE MERKMALE Ein äußerst stämmiges Tier von heftigem Temperament, wenn es ärgerlich ist oder gestört wird. Einmal im Jahr verliert das Prezewalski-Pferd sein Mähnenhaar; im Sommer wächst es dann wieder zur Stehmähne.

TURKMENISCHES PFERD

Als Turkmenisches Pferd wird eine Familie einander sehr ähnlicher Orientalen bezeichnet, die alle nicht vom Araber-Typ sind. Beim Turkmenischen Pferd handelt es sich um einen alten Pferdestamm, der überwiegend als Rennpferd gezüchtet wurde und zwar sowohl für den Rennsport wie für Situationen, in denen es auf Geschwindigkeit und Ausdauer ankam. Sie wurden vor 3000 Jahren von den Nomadenstämmen der Wüste Gobi gezüchtet und hatten viele Bewunderer im China der Han-Dynastie. Ein Stamm dieses Pferdes, der Turkoman, wird immer noch im Nordiran für Rennen gezüchtet, für die er hervorragend geeignet ist. Wildlebende Herden finden sich immer noch im Grenzgebiet zwischen dem Iran und Turkmenistan.

Charakter und Pflege
Dieses Pferd ist der Windhund der Pferdewelt. Als echter Orientale ist es intelligent, unabhängig, mutig und feurig. Auch stolz, elegant und aristokratisch sind treffende Beschreibungen.

Das Turkmenische Pferd heute
Der turkmenische Typ wird heute als Reitpferd verwendet und leistet Großartiges im Renn- und Distanzsport. Turkmenen werden darüber hinaus zur Verbesserung anderer Zuchten eingesetzt.

ABSTAMMUNG

Als Mitglied der alten Turkmenischen Pferdefamilie von leichten, langgliedrigen Orientalen stammt der Turkoman vom ursprünglichen Steppenwildpferd ab. Der moderne Turkoman ist das Kreuzungsprodukt verschiedener orientalischer Rassen.

Einheimische orientalische Schläge ▼ Turkoman

ALLGEMEINE MERKMALE

GEBÄUDE Mit seiner leichten Statur, dem schmalen Körper, langen Gliedmaßen und der dünnen Haut besitzt dieses Pferd ein phänomenales Stehvermögen.

KOPF Lang und schmal mit geradem Profil, langen, zierlichen Ohren, breiter Stirn und glänzenden, aufmerksamen Augen. Das Maul ist fein, die Nüstern sind tief angesetzt und weit.

FARBE Schimmel, Braune, Dunkelbraune, Rappen oder Füchse, wobei etwas Weiß an Gliedmaßen und Kopf erlaubt ist.

GRÖSSE In der Regel um 152 cm.

AFRIKA, ASIEN UND AUSTRALIEN

BASCHKIR

Der Baschkir ist berühmt für seine lange, gelockte Winterdecke, die in der Kälte seiner Heimat im Ural lebensnotwendig ist. Dort nutzt man das Tier als Transportmittel und zur Versorgung mit Fleisch, Milch und Kleidung.

ABSTAMMUNG

Der reinrassige Baschkir scheint eine einheimische und eigenständige alte Rasse mit den typischen Merkmalen des kältefesten Tundra-Typs zu sein. In letzter Zeit wurden allerdings andere Rassen eingekreuzt, um ihm etwas mehr Körpergröße zu geben und um den Typ zu veredeln.

Eigenständige, russische Primitivrasse ▼ Baschkir

Der Baschkir oder Baschkirski ist eine der ungewöhnlichsten Rassen der Welt. Er wurde von den Baschkiren an den südlichen Hängen des Urals in Rußland gezüchtet, wo er den Schlitten zieht, in Troika-Gespannen geht und die Stutenmilch für Kumys, einen einheimischen Schnaps, liefert.

Das Klima seiner Heimat gehört zu den kältesten der Welt, und so besitzt der Baschkir die typischen Merkmale des kältefesten Tundra-Typs – untersetzter Körper, großer Kopf mit kleinen Nüstern, kurze Gliedmaßen und ein Schweif, der dicht am Körper getragen wird. Im Winter entwickelt sich überdies eine dicke Fettschicht unter der Haut. Die Kastanien an den Beinen des Baschkirs sind sehr klein und weich. Das Blut dieser Pferde ist anders zusammengesetzt, und ihre Herz- und Atemfrequenz sind höher als bei anderen Pferden.

Ihr auffallendstes Merkmal ist jedoch ihre lange, dicke, gewellte Winterdecke; bei vielen Tieren kommt auch kleingelocktes Fell wie bei einem Persianerlamm vor; den überraschendsten Anblick bietet allerdings die Variante mit Ringellöckchen bis zu 15 cm. Das Sommerfell ist hingegen kurz und glatt.

In den Vereinigten Staaten werden etwa 1200 Baschkiren oder »Curlies« (= Löckchen), wie sie dort genannt werden, gehalten; dort werden sie im Winter mit dem Staubsauger gesäubert! Das Volk der Baschkiren stellt aus Körper-, Mähnen- und Schweifhaar der Tiere Kleidungsstücke her.

Charakter und Pflege

Der extrem zähe, ausdauernde und robuste Baschkir ist freundlich, anhänglich und arbeitswillig.

Der Baschkir heute

In seiner Heimat wird er zum Transport und als Versorgungsquelle für Fleisch, Milch und Bekleidung eingesetzt. Der Berg-Baschkir ist klein und leicht; der Steppen-Typ ist schwerer und als Zugtier besser geeignet. In den USA wird der »Curly« für den Distanzsport eingesetzt und als Schaupferd vorgeführt.

ALLGEMEINE MERKMALE

GEBÄUDE Untersetztes Tier mit deutlichen Merkmalen des kältefesten Tundra-Typs.

KOPF Groß, vermittelt den Eindruck der Schwere; allerdings wurde der Amerikanische Baschkir gezielt auf einen kleineren, attraktiveren Kopf hin verändert. Die Ohren sind sehr kurz und aufgestellt, die Augen weitgesetzt mit sanftem, intelligentem Blick. Die Profillinie ist gerade, die Nüstern sind klein aber offen.

FARBE In der Regel Schimmel, Fuchs oder Palomino. Nicht selten auch Tigerscheckung.

GRÖSSE Etwa 140 cm.

AFRIKA, ASIEN UND AUSTRALIEN

BERBER

Der Berber gehört zu den östlichen Gründerrassen, die nahezu alle modernen Pferderassen geprägt haben; dies gilt besonders für das altspanische Pferd, das die Basis der meisten amerikanischen Rassen bildet. Der abgebildete Mustang führt mit Sicherheit einen Gutteil Berberblut, auch wenn er keine typische Berber-Farbe hat.

ABSTAMMUNG

Der Berber, der möglicherweise eher dem primitiven europäischen als dem asiatischen Typ entstammt, ist ein hochblütiger Orientale mit einem großen Teil arabischen Bluts.

Primitive europäische Rassen
Andere orientalische Schläge ▼
Berber

Der Berber gehört zu den alten orientalischen Rassen, die andere Rassen wesentlich beeinflußt haben und an der Entstehung der erfolgreichsten modernen Pferderassen der Welt maßgeblich beteiligt sind. Wie die des Arabers, so ist auch die Bedeutung des Berbers in der Geschichte des Pferdes eine Tatsache; dies ist jedoch wenig bekannt, und weit entfernt von der weltweiten Beliebtheit des Arabers, genießt er noch nicht einmal den Status der weniger bekannten Vertreter des orientalischen Typs, wie dem Akhal-Tekkiner und dem Turkoman.

Die Heimat des Berbers ist Nordafrika – das heutige Marokko, Algerien, Libyen und Tunesien – also das Gebiet, das der alten »Barbarei« entspricht. Er wird heute z. B. in einem großen Gestüt in Constantine, Algerien, und im Gestüt des Königs von Marokko gezüchtet. Auch die Tuareg und Stämme der entlegenen Berg- und Wüstengebiete züchten vermutlich noch immer Pferde im Berber-Typus.

Charakter und Pflege

Der Berber ist als zähes, enorm ausdauerndes, schnelles und leichtführiges Pferd bekannt; und diese Qualitäten waren der Grund, weshalb er zur Verbesserung anderer Rassen herangezogen wurde. Er ist nicht so feurig und schön wie der Araber und hat nicht dessen federnde, fließende Aktion. Auch wenn einige Experten davon ausgehen, daß der Berber von prähistorischen europäischen Wildpferden und nicht aus Asien stammt, so entspricht er heute doch eindeutig dem orientalischen Typ. Er hat nicht ganz das ausgeglichene und liebenswerte Temperament des Arabers, mit dem er immer wieder den Vergleich aushalten muß.

Durch seine Zähigkeit und Robustheit benötigt er kaum besondere Pflege.

Der Berber heute

Heute ist der Berber ein gutes Reitpferd, während er früher ein überragendes Streitpferd war. Er wird auch bei Rennen und Reiterveranstaltungen eingesetzt. Außerhalb seiner Heimat ist der Berber wenig bekannt und genießt nicht die Anerkennung, die er verdient.

ALLGEMEINE MERKMALE

GEBÄUDE Ein leicht gebautes Wüstenpferd. Der Hals ist mittellang, stark und gebogen; das Fundament ist feingliedrig, aber stark. Wie bei vielen Wüstenpferden sind die Hufe extrem hart und gut geformt. Mähnen- und Schweifhaare sind üppiger als beim Araber.

KOPF Lang und schmal. Die Ohren sind mittelgroß, fein und spitz; das Profil ist leicht ramsnasig; die Augen blicken mutig, und die Nüstern sind tief angesetzt und offen.

FARBE Echte Berber sind schwarz, braun, dunkelbraun mit schwarzen Abzeichen an Gliedmaßen, Maul, Mähne und Schweif. Bei überwiegend arabischem Blutanteil kommen auch andere Farben vor.

GRÖSSE 145 bis 155 cm.

AFRIKA, ASIEN UND AUSTRALIEN

AUSTRALIAN STOCK HORSE

Das Exterieur dieses Australian Stock Horse ist vom Quarter Horse geprägt, zeigt aber auch unverkennbar Vollblut-Einfluß. Die kurze Geschichte dieser Rasse ist von Höhen und Tiefen gekennzeichnet; inzwischen hat sich das Australian Stock Horse jedoch auf vielen Gebieten bewährt und ist als Allround-Reitpferd, für die Rinderarbeit, bei Rodeos und als Turnierpferd beliebt.

ABSTAMMUNG

Eine breite Mischung alter europäischer Rassen, der asiatische und Araber-Gene zugefügt wurden. Durch weitere Einkreuzung von Berbern und Vollblütern entstand das moderne Australian Stock Horse.

Iberische Rassen
Niederländische Rassen ▼
Criollos ▼
Basuto und Indonesische Ponys ▼
Mischrassige Europäer ▼
Araber ▼
Berber ▼
Quarter Horse ▼
Englisches Vollblut ▼
Australian Stock Horse

Beim Australian Stock Horse oder Waler, wie das Pferd auch oft genannt wird, handelt es sich um eine relative junge Rasse. Die ersten Pferde kamen Ende des 18. Jahrhunderts in Australien an und wurden von Händlern vom Kap der Guten Hoffnung in Südafrika und aus Chile importiert. Diese Tiere waren gemischtrassige europäische Pferde mit Araber- und Berberblut. Zu dieser Zeit wurden wohl zudem Indonesische Ponys, Basuto Ponys und Criollos nach Ost-Australien eingeführt. Diese ersten Importtiere sollen von geringer Qualität gewesen sein. Durch Vollblut- und Araber-Einkreuzungen wurde das New-South-Wales-Pferd, wie es zunächst hieß, jedoch bald zu einem harmonischen, gesunden und ausdauernden Tier. Es wurde für jeden Zweck verwendet, vom Allround-Reitpferd bis zum Zugpferd im leichten und schweren Geschirr, und es erwies sich als ausgezeichnet geeignet für die Rinderarbeit auf den weiten Viehstationen des australischen Outback.

Nach dem Zweiten Weltkrieg nahm die Zahl der Australian Stock Horses rapide ab, da der Bedarf an Pferden allgemein zurückging. Bis zu dieser Zeit hatte sich das australische Pferd zum hochklassigen Anglo-Araber-Typ entwickelt. In der Folge wurde nun jedoch wahllos neues Blut zugeführt, so daß die Rasse schnell verkam. Heute ist dieses Pferd eher ein Mischtyp, und die Rassemerkmale sind nicht durchgezüchtet. Aber es werden erste Schritte zur Verbesserung und Standardisierung unternommen; dies geschieht vornehmlich durch die Zufuhr von Vollblut-, Araber- und Quarter-Horse-Blut.

Charakter und Pflege
Das Australian Stock Horse hat Mut, Zähigkeit und Durchhaltevermögen.

Das Australian Stock Horse heute
Das Australian Stock Horse wird für die Rinderarbeit, bei Rodeos und als Allround-Reitpferd verwendet und auch oft im Leistungssport eingesetzt.

ALLGEMEINE MERKMALE

GEBÄUDE Hier wird das angestrebte Exterieur beschrieben: Hals mittellang bis lang, gut bemuskelt und schön gebogen. Die Gliedmaßen sollen im harmonischen Verhältnis zum Körper stehen, im oberen Teil lang und muskulös. Die Gelenke müssen trocken, die Röhrbeine kurz und mäßig fein ausgebildet sein mit harten, gut markierten Sehnen und harten, gut geformten Hufen.

KOPF Sollte Züge des Vollbluts, des Arabers und des Quarter Horse in sich vereinigen. Die mittellangen aufgestellten Ohren stehen weit auseinander, die Augen haben einen intelligenten Blick, das Profil ist gerade, das Maul kurz und die Nüstern offen.

FARBE Braun ist vorherrschend, jedoch sind alle Grundfarben sowie weiße Abzeichen am Kopf und an den Beinen erlaubt.

GRÖSSE 150 bis 165 cm.

AFRIKA, ASIEN UND AUSTRALIEN

AUSTRALISCHES PONY

Wie Kinder überall auf der Welt, so wollten auch die australischen Kinder ihr eigenes Pony! Zwar waren schon während der Besiedlung Australiens Ponys zusammen mit Pferden importiert worden, jedoch bemühte man sich erst Ende des 19. Jahrhunderts, einen fixierten Typ zu entwickeln, der dann in den frühen zwanziger Jahren dieses Jahrhunderts erkennbar wurde. Kurz darauf wurde auch ein Stutbuch angelegt.

Grundlage für das Australische Pony bildeten kleine Araber und das Welsh Pony. In seinen Adern fließt aber auch einiges Blut der Shetland und Exmoor Ponys; jedoch ist das Australische Pony heute so gut durchgezüchtet, daß der einzig erkennbare Vorfahre der Araber ist – von ihm hat es seinen Kopf.

Charakter und Pflege

Das Australische Pony ist ein ausgezeichnetes Reitpony; es ist edel, hat aber genügend Substanz. Es ist als kräftig, gesund, robust, leichtführig, gutmütig und widerstandsfähig bekannt. Sein hochblütiges Erbe ist unübersehbar, aber es braucht nicht verhätschelt zu werden und ist für Kinder leicht zu reiten und zu pflegen.

Neben seinem wunderbaren Temperament gehören seine langen, freien, fließenden Bewegungen in allen Gängen zu seinen meistgeschätzten Merkmalen.

Das Australische Pony heute

In erster Linie findet das Australische Pony als Reittier für Kinder Verwendung; es geht aber auch gut im Geschirr. Es hat gute Springanlagen und ist so qualitätsvoll, daß es in den höchsten Schauklassen gezeigt werden kann. Wegen seines Durchhaltevermögens ist es auch für Gelände- und Distanzprüfungen im Juniorenreitsport sehr begehrt.

ALLGEMEINE MERKMALE

GEBÄUDE Ein herrliches Pony. Der Hals ist wohlgeformt, attraktiv gebogen und hat eine volle Mähne. Die recht feingliedrigen Gliedmaßen sind gut proportioniert, lang und stark im oberen Teil, mit kurzen Röhrbeinen, festen Sehnen und harten, gut geformten Hufen.

KOPF Der Kopf zeigt unverkennbar arabisches Erbe. Kurze, aufgestellte Ohren, die gut auseinander stehen, breite Stirn mit weitgestellten, großen und leuchtenden Augen. Gerade oder leicht konkave Nasenlinie, mit keilförmigem Maul und weiten, offenen Nüstern.

FARBE Schimmel sind häufig, aber auch andere Farbstellungen außer Schecken sind erlaubt. Weiß an Kopf und Gliedmaßen zugelassen.

GRÖSSE 120 bis 140 cm.

ABSTAMMUNG

Sehr gemischt; an seiner Entstehung sind verschiedene europäische Rassen und besonders Shetland, Welsh und Exmoor Ponys beteiligt.

Gemischtes europäisches Blut
Hackney ▼
Shetland Pony ▼
Exmoor Pony ▼
Welsh Pony ▼
Timorpony ▼
Araber ▼
Englisches Vollblut ▼
Australisches Pony

Das Australische Pony entstand auf der Grundlage europäischer und indonesischer Ponys und ist durch Einkreuzung von Arabern und Vollblütern auch durch östliches Blut beeinflußt. Es ist allgemein als Kinderpony und für den Gelände- und Distanzsport der Junioren sehr beliebt und geht überdies gut im Geschirr.

227

- **230** Großbritannien und Irland
- **231** Europa
- **242** Rußland, Baltikum und Skandinavien
- **244** Nord- und Südamerika
- **246** Australien, Asien und Afrika

WENIGER BEKANNTE RASSEN

WENIGER BEKANNTE RASSEN

GROSSBRITANNIEN UND IRLAND

WIEDERENTDECKTES KUTSCHPFERD
Der reinrassige Cleveland Bay erfreut sich zunehmender Beliebtheit.

ENGLAND

In der Mitte des 20. Jahrhunderts war der **CLEVELAND BAY** fast ausgestorben, doch inzwischen haben sich die Bestände wieder erholt. Die Rasse entwickelte sich nach der Einkreuzung von iberischen Pferden und Berbern aus dem braunen Chapman Horse, das im Mittelalter im Nordosten von Yorkshire als Tragtier verwendet wurde. Der Cleveland Bay eignet sich für die Feldarbeit, ist aber auch ein ausgezeichnetes Kutschpferd. Einkreuzungen von Vollblut brachten das edle Yorkshire Coach Horse hervor, das in seiner ursprünglichen Form heute jedoch nicht mehr existiert.

Heute werden Cleveland Bays mit Vollblutanteil bevorzugt auf Fahrturnieren eingesetzt. Auch in den königlichen Stallungen in London stehen solche Pferde, die bei besonderen Anlässen die Galakutschen ziehen.

Cleveland Bays haben ein gelassenes Temperament (das von manchen als stur bezeichnet wird). Sie haben keinen Fesselbehang, sind ausdauernd und kräftig gebaut, ohne dabei grob zu wirken. Die Farbe ist stets braun ohne Abzeichen, und die Größe liegt meist zwischen 162 und 165 cm.

Das beste und einflußreichste Kutschpferd aller Zeiten war vermutlich der **NORFOLK ROADSTER** (auch bekannt als **NORFOLK TROTTER**), denn er ist der Begründer fast aller Traberrassen. Seine Vorfahren sind wahrscheinlich dieselben wie beim Suffolk Punch. Der kleine, kräftige Roadster, dessen Entstehung sich bis ins 15. Jahrhundert zurückverfolgen läßt, wurde in dem flachen Gelände von Norfolk als kräftiger, kurzbeiniger, aber trotzdem schneller und ausdauernder Traber gezüchtet, der sowohl vor dem Wagen als auch unter dem Sattel zu verwenden war. Häufig sah man einen Bauern und seine Frau gemeinsam auf einem der stämmigen Tiere reiten. Mehr als vierhundert Jahre lang – bis zum Ausbau des Eisenbahnnetzes – bot der Norfolk Roadster die mit Abstand beste Möglichkeit, lange Strecken schnell hinter sich zu bringen. In der zweiten Hälfte des 20. Jahrhunderts gab es nur noch wenige Exemplare, doch es fanden sich gerade noch rechtzeitig ein paar Liebhaber, die die letzten Pferde dieses Typs zusammensuchten und die Zucht neu aufbauten.

Das **LUNDY PONY** entstand bei dem Versuch, eine weitere britische Ponyrasse zu züchten. Dazu wurden 1928 New Forest Stuten und Stutfohlen auf die Insel Lundy gebracht und dort mit Vollblut-, Welsh- und Connemara-Hengsten gekreuzt. Dieser Zuchtversuch war kein großer Erfolg, obwohl es noch heute einige Ponys auf dieser Insel gibt. Sie sind überwiegend falbfarben und haben ein Stockmaß um 134 cm.

WENIGER BEKANNTE RASSEN

EUROPA

FRANKREICH

Das **FRANZÖSISCHE REITPONY** ist erst in diesem Jahrhundert aus der gezielten Anpaarung von französischen Ponys mit Arabern, Welsh Ponys und Connemaras hervorgegangen. Außerdem wurden Hengste der Rassen New Forest, Selle Française, Merens, Pottok und Landais eingekreuzt.

Dieses Reitpony ist von guter Qualität, edel und temperamentvoll, aber trotzdem fügsam. Die Größe liegt zwischen 123 und 144 cm, und alle Farben sind vertreten. Das Französische Reitpony ist von leichter bis mittlerer Statur und hat einen harmonischen Körperbau. Es ist ein gutes Turnierpony für Dressur und Springen, das auch vor der Kutsche ein schönes Bild abgibt.

Der **LIMOUSIN** ist eine Kreuzung aus Englischem Vollblut und französischen Landstuten aus der Gegend Limousin. Auch Araberblut fließt in den Adern dieser Pferde, die schon heute zu den Selle Française zählen und in Zukunft vermutlich nicht mehr als eigenständige Rasse in Erscheinung treten werden.

Das **POTTOK** oder **BASKISCHE PONY** ist ein robustes kleines Pferd aus dem Baskenland, das dort in der Provinz Navarra und im Südwesten von Frankreich halbwild lebt. Die Basken betrachten das Pony als wichtigen Teil ihrer Kultur. Es wurde früher als Grubenpony verwendet und dient heute als Reittier und verrichtet leichte Feldarbeit.

Die fleißigen Tiere sind kräftig und fruchtbar, von ruhigem Temperament, und sie besitzen ein beachtliches Springvermögen. Sie sind überwiegend schwarz oder dunkelbraun, es gibt jedoch auch Braune, Füchse und Schecken. In den Wintermonaten, in denen die Ponys sich von harten, trockenen Pflanzen ernähren müssen, wächst ihnen zum Schutz der empfindlichen Maulpartie ein dichter Schnurrbart. Die Ponys sind zwischen 120 und 130 cm groß.

Der **COMTOIS** ist ein Kaltblut, das in der ostfranzösischen Provinz Franche-Comté schon seit 1400 Jahren gezüchtet wird. Dorthin kam es vermutlich mit den Burgundern, die im Jahre 411 das Königreich Burgund begründeten. Ihnen diente der Comtois als Kriegs-, Zug- und Arbeitspferd. Später trug er zur Veredelung anderer Rassen wie etwa des Freibergers bei. Heute wird der Comtois zum Holzrücken und im Weinberg eingesetzt und als Schlachtpferd gezüchtet.

Der Comtois ist ein klobiges, muskulöses Pferd mit einem großen Kopf mit gutmütigem Gesichtsausdruck. Der Rücken ist lang und gerade, und Beine und Hufe sind sehr kräftig. Für ein Kaltblut bewegt sich der Comtois erstaunlich leichtfüßig. Die Größe liegt zwischen 144 und 154 cm, und die vorherrschenden Farben sind Fuchs und Braun.

Das **LANDAIS PONY** (zu dem auch das **BARTHAIS** gehört) wird als Reit- und Zugpferd verwendet. Es kommt aus der Region Les Landes im Südwesten von

BRITISCH-FRANZÖSISCHE KOPRODUKTION
Das Französische Reitpony ist eine bunte Mischung aus britischen und französischen Ponyrassen.

Frankreich und soll von den Pferden abstammen, die auf den Höhlenmalereien in dieser Gegend dargestellt sind. Im Lauf der Zeit wurden jedoch immer wieder Araber und Kaltblüter eingekreuzt, so daß es den ursprünglichen Typ kaum noch gibt. Die Ponys sind dunkelbraun, schwarz, fuchsfarben oder braun und zwischen 112 und 132 cm groß.

Der schwere **POITEVIN** führt das Blut niederländischer, dänischer und norwegischer Kaltblutpferde. Man kennt ihn auch als **MULASSIER** (was Maultier-Pferd bedeutet), weil die Stuten mit den großen Poitou-Eseln gute Maultiere hervorbringen. Mitte des 20. Jahrhunderts war der Poitevin fast ausgestorben, doch Liebhaber dieser Rasse haben rechtzeitig begonnen, die Zucht neu aufzubauen.

Der Poitevin ist zwar klobig und träge, aber trotzdem stark, zuverlässig und leicht zu handhaben. Er hat einen tiefen Rumpf, eine steile Schulter, ist zwischen 152 und 173 cm groß und gewöhnlich Schimmel, Rappe, Brauner oder Isabell.

Der **BOULONNAIS**, eine weitere Kaltblutrasse, die im Nordwesten von Frankreich beheimatet ist, stammt möglicherweise von numidischen Pferden ab, die mit den Römern nach Frankreich kamen. Manche Experten sind jedoch der Ansicht, daß die Pferde der Hunnen, die Attila im 5. Jahrhundert zurückließ, die Vorfahren dieser Rasse sind. Auf jeden Fall wurden Berber und Andalusier eingekreuzt, was die ungewöhnliche Schnelligkeit und Eleganz dieser kräftigen Kaltblüter erklärt. Sie wurden zur Veredelung anderer Rassen eingesetzt und dienen auch als Grundlage für die Zucht von Sportpferden. Der Boulonnais ist stark und ausdauernd, meistens ein Schimmel, und hat ein Stockmaß von etwa 165 cm. Er wird heute vorwiegend als Schlachtpferd gezüchtet.

WENIGER BEKANNTE RASSEN

KRAFT UND BEWEGLICHKEIT
Links *Diese auffallende Farbgebung ist beim Comtois häufig zu finden. Die relativ kleinen Kaltblüter sind bekannt für ihre leichtfüßigen Bewegungen und ihre Kraft.*

DREI DER BESTEN
Oben und unten *Der Trait du Nord ist eine immer seltener werdende Rasse aus dem Nordosten Frankreichs, in deren Adern das Blut von Ardennern, Boulonnais und Belgiern fließt.*

RÖMISCHE VORFAHREN
Rechts *Der Boulonnais, eine Kaltblutrasse aus dem Nordwesten Frankreichs, stammt vermutlich von numidischen Pferden ab, die mit den Römern nach Frankreich kamen.*

WENIGER BEKANNTE RASSEN

DOPPELBEGABUNG
Rechts *Dies ist der Poitevin (Mulassier). Den zweiten Namen hat er sich verdient, weil er mit den großen französischen Poitou-Eseln große und kräftige Maultiere hervorbringt. Außerdem wird er in der Landwirtschaft und als Zugpferd für kürzere Strecken verwendet.*

KINDERPONY
Rechts *Dieses Foto zeigt die freundliche Aufmerksamkeit, die typisch für das Französische Reitpony ist.*

FAMILIENÄHNLICHKEIT
Unten rechts *Die Ähnlichkeit zwischen dem Merens und dem britischen Dales Pony ist unübersehbar.*

ALTER BURGUNDER ADEL
Unten *Der Auxois ist ein weiterer Nachfahre des Original-Ardenners sowie des alten Burgundischen Pferdes.*

233

WENIGER BEKANNTE RASSEN

ECHTER EUROPÄER
In den Adern des Freibergers fließt das Blut vieler europäischer Rassen, aber auch das des Arabers.

Der **AUXOIS** stammt von den frühen Ardennern und einer alten Kaltblutrasse aus Burgund ab. Er ist größer und kräftiger als seine Vorfahren, hat aber etwas dünnere Beine als sie.

Der Auxois ist ein gutmütiger, ausdauernder und williger Schwerarbeiter. Es kommen ausschließlich Rotschimmel vor, die zwischen 153 und 162 cm groß sind.

Der **TRAIT DU NORD** ist ebenfalls ein Kaltblutpferd, das aus der Kreuzung von Ardenner, Boulonnais und Belgier hervorgegangen ist. Es ist robust und stark und eignet sich besonders für die Landarbeit in bergigen Gegenden. Es erreicht eine Größe von 155 bis 163 cm und ist entweder braun oder ein Rotschimmel.

Das **MERENS** (oder **ARIEGEOIS**) Pony ist ein Bergpferd, das im Ostteil der Pyrenäen und an der gebirgigen Grenze zu Spanien gezüchtet wird. Es ähnelt dem englischen Dales Pony. Das Merens Pony scheint der direkte Nachfahre der Pferde zu sein, die in seiner Heimat auf prähistorischen Malereien zu sehen sind, obwohl in der Zwischenzeit sowohl Kaltblüter römischen Ursprungs als auch Araber eingekreuzt wurden. Ursprünglich wurden diese Pferde zum Transport von Holz und Erz verwendet und verdienen heute ihr Futter in der Landwirtschaft oder beim Pony-Trekking.

Die lebhaften und gutmütigen Ponys sind ausgesprochen robust und überstehen die eisigen Winter in den Bergen ohne Schaden. Hitze dagegen vertragen sie nicht – sie brauchen eine Möglichkeit, sich vor der Sonne zu schützen. Das Merens Pony ist ein kräftig gebautes Kleinpferd mit dickem Hals, üppigem Schweif- und Mähnenhaar und einer kuhhessigen Stellung der Hinterbeine. Sein Stockmaß liegt zwischen 132 und 144 cm.

NIEDERLANDE

Der ursprüngliche **GRONINGER** existiert heute kaum noch. Bei ihm handelte es sich um einen schweren Warmblüter, der zum Reiten, für die Landarbeit und als langsames, ausdauerndes Kutschpferd verwendet wurde. Oldenburger, Ostfriesen und reinrassige Friesenstuten bildeten die Zuchtgrundlage dieser Rasse, in die dann später auch importierte Suffolk Punches und Norfolk Roadsters eingekreuzt wurden.

Der Groninger hatte ein Stockmaß von 154 bis 162 cm. Er besaß ein ansprechendes Exterieur und war gutmütig und ausgesprochen leichtfuttrig. Trotz seiner Körpermasse bewegte er sich relativ leichtfüßig.

Heute ist der Groninger fast vollständig in der niederländischen Sportpferdezucht aufgegangen.

SCHWEIZ

Der **FREIBERGER** entstand gegen Ende des 19. Jahrhunderts im Schweizer Jura durch die Kreuzung von einheimischen Stuten mit Englischen Vollblütern und Anglo-Normannen. Später wurden auch Ardenner und Comtois eingekreuzt, und Shagya Araber sowie Vollblutaraber sorgten für Leichtfüßigkeit und Eleganz.

Der Freiberger wird in zwei Typen gezüchtet: als Zugpferd für den leichten und mittleren Zug und als Reitpferd. Die Pferde haben ein gelassenes Temperament und verrichten willig ihre Arbeit. Füchse und Braune mit wenig Abzeichen kommen am häufigsten vor, gelegentlich sieht man jedoch auch Schimmel oder dunkle Dauerschimmel. Der Kopf kann recht schwer sein, paßt aber zum kräftigen Hals. Der Freiberger ist ein kompaktes, mittelschweres Pferd, das für jeden Zweck geeignet ist und zwischen 145 und 154 cm groß wird.

Der **EINSIEDLER** bildet die Zuchtgrundlage für die hervorragenden Sportpferde, die in der Schweiz gezüchtet werden. Er ist ein lebhaftes, kräftiges Pferd mit beeindruckendem Gangvermögen und ausgewogenem Temperament. Einsiedler sind Braune oder Füchse, mit einer durchschnittlichen Größe von 162 cm.

WENIGER BEKANNTE RASSEN

ITALIEN

Ursprünglich war der **MAREMMANO** ein nichtssagendes, beinahe schon häßliches Pferd, das vermutlich aus einheimischen Stuten hervorgegangen ist, die von Norfolk-Roadster- und Neapolitaner-Hengsten gedeckt wurden. Die Pferde waren jedoch fleißige und willige Arbeiter und dienten den Rinderhirten der Toskana als Reittiere.

Mittlerweile ist der Maremmano durch die Zufuhr von Englischem Vollblut deutlich verbessert worden. Allerdings sind die heutigen Zuchtprodukte weniger robust als ihre Vorfahren. Heute ist der Maremmano ein beliebtes Reitpferd. Seine Größe liegt zwischen 152 und 155 cm, und es kommen alle Grundfarben vor.

Der **MURGHESE**, der aus Apulien stammt, entstand vermutlich in der Zeit der spanischen Vorherrschaft in Italien. Er ist eine Mischung aus Italienischem Landpferd, Berber und Vollblut. Der Murghese hat zwar ein gutes Springvermögen, ist als Reitpferd aber nicht besonders geeignet. Er wird überwiegend im leichten Zug, für die Landarbeit und zur Maultierzucht verwendet.

Die Rasse ist robust und fruchtbar, äußerlich wenig ansprechend und besitzt nur durchschnittliches Gangvermögen. Es existiert kein einheitlicher Typ; die Größe variiert zwischen 140 und 152 cm, vielfach auch darüber. Die häufigste Farbe ist Fuchs, es kommen aber auch Rappen und Schimmel (zum Teil mit schwarzem Kopf) vor.

Der **SARDISCHE ANGLO-ARABER** ist aus der Kreuzung von Sardiniens kleinen, drahtigen Ponys mit Arabern hervorgegangen. Im 16. Jahrhundert wurden auch importierte iberische Hengste verwendet, und im 20. Jahrhundert sorgten weitere Araber und Englische Vollblüter für eine weitere Qualitätsverbesserung.

Es gibt kleine, mittlere und große Typen, von 153 bis 163 cm und darüber. Der Sardische Anglo-Araber ist ein schnelles, ausdauerndes Sportpferd mit gutem Springvermögen, das in allen Grundfarben vorkommt.

Das **SARDISCHE PONY** ist temperamentvoll, widerspenstig, lebhaft und robust. Obwohl sich seine Entstehung nicht zurückverfolgen läßt, ist es doch eine sehr alte Rasse. Die wenigen noch existierenden Ponys werden gelegentlich eingefangen und für leichte Landarbeit und zum Reiten verwendet. Sie sind dunkelbraun, schwarz, braun oder dunkel fuchsfarben und erreichen eine Größe von 123 bis 132. Ein sehr ähnliches Pony, das Korsische Pony, ist in geringer Anzahl auf Korsika zu finden.

Den **SICILIANO** gibt es in zwei Schlägen: Der aus dem Osten ist eleganter und leichter als der aus dem Landesinnern. Die temperamentvollen Pferde sind nicht sonderlich robust, dafür aber sehr ausdauernd. Sie eignen sich als Reit- und Kutschpferde. Am häufigsten sind Braune, Rappen, Füchse und Schimmel, deren Größe von 145 bis 155 cm beträgt.

Der **SANFRATELLANO** stammt aus dem Nebrodischen Gebirge in der sizilianischen Provinz Messina. Er lebt dort halbwild und ist ein genügsames Pferd mit lebhaftem Temperament. Auf welcher Grundlage seine Zucht beruht, läßt sich nicht mehr ermitteln, doch im Lauf der Zeit wurde das Blut von Sardischen Anglo-Arabern, Anglo-Arabern, Salernern und Nonius zugeführt. Gelegentlich gerät der Kopf beim Sanfratellano etwas zu groß, aber in der Regel sind die Tiere gut proportioniert und werden als Reit-, Trekking- und Saumpferde genutzt. Sie sind meistens braun, dunkelbraun oder schwarz und erreichen eine Größe von 152 bis 162 cm.

Der in Kalabrien gezogene **CALABRESER** ist ein mittelschweres Reitpferd, das viel Araberblut führt. Im Mittelalter wurden Andalusier eingekreuzt, und im 20. Jahrhundert sorgten Englische Vollblüter für noch mehr Eleganz und Größe. Alle Grundfarben kommen vor, und die Größe liegt gewöhnlich zwischen 162 und 165 cm.

Der **BARDIGIANO** ist ein mittleres bis schweres Pony, das vermutlich aus Bergponys hervorging, die sich mit den belgischen Pferden vermischten, die ihre Besitzer zur Zeit der Völkerwanderung nach Bardi mitbrachten. Die am meisten verbreitete Farbe ist Schwarz, aber auch Braun und Dunkelbraun kommen vor.

AUS DEM MITTELALTER
Die Abstammung des Bardigiano läßt sich zurückverfolgen bis ins Mittelalter. Seine Vorfahren sind wahrscheinlich einheimische Bergponys und belgische Pferde.

Trotz ihres kräftigen Körperbaus haben diese Pferde einen edlen, arabisch wirkenden Kopf. Sie sind reaktionsschnell und manchmal etwas nervös, in der Regel aber gutmütig und willig. Ihre Durchschnittsgröße liegt zwischen 133 und 143 cm.

Der **AVELIGNESER** ist die etwas größere und kräftigere italienische Variante des weltbekannten Haflingers, der in großer Zahl in Italien, Österreich, der Schweiz und Deutschland gezüchtet wird. In Italien wird er überwiegend als Saum- und Zugpferd eingesetzt.

235

WENIGER BEKANNTE RASSEN

EIN GROSSER SCHRITT NACH VORN
Unten Die drahtigen kleinen Pferdchen, die ursprünglich die Zuchtgrundlage für den Sardischen Anglo-Araber bildeten, sind durch die Zufuhr von spanischem Blut deutlich verbessert worden. Heute werden auch Englische Vollblüter eingekreuzt, die den Rassetyp stark verändert und veredelt haben.

ABSTAMMUNG UNBEKANNT
Links und oben Die Abstammung des Sanfratellano läßt sich nicht nachweisen. Er lebt halbwild auf Sizilien.

ITALIENISCHES HÜTEPFERD
Links *Der Maremmano, einst ein gewöhnliches Arbeitspferd zum Treiben von Rindern, ist durch die Zufuhr von italienischem Vollblut deutlich verbessert worden.*

SPRINGWUNDER
Rechts und oben rechts *Der Murghese, ein Reit- und Kutschpferd, das auch zur Landarbeit und zur Maultierzucht verwendet wird, hat ein erstaunliches Springvermögen und ist ein beliebtes Reitpferd.*

ITALIENISCHER VETTER
Rechts und oben links *Der Aveligneser, die italienische Version des bekannten Haflingers, hat dessen Vorzüge, ist aber etwas größer und schwerer. In Italien wird er hauptsächlich als Trag- und Zugpferd verwendet und kaum geritten.*

WENIGER BEKANNTE RASSEN

ÖSTERREICH

Der **PINZGAUER** ist die österreichische Version des Norikers. Die Rasse wurde vor mehr als 2000 Jahren von den Römern begründet, die vor allem in den heutigen österreichischen Bundesländern Steiermark und Kärnten ihre schweren Streitrosse mit einheimischen Stuten kreuzten. Daraus entstand ein robustes, trittsicheres und starkes Pferd, das als Streitroß, als Zugpferd für schwere Lasten und als Arbeitspferd für die Landwirtschaft verwendet wurde. Im 16. Jahrhundert wurde die Rasse durch die Zufuhr von neapolitanischem und andalusischem Blut veredelt. Die häufigsten Farben sind Braun und Fuchs, es kommen aber auch Dauerschimmel, Rappen, Dunkelbraune, Schimmel und Tigerschecken vor. Der Pinzgauer ist ein schweres Pferd mit einem großen Kopf und dicken, stämmigen Beinen, das sich vor allem für die Arbeit in Wald und Feld eignet. Mähne und Schweif sind üppig und oft gewellt. Das Stockmaß liegt zwischen 154 und 165 cm.

POLEN

Viele Fachleute sind überzeugt, daß der **TARPAN** einer der beiden Vorfahren aller modernen leichten Pferde- und Ponyrassen ist. Das russische Wort »Tarpan« bedeutet »wildes Pferd«. Der echte wildlebende Tarpan ist seit 1879 ausgestorben, das letzte in Gefangenschaft gehaltene Tier starb 1887. Im 20. Jahrhundert hat die polnische Regierung eine große Anzahl tarpanähnlicher Pferde aufgekauft und sie in den Reservaten von Popielno und Bialowieza wieder ausgewildert.

Der daraus hervorgegangene Rückzüchtungs-Tarpan ist den ausgestorbenen Tieren vermutlich sehr ähnlich, wenn auch etwas massiger. Es gibt ihn in allen Schattierungen von Falb mit Aalstrich und Zebrastreifen an den Beinen. Der schwarze Schweif und die überwiegend schwarze Mähne sind lang und dicht. Der Kopf ist schwer und manchmal etwas groß. Der Hals ist kurz und dick, der Widerrist flach, der Rücken lang und gerade und die Kruppe abgeschlagen. Die Schultern sind kurz, aber schräg, und die

WILD UND FREI
Oben eine Rückzüchtung des in freier Wildbahn ausgestorbenen Tarpans, gezogen aus Elternteilen, die noch Tarpanblut führen.

Brust ist tief. Die Beine sind schlank und kräftig. Der Tarpan ist robust und wegen seiner Dickköpfigkeit nur schwer zu zähmen. Er wird etwa 130 cm groß.

Ganz anders ist der **SOKOLSKI**, ein schweres Arbeitspferd für Transporte und für die Landwirtschaft. Die Rasse entstand erst in diesem Jahrhundert aus Ardennern, Bretonen, Belgiern, Anglo-Normännern und wahrscheinlich Suffolk Punches. Der Sokolski ist ausdauernd und ruhig, meistens fuchsfarben, aber auch braun oder dunkelbraun und 152 bis 162 cm groß.

WENIGER BEKANNTE RASSEN

DEUTSCHLAND

Das **RHEINISCHE KALTBLUT**, das auch als **RHEINISCH-DEUTSCHES KALTBLUT** bekannt ist, bekommt man heute nur noch selten zu Gesicht. Die Rasse wurde gegen Ende des 19. Jahrhunderts auf der Grundlage des Ardenners gezüchtet, außerdem wurden Belgier in großer Zahl eingekreuzt und in geringerem Umfang auch Jütländer, Shire, Suffolk Punch, Clydesdale und Boulonnais. Das Rheinische Kaltblut hat viel zur Gründung anderer deutscher und europäischer Kaltblutrassen beigetragen.

Das Rheinische Kaltblut ist stark und widerstandsfähig, es hat einen ausgewogenen Körperbau, kurze, stämmige Beine und die typische Doppelmähne. Es strahlt einen gewissen Stolz aus, ist aber ruhig und leicht zu handhaben. Am häufigsten sieht man Rotschimmel mit schwarzen Beinen und Füchse mit hellem Langhaar, aber auch Braune, die zwischen 162 und 172 cm groß sind.

Der **BEBERBECKER** stammt aus der Nähe von Kassel, wo vor fast zweihundert Jahren das Gestüt Beberbeck gegründet wurde. In der ersten Generation wurden den einheimischen Stuten Araberhengste zugeführt, die daraus entstandenen Stuten wurden von Vollbluthengsten belegt, und in der dritten Generation kamen dann wieder einheimische Hengste zum Zuge, die dafür sorgten, daß Rassetyp und Substanz erhalten blieben. Das Ergebnis dieser planmäßigen Zucht war ein kräftiger Vollbluttyp mit viel Gurtentiefe, gewöhnlich Braun oder Fuchs, mit einem Stockmaß von mindestens 162 cm. Heute gibt es kaum noch Beberbecker, denn sie sind in der Warmblutzucht aufgegangen.

Der **NORIKER** (auch als **SÜDDEUTSCHES KALTBLUT** bekannt) ist die deutsche Variante des österreichischen Pinzgauers. In ihm fließt das Blut folgender Rassen: Araber, Englisches Vollblut, Norfolk Trotter, Oldenburger, Normanne, Holsteiner und Cleveland Bay.

Das **RHEINISCHE WARMBLUT** ist ein edles Sportpferd, das wie die meisten anderen deutschen Reitpferde aus der Kaltblutzucht entwickelt wurde. Einkreuzungen von Englischen Vollblütern, Trakehnern und anderen Edelrassen haben dazu beigetragen, ein elegantes Warmblutpferd hervorzubringen, das es in allen Grundfarben gibt und dessen Stockmaß um 165 cm liegt.

Die Abstammung des **BADEN-WÜRTTEMBERGERS** läßt sich zurückverfolgen bis ins 16. Jahrhundert, als im Landgestüt Marbach mit der planmäßigen Zucht begonnen wurde. Grundlage der Zucht waren einheimische Stuten, die mit Suffolk Punch, Kaukasiern und Arabern gekreuzt wurden, später auch mit Trakehner, Oldenburger, Nonius, Normanne und Anglo-Normanne.

Ursprünglich war der Baden-Württemberger ein stämmiges Arbeitspferd, das heute aber in einem viel leichteren Typ steht. Es ist ein leistungsstarkes, gutmütiges Pferd mit schönem Bewegungsablauf, das sich sowohl als Reit- wie auch als Kutschpferd eignet. Alle Grundfarben sind vertreten, und die Größe liegt bei 163 cm.

RHEINLÄNDER – VOM ACKERGAUL ZUM REITPFERD
Das Rheinische Sportpferd entstand durch konsequente Einkreuzung fremder Rassen. Die Grundlage der rheinischen Warmblutzucht bildete jedoch das Rheinische Kaltblut.

UNGARN

Der **MURAKÖZER**, auch **MUR-INSULANER** genannt, ist ein ungarisches Kaltblutpferd, das zu Beginn des 20. Jahrhunderts aus schweren Landstuten entstanden ist, die mit Belgiern, Ardennern, Percherons und Norikern gekreuzt wurden. Heute werden zwei Typen gezüchtet: ein leichter und ein schwerer. Bei beiden handelt es sich um kräftige Arbeitspferde, die für ihre Umgänglichkeit und Willigkeit bekannt sind. Häufig vorkommende Farben sind Braun, Dunkelbraun, Rappe und Schimmel oder Fuchs mit hellerem Langhaar. Das Stockmaß des Muraközers liegt bei 162 cm.

WENIGER BEKANNTE RASSEN

SCHWERER UND LEICHTER SCHLAG
Der Muraközer wird in zwei Schlägen gezüchtet: groß und schwer sowie etwas kleiner und leichter, aber immer noch mit deutlichen Kaltblutmerkmalen.

ben einen recht langen, dünnen Hals und einen etwas schweren Kopf mit geradem Profil. Der rundliche Körper ruht auf eisenharten Beinen und Hufen.

GRIECHENLAND

Das **PENEIA PONY** vom Peloponnes, ein hübsches Tier, dem man den arabischen Einfluß ansieht, ist bekannt für seine Ausdauer und Gutmütigkeit. Es wird als Trag- und Reitpony sowie als Zugpferd für leichte Arbeiten eingesetzt. Alle Grundfarben kommen vor, und die Größe liegt zwischen 102 und 140 cm. Die Hengste werden auch in der Mauleselzucht eingesetzt. Eine weitere griechische Ponyrasse, die ganz ähnlich genutzt wird, ist das **PINDOS PONY** aus den

SPANIEN

Beim **HISPANO-ARABER** handelt es sich um eine Kreuzung aus dem Andalusier und dem Araber, die die Merkmale beider Rassen in sich vereint und eine deutlich höhere Knieaktion zeigt als der reine Araber.

Hispano-Araber werden zwischen 144 und 162 cm groß und sind überwiegend Braune, Schimmel oder Füchse. Da sie sehr wendig und reaktionsschnell sind, benutzen die Spanier sie gern zum Treiben und Testen junger Kampfstiere. Aber auch als Turnierpferd für Dressur und Springen wird der Hispano-Araber gern genommen.

Zwischen dem **BALEARENPONY** von der Insel Mallorca und den Pferden, die auf alten griechischen Gefäßen und Münzen sowie dem Parthenon-Fries dargestellt sind, besteht eine verblüffende Ähnlichkeit. Mit einer Durchschnittsgröße von 140 cm zählt es eindeutig zu den Ponys, obwohl es einige Pferde-Merkmale aufweist. Zu ihnen gehört der leicht ramsnasige Kopf mit den nach hinten gedrehten Ohren. Die Ponys haben eine Stehmähne, die den dicken, geschwungenen Hals betont, und einen stabilen Körper auf schlanken Beinen. Das Balearenpony bewegt sich leichtfüßig und elegant, ist sehr gutmütig und findet Verwendung als Zug- oder Arbeitstier.

Der **ASTURCON**, der halbwild in den Bergen von Asturien im Westen Spaniens beheimatet ist, ist mittlerweile von der Ausrottung bedroht. Er stammt von den alten Keltenpferden ab und eignet sich als Kinderreitpony oder als kleines Kutschpferd.

Das Stockmaß der fast immer einfarbig schwarzen oder dunkelbraunen Ponys liegt zwischen 114 und 125 cm. Sie ha-

DAS BESTE ZWEIER WELTEN
Im Hispano-Araber vereinen sich die Erbanlagen des Andalusiers und des Arabers.

WENIGER BEKANNTE RASSEN

Gebirgen von Thessalien und Epirus. Auch bei diesem hübschen Pony ist der zierliche Körperbau ein deutlicher Beweis für den orientalischen Einfluß. Pindos Ponys sind zäh, fruchtbar, robust, ausdauernd und brav. Die Schimmelfarbe überwiegt; es kommen aber auch andere Farben vor. Das Stockmaß liegt zwischen 122 und 132 cm.

Der Dritte im Bunde ist das **SKYROS PONY** von der gleichnamigen Insel; es ist vermutlich eine der reinsten Rassen der Welt. Es ähnelt dem Tarpan, was vermuten läßt, daß es in ziemlich direkter Linie von ihm abstammt. Das Skyros Pony ist ein schmächtiges Tier mit Hirschhals, steiler Stellung von Vorderbeinen und Schulter und kuhhessiger Hinterbeinstellung. Die Ponys führen ein hartes Leben auf ihrer Insel und werden hauptsächlich als Tragtiere zum Wasserholen verwendet, manchmal aber auch geritten. Gut gehaltene und gefütterte Ponys gewinnen oft erstaunlich an Kraft und Ausstrahlung. Skyros Ponys sind gewöhnlich Braune, Dunkelbraune, Schimmel oder Falben, und sie haben eine Größe von etwa 100 cm.

INSELPONY
Das kleine griechische Skyros Pony führt ein hartes Leben: viel Arbeit und wenig Futter. Es ist vermutlich ein direkter Nachfahre des Tarpans.

BOSN.-HERZEGOWINA

Der **BOSNIAKE** stammt vermutlich direkt vom Tarpan ab, er führt aber wahrscheinlich auch etwas orientalisches Blut. Diese Kombination hat ein kräftiges, robustes Pony entstehen lassen, das sowohl zuverlässig als auch brav ist. Es kommt als Reit-, Trag- und Arbeitspony vor dem Pflug oder vor dem leichten Wagen zum Einsatz und ist in seiner Heimat noch heute unersetzlich. Bosniaken gibt es in allen Grundfarben, und sie haben ein Stockmaß von 123 bis 142 cm.

BULGARIEN

Der edle **PLEVEN** ist außerhalb seines Heimatlandes kaum bekannt. Im Prinzip könnte man ihn als europäischen Anglo-Araber bezeichnen, denn die Rasse entstand im 19. Jahrhundert aus einheimischen Halbblut- und Araberstuten, denen russische Anglo-Araber zugeführt wurden. Es wurden aber auch Araber-, Gidran- und Vollbluthengste eingesetzt. Der Pleven ist ein elegantes Sportpferd mit ausgezeichnetem Springvermögen.

Obwohl diese ausdauernden Pferde recht robust sind, stellen sie doch gewisse Ansprüche an Pflege und Haltung. Pleven sind fast immer Füchse mit einem Stockmaß um 155 cm.

PORTUGAL

Sowohl das Garrano Pony als auch der Sorraia haben eine wichtige Rolle bei der Entwicklung der anderen iberischen Rassen gespielt und somit Pferderassen der ganzen Welt beeinflußt.

Das **GARRANO PONY** (auch bekannt als **MINHO**) ist eine sehr alte Rasse, die am Ufer des Minho an der Grenze zu Spanien gezüchtet wird. Sehr ähnliche Pferde sieht man auch auf Höhlenmalereien und Schnitzereien aus dieser Region. Die kräftigen Ponys werden als Pack- und Reitponys genutzt, und es wurden sogar Rennen mit ihnen veranstaltet.

Das Garrano Pony ist stark, robust, intelligent und gutmütig. Der Kopf ist manchmal etwas klobig, der Hals dick und die Schultern steil. Die Fuchsfarbe überwiegt, und die Größe variiert zwischen 100 und 120 cm.

Der **SORRAIA** ist ein leichtgebauter Tarpantyp mit Aalstrich und Zebrastreifung an den Beinen. Obwohl die Tiere oft sehr eigensinnig und nicht übermäßig kräftig sind, sind sie doch sehr ausdauernd und werden als Reit- und Tragtiere verwendet. Sie sind entweder gelb- oder graufalb und haben ein Stockmaß von 124 bis 132 cm.

WENIGER BEKANNTE RASSEN

RUSSLAND, BALTIKUM UND SKANDINAVIEN

RUSSLAND

Usprünglich war der **BITJUG**, auch **WORONESCHPFERD** genannt, ein schweres Arbeitspferd; heute findet man es kaum noch, denn es ist fast überall in der Warmblutzucht aufgegangen.

Der ursprüngliche kaltblütige Bitjug stammt aus der Gegend um Woronesch, einer fruchtbaren Region, die für die Pferdezucht wie geschaffen war. Zu Beginn des 18. Jahrhunderts importierte Zar Peter der Große niederländische Hengste, um sie mit den erstklassigen Stuten dieser Gegend zu kreuzen; in der zweiten Generation wurden Orlow-Traber zum Decken verwendet. Daraus entstand ein sehr lebhaftes Arbeitspferd mit gutem Trab, das sowohl in der Landwirtschaft als auch vor der Kutsche gebraucht werden konnte.

Irgendwann mußten die Weideflächen dem Ackerbau weichen, was zur Folge hatte, daß sich das Stockmaß der Pferde auf etwa 163 cm verringerte. Sie blieben aber trotzdem fleißige, ausdauernde und willige Arbeitskameraden der russischen Bauern.

Zu Beginn dieses Jahrhunderts gab es noch einige wenige Bitjugs, doch ob dies heute noch der Fall ist, muß bezweifelt werden.

Das **WLADIMIRER KALTBLUT** entstand nach der russischen Revolution, als die Züchter die vorhandenen Exemplare von Cleveland Bay, Suffolk Punch, Ardenner, Clydesdale, Percheron und Shire planmäßig untereinander verpaarten. Zuchtziel war ein kräftiges Kaltblutpferd, das 1946 als eigenständige Rasse anerkannt wurde. Ins Zuchtbuch des Wladimirer Kaltbluts werden nur Pferde eingetragen, die die harte Zugleistungs- und Ausdauerprüfung bestanden haben.

Diese Kaltblüter sind zwar schwere Tiere, doch sie strahlen einen gewissen majestätischen Adel aus. Die Hauptfarben sind Fuchs, Braun, Dunkelbraun und Rappe, und das Stockmaß liegt zwischen 155 und 162 cm. Die Pferde werden in der ehemaligen Sowjetunion noch heute zur Arbeit verwendet.

Das **RUSSISCHE KALTBLUT** wurde zu Beginn des 20. Jahrhunderts entwickelt, um die Nachfrage nach einem vielseitigen, starken Zugpferd zu befriedigen. Um dieses Ziel zu erreichen, wurden die einheimischen Kaltblüter mit Belgiern und Percherons gekreuzt. Das Russische Kaltblut bewegt sich zügig und leichtfüßig und ist robust und sehr stark. Vom Temperament eher ruhig, ist es doch fleißig. Fuchs und Braun sind die vorherrschenden Farben, Größe um 155 cm. Der Großteil der Arbeitspferde, die man in Rußland zu sehen bekommt, dürfte dieser Rasse angehören.

ELEGANTES KALTBLUT
Das russische Wladimirer Kaltblut wurde im 19. Jahrhundert aus englischen, schottischen und französischen Kaltblutrassen gezüchtet. Es ist enorm stark, ohne dabei grob zu wirken.

BALTIKUM

Der Vorfahre des Torischen Pferdes, der **KLEPPER** war über das ganze Baltikum verbreitet, vor allem aber in Estland zu finden. Die kleinen, kräftigen Pferde hatten eine Größe von 132 bis 152 cm und wurden in verschiedenen Typen gezüchtet. Sie alle ähnelten Wildpferden, denn sie hatten deren Robustheit und den Aalstrich, waren häufig falbfarben und vererbten sich durchschlagend. Heute existieren vermutlich keine Klepper dieses Typs mehr, denn sie sind in anderen Rassen aufgegangen.

Das **WIATKA PONY** ist eine dieser Rassen. Diese Ponys sind ebenfalls meistens Falben; es kommen aber auch andere Farben vor. Sie sind ausgesprochen winterhart, denn sie bekommen ein sehr dickes Fell und haben vermutlich auch eine entsprechende Fettschicht unter der Haut.

Das Wiatka Pony ist temperamentvoll, reaktionsschnell, zäh, ausgesprochen fruchtbar und fleißig. Es wird für die Landarbeit, im leichten Zug und als Reitpferd verwendet. Oft sieht man die Tiere als Troika – zu dritt nebeneinandergespannt vor dem Schlitten, wobei den beiden äußeren Pferden der Kopf stark nach außen ausgebunden wird. Das Wiatka Pony wird 132 bis 142 cm groß.

WENIGER BEKANNTE RASSEN

ESTLAND

Das **TORISCHE PFERD**, auch **TORISKER** oder **TORGELSCHES PFERD** genannt, ging im 19. Jahrhundert aus der Mischung vieler Rassen hervor. Zu ihnen gehören Klepper, Araber, Hackney, Ostfriese, Ardenner, Hannoveraner, Orlow Traber, Englisches Vollblut und der Trakehner.

Das Torische Pferd ist ein kräftiger Pferdetyp mit gelassenem Temperament. Es wird in zwei Schlägen gezüchtet: als leichterer Reittyp mit gutem Springvermögen und als schwerer Arbeitstyp für die Landarbeit und den leichten bis mittelschweren Zug. Torische Pferde sind gewöhnlich dunkelbraun, fuchsfarben, braun oder Schimmel und haben ein Stockmaß von 150 bis 155 cm.

LITAUEN

Das **ZEMAITUKA PONY** stammt möglicherweise vom asiatischen Wildpferd ab. Es ist ihm ziemlich ähnlich und hat auch den wildpferdtypischen Aalstrich. Die harten Lebensbedingungen haben das Zemaituka Pony genügsam und robust werden lassen, und auch die bitterkalten Winter scheinen ihm nichts auszumachen. Zudem ist es enorm ausdauernd. Einzelne Exemplare legen täglich Strecken bis zu 60 km zurück.

Das Zemaituka ist ein kompaktes, muskulöses Pony. Es ist etwa 132 cm groß und meistens dunkelbraun, braun, schwarz oder falbfarben. Obwohl es recht temperamentvoll ist, ist es den litauischen Bauern doch ein unersetzlicher Helfer vor Pflug und Wagen.

SCHWEDEN

Der **NORDSCHWEDE** ist ein Kaltblutpferd, das als leichter und als schwerer Schlag gezüchtet wird. Der leichtere Schlag ist der **NORDSCHWEDISCHE TRABER**. Obwohl die Nordschweden ursprünglich nur als Arbeitspferde gedacht waren, gibt es unter den leichteren Exemplaren einige, die eine 5/8 Meile (1 km) in 90 Sekunden traben – schneller als manche echte Traberrassen.

Beide Schläge sind robust, langlebig, brav und arbeitswillig. Besonders bekannt sind sie für ihre ausdrucksvollen Augen. Nordschweden gibt es in allen Grundfarben, und sie sind zwischen 152 und 155 cm groß.

DÄNEMARK

Der **JÜTLÄNDER** ist einer der alten, massigen Pferdeschläge. Es gibt ihn schon seit der Wikingerzeit (um 800 n. Chr.), und er soll auch das Streitroß gepanzerter Ritter gewesen sein. Als die Dänen dann in Großbritannien einfielen, brachten sie ihre Jütländer für Landarbeit und Transporte mit, und diese Pferde waren wahrscheinlich maßgeblich an der Entstehung des Suffolk Punch beteiligt. Im Lauf der Jahre wurden allerdings auch andere Rassen in die Jütländer eingekreuzt, darunter der Cleveland Bay, Yorkshire Coach Horse und Ardenner.

Jütländer sind fleißige und gutmütige Arbeitstiere. Füchse überwiegen, doch es kommen auch Dauerschimmel, Braune und Schimmel vor. Besonders beeindruckend sind die starken Beine und großen Hufe dieser kräftigen, braven Pferde, deren Größe zwischen 152 und 164 cm liegt.

FINNLAND

Das **FINNPFERD** (auch **FINNISCHES UNIVERSAL** genannt) ist ebenfalls vom Kaltbluttyp. Es entstand aus finnischen Ponys, die mit anderen Rassen gekreuzt wurden. Ursprünglich gab es einen schweren und einen leichten Schlag, doch heute wird nur noch der leichte gezüchtet. Er wird zur Landarbeit, für den leichten bis mittleren Zug, zum Reiten und für Trabrennen verwendet.

Das Finnpferd ist ein ausdauerndes und energiegeladenes, starkes Arbeitstier. Es ist kräftig gebaut, hat relativ schlanke, kräftige Beine und einen kleinen, schweren Kopf. Füchse kommen am häufigsten vor, doch man findet daneben auch Braune, Schimmel, Dunkelbraune und Rappen. Das Finnpferd hat ein Stockmaß von 162 bis 172 cm.

VOM ACKER AUF DIE RENNBAHN
Ursprünglich wurde das Finnpferd in zwei Schlägen gezogen, als Arbeitspferd und als vielseitiges Allzweckpferd. Heutzutage wird der leichtere Schlag gern als Trabrennpferd eingesetzt.

WENIGER BEKANNTE RASSEN

NORD- UND SÜDAMERIKA

NATURBURSCHEN
Die Chincoteague Ponys sollen von Pferden abstammen, die sich vor 300 Jahren nach einem Schiffbruch auf diese Insel retten konnten.

Der **KIGER-MUSTANG** gilt als reinblütigster Nachkomme des Berbers – also gewissermaßen als iberisches Wildpferd. Er sieht aus wie eine Kreuzung aus Tarpan und Orientalischem Vollblut, also der Rassen, aus denen auch die Iberischen Pferde einst entstanden sind.
AMERIKANISCHE MINIATURPFERDE sind als Haustiere und »Kinderspielzeug« sehr beliebt. Ihre Größe darf höchstens 86 cm betragen, und in das von der American Miniature Horse Association geführte Stutbuch werden nur reinrassige Tiere eingetragen.

USA

Die **ASSATEAGUE** und **CHINCOTEAGUE PONYS** leben auf den gleichnamigen unbewohnten Inseln vor der Küste von Maryland und Virginia. Obwohl sie mit einem Stockmaß von ungefähr 120 cm eindeutig zu den Ponys gehören, sehen sie aus wie kleine Pferde.

Das **CAYUSE** und das **CHICKASAW PONY** sind zwei Rassen, die noch heute an die nach Amerika importierten Iberischen und Berberpferde erinnern. Das Cayuse Pony wurde als robustes, starkes und vor allem schnelles Pferd gezüchtet. Es hat die edle Körperhaltung des Andalusiers geerbt und ist vermutlich mit dem Missouri Foxtrotter verwandt.

1981 eröffnete Gene La Croix ein Stutbuch für die sogenannten **NATIONAL SHOW HORSES**, das allen Kreuzungen aus Araber und Saddlebred offensteht, wobei die Größe des Araberblutanteils keine Rolle spielt. Diese Kreuzungsprodukte können sehr unterschiedlich aussehen, je nach dem, welches Elternteil sich dominant vererbt hat.

WECHSELVOLLE VERGANGENHEIT
Das Cayuse Pony, das selbst aus mehreren Rassen hervorging, hat seinerseits viel zur Entstehung anderer Rassen beigetragen.

WENIGER BEKANNTE RASSEN

GEBOREN IN AMERIKA
Das Cayuse Pony ist eine Mischung aus verschiedenen Rassen, doch bei den besten Exemplaren sieht man noch heute, daß iberische Pferde zu ihren Vorfahren zählen. Die Cayuse-Indianer züchteten diese Ponys, um sie an die weißen Siedler zu verkaufen oder einzutauschen.

KANADA

Das **SABLE ISLAND PONY** wird manchmal als die einzige echt kanadische Rasse bezeichnet, doch diese Ponys waren dort nicht immer heimisch. Die halbwilden Sable Island Ponys stammen von französischen Pferden ab, die im 18. Jahrhundert von Neuengland kamen. Sie haben sich den harten Lebensbedingungen vor der Küste von Neuschottland – bitterkalte Winter, keinerlei Schutz und wenig Futter – gut angepaßt. Die Ponys haben einen schweren Kopf und einen kurzen Hirschhals. Die Schultern sind kurz und die Kruppe abgeschlagen; die Hinterbeine stehen oft kuhhessig. Trotzdem sind die Ponys recht kräftig, haben einen geraden, stabilen Rücken und harte Beine und Hufe. Wenn sie jung genug gefangen werden, sind sie gute Reit- und Fahrponys. Die vorherrschende Farbe ist Fuchs, und das Stockmaß liegt bei 143 cm.

BRASILIEN

Der **CAMPOLINO** ist eine etwas schwerere Ausgabe des Mangalargas, und führt wie er eine Menge Araberblut. Er wird überwiegend für den leichten Zug verwendet und ist um 152 cm groß. Campolinos sind meistens Schimmel, Füchse, Dauerschimmel oder Braune.

FRANKO-KANADIER
Das Sable Island Pony stammt von französischen Pferden ab, die vor fast 300 Jahren nach Sable Island kamen.

WENIGER BEKANNTE RASSEN

AUSTRALIEN, ASIEN UND AFRIKA

IRAN

Der **PERSISCHE ARABER** ist eine der ältesten Araber-Zuchtrichtungen der Welt und soll schon 2000 v. Chr. existiert haben. Es gibt ihn in allen Grundfarben, und er hat ein Stockmaß von etwa 152 cm.

Aus Kreuzungen zwischen Persischen Araberhengsten und Turkmenenstuten entstand vor ungefähr 300 Jahren ein erstklassiges Reitpferd, der **TCHENERANI**. Der **JAF** aus Kurdistan und der **DARASHOURI** (auch **SHIRAZ** genannt) aus der Provinz Fars sind mit dem Persischen Araber eng verwandt.

Der **PLATEAU PERSER** ist eine relativ neue Rasse, die aus dem Persischen Araber, dem Jaf und dem Darashouri hervorgegangen ist. Plateau Perser sind trittsichere, etwa 152 cm große Reitpferde, die überwiegend als Schimmel, Brauner oder Fuchs zu finden sind.

Der **PAHLAVAN** wird seit den 1950er Jahren im ehemals königlichen Gestüt im Iran gezüchtet. Er vereint in sich die Vorzüge des Persischen Arabers, des Plateau Persers und des Englischen Vollbluts. Der Pahlavan ist etwas größer als die beiden anderen Rassen (etwa 155 cm), es gibt ihn in allen Grundfarben; er wird als Renn- und Springpferd eingesetzt.

TURKMENISTAN

Der **JOMUD** ist ein direkter Nachfahre des alten Turkmenenpferdes, mit allen Vorzügen der orientalischen Steppenpferde wie Hitzetoleranz und der Fähigkeit, auch mit wenig Futter und Wasser Leistung zu erbringen.

Der Jomud ist stark und ausdauernd. Er ist temperamentvoll, aber trotzdem willig, und ein ausgezeichnetes Reitpferd, vor allem für Springen und Hindernisrennen. Die Schimmelfarbe kommt am häufigsten vor; manchmal sieht man aber auch Rappen, Füchse und Braune. Das Stockmaß liegt zwischen 143 und 152 cm.

TADSCHIKISTAN

Der **LOKAIER** ist ein kleines Wüstenpferd, das im 16. Jahrhundert von den Lokaj-Nomaden gezüchtet wurde. Später veredelten die Usbeken diese Pferde durch die Einkreuzung von Araber, Jomud und Karabaier. Heute haben die eleganten Tiere ein durchschnittliches Maß von 145 cm. In ihrem Heimatland werden sie als Reit- und Packpferde verwendet, in anderen Ländern sind sie beliebte Turnierpferde.

USBEKISTAN

Der **KARABAIER** ist eine berühmte heißblütige Bergrasse, die aus einer Mischung von einheimischen Ponys und Arabern enstanden ist. Es gibt drei Typen: einen schweren, der überwiegend als Zugtier verwendet wird, einen leichten Reittyp und einen, der ungefähr dazwischen liegt. Der Karabaier hat viel zur Entstehung anderer Rassen wie etwa des Don-Pferdes beigetragen. Karabaier sind zäh, leichtfüßig, trittsicher und ausdauernd. Sie haben einen ebenmäßigen Körperbau und ein feuriges Temperament. In den Bergen dienen sie als Reit- und Tragtiere, sie eignen sich aber auch für den leichten Zug. Es gibt sie in allen Grundfarben, und ihr Stockmaß liegt zwischen 143 und 152 cm.

FÜR ARBEIT UND VERGNÜGEN
Der Lokaier, ein typisches heißblütiges Steppenpferd, es kommt sowohl als Reit- wie auch als Packpferd zum Einsatz, ist aber auch als Turnierpferd zu gebrauchen.

WENIGER BEKANNTE RASSEN

KIRGISISTAN

Der **NOWOKIRGISE** (auch bekannt unter dem Namen **NEU-KIRGISE**) ist die verbesserte Version einer alten Bergrasse, die ursprünglich von mongolischen Nomaden gezüchtet wurde. Anfang des 20. Jahrhunderts wurden Don, Anglo-Don und Englisches Vollblut eingekreuzt, und diese Mischung hat ein gut bemuskeltes kleines Reit- und Packpferd hervorgebracht.

Der Nowokirgise ist fügsam, trittsicher, zäh und ausdauernd. Er arbeitet fleißig und willig und hat ein umgängliches Temperament. Er ist braun, dunkelbraun, fuchsfarben oder Schimmel und hat ein Stockmaß von 143 bis 153 cm.

In Kirgisistan wird der Nowokirgise als Reit-, Zug- und Tragtier verwendet, aber auch als Sportpferd (vor allem für Distanzritte). Aus der Milch der Stuten wird Kumys gewonnen – das traditionelle alkoholische Getränk dieser Region.

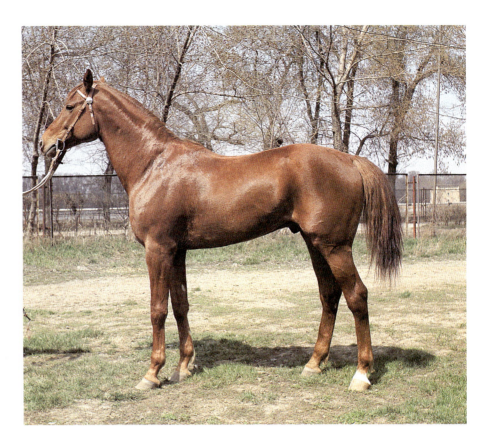

BERGBEWOHNER
Der Karabaier, ein Bergpferd, hier in seiner natürlichen Umgebung gezeigt, wird in drei Schlägen gezogen. Er ist ausnehmend trittsicher, geschickt und ausdauernd und wird als Reit- und Packpferd verwendet, aber auch gefahren.

KASACHSTAN

Der **KUSTANAIER** ist eine alte orientalische Rasse, die durch Zufuhr von Fremdblut veredelt wurde. Beim leichten Reittyp waren dies überwiegend Englische Vollblüter und beim leichten Fahrtyp Orlow Traber und Don-Pferde. Beide Typen sind harmonisch gebaut und haben lange Beine. Sie sind stark, ausdauernd und sehr temperamentvoll, aber trotzdem leicht zu handhaben. Sie kommen in allen Grundfarben vor, und ihr Stockmaß liegt gewöhnlich bei 153 cm.

Mit dem **KASACHENPONY** hüten die Nomaden schon seit altersher ihr Vieh, und aus der Milch der Stuten wird Kumys gewonnen, ein Getränk mit geringem Alkoholgehalt. Das ursprüngliche Mongolenpony wird heute in zwei Schlägen gezüchtet.

Der schwere Dzabe-Typ, der viel Don-Blut führt, ist ein ausgesprochen zähes, massiges Pony mit kurzem, dickem Hals. Der leichtere Adajewski-Typ ist aus der Kreuzung mit Karabaier, Jomud und Achal-Tekkiner hervorgegangen und deshalb auch nicht so robust.

Bei den Kasachenponys kommen folgende Farben vor: Braun, Dunkelbraun, Dunkelfuchs, Falb, Schimmel und Fuchs mit hellem Langhaar. Die Durchschnittsgröße liegt zwischen 123 und 133 cm.

SCHNELLES STEPPENPFERD
Der Kustanaier hat auffallend lange Beine. Diese alte orientalische Steppenrasse wird sowohl als Reit- wie auch als Zugpferd gezüchtet.

WENIGER BEKANNTE RASSEN

MONGOLEI

Das **MONGOLENPONY**, das Reittier der kriegerischen Mongolen, stammt vermutlich vom asiatischen Wildpferd ab. Mit Sicherheit hat das Mongolenpony so viele Pferderassen aus aller Welt beeinflußt wie kein anderes – seine Erbanlagen finden sich in allen Vollblütern, Arabern und deren Kreuzungen.

Das Mongolenpony ist nicht nur relativ schnell, sondern auch außerordentlich geduldig, zäh, robust und ausdauernd. Es ist kräftig gebaut, hat einen kurzen, dicken Hals, einen schweren Kopf und stämmige Beine. Die Schultern sind schräg und gut bemuskelt, der Rücken ist gerade und kräftig und die Hinterhand lang, mit abgeschlagener Kruppe. Alle Farben kommen vor, darunter Rappen, Dunkelbraune, Braune, Falben, Isabellen, Füchse und Dauerschimmel. Das Stockmaß liegt gewöhnlich zwischen 122 und 142 cm.

Das Mongolenpony wird als Reit-, Hüte-, Arbeits-, Trag- und Zugtier verwendet, aber auch als Polopony.

INDONESIEN

Das **BATAK PONY** von der Insel Sumatra ist eine Kreuzung aus einheimischen Stuten und Araberhengsten. Das Batak Pony ist ein lebhaftes, zierliches Reitpony mit ruhigem Wesen und einem ansprechenden Äußeren. Batak Ponys gibt es in allen Farben, und sie sind zwischen 120 und 130 cm groß.

Das **BALI PONY** von der gleichnamigen Insel stammt vermutlich vom asiatischen Wildpferd ab. Es zeigt noch heute die falbe Wildfarbe und hat eine Stehmähne.

Bali Ponys sind besonders gutmütige Tiere. Sie werden hauptsächlich als Strandpferde für Touristen und als Packtiere verwendet. Das Bali Pony hat einen flachen Widerrist, einen kurzen, geraden Rücken, eine abgeschlagene Kruppe und kräftige Beine. Der Kopf ist ziemlich groß mit schrägstehenden Augen und kleinen Ohren. Die Ponys haben eine Größe von 122 bis 132 cm.

Auch das **TIMOR PONY** ist vermutlich ein Nachfahre des asiatischen Wildpferds und des Tarpans. Es ähnelt dem griechischen Skyros Pony. Obwohl das Timor Pony diverse Exterieurmängel aufweist und wenig belastbar wirkt, ist es auf der Insel doch ein wichtiges Transportmittel und wird auch oft für leichte Landarbeiten verwendet. Timor Ponys sind leichtfüßig, geduldig und brav. Sie sind meistens braun, dunkelbraun oder schwarz und zwischen 92 und 102 cm groß.

Das **JAVA PONY** ähnelt dem Timor, ist aber größer, kräftiger und besser gebaut, was vermutlich der Zufuhr von Araberblut zu verdanken ist. Es wird als Zugtier verwendet (vor zweirädrigen Taxikarren, die auf Java überall zu sehen sind), zum Reiten und für leichte Landarbeit. Java Ponys gibt es in allen Farben, und sie sind etwa 120 cm groß.

Das **SANDELHOLZ PONY** von den Inseln Sumba und Sumbawa ist in der Vergangenheit mehrfach mit Araberblut veredelt worden. Die Ponys sind ausdauernd und schnell, und die Einheimischen reiten mit ihnen Rennen ohne Sattel, die über eine Strecke von etwa fünf Kilometern gehen. Außerdem werden die Ponys als Packtiere, im leichten Zug und manchmal auch bei der Feldarbeit eingesetzt. Sandelholz Ponys gibt es in allen Farben, und sie sind ungefähr 122 cm groß.

Das **SUMBA PONY**, das ebenfalls auf Sumba und Sumbawa heimisch ist, ist dem Mongolen und China Pony sehr ähnlich. Es hat einen schweren Kopf mit mandelförmigen Augen, eine steile Schulter, einen geraden Rücken und eine abgeschlagene Kruppe. Sumba Ponys sind meistens Falben und haben ein Stockmaß von etwa 120 cm. Diese Ponys werden in ganz Indonesien bei Tanzwettbewerben vorgeführt, bei denen sie Glöckchen an den Beinen tragen und mit ihren jugendlichen Reitern Tanzschritte vorführen.

ARABISCHER EINFLUSS
Dieses Java Pony führt Araberblut und ist dadurch größer und stärker als die Artgenossen in seiner Heimat. Die Ponys ziehen die auf Java üblichen Taxis, werden aber auch geritten und vor andere Wagen gespannt.

WENIGER BEKANNTE RASSEN

INDIEN

Am häufigsten sieht man in Indien das **DEHLI PONY**, das mit dem indonesischen **BATAK PONY** identisch ist.

Das **KATHIAWARI** und das **MARWARI PONY** sind kaum voneinander zu unterscheiden und gelten deshalb als eine Rasse. Angeblich handelt es sich bei den einheimischen Ponys, aus denen die Rasse entstanden sein soll, um Tiere, die Alexander der Große (356–323 v. Chr.) ins Land brachte. Vor etwa fünfzig Jahren beschrieb der anerkannte Pferdeexperte Reginald Sheriff Summerhays diese Rasse als »schäbige kleine Kreaturen, dünn, schmächtig, überaus schmal... doch mit Beinen und Hufen aus Stahl, einer erstaunlichen Zähigkeit und der Fähigkeit, mit fast nichts zu überleben«.

Durch die Zufuhr von Araberblut sind aus den Kathiawari und Marwari Ponys elegante, genügsame Pferdchen mit schrägen Schultern und säbelbeiniger Hinterhandstellung geworden. Die Ohrspitzen zeigen so weit nach innen, daß sie sich fast berühren. Es kommen alle Farben vor, auch Isabellen und Schecken. Das Stockmaß liegt etwa bei 142 cm.

Das **BHUTIA** und das **SPITI PONY** aus dem Himalaja sind fast identisch und stammen beide vom Tibet Pony ab. Sie sind im Hochgebirge ausdauernd, vertragen aber keine feuchte Hitze.

Sowohl das Spiti Pony als auch das etwas größere Bhutia Pony sind kräftige, kompakt gebaute Pferde. Bei beiden überwiegt die Schimmelfarbe, und sie sind bekannt für ihr schwieriges Temperament. Das Spiti Pony wird etwa 120 cm groß, das Bhutia Pony etwa 130 cm.

Das **MANIPUR PONY** ist das Polopony Indiens. Die reaktionsschnellen, eifrigen Ponys sollen von asiatischen Wildpferden und Mongolenponys abstammen, die vermutlich von räuberischen Tataren ins Land gebracht wurden. Das Manipur Pony ist zwischen 112 und 132 cm groß, die häufigsten Farben sind Braun, Dunkelbraun, Fuchs und Schimmel.

TIBET

In Tibet ist das **TIBET PONY** heimisch, das auch **NANFAN** genannt wird. Es stammt von mongolischen und chinesischen Ponys ab und ist mit dem Spiti- und dem Bhutia Pony verwandt. Das starke, robuste Tibet Pony ist vielseitig zu verwenden und ein braves, umgängliches Arbeitstier. Am häufigsten sind Gelbfalben, es kommen aber auch alle anderen Farben vor. Die durchschnittliche Größe beträgt 123 cm.

Die **RIWOCHE PONYS** wurden im September 1995 von dem französischen Forscher Michel Peissel entdeckt und werden seitdem als das fehlende Glied in der Evolution des Pferdes betrachtet. Sie besitzen große Ähnlichkeit mit den Pferden, die man auf Höhlenmalereien sehen kann. Sie haben einen eckigen Körper, einen schweren Kopf und eine Stehmähne. Ihre Farbe ist falb mit Aalstrich und Zebrastreifen an den Beinen. Die im Riwoche-Tal lebenden Bauern des Bon-po-Stammes fangen die Ponys bei Bedarf ein und nutzen sie zur Arbeit.

CHINA

Das **CHINESISCHE** oder **CHINA PONY** ist eine weitere Rasse, die aus dem Mongolenpony und dem asiatischen Wildpferd hervorgegangen ist. Die Ponys sind meistens gelbfalb mit schwarzem Aalstrich, dunklem Schweif und Zebrastreifen an den Beinen; es kommen allerdings auch andere Farben vor.

Die Chinesischen Ponys sind robust, kräftig und trittsicher. Sie haben einen tiefen Rumpf und steile Schultern. Die Kruppe ist abgeschlagen, und die Beine sind kräftig und trocken. Im Umgang sind die Ponys etwas schwierig, werden aber trotzdem zur Landarbeit, als Packtiere und zum Reiten verwendet. Ihr Stockmaß liegt zwischen 122 und 132 cm.

WILDPFERDEAHNEN
Das Sumba Pony, das vermutlich eng mit dem Mongolenpony und dem Chinesischen Pony verwandt ist, zeigt die typische Wildpferdfärbung und den rassetypisch großen Kopf. Es ist bekannt für seine Tanzvorführungen, bei denen es von kleinen Jungen geritten wird.

WENIGER BEKANNTE RASSEN

JAPAN

Das **HOKKAIDO PONY** ist ein weiterer Nachfahre des Mongolenponys und zeigt noch heute vielfach die falbe Wildpferdfarbe. Es ist zäh und genügsam und erreicht eine Größe von etwa 130 cm. Es wird als Reit-, Pack- und Fahrpony verwendet.

BURMA

Das **SHAN PONY** (auch **BURMA PONY** genannt) wird von den Bewohnern des gebirgigen Shan-Staates im Osten Burmas gezüchtet und stammt ebenfalls vom Mongolenpony ab. Das Shan Pony ist grobknochig, robust und trittsicher und hat steile Schultern. Es hat ein unberechenbares Temperament und neigt zu störrischem Verhalten. Es kommt in allen Farben vor und wird etwa 132 cm groß. Früher wurde es zum Polospielen verwendet, eignet sich aber besser als Packtier und für Ritte in den Bergen.

ZURÜCK IN DIE WILDNIS
Die Brumbys sind die Nachkommen importierter Pferde. Viele von ihnen sind wildfarben, haben Gebäudefehler und sind schwer zähmbar.

NIGERIA

Das **NIGERIANISCHE PONY** stammt wahrscheinlich von Berbern ab, die von Nomaden nach Nigeria gebracht wurden. Trotz der geringen Größe (etwa 142 cm) stehen die Tiere doch im Typ des edlen Reitpferdes. Sie sind stark, ausdauernd und ruhig. Hauptsächlich werden sie als Trag- und Reitponys verwendet, aber auch vor leichte Karren gespannt.

LESOTHO

Ursprünglich stammt das **BASUTO PONY** von den Arabern und Kap-Pferden ab, die mit den niederländischen Siedlern nach Südafrika kamen. Inzwischen ist es mit der Rasse jedoch bergab gegangen. Heute sind die Basuto Ponys unansehnliche, schlecht gebaute Pferdchen, die sich ihre Robustheit und Fruchtbarkeit allerdings bewahren konnten. Es gibt sie in fast allen Grundfarben, und sie sind etwa 143 cm groß.

AUSTRALIEN

In Australien gab es ursprünglich keine Wildpferde. **BRUMBY** nennt man die Nachkommen der unzähligen importierten Pferde und Ponys, die den australischen Farmern im Laufe der Jahre fortgelaufen sind oder von ihnen freigelassen wurden. In gewisser Hinsicht haben sich diese Herden zurückentwickelt. Heute gibt es unter ihnen wieder viele wildfarbene Tiere, und die durchschnittliche Größe beträgt jetzt nur noch 150 cm. Vielfach sieht man Gebäudefehler wie steile Schultern, einen großen Kopf oder kuhhessige Hinterbeine. Allerdings sind diese verwilderten Pferde schlau und verschlagen.

Obwohl die Pferde sich in diesem fremden Land gut eingelebt haben, gibt es heute kaum noch Brumbys in Australien, denn da sie sich unkontrollierbar vermehrt haben, wurden sie in der zweiten Hälfte des 20. Jahrhunderts durch gezielte Abschußaktionen drastisch dezimiert.

GLOSSAR

AALSTRICH Überwiegend bei Falben anzutreffen, Hinweis auf »primitive« Rassen. Es handelt sich um einen durchgehenden schwarzen, dunkel- oder hellbraunen Strich, der vom Widerrist bis zur Schweifrübe verläuft.

AKTION Die Art, wie ein Pferd sich bewegt. Eine gute, geradlinige Aktion bedeutet, daß die Hinterbeine den Vorderbeinen exakt folgen und ohne Seitdrehung in gerader Linie von vorn nach hinten schwingen. Eine Ausnahme bilden die iberischen Rassen, die häufig »bügeln«.

BEHANG (KÖTENBEHANG) Reichliche Mengen langer Haare am Fesselgelenk oder am unteren Teil des Beins. Vor allem bei Pferden mit Kaltblutanteil.

BEIZÄUMUNG Das Pferd geht »am Zügel«, d. h. lehnt sich an das Gebiß an, richtet sich auf und beugt den Kopf stärker zur Brust, es »tritt durchs Genick«.

BÜGELN Das Pferd scheint die Vorderhufe im Bogen nach außen zu schlenkern. Gilt bei den meisten Rassen als Fehler, wird bei Pferden vom iberischen Typ jedoch als elegant angesehen und deshalb bewußt gefördert. Kann im Extremfall für den Reiter einen unbequemen seitlich schlingenden Sitz bedingen.

COBSTÄMMIGE Kräftige Gebrauchspferde von ca. 150 cm Stockmaß. Großkalibriger Körperbau mit kurzen Beinen. Können beträchtliches Gewicht tragen.

ENTER Einjähriges Fohlen; auch Jährling genannt.

EXTERIEUR Das gesamte Erscheinungsbild des Pferdes. Wesentliche Anforderung an ein gutes Exterieur ist Symmetrie – das Pferd soll ein ausgewogenes Gebäude aufweisen.

FASSBEINIG Bei einem faßbeinigen Pferd zeigen die Sprunggelenke von hinten gesehen nach außen.

FOHLEN Junges Pferd bis zum Alter von drei Jahren.

FOXTROTT Spezialgangart, bei der das Pferd mit den Vorderbeinen im Schritt, mit der Hinterhand jedoch im Trab geht, wobei die Hinterhufe in die Fußspuren der Vorderfüße treten und nach vorn gleiten. Das Pferd nickt dabei mit dem Kopf und schlägt die Zähne im Takt der Tritte zusammen.

GAITED HORSE Im Amerikanischen ein Reitpferd, das neben den Grund- auch Spezialgangarten beherrscht. Ein »three-gaited horse« kann Schritt, Trab und Kanter, ein »five-gaited horse« obendrein einen »slow gait« (also Running Walk, Foxtrott oder Paß) und Fast Rack (Rennpaß).

GANGARTEN Die verschiedenen Bewegungsabläufe des Pferdes. Natürliche oder Grundgangarten sind Schritt, Trab, Kanter und Galopp. Spezialgangarten sind z.B. Running Walk, Foxtrott, Paß und Rennpaß, Tölt (»gebrochener Paß«) und Single Foot.

HAND Im angelsächsischen Raum noch immer verwendete Maßeinheit für die Größe eines Pferdes. Eine »hand« (eine Handbreite) entspricht 4 inch (Zoll) oder 10 cm. In Deutschland und anderen Ländern, die metrische Maße verwenden, wird das Stockmaß in cm angegeben.

HANDPFERD Ein Pferd, das nicht geritten oder angespannt, sondern an der Hand mitgeführt wird.

HECHTKOPF Von der Seite gesehen ist das Profil zwischen Augen und Nüstern leicht konkav gebogen. Beim arabischen Vollblut sehr erwünscht. Ein allzu ausgeprägter Hechtkopf kann bei schnellen Gangarten aufgrund der zu engen Atemwege zu Atembeschwerden führen.

HENGST Unkastriertes männliches Pferd.

HIRSCHHALS Der Hals des Pferdes scheint »durchzuhängen«, anstatt einen eleganten konvexen Bogen zu bilden.

HOHE SCHULE Die sogenannte klassische Reitmethode, die in vielen Ländern gepflegt wird. Sie soll von einfachen, natürlichen Grundtechniken herrühren, die schon die alten Griechen praktizierten. Im 17. und vor allem 18. Jahrhundert wurden diese »Schulen auf und über der Erde« weiterentwickelt und verfeinert. Heute ist Hohe Schule praktisch synonym mit der spanischen Hofreitschule in Wien oder dem etwas weniger bekannten Cadre Noir im französischen Saumur.

KALTBLUT Schwere europäische Pferde, aus denen die Warmblutrassen hervorgingen.

KAROSSIER Fahrpferd, jedoch großrahmiger als das Kutschpferd (der Jucker). Wird vorwiegend vor elegante Karossen gespannt.

KASTANIEN Harte, verhornte Stellen an der Innenseite der Beine direkt oberhalb der Vorderhandwurzelgelenke und unterhalb der Sprunggelenke. Die Kastanien sind bei jedem Pferd unterschiedlich geformt, so daß sie als Unterscheidungsmerkmal dienen.

KÖTEN siehe Behang

KUHHESSIG Von hinten betrachtet, zeigen die Sprunggelenke nach innen.

KUPIEREN Amputation der Schweifrübe. Heute in den meisten Ländern gesetzlich verboten.

KUTSCHPFERD Elegantes, leichtes Fahrpferd, oft mit Vollblutanteil in der Ahnenreihe. Im Deutschen auch Jucker genannt.

LENDEN Nierengegend unmittelbar hinter dem Sattellager.

ORIENTALEN Pferde, deren Vorfahren aus heißen, trockenen Wüsten- oder Steppengebieten stammen. Darunter fallen auch arabische Vollblüter und andere hochblütige Pferde.

PACER Fahrpferd, das vor einen leichten Sulky gespannt wird und an Rennen teilnimmt, jedoch nicht im Trab, sondern im Paßgang.

PASSGANG Eine weiche, rasche Gangart, bei der sich Vorder- und Hinterhuf derselben Seite gleichzeitig heben, anschließend beide Beine der anderen Seite. Für das Pferd relativ wenig anstrengend.

RACK Die fünfte Gangart des American Saddlebred Horse. Relativ schnelle, elegante Viertaktbewegung ähnlich dem Tölt.

RAUMGRIFF Das Pferd geht raumgreifend, wenn es freie, weite Schritte macht.

REITPFERD Überwiegend für den Reitsport verwendetes Pferd. Im angelsächsischen Raum auch als »saddle horse« bezeichnet.

RENNPFERD Speziell für Galopprennen gezüchtete Pferde, meist Vollblut, jedoch auch aus anderen Rassen.

GLOSSAR

ROADSTER Ein heute nur noch bei Pferdeschauen gebräuchlicher Begriff; früher verstand man darunter im angelsächsischen Raum ein elegantes Pferd vom Cob-Typ, das über lange Strecken im Trab gehen konnte.

RÖHRBEIN Der untere Teil des Pferdebeins zwischen dem Fesselgelenk und dem Vorderhandwurzelgelenk bzw. Sprunggelenk.

RUMPF Der Teil des Pferdekörpers zwischen Schultern und Hüften.

SCHECKE Weißes Pferd mit großen, unregelmäßig geformten dunklen Flecken, je nach Beimischung als Rapp-, Braun- oder Fuchsschecke bezeichnet. Dreifarbige Schecken heißen auch »Buntschecken« oder »Pintos«.

SCHIMMEL Pferde mit weißem oder stark mit Weiß vermischtem Deckhaar werden in der Regel dunkel geboren und schimmeln erst später aus. Je nach Beimischung unterscheidet man neben Apfel- und Fliegenschimmeln auch Rot- (Fuchs-), Braun-, Eisen- (Blau-) und Rappschimmel.

SCHOPF Langhaar, das zwischen den Ohren vom Genick aus in die Stirn des Pferdes fällt.

SCHULEN Bestimmte Bewegungsabläufe der Hohen Schule. Dazu gehören die »Schulen auf der Erde« wie Piaffe und Passage, ferner die »Schulen über der Erde«, also die Schulsprünge wie Kapriole, Ballotade oder Kurbette.

STICHELHAARIG Farbvariante, die bei allen Farben vorkommt. Gemeint sind spärliche, aber gleichmäßig über den ganzen Körper verteilte weiße Haare im andersfarbenen Deckhaar. Man bezeichnet solch ein Pferd z. B. als »Fuchs, stichelhaarig«.

STUTBUCH Register, in das die Abstammung aller Pferde einer bestimmten Rasse eingetragen wird.

STUTE Weibliches Pferd, das älter als drei Jahre ist.

TYP Es gibt bestimmte Pferdetypen, die jedoch nicht als eigenständige Rassen gelten. Man spricht auch von »typgerechten« Pferden, um eine Übereinstimmung mit den rassetypischen Merkmalen auszudrücken.

UNTERARMBEIN Der Teil des Vorderbeins oberhalb des Vorderfußwurzelgelenks.

VOLLBLUT Damit ist vor allem das Englische Vollblutpferd gemeint; zu den vollblütigen Pferden gehört aber auch das Arabische Vollblut und gewachsene Rassen wie der Achal-Tekkiner.

WALLACH Kastrierter Hengst.

WARMBLUT Im Prinzip eine Kreuzung zwischen einem Vollblut und einem Kaltblut, insbesondere die leichteren europäischen Pferderassen.

WIRTSCHAFTSPFERD Ein schweres, muskulöses, oft besonders großes Pferd, das viel Kraft besitzt und sich deshalb zum Ziehen von Lasten sowie für Arbeiten in der Forst- und Landwirtschaft eignet.

X-BEINIG Stellungsfehler, bei dem die Vorderfußwurzelgelenke von vorn bzw. die Sprunggelenke von hinten gesehen nach innen zeigen.

ZUCHTSTUTE Stute, die für die Zucht eingesetzt wird.

ZUGPFERD Großes, schweres Pferd, das Lasten zieht.

REGISTER

Kursiv gedruckte Seitenzahlen verweisen auf Abbildungen und/oder Bildlegenden.

A

Achal-Tekkiner 9, *9*, 221, *221*
Albino 211, *211*
Altér Real 146, 150–51, *150*, *151*, 201
American Performance Horse 211, *211*
American Saddlebred 180–1, *180*, *181*
American Shetland 34, 193, *193*
American Standardbred 25, 88, 156, 159, 188–91, *188*, *189*, *190–91*
Amerikanische Pferderassen 176–205, 244–245
Amerikanisches Miniaturpferd 244
Amerikanisches Warmblut 209, *209*, 211
Andalusier 92, 110, 146–49, *146*, *147*, *148–49*, 201, 202
Anglo-Araber 64–67, *64*, *65*, *66–67*, 140
Anglo-Araber, Französischer 64, 91, *91*
Anglo-Araber, Polnischer 122, *122*
Anglo-Araber, Sardischer 235
Anglo-Araber, Spanischer 64, 240, *240*
Anglo-Araber, Ungarischer *siehe* Gidran
Anglo-Normänner 84, 85, 88, 143
Appaloosa 182–85, *182*, *183*, *184–85*, 187
Araber 25, 91, 216–19, *216*, *217*, *218–19*
Araber, Managhi-Typ *9*
Araber, Persischer 157, 246
Araber, Shagya 142, *142*
Araber, Strelitzer 64, 160
Ardenner 98, *98*, 101, 116
Argentinische Pferderassen 200, 206

B

Argentinisches Polopony 206
Arièngios *233*, 234
Aserbaidschanische Pferderassen 164
Asiatisches Wildpferd *siehe* Przewalski–Pferd
Assateague Pony 244
Asturcon 240
Australian Stock Horse 226, *226*
Australische Pferderassen 226–27, 250
Australisches Pony 227, *227*
Auxois 98, *233*, 234
Aveligneser 114, 235, *237*
Azteke 202, *202*

B

Baden-Württemberger 239
Balearenpony 240
Bali Pony 248
Bardigiano 235, *235*
Barthais Pony 231
Baschkir 224, *224*
Basuto Pony 250
Batak Pony 248
Beberbecker 239
Belgische Pferderassen 116–19
Belgisches Kaltblut *siehe* Brabanter
Berber 9, 110, 198, 204, 225, *225*, 230
Bhutia Pony 249
Bitjug 242
Bosniake 241
Boulonnais 98, 134, 231, *232*
Brabanter (oder Belgisches Kaltblut) 98, 101, 116–19, *116*, *117*, *118–19*
Brasilianische Pferderassen 201, 245
Bretone 96, *96*, 134
Britische Pferderassen 28–67, 230
Britisches Sports Horse 78, *78*
British Warmblut 75, *75*
Bronco 210
Brumby 250, *250*

C

Budjonny 158, *158*
Bulgarische Pferderassen 153, 241

C

Calabreser 235
Camarguepferd 90, *90*
Campolino 245
Canadian Cutting Horse 213, *213*
Castellano 146
Cayuse Pony 244, *244*, 245
Chapman Horse 230
Charentais 85
Chickasaw Pony 244
Chinesisches Pony (oder China Pony) 249
Chintoteague Pony 244, *244*
Cleveland Bay *15*, 128, 130, 137, 230, *230*
Clydesdale 28–31, *28*, *29*, *30–31*
Coach Horse, Yorkshire 128, 137, 230
Cob, Normännischer 85, 97, *97*
Cob, Welsh *siehe* Welsh Cob
Colosse de la Mehaigne 117
Comtois 231, *232*
Connemarapony 72–3, *72*, *73*
Criollo 198–9, *198*, *199*, 201, 202
»Curly«, Baschkir 224
Cutting Horse, Canadian 213, *213*

D

Dölepferd 168, *168*
Dänische Pferderassen 170–72, 243
Dänisches Warmblut 170, *170*
Dalespony 32, *32*, 39
Danubisches Warmblut 153
Darashouri (oder Shiraz) 246
Darbowski-Tarnowski 122

D

Dartmoorpony 33, *33*
Dehli Pony 249
Deutsche Pferderassen 128–140, 239
Deutsches Kaltblut 239
Däle-Gudbrandsdal 168
Donpferd 157, *157*

E

Einsiedler 106, 234
Englisches Vollblut 12, 46–9, *46*, *47*, *48–49*
Eohippus 6
Equus 7
Esel 7, 11
Estnische Pferderassen 242, 243
Estnischer Klepper 243
Europäische Pferderassen 68, 92, 96, 97, 98, 101, 107, 115,116, 134, 231, 234, 238, 239
Exmoorpony 8–9, 33, 38, *38*
Extremeo 146

F

Falabella 200, *200*
Farbe
   Albino 211, *211*
   Appaloosa 182
   Knabstrupper 172
   Palomino 207, *207*
   Pinto 208–9, *208*, *209*
Fellpony 32, 39, *39*
Finnisches Pony 243, *243*
Fjordpferd *8*, 9, 169, *169*
Flämisches Pferd 116–17, 130
Foxtrotter, Missouri 192, *192*
Französische Pferderassen 84–98, 231–234
Französischer Anglo-Araber 64, 91, *91*
Französischer Traber 84, 88–89, *88*, *89*
Französisches Reitpony 231, *231*
Frederiksborger 171, *171*
Freiberger 231, 234

REGISTER

French Saddle Pony 231, *232, 233*
Friese 39, 99, *99*, 128
Furioso 122, 144, *144*

G

Galiceño 203, *203*
Garrano Pony 203, 241
Garron 45
Gelderländer 100, *100*, 102
Gidran 64, 122, 145
Gotland Pony 166, *166*
Griechische Pferderassen 240–41
Gris de Nivelles 117
Groninger 102, 234
Gros de la Dendre 117

H

Hack 53, 81
Hackney 44, *44*, 88, 96
Hackneypony 44, *44*, 193
Haflinger 114, *114*, 235
Hannoveraner 102, 129, 130–33, *130*, *131*, *132–33*, 135, 140
Highlandpony 9, 45, *45*
Hispano-Araber 64, 240, *240*
Hobbye, Irischer 72
Hokkaido Pony 250
Holsteiner 131, 136–39, *136*, *137*, *138–39*
Hunter 53, 64, 69, 79, *79*
Huzule 123, *123*

I

Iberische Pferderassen 9, 108, 146, 177, 204, 230 *siehe* auch Portugiesische Pferderassen; Spanische Pferderassen
Indian Pony, Cayuse 244, *244, 245*
Indian Pony Chicksaw 244
Indische Pferderassen 249
Indonesische Pferderassen 248
Iranische Pferderassen 220, 246
Irische Pferderassen 68–73

Irish Draught 68–71, *68*, *69*, *70–71*, 74, 75
Irish Hobbye 72
Islandpferd *8*, 9, 173, *173*
Italienische Pferderassen 107–9, 235
Italienisches Kaltblut 107, *107*

J

Jaf 246
Japanische Pferderassen 250
Java Pony 248, *248*
Jomud *246*
Jütländer 134, 170, 243

K

Kabardiner 161, *161*
Kaltblut, Belgisches (oder Brabanter) 98, 101, 116–19, *116*, *117*, *118–19*
Kaltblut, Deutsches 239
Kaltblut, Italienisches 107, *107*
Kaltblut, Niederländisches 101, *101*
Kaltblut, Rheinisches 239
Kaltblut, Russisches 242
Kaltblut, Süddeutsches (oder Noriker) 115, 239
Kaltblut, Wladimirer 242, *242*
Kanadische Pferderassen 213, 245
Karabach *16*, 164, *164*
Karabaier 246, *247*
Karacabeyer 140
Kartäuser 145, 146
Kasachenpony 247
Kaspisches Pony 9, 220, *220*
Kathiawari Pony 249
Keltisches Pony 8
Kiger Mustang *210*, 244
Kirgisische Pferderassen 247
Kladruber 141, *141*
Klepper 242
Knabstrupper 172, *172*
Konik 120, *120*, 123
Korsisches Pony 235
Kustanaier 247, *247*

L

Landaispony 231
Lettische Pferderassen 163
Lettisches Warmblut 163, *163*
Limousin 85, 231
Lipizzaner 110–13, *110*, *111*, *112–13*
Litauische Pferderassen 243
Lokaier 246, *246*
Lundy Pony 230
Lusitano 146, 152, *152*

M

Malopolski 122, *122*
Managhi-Typ Araber *9*
Mangalarga 201, *201*
Manipur Pony 249
Maremmano 235, *237*
Marschpferd 136
Marwari Pony 249
Masurenpferd 121, 122
Mecklenburger 130, 140
Merens (oder Ariegeois) *233*, 234
Métis–Traber 156, 159, *159*
Mexikanische Pferderassen 202
Minho 203, 241
Miniaturpferd, Amerikanisches 244
Missouri Foxtrotter 192, *192*
Mongolenpony 248, 249
Morgan 194–97, *194*, *195*, 196–97
Mountain Pony, Welsh *siehe* Welsh Mountain Pony
Mulassier 231, *233*
Muraközer (oder Mur-Insulaner) 239, *240*
Murgese 235, *237*
Mustang 210
Mustang, Kiger *210*, 244

N

Nanfan 249
Neapolitaner 108, 128, 131
New Forest Pony 50, *50*, 230
Niederländische Pferderassen 99–105, 234
Niederländisches Warm-

blut 100, 102–5, *102*, *103*, *104–5*
Niederländisches Kaltblut 101, *101*
Nigerianisches Pony 250
Nonius 140, 143, *143*, 144, 153
Nordamerikanische Pferderassen 176–197, 244–45
Nordland Pony 167, *167*
Nordschwede (oder Nordschwedischer Traber) 243
Norfolk Roadster (oder Trotter) 44, 88, 96, 144, 230
Noriker (oder Süddeutsches Kaltblut) 115, *115*, 239
Normänner Cob 85, 97, *97*
Normänner 84, 88 *siehe* auch Anglo-Normänner
Norwegische Pferderassen 167–69
Nowokirgise (oder Neu-Kirgise) 247

O

Oberländer 115, *115*
Österreichische Pferderassen 114–15, 238
Oldenburger 99, 128, *128*, 129
Orlow Traber 88, 156, *156*, 159
Ostbulgarisches Warmblut 153
Ostfriese 129, *129*
Ostpreusse *siehe* Trakehner

P

Pahlavan 246
Palomino 12, 207, *207*
Panje 124
Parahippus 6
Park Morgan 195
Paso Fino 15, 204, 205, *205*
Paso, Peruanischer 204, *204*
Peneia-Pony 240
Pennine Pony 32
Percheron 92–95, *92*, *93*, *94–95*, 98
Performance Horse, American 211, *211*

REGISTER

Persischer Araber 157, 246
Pindos Pony 240–41
Pinto 208–9, *208, 209*
Pinzgauer 115, 238
Plateau Perser 246
Pleasure Morgan *195*
Pleven 241
Pliohippus 6–7
Poitevin 231, *233*
Polnische Pferderassen
120–24, 238
Polnischer Anglo-Araber
122, *122*
Polopony 206, *206*
Pony of the Americas
187, *187*
Pony, Welsh *siehe*
Welsh Pony
Portugiesische Pferde-
rassen 150–52, 241
Postier-Breton 96, *96,*
107
Pottok (oder Baskisches
Pony) 231
Powys Cob *siehe*
Welsh Cob
Powys Rouncy *siehe*
Welsh Cob
Przewalski-Pferd 8, 9,
169, 222–23, *222,*
223, 243, 249
Puertoricanische Pferde-
rasssen 205

Q

Quarter Horse 25,
176–79, *176, 177,*
178–79, 202, 213

R

Reit- oder Freizeitpferd
77, *77*
Reitpony 76, *76*
Rheinisches Kaltblut
239
Rheinisches Warmblut
239
Riwoche Pony *8*, 249
Roadster *siehe* Trotter,
Norfolk
Rocky Mountain Pony
212, *212*
Roussin 96
Russische Pferderassen
156–61, 224, 242

Russisches Kaltblut
242

S

Sable Island Pony 245, *245*
Saddlebred, American
180–81, *180, 181*
Sadecki 122
Salerner 108–9, *108, 109*
Sandelholz Pony 248
Sanfratellano 235, *236*
Sardinischer Anglo-
Araber 235
Sardisches Pony 235
Schleswiger 134, *134*
Schwedische Pferderassen
165–66, 243
Schwedisches Warmblut
165, *165*
Schweiken 124
Schweizer Pferderassen
106, 234
Schweizer Warmblut 106,
106
Selle Française 84–87, *84,*
85, 86–87, 102, 231
Shagya–Araber 64, 142,
142
Shan Pony (oder Burma-
Pony) 250
Shetland, American 34,
193, *193*
Shetlandpony 34–37, *34,*
35, 36–37, 187, 193
Shire (oder Shire Horse)
29, 40–43, *40, 41, 42–43*
Show Horse, National
244
Showpony, Britisches 76,
76
Siciliano 235
Skogruss 166, *166*
Skyros Pony 241, *241*
Sokolski 238
Somalischer Wildesel 7
Sommier 96
Sorraia 146, 241
Spanische Pferderassen
92, 110, 145, 240
Spanischer Anglo-Araber
240, *240*
Spiti Pony 249
Standardbred 25, 88, 156,
159, 188–91, *188, 189,*
190–91
Stockhorse, Australian
226, *226*

Strelitz Araber 64, 160
Südamerikanische Pferde-
rassen 198–206
Süddeutsches Kaltblut
(oder Noriker) 115, 239
Suffolk Punch 51, *51*, 134
Sumba Pony *18*, 248, *249*

T

Tadschikische Pferde-
rassen 246
Tarpan 8, 9, 238
Tchenerani 246
Tennessee Walker 186, *186*
Tersker 160, *160*
Tibet Pony 8, 249
Timor Pony 248
Torisches Pferd (oder
Torisker oder Torgel-
sches Pferd) 243
Traber, Französischer 84,
88–89, *88, 89*
Traber, Orlow 88, 156,
156, 159
Trait Du Nord 98, *232*, 234
Trakehner 124–27, *124,*
125, 126–27
Trotter (Roadster), Norfolk
44, 88, 96, 144, 230
Tschechische Pferde-
rassen 141
Türkische Pferderassen 140
Turkmenische Pferde-
rassen 9, 221, 223, 246
Turkoman 223

U

Ukrainer 162, *162*
Ungarische Pferderassen
142–45, 239
Usbekische Pferderassen
246

V

Vendéen 85
Vollblut, Englisches 12,
46–49, *46, 47, 48–49*

W

Walisische Pferderassen
52–63
Warmblut, Amerikani-
sches 209, *209*, 211

Warmblut, Britisches 75, *75*
Warmblut, Dänisches
170, *170*
Warmblut, Danubisches
153
Warmblut, Niederländi-
sches 100, 102–5, *102,*
103, 104–5
Warmblut, Lettisches
163, *163*
Warmblut, Ostbulga-
risches 153
Warmblut, Schweizer
106, *106*
Welsh Cob 52, 54, 55,
55, 56–57, 74
Welsh Mountain Pony ,
52–53, *52*, 54, 62–63
Welsh Pony 52, 53–54,
53, 60–61
Welsh Pony im Cob Typ
52, 54, *54, 58–59*
Westfale 135, *135*
Wiatka Pony 242
Wielkopolski 121, *121*
Wildesel, Somalischer 7
Wildpferd, Asiatisches
siehe Przewalski-Pferd
Wladimirer Kaltblut 242,
242
Working Hunter 78, *78*
Working Hunter Pony
80, *80*

Y

Yorkshire Coach Horse
128, 137, 230

Z

Zapatero 146
Zebra 7
Zemaituka Pony 163, 243

BILDNACHWEIS

Der Verlag dankt den folgenden Fotografen und Agenturen für die freundliche Bereitstellung des Fotomaterials.

(o = oben, u = unten, m = Mitte, l = links, r = rechts)

Ace Photo Agency 7, 10o, 24u; Animal Photography 25o, 33, 38, 90, 91, 101, 120, 122, 129, 134, 141, 142, 144, 161, 172, 222, 240u, 241, 244o, 246, 247u (Sally Ann Thompson), 164, 247o (V. Nikiforov); ET Archive 10u, 11m; Michel Peissel 8l (Sebastian Guiness); Kit Houghton 20, 24o, 28, 29, 143, 151, 156, 209r, 211u, 240o; Image Bank 17or, 25m; Bob Langrish 9ol, 13o, 15, 16, 17ol&ul, 21o, 22o, 23u, 32, 35, 39, 41o, 46, 52, 53, 54, 55, 65, 69, 85, 93, 102, 106, 110, 115, 117, 121, 123, 124, 131, 137o&u, 147, 150, 158, 159, 160, 162, 163, 167, 168, 171, 177, 182, 189, 192, 195o, 200, 201, 202, 203, 217, 220, 223, 226, 227, 230, 242, 243, 245u, 248, 249, 250; Only Horses 238.

Wir danken ebenfalls Weatherbys, of Wellingborough, Northamptonshire, England, die uns freundlicherweise das General Stud Book zur Verfügung stellten, das auf Seite 12 abgebildet ist.